V. Heine

UTB

UTB **2430**

W0294997

Eine Arbeitsgemeinschaft der Verlage

Beltz Verlag Weinheim · Basel · Berlin
Böhlau Verlag Köln · Weimar · Wien
Wilhelm Fink Verlag München
A. Francke Verlag Tübingen und Basel
Haupt Verlag Bern · Stuttgart · Wien
Verlag Leske + Budrich Opladen
Lucius & Lucius Verlagsgesellschaft Stuttgart
Mohr Siebeck Tübingen
C. F. Müller Verlag Heidelberg
Ernst Reinhardt Verlag München und Basel
Ferdinand Schöningh Verlag Paderborn · München · Wien · Zürich
Eugen Ulmer Verlag Stuttgart
UVK Verlagsgesellschaft Konstanz
Vandenhoeck & Ruprecht Göttingen
WUV Facultas · Wien

Jochen Bleicken gewidmet

MICHAEL STAHL

Gesellschaft und Staat bei den Griechen: Archaische Zeit

FERDINAND SCHÖNINGH
PADERBORN · MÜNCHEN · WIEN · ZÜRICH

Prof. Dr. Michael Stahl, 1948 in Rastatt/Baden geboren, studierte Geschichte und Germanistik in Freiburg und an der FU Berlin. 1975 wurde er an der TU Berlin promoviert und habilitierte sich dort 1984. Seit 1986 war er Professor an der Universität Göttingen und lehrt seit 1991 als Professor für Alte Geschichte an der TU Darmstadt.

Cover: Der *kouros* von New York. Marmor (Höhe 1,84 m), aus Attika, ~600 v. Chr.
(New York, Metropolitan Museum)
In der zweiten Hälfte des 7. Jhs. v. Chr. begannen die Griechen monumentale Standbilder zu schaffen. Sie standen auf Gräbern oder als Weihgeschenke in Heiligtümern. Der nackte Körper des jungen Mannes *(kouros)* repräsentiert das Idealbild des Menschen in archaischer Zeit. In der physischen Präsenz männlicher Schönheit finden die Werte der ganzen Gesellschaft bildlichen Ausdruck: Kraft, Stärke, Beweglichkeit, Lebendigkeit, potentielle Energie, Leistungsbereitschaft, Standhaftigkeit, sexuelle Attraktion.

Bibliografische Information Der Deutschen Bibliothek

Die Deutsche Bibliothek verzeichnet diese Publikation in der Deutschen Nationalbibliografie; detaillierte bibliografische Daten sind im Internet über http://dnb.ddb.de abrufbar.

Gedruckt auf umweltfreundlichem, chlorfrei gebleichtem Papier (mit 50 % Altpapieranteil)

© 2003 Verlag Ferdinand Schöningh, Paderborn
(Verlag Ferdinand Schöningh GmbH, Jühenplatz 1, D-33098 Paderborn)
ISBN 3-506-99000-4

Internet: www.schoeningh.de

Das Werk, einschließlich aller seiner Teile, ist urheberrechtlich geschützt. Jede Verwertung außerhalb der engen Grenzen des Urheberrechtsgesetzes ist ohne Zustimmung des Verlages unzulässig und strafbar. Das gilt insbesondere für Vervielfältigungen, Übersetzungen, Mikroverfilmungen und die Einspeicherung und Verarbeitung in elektronischen Systemen.

Printed in Germany.
Herstellung: Ferdinand Schöningh, Paderborn
Einbandgestaltung: Atelier Reichert, Stuttgart

UTB-Bestellnummer: ISBN 3-8252-2430-9

Inhalt

Vorwort 9

Die Periodisierung der griechischen Geschichte 11

A. Was gleich blieb:
Die Strukturen der Gesellschaft 13

I. Wohin man gehörte und wer man war:
***oikos*, Bauer, Aristokrat** 13
1. Die Bedeutung von Verwandtschaft in der griechischen Gesellschaft . . . 13
2. Der *oikos* als soziale und wirtschaftliche Grundeinheit 16
3. Der bäuerliche *oikos* 21
4. Der Aristokrat: Reichtum und Leistung 26
5. Die soziale Wertschätzung der Landwirtschaft und die europäische Hausväterliteratur 32

II. Wonach man sich richtete und was man erstrebte:
Hausväter und Krieger 37
1. Ethik als Thema der Sozialgeschichte 37
2. Das patriarchalische Ideal 38
3. Normkontrolle und Normgeltung 42
4. Das Aristie-Ideal 45

III. Was verband: Aristokratische Lebensformen 49
1. Eine exemplarische Erzählung:
Die Brautwerbung bei Kleisthenes von Sikyon 49
2. Die gemeinsame Wertorientierung 53
3. Die *agones* 55
4. Die Gastfreundschaft 59
5. Der Geschenketausch 61
6. Das *symposion* 63
7. Ehe und Sexualität 70
8. Die ‚Internationalität' der Aristokratie 73
9. Zusammenfassung 74

IV. Was trennte: *stasis* – innere Differenzierung und permanenter Konflikt 76
1. Freund-Feind-Denken, Erwiderungsethik, Rachegebot 77
2. Die *stasis* und ihre Struktur 80
3. Gegenkräfte: Der Rechtsgedanke 87

B. Wie etwas Neues entstand: Die Erfindung des Bürgerstaates . . . 89

Vorbemerkung: Zur Konstitution des Themas . . . 89

I. Nachdenken über Konzepte: Staatlichkeit als besondere Ordnungsform der Gemeinschaft . . . 94
1. Der griechische Staat in der Forschung . . . 94
   a. Die antiquarisch-positivistische Methode . . . 94
   b. Der marxistische Denkansatz . . . 96
   c. Die ideal-typisierende Betrachtungsweise . . . 98
   d. Eduard Meyer: Der Staat als ursprüngliche geschichtliche Macht . . . 104
2. Der sozialanthropologische Staatsbegriff: Ein konzeptioneller Neuansatz . . . 109
   a. Der Staat als Instrument der Herrschaft . . . 109
   b. Der Staat als Stufe sozialer Evolution . . . 110
3. Perspektiven: Der Bürger und sein Staat in der modernen Demokratie . . . 113

II. Historische und strukturelle Voraussetzungen: Zeitlicher Beginn, Naturraum und Siedlungstopographie . . . 117
1. Die Bedeutung der mykenischen Welt und der Beginn der griechischen Geschichte . . . 117
2. Der Siedlungsraum und seine Lebensbedingungen . . . 120
3. Siedlungsform und Bevölkerung . . . 122

III. Wie alles anfing: Gemeinschaft ohne Staat bei Homer . . . 126
1. Homers Dichtungen als historische Quellen . . . 126
2. Vom Königtum zum Adelsstaat: Die politische Entwicklung in der homerischen Zeit nach der älteren Forschung . . . 130
3. Königtum und Führerstellung bei Homer . . . 132
4. Zum „aristokratischen Geschlechterstaat“ . . . 134
5. Der Umfang der Gemeinschaftsaufgaben bis zum 8. Jh. v. Chr. . . . 135
6. Die vorstaatliche Ordnung und die Rolle der homerischen *basileis* . . . 136
   a. Die Gemeinde . . . 136
   b. Beratende und beschließende Versammlungen . . . 137
   c. Die Gemeinschaftsaufgaben . . . 141
   d. Eine ‚dichte Beschreibung‘: Der Lebenslauf eines *basileus* . . . 144
   e. Die Vorstaatlichkeit bei Homer und die Zukunft der griechischen Gemeindeordnung . . . 149

IV. Zu neuen Ufern: Die Verwandlung der griechischen Welt vom 8. bis 6. Jh. v. Chr. . . . 152
1. Das Problem: Staatlichkeit als Antwort auf neue Herausforderungen . . 152
2. Die demographische Entwicklung . . . 154
3. Die Kolonisation . . . 155
4. Die Urbanisierung . . . 164
5. Gewerbe, Handel, Geld . . . 167
6. Der Übergang zur Hoplitenkampftaktik . . . 169
7. Die Intensivierung der *stasis* . . . 172
8. Der geistige Aufbruch . . . 173
9. Die Dynamik des Wandels . . . 173

V. „... die schwarze Erde, die ich einst enthob der Schuldenmale“: Die soziale Krise um 600 v. Chr. und ihre Lösung durch Solon . . 176
1. Die Quellen und ihre Problematik . . . 176
   a. Solon . . . 176
   b. Herodot . . . 177
   c. Die Athenaion Politeia . . . 178
   d. Plutarch . . . 181
2. Reziprozität als Prinzip der bäuerlichen Sozialbeziehungen bei Hesiod . . 182
3. Der Weg in die Verschuldungskrise . . . 185
4. Erscheinungsformen der sozialen Krise . . . 186
5. Die Ursachen der Verschuldungskrise . . . 191
   a. Bevölkerungsdruck und Erbteilung . . . 191
   b. Andere äußere Faktoren . . . 191
   c. ‚Bauernlegen‘ und die Gier nach Reichtum . . . 193
6. Die Lösung der sozialen Krise durch Solon . . . 194
7. Wirtschaftliche Stabilität und soziale Freiheit als Voraussetzungen für den Bürgerstaat . . . 198

VI. Kristallisationspunkte der Staatsentwicklung: Ämter, Kollektivgremien, Gerichtsverfassung . . . 201
1. Die Konstitution staatlicher Ämter . . . 201
2. Der *demos* als Kollektivgremium . . . 208
3. Der vorstaatliche Rechtsgang . . . 213
4. Drakon und der Übergang zu einer staatlichen Gerichtsordnung 219
5. Ausblick und Abschluß: Die solonische Gerichtsverfassung . . . 226

VII. Das Wagnis denken: Solon von Athen und die Entdeckung des bürgerstaatlichen Ideals . . . 228
1. Solon von Athen . . . 228
2. Das zerrüttete Gemeinwesen und die Aufgabe des Schiedsrichters . . . 231
3. Die Gesetzgebung . . . 233

4. Die Konstituierung der Bürgerschaft . . . 237
5. Äußere Machtentfaltung und innere Integration . . . 240
6. Politische Ethik: Das Herz der bürgerstaatlichen Ordnung . . . 244

VIII. Reifezeit: Die *tyrannis* in Athen und ihr Beitrag zur Entwicklung des Bürgerstaates . . . 252
1. Solons Programm und das Wiederaufflammen der *stasis* in der Zeit bis zur *tyrannis* . . . 252
2. Die Macht des Tyrannen und die Konsolidierung der Staatlichkeit . . . 255
3. Staatliche Integration: *agora* und *akropolis* als symbolische Zentren des Staates . . . 259
4. *tyrannis* und Bürgerstaat . . . 265

Die Quellen . . . 267

Abbildungsnachweise . . . 272

Literatur . . . 273

Register . . . 283

Vorwort

Das Buch ist das Ergebnis vieler Jahre akademischer Lehre, in der es auf allen Stufen des Studiums immer wieder darum ging, den Studierenden die Griechen und ihre Geschichte nahe zu bringen. Die dafür zusammengetragenen Quellen haben sich als nützliche Grundlagen erwiesen, und mit den sie erläuternden Texten und ihren Deutungsangeboten gelang es zumeist, das Fremde der so fernen Griechen verständlich werden zu lassen. Zugleich konnte über alle Distanz hinweg an vielen Punkten erfahrbar gemacht werden, daß die griechische Vergangenheit auch für unsere Gegenwart mehr als nur einen beliebigen exotischen Reiz besitzt; vielmehr bedeutet sie unverändert den Ausgangspunkt und das Fundament unserer eigenen Geschichte.

Das Material ist vor einigen Jahren zum ersten Mal in Studienbriefen der Fernuniversität Hagen gebündelt und jetzt erneut gründlich überarbeitet worden. Das Buch ist keine ‚Griechische Geschichte', sondern es versteht sich als Lehrbuch zur griechischen Geschichte. Es beschäftigt sich mit den wesentlichen Strukturen, die man kennen muß, um die Erzählungen historischer Ereignisse verstehen zu können. Methodisch wird von Quellen ausgegangen, die stets exemplarisch ausgewählt sind und deren Interpretationen zeigen sollen, wie man mit diesen Quellen umzugehen hat und was man aus ihnen machen kann. Das Bild, das sich daraus ergibt, zeigt die Grundmuster der historischen Entwicklung des Griechentums in den ersten knapp fünf Jahrhunderten. Überall da, wo es lohnend erschien oder zum Verständnis erforderlich war, wurden bisherige Erklärungskonzepte diskutiert. An vielen Stellen konnte dabei die Summe der neueren Forschung gezogen werden, im Ganzen bietet sich eine durchaus eigene und spezifisch akzentuierte Sichtweise der griechischen Geschichte. Sie ist von einigen klaren Überzeugungen getragen, die von der Darstellung im einzelnen begründet werden:

- Die archaische und die klassische Geschichte der Griechen bilden trotz aller pragmatisch notwendigen Epochenabgrenzungen eine historische Sinneinheit.

- Ihr Inhalt ist die Entwicklung und Etablierung der *polis* als der historisch entscheidenden Größe, wobei sich der Focus der Beobachtung von einem gemeingriechischen Horizont in archaischer Zeit auf die Geschichte Athens in klassischer Zeit konzentriert.

- In der Herausbildung der *polis* als zentraler Form der Gemeinschaftsordnung haben wir den Prozeß geschichtlichen Wandels zu sehen, der die ‚Geschichte' der archaischen und klassischen Epoche ausmacht. Davon strikt zu trennen sind die im wesentlichen statischen gesellschaftlichen Verhältnisse.

- Der Dynamik des Prozesses der *polis*-Bildung liegt nicht ein Kampf unterschiedlicher gesellschaftlicher Gruppierungen um die Macht zugrunde, sondern das gemeinsame Ringen aller um die Verwirklichung der Grundidee des Bürgerstaates. Diese ist bereits bei Homer angelegt und durch Solon von Athen erstmals vorbildlich formuliert worden.

Aus diesen leitenden Ideen folgen die Themen und der Aufbau des Werkes. Daß sein Inhalt auf zwei Bände verteilt ist, hat nur buch-technische Gründe. Der Band zur archaischen Zeit beginnt mit den Sozialstrukturen, die sich im gesamten Zeitraum kaum verändert haben. Ohne sie ist aber auch die Eigenart der geschichtlichen Entwicklung nicht zu verstehen. Deren erste Phase in archaischer Zeit ist das Thema von Teil B des ersten Bandes. Im Band zur klassischen Zeit werden in Teil A grundlegende Strukturen der Epoche von Bürgerstaat und Demokratie erörtert, und Teil B schließlich beschäftigt sich mit dem wichtigsten Abschnitt der äußeren Beziehungen der griechischen Gemeinden im 5. Jh. v. Chr. Alle vier Teile des Werkes gehören eng zusammen und folgen einem einheitlichen Argumentationsgang. Die inneren Bezüge sind immer wieder durch Querverweise kenntlich gemacht. Quellen und Literatur sind mit einigen Überschneidungen zur leichteren Benutzung bandspezifisch aufbereitet.

Meinen Freunden und Kollegen Christoph Selzer und Uwe Walter bin ich für stete Ermutigung und viele gute Ratschläge dankbar, meinen Studenten in Göttingen und Darmstadt für erhellende sokratische Momente. Denn die Geschichte lebt nur im Wort.

Seeheim-Jugenheim im August 2003 Michael Stahl

Die Periodisierung der griechischen Geschichte

In diesem Buch ist von ‚archaischer' und ‚klassischer' Zeit die Rede. Damit sind chronologische Abschnitte der griechischen Geschichte gemeint. Diese läßt sich in ihrer Gesamtheit wie folgt gliedern:

• Archaische Epoche:	8. Jh. v. Chr. (Homer) bis ~ 500 v. Chr. (endgültige Einrichtung des Bürgerstaates in Athen) oder bis 480 v. Chr. (Sieg über die Perser)
• Klassische Epoche:	bis ~ 340/20 v. Chr. (Alexander d.Gr. 336-323 v. Chr.)
• Hellenistische Epoche:	bis 168/146 v. Chr. (Errichtung der römischen Herrschaft)
• Hellenistisch-römische Epoche:	bis 2./3. Jh. n. Chr.
• Spätantike:	bis 5. Jh. n. Chr.
• Byzantinische Epoche	bis 1453 n. Chr. im griechischen Osten

In der linken Spalte stehen die in der Wissenschaft üblichen Begriffe für die zeitliche Gliederung der griechischen Geschichte. In ähnlicher Weise wird in der Archäologie die Abfolge der künstlerischen Stile benannt. Diese Bezeichnungen sind das Ergebnis der Wissenschaftsgeschichte und enthalten über ihre Ordnungsaufgabe hinaus bestimmte Sinnbezüge. Der Begriff ‚archaisch' ist der jüngste der Reihe. Er ist 1872 durch Friedrich Nietzsche, den Archäologen Heinrich Brunn und – indirekt – durch Jacob Burckhardt geprägt worden. Alle drei haben in der ‚Archaik' erstmals eine eigenständige Epoche gesehen.[1] Der Ausdruck ‚archaisch' enthält ein Werturteil, das die mit ihm gemeinte Epoche in ihrem Verhältnis zu der darauffolgenden charakterisiert: Das ‚Archaische' ist das Urtümliche, Anfängliche, zugleich noch im Werden Begriffene, noch Unvollkommene, das erst im ‚Klassischen' sich vollendet und hier eine schlechthin unübertreffbare, gegenüber allen übrigen Zeitabschnitten höherwertige und nicht zuletzt vorbildhafte, zeitlos gültige Form erreicht.

Man erkennt hieraus, daß sich in Periodisierungsbegriffen grundsätzliche Denkmuster geschichtlicher Verläufe widerspiegeln. Hinter ‚archaisch' und ‚klassisch' steht letztlich das Schema von Wachstum, Blüte und nachfolgendem Verfall. Als Zeit des Niedergangs wird daher nicht selten die hellenistische Epoche beschrieben. Diese einfache Geschichtsphilosophie ist heute von der Wissenschaft durch sehr viel differenziertere Bilder ersetzt worden, auch wenn sich die Frage nach

[1] Vgl. zu diesem aufschlußreichen Stück Wissenschaftsgeschichte die vorzügliche Untersuchung von Glenn W. Most: Zur Archäologie der Archaik. – In: A&A 35, 1989, S. 1-23. Zum Problem von Periodisierung insgesamt vgl. Uwe Walter: s.v. Periodisierung. – In: Der Neue Pauly, Bd. 9, Spalte 576-582.

dem ‚Klassischen' damit nicht erledigt hat. Gleichwohl müssen die alten Epochenbegriffe weiterhin benutzt werden, weil sie sich als konventionalisierte Bezeichnungen in der Wissenschaftssprache eingebürgert haben. Über diese rein pragmatische Verwendung hinaus bleibt es freilich Aufgabe der Geschichtsschreibung, die Periodisierung als Ausdruck eines Geschichtsbildes verständlich zu machen. Die folgende Darstellung wird zeigen, daß die archaische und die klassische Epoche Griechenlands, auch wenn sie eine jeweils eigenständige historische Signatur besitzen, im wesentlichen einer gemeinsamen Entwicklungslinie folgen und aufgrund dieser Kontinuität nur zusammen ein stimmiges Bild dieses knappen halben Jahrtausends griechischer Geschichte ergeben.

A. Was gleich blieb: Die Strukturen der Gesellschaft

I. Wohin man gehörte und wer man war: *oikos,* Bauer, Aristokrat

1. Die Bedeutung von Verwandtschaft in der griechischen Gesellschaft

In jeder Gesellschaft stellt die Blutsverwandtschaft die soziale Primärgruppe dar. Ihre Bedeutung und ihr sozial relevanter Umfang variieren allerdings. In modernen Gesellschaften sind Familie und Verwandtschaft nur noch eine unter vielen anderen, häufig wichtigeren sozialen Bestimmungskriterien wie zum Beispiel Beruf, Ausbildung, Wohnort, Stadtteil, Partei, Gewerkschaft, Vereine.

In den vorindustriellen Gesellschaften sind dagegen Abstammung und Verwandtschaft entscheidende soziale Faktoren, schon weil die Produktionsverhältnisse meist wenig Möglichkeiten zur Bildung anderer sozialer Gruppierungen gaben. In welche Familie ein Mensch hineingeboren wurde, prägte sein zukünftiges Leben in hohem Maße. Das schloß bestimmte Optionen von vornherein aus oder eröffnete die größten Chancen. Es definierte, wer als Heiratspartner in Frage kam und welche Positionen im Gemeinwesen erreicht werden konnten. Denn jede Familie hatte ihren Platz im Gefüge der Verwandtschaftsgruppen. Daher wurde die Struktur der Gesellschaft in den meisten vorindustriellen Gesellschaften stark von der Verwandtschaftsordnung bestimmt. Erbschaft und Heirat sind dann die entscheidenden sozialen Organisationsmechanismen.

Das gilt besonders für alle nicht hochkulturellen Gesellschaften. Eine der wichtigsten Aufgaben in der Ethnologie ist deshalb die Erforschung und Beschreibung der Verwandtschaftssysteme. Aber auch in Hochkulturen wie China, dem antiken Rom oder dem europäischen Mittelalter ist die Rekonstruktion von Verwandtschaftsverhältnissen mit Hilfe der Personengeschichte ein wichtiger Schlüssel zum Verständnis der Geschichte. Die Verwandtschaftsstruktur sieht dabei meist so aus, daß die einzelne Familie in größere verwandtschaftliche Gruppen wie Sippen, Geschlechter oder *gentes* eingebettet ist.

Die griechische Gesellschaft macht in der grundlegenden Frage des Stellenwerts verwandtschaftlicher Bindungen eine Ausnahme unter den vorindustriellen Gesellschaften. Es ist allgemein anerkannt, daß verwandtschaftliche Bezüge in der klassischen Zeit der athenischen Demokratie keinen Einfluß auf die Politik hatten. Dies betrachtete man bis in die jüngste Zeit zumeist als eine Folge des Demokratisie-

Abb. 1 Spätgeometrischer Grabkrater (Ausschnitt) des Hirschfeldmalers (Höhe 1,23 m), aus Athen, 750/735 v. Chr. (Athen, Nationalmuseum, Inv. 990)
Auf Gräbern standen häufig monumentale, reich dekorierte Keramikgefäße. Das Bild zeigt den Leichenzug eines verstorbenen Aristokraten. Der Tote wird mit einem von Pferden gezogenen Wagen, reich mit Textilien ausstaffiert, zum Grab gefahren. Der Bahre folgen die Angehörigen, viele Klageweiber sowie – im unteren Bildfeld – die Standesgenossen in voller Rüstung auf ihren Streitwagen. Das Bild demonstriert den Reichtum des Mannes, seine Leistung für das Gemeinwesen im Kreise der Kriegergemeinschaft sowie die soziale Anerkennung, die er genoß.

rungsprozesses im 5. Jh. v. Chr. Da die politischen Entscheidungen ausschließlich bei der Volksversammlung lagen, ergab sich die Möglichkeit, Einfluß zu gewinnen, allein aus dem Werben der Politiker um Zustimmung vor der Volksversammlung. Andere Kanäle der Beeinflussung, des Politikmachens, gab es nicht.

War es also eine Begleiterscheinung der Verwirklichung der Demokratie im 5. Jh. v. Chr., daß verwandtschaftliche Unterstützung einem Politiker nichts nutzte, so folgerte die Forschung, mußte es früher anders gewesen sein. Die Zeit vor Kleisthenes, der seit 508 v. Chr. die neuen politischen Mechanismen erstmalig installierte, hätte demnach andere Bedingungen politischen Handelns gekannt haben müssen, unter denen Verwandtschaftsbindungen, wie man es sonst auch kannte, ihre Wirkung ohne weiteres hätten entfalten können. Die archaische Zeit sei also von der Existenz aristokratischer Verwandtschaftsgruppen, das heißt aristokratischer Geschlechter, bestimmt gewesen. Ein solches Geschlecht *(genos)* habe eine gewisse Zahl aristokratischer Häuser *(oikoi)* umfaßt, die sich jeweils auf einen gemeinsamen Ahnherrn zurückgeführt und sich dadurch untereinander als verwandt verstanden hätten. Diesem Ahn hätte ein gemeinsamer Kult gegolten, das *genos* hätte über einen eigenen Begräbnisplatz, gemeinsamen und unveräußerlichen Landbesitz, eigene Beamte verfügt; es habe Streitigkeiten eigenständig geschlichtet, die *oikoi* hätten sich gegenseitig beerbt und Witwen und sogenannte Erbtöchter hätten, wenn kein Sohn vorhanden und der Vater tot war, innerhalb des *genos* verheiratet werden müssen, oder es hätte generell nur innerhalb des *genos* geheiratet werden dürfen. Schließlich hätte das *genos* die soziale und politische Herrschaft über eine große Zahl von ihm abhängiger Nicht-Aristokraten besessen. Ein solches *genos* (lat. gens) ist also bestimmt durch:

- den gemeinsamen Ahn
- den Gentilkult
- das Gentilvermögen
- die Selbstverwaltung
- die Endogamie
- die Klienten

Die griechische Gesellschaft der archaischen Zeit sei also die Summe der *gene* gewesen. Ihre Oberhäupter hätten in einem Adelsrat zusammengesessen, in dem alle wichtigen politischen Fragen entschieden worden seien. Solche *gene* seien zum Beispiel die aus der Überlieferung bekannten Alkmeoniden oder die Philaiden in Athen, die Bakchiaden in Korinth, die Penthiliden in Mytilene. Diese *gene* hätten die soziale und politische Herrschaft in archaischer Zeit ausgeübt. Die Forschung sprach deswegen lange Zeit von der Epoche des ‚aristokratischen Geschlechterstaates'. Bis ins 7. Jh. v. Chr. hätte dieser völlig unangefochten bestanden. Seit etwa 650 v. Chr. sei er allerdings in eine Krise geraten. Die Tyrannen, die Gesetzgeber, zum Beispiel Solon von Athen, und schließlich am Ende des 6. Jhs. v. Chr. in Athen Kleisthenes hätten nach und nach die Macht der aristokratischen Geschlechter gebrochen.

Diese Vorstellung einer gentilizischen Sozial- und einer darauf aufbauenden politischen Ordnung muß heute aufgegeben werden. Maßgebend hierfür waren die beiden 1976 publizierten französische Studien von Felix Bourriot und Denis Roussel. Sie haben alle Quellen untersucht, die etwas über die Existenz von *gene* aussagen. Das Ergebnis ist, daß die oben beschriebenen vermeintlichen Charakteristika des *genos* von den Quellen nicht bestätigt werden:

- Der gemeinsame Ahnherr ist eine spätere fiktive Konstruktion, die dazu diente, die Bedeutung einzelner aristokratischer Familien herauszustreichen.
- Der Kult ist der Schlüssel zum Verständnis jener Gruppierungen, die in der Überlieferung tatsächlich als *gene* bezeichnet werden. Es sind priesterliche Familien, die bestimmte Kulte erblich betreuen, zum Beispiel die Eteoboutadai und die Salaminioi, oder lokale Gemeinschaften in Attika mit exklusiven Kulten.
- Ein Gentilvermögen gab es nur bei den priesterlichen Familien. Darüber hinaus ist es nicht zu belegen.
- Auch etwaige Selbstverwaltungsorgane sind nur in kultischem Zusammenhang zu sehen.
- Endogamie ist nicht zu erweisen.
- Klientele Abhängige hat es nicht gegeben.

Ein *genos* hat also in der lange Zeit angenommenen Form nicht existiert. Es konnte folglich auch nicht das Prinzip sein, welches das Sozialgefüge strukturiert hat. Alkmeoniden, Philaiden und andere waren keine größeren verwandtschaftlichen Verbände oder gar Führer einer gentilizischen Verwandtschaftsgruppe, sondern lediglich einzelne *oikoi*, Familien oder Häuser, die sich besonders hervorgetan haben. Damit ist natürlich auch die Konzeption des aristokratischen Geschlechterstaates und seiner angeblichen historischen Entwicklung hinfällig. Die griechische Gesellschaft war auch in der archaischen Zeit mithin allein durch die *oikoi* als soziale Grundeinheiten strukturiert. Das ist für die Eigenart dieser Gesellschaft, insbesondere für die Aristokratie, wie für das Zusammenleben im Gemeinwesen von größter Bedeutung.

2. Der *oikos* als soziale und wirtschaftliche Grundeinheit

Das grundlegende Bauelement der griechischen Gesellschaft ist der *oikos*. Das gilt quer durch alle sozialen Abschichtungen der Bevölkerung, für reich und arm, für Aristokraten und Nicht-Aristokraten gleichermaßen. Der *oikos* ist das griechische Äquivalent zu unserer Familie. Aber er umfaßt wesentlich mehr Elemente als diese: sowohl Personen als auch Sachen. Bei Hesiod heißt es:

> „Erst einmal ein Gehöft *(oikos)*, eine Frau, einen Ochsen zum Pflügen (...)“
>
> (Hes. erg. 405; Ü.: Walter Marg)

Die Bestandteile des *oikos* sind hier aufgezählt: Familie, Haus, Besitz. Der Kern eines jeden *oikos* ist dabei die Kleinfamilie: Vater, Mutter, die Kinder, gelegentlich erweitert um die Großeltern. Diese unmittelbare Blutsverwandtschaftsgruppe bildet die verwandtschaftliche Bindung, die allein maßgebend und im täglichen Leben wirksam ist. Daß der *oikos* die erste und letzte verwandtschaftliche und soziale Instanz im Denken der Griechen war, geht aus den Quellen unzweideutig hervor:

- Als die Achaier vor Troja von den Trojanern aufs stärkste bedrängt werden, beschwört sie der alte Nestor, standhaft auszuhalten:

  „Freunde! seid Männer und legt Euch Scham *(aidos)* in den Mut
  Vor den anderen Menschen! Und dazu gedenke ein jeder
  Der Kinder und Frauen und der Habe und seiner Eltern,
  Wem sie am Leben noch sind wie auch, wem sie gestorben.
  An ihrer Stelle flehe ich hier auf den Knien, die sie fern sind,
  Daß ihr standhaltet mit Kraft und euch nicht wendet zur Flucht!"
  (Hom. Il. 15, 661-666; Ü.: Wolfgang Schadewaldt)

  Wo von der Verwandtschaft die Rede ist, kommt einzig der *oikos* in den Blick. Ähnlich auch in einem Kampfaufruf des Trojaners Hektor:

  „(...) Nicht unwürdig ist es ihm (dem für die Heimat Gefallenen,
  d. Verf.), sich wehrend um die Heimat
  Zu sterben. Doch seine Gattin ist sicher und seine Kinder künftig,
  Und sein Haus *(oikos)* und Landlos *(kleros)* unversehrt, wenn die Achaier
  Fortziehen mit den Schiffen zum eigenen väterlichen Land!"
  (Hom. Il. 15, 496-499; Ü.: Wolfgang Schadewaldt)

  Dann die *Odyssee*: Was der Mittelpunkt der eigenen Existenz gewesen ist, wird am eindrucksvollsten erfahren, wenn man ihn verliert. Der Dichter benutzt also die Erzählungen von der Irrfahrt des Odysseus, um zu zeigen, welchen Wert der *oikos* für den Helden hatte:

  „Da waren zwar die andern alle, so viele dem jähem Verderben entgangen waren, daheim, dem Krieg entronnen und dem Meere. Dieser aber allein, verzehrte sich noch in Verlangen nach der Heimkehr und nach seinem Weibe."
  (Hom. Od. 1,11-13; Ü.: Verf. nach Wolfgang Schadewaldt)

  Ganze zehn Jahre muß Odysseus die Entbehrungen des Heimatlosen durchleben, während sich zuhause auf Ithaka seine Frau Penelope und sein Sohn um den verschollenen Gatten und Vater sorgen und den Ruin ihres Hauses durch die Zudringlichkeiten und Zugriffe der Freier gewärtigen müssen. Als Odysseus – bis zum Schluß noch unerkannt – dann endlich zurückkehrt, wird uns die Struktur des *oikos* gewissermaßen in konzentrischen Kreisen von außen nach innen vor Augen geführt. Odysseus erobert seinen Besitz Stück für Stück zurück: Er betritt seinen *oikos* auf dem abgelegenen Gehöft des Schweinehirten Eumaios, dann prüft er die Treue der übrigen Diener und Abhängigen, versichert sich der Hilfe seines Sohnes und erobert das *megaron*, den Zentralraum des Hauses. Er gewinnt damit die Befehlsgewalt über sein Haus zurück. Die Handlungskette gipfelt in der Wiedervereinigung mit Penelope im *thalamos*, dem Schlafgemach, dem innersten Kern des *oikos*.

Am Beginn der griechischen Literatur steht mit der *Odyssee* somit eine Dichtung, deren zentrales Thema die *oikos*-Bezogenheit der sozialen Existenz des Menschen in unvergeßlichen Bildern schildert.

- Besonders das Denken des Bauerndichters Hesiod (~700 v. Chr.) kreist ständig um den eigenen *oikos*. So mahnt er etwa mit folgenden Worten zur Vorsorge für die Zukunft:

> „Wer zum Vorrat hinzuträgt, der wehrt dem brennenden Hunger.
> Und was im Hause *(oikos)* gesammelt, das schafft einem Mann keinen Kummer.
> Besser im Hause das Gut; denn leicht bringt Schaden das Draußen."
> (Hes. erg. 363-365; Ü.: Walter Marg)

- Der Dichter und Staatsmann Solon von Athen verfaßt Anfang des 6. Jhs. v. Chr. ein berühmtes Gedicht, in dem er die Vision einer neuen Ordnung des Gemeinwesens entwirft. Er kritisiert darin u.a. das allein auf den *oikos* bezogene Verhalten, wie es noch Hesiod vertritt, als ungenügend für die Beseitigung der Mißstände, in die die Gemeinde geraten war, und stellt dem die Forderung nach einem auf das Ganze bezogenen Verhaltensideal gegenüber:

> „So kommt das Unglück der gesamten Gemeinde *(demosion kakon)* jedem einzelnen ins Haus *(oikos)*;
> Und die Türen am Hofe vermögen es nicht mehr aufzuhalten,
> Sondern über den hohen Zaun springt es hinüber, und wird gewiß fündig,
> Auch wenn einer flieht und sich im Winkel des Gemachs versteckt."
> (Sol. F 3D. 26-29; Ü.: Verf.)

- Auch die *polis* blieb freilich auf den *oikos* als ihr Gegenstück angewiesen. Solon selbst hat durch verschiedene Gesetzgebungsmaßnahmen dafür gesorgt, daß der *oikos* jedes einzelnen in seinem Bestand besser gesichert war. Dazu gehörten die Schuldenbefreiung *(seisachtheia)* sowie Bestimmungen über die Unterhaltspflicht gegenüber den Eltern oder über das Erb- und Nachbarrecht. Im 5. und 4. Jh. v. Chr. schließlich dienten zahlreiche Gesetze zum Ehe- und Familienrecht der Aufrechterhaltung der *oikos*-Struktur.

- Aufschlußreich ist der Sprachgebrauch unserer wichtigsten literarischen Quelle für die archaische Zeit, Herodot. Bei ihm werden Familien wie die Alkmeoniden nie als *genos*, sondern immer als *oikos* bezeichnet.

- Ganz anschaulich wird die *oikos*-Struktur schließlich an der griechischen Form des Eigennamens. Sie lautet beispielsweise:

> Perikles (der ringsum Berühmte), Sohn des Xanthippos (blond wie ein Pferd) aus dem Demos Cholargos *(Perikles Xanthippou Cholargeus)*.

Auffallend und bezeichnend an dieser Namensform ist folgendes:

- die Einnamigkeit;

- die individualisierende Tendenz: Die Griechen hatten eine große Vielfalt sehr phantasiereicher, sprechender Namen, etwa Menelaos (dem Volke gehörig), Agamemnon (der weithin Waltende), Glaukos (der mit dem brennenden Blick), Eumaios (der mit dem guten Willen) oder Eurymachos (der gewaltige Kämpfer). Der Name bezeichnet also ein persönliches Charakteristikum, nicht eine Standes- oder Berufsangabe wie Müller oder Zimmermann. Auch gibt es nicht wie im römischen Namensgebrauch ein Durchzählen (Quintus, Sextus) oder die tausendfachen Wiederholungen von Marcus, Titus oder Gaius. Vielmehr spiegeln die Namen exakt die grundsätzliche Bedingung der Sozialstruktur wider: die soziale Isolation des einzelnen *oikos*, dessen Mitglieder sich nicht in größeren Einheiten aufgehoben sehen konnten und die also auch ihre Kinder nicht im Sinne einer familiären Kennzeichnung und damit einer sozialen Verortung zu benamen hatten.

- Dies zeigt auch die Angabe des Vatersnamens (Patronymikon). Er ist ein Merkmal für den aristokratischen *oikos*. In den Epen Homers steht der Vatersname als Adjektiv sogar häufig für den Namen selbst. So nennt etwa Homer Achilleus den Peliden (Sohn des Peleus) oder Agamemnon den Atriden (Sohn des Atreus). Über die Angabe des Vaters hinaus geht es allerdings selten. Nie weisen Namensbestandteile auf vermeintlich vorhandene größere verwandtschaftliche Einheiten. Nur selten ist ein *oikos* in eine mehrere Generationen umfassende Abstammungslinie eingebettet. Eine Untersuchung der Angaben bei Homer ergibt: Von 360 Männernamen enthalten 45 Prozent nur die Namensangabe, 36 Prozent den Vatersnamen, 21 Prozent den des Großvaters und 9 Prozent den des Urgroßvaters.
  Dem entspricht ein vergleichbarer Befund aus der Namensforschung des 5. Jhs. v. Chr.: In der Überlieferung ist nur eine Familie über fünf Generationen hin als Mitglied der liturgiepflichtigen Schicht und damit der Aristokratie zu verfolgen. Fünf Familien tauchen in vier Generationen auf, 16 Familien in drei Generationen, 44 Familien in zwei Generationen. Die große Mehrheit von 357 Familien taucht nur in jeweils einer Generation als der Aristokratie zugehörig auf. Der einzelne *oikos* hat also nicht den Rückhalt in einer übergreifenden sozialen Gruppe, der ihm eine über Generationen dauernde Position sichern könnte.

- Im 5. Jh. v. Chr. bezeichnete sich jeder Bürger näher durch die Nennung seines Heimatdemos. Dort ist er in der Bürgerliste eingeschrieben und bleibt es sein Leben lang, unabhängig von seinem aktuellen Wohnort: Er führt sein *demotikon* wie der oben genannte Perikles: Cholargeus, aus dem Demos Cholargos.

Der Einzelname, nach Möglichkeit stark individualisierend, und der Demos: Bereits die Form des Namens drückt aus, in welches Koordinatennetz der einzelne primär eingespannt war. Als einzelner wird er zur Person mit einem öffentlichen Namen, indem er mit anderen einzelnen zu einem Demos gehört. Keine Titel, keine Rangbezeichnungen, keine Ämterlaufbahnen differenzieren die griechischen Namen. „Die Schlichtheit der griechischen Namensführung mutet demokratisch an (...)“[1].

Der *oikos* als solcher hat keinen eigenen Namen. Denn er existiert nur, solange sein Oberhaupt, der *kyrios*, lebt und seine Aufgaben erfüllen kann. Er ist der Repräsentant der übrigen Mitglieder der Familie, er vertritt sie in allen Angelegenheiten außerhalb des *oikos*: Frau und Töchter sowie minderjährige beziehungsweise unverheiratete Söhne, soweit diese noch in seinem *oikos* leben. Darüber hinaus übt der Hausherr die Gewalt über alle im *oikos* dienenden Sklaven oder freien Arbeitskräfte aus. Auch diese gehören zum *oikos*, und insofern geht er als Personenverband über die Familie hinaus.

Obwohl die griechische Kultur eine Welt der Städte war, bildete die Landwirtschaft die Haupttätigkeit der meisten Stadtbürger. Daraus folgt: Jeder *oikos*, das heißt sein *kyrios*, verfügte über einen mehr oder weniger großen Besitz. Dazu zählten der Grund und Boden mit den darauf befindlichen Pflanzungen ebenso wie Vieh, Vorräte, Gebäude, Arbeitsgeräte, Hausrat. Somit ist ein *oikos* auch die grundlegende Wirtschaftseinheit. Sie sicherte dem *oikos*-Oberhaupt seine Stellung als vollgültiges Mitglied der Gesellschaft. Wer keinen eigenen *oikos* hatte, befand sich automatisch in einer sozialen Minderstellung. Denn er war nicht nur von seiner Hände Arbeit, sondern überdies von einem Arbeitgeber beziehungsweise als Handwerker von den Aufträgen anderer abhängig. Die inferiore soziale Stellung eines solchen Landlosen, eines *thes*, wird schon von Homer in einer bekannten Szene reflektiert: Odysseus besucht die Unterwelt und begegnet dort dem Helden Achilleus. Er preist dessen Glück und Ruhm, sogar im Hades sei er der erste. Achilleus aber erwidert ihm:

„Lieber wollt' ich als Tagelöhner *(thes)* den Acker bestellen
Bei einem armen Mann, der nicht viel hat an Besitztum,
Als über alle die Toten, die hingeschwundenen, herrschen.“

(Hom. Od. 11, 489-491; Ü.: Roland Hampe)

An dieser Einstellung zu den Mitgliedern der Gesellschaft, die ohne *oikos* waren, hat sich auch später nichts geändert. Auch im 5. Jh. v. Chr. galten die *thetes*, die Theten, gesellschaftlich nichts. Allerdings wurde dies in der Zeit der athenischen Demokratie von einer anderen Entwicklung überlagert: Aufgrund ihrer Leistungen als Ruderer auf den athenischen Schiffen wurden die Theten gleichberechtigt in die politische Verantwortung mit einbezogen. Man erkennt daraus, wie sehr der politische Bereich vom sozialen getrennt war oder wie wenig die soziale Stellung

1 Richard Harder: Eigenart der Griechen. Freiburg 1962, S. 17.

des einzelnen, die sich von seinem *oikos* her definierte, seine politische Rolle beeinflußt hat. Und ferner: der entscheidende Wandel im Leben der Griechen hat sich in der Organisation ihrer Gemeinden als ganzen vollzogen, nicht im gesellschaftlichen oder wirtschaftlichen Bereich.

Da dies so ist, ist das Ideal des *oikos*, wie es uns aus Homer und den übrigen Zeugnissen der archaischen Epoche entgegentritt, auch noch das der Griechen des 5. Jhs. v. Chr. und bis zu einem gewissen Grade der gesamten antiken Welt. Daher haben die beiden Großepen *Ilias* und *Odyssee* für alle späteren Zeiten in bestimmten Hinsichten eine geradezu kanonische Geltung als Maßstab für das Fühlen, Denken und Handeln besessen. In Homer fanden die Griechen und fand die Antike ihre soziale Wertordnung zu gültigen Idealbildern verdichtet.

Der *oikos* des Odysseus oder des Phaiakenkönigs Alkinoos ist auch für den attischen Bauern des 5. Jhs. v. Chr. das Leitbild seiner sozialen Existenz: Da mahlen Sklavinnen im Hause das Korn, sind mit verschiedenen Textilarbeiten beschäftigt oder hüten die Vorräte an Öl, Wein, Gold und Erz; da gibt es einen großen Garten rund um den Hof mit den verschiedensten Früchten und Gemüsen sowie eigenen Quellen; da steht der *kyrios* mitten im geschäftigen Treiben seiner Landarbeiter, die gerade die Getreideernte einbringen; oder wir sehen Odysseus selbst beim Heumachen, auf der Viehtrift, beim Pflügen.[2] Die Elemente der eigenen *oikos*-Wirtschaft und deren Ziel, die Selbstversorgung, *autarkeia*, konnte jeder Bauer, ob er nun viel oder wenig besaß, in diesen utopischen Bildern wiedererkennen.

3. Der bäuerliche *oikos*

Die griechische Welt war vor allem eine Welt der Bauern, die von den Erträgen ihres Grundbesitzes leben mußten. Die Lebenswirklichkeit sah für den Bauern Athens wie jeder anderen *polis* wesentlich bescheidener aus als die homerischen Idealbilder. Das liegt erstens an den klimatischen, geomorphologischen und topographischen Bedingungen des Wirtschaftens. Griechenland ist ein regenarmes Land. Die Regenmenge nimmt von Osten nach Westen ab, die Landschaft Attika gehört zu den trockensten Gebieten. Griechenland ist weiter ein Land der Berge. Etwa 80 Prozent seiner Fläche sind Bergland, das als wirtschaftlich nutzbare Fläche aufgrund der topographischen Bedingungen und aufgrund von Erosion und Verkarstung weitgehend ausfällt. Landbau ist nur auf eng begrenzten Flecken möglich, die manchmal nur wenige Quadtratkilometer der ohnehin winzigen Gemeindegebiete umfassen. Landbau ist ferner auch nur möglich, wenn ausreichend Wasser vorhanden ist. Bewässerungs- und in den Küstenebenen Entwässerungsmaßnahmen sind in Griechenland ein unbedingt notwendiger Teil der bäuerlichen Arbeit. Athen besaß zwar mit 2500 km^2 das zweitgrößte Territorium aller griechischen Gemeinden (Sparta das größte), aber auch dies ist zum größten Teil Hügelland, das wegen der Trockenheit einen intensiven Ackerbau nicht zuläßt.

---

2 Vgl. Hom. Od. 7, 103-132; Od. 2, 337-347; Il. 18, 550-560; Od. 18, 366-375.

Ausgedehnte, meist mit Wein unterpflanzte Olivenhaine bedeckten daher das Land. Wo immer möglich wurde Gerste angebaut. Getreide (mindere Sorten), Wein und Oliven bilden die typisch mediterrane Trias der wichtigsten Kulturpflanzen. Apfel, Birne, Granatapfel, Feige und die als Eiweißlieferanten wichtigen Hülsenfrüchte kommen hinzu.

Intensiver Landbau war nur in den Schwemmlandebenen möglich. Diese waren jedoch im griechischen Mutterland in der Regel klein. Kleintieren wie Ziegen, Schafe und Hühner ergänzten durch Eier, Milch und in geringem Umfang Fleisch das Nahrungsangebot und lieferten zusätzlich Wolle und Felle. Rinder und Pferde bedurften besserer Bedingungen als meist vorhanden waren. Sie waren daher selten und zeugten von aristokratischem Wohlstand.

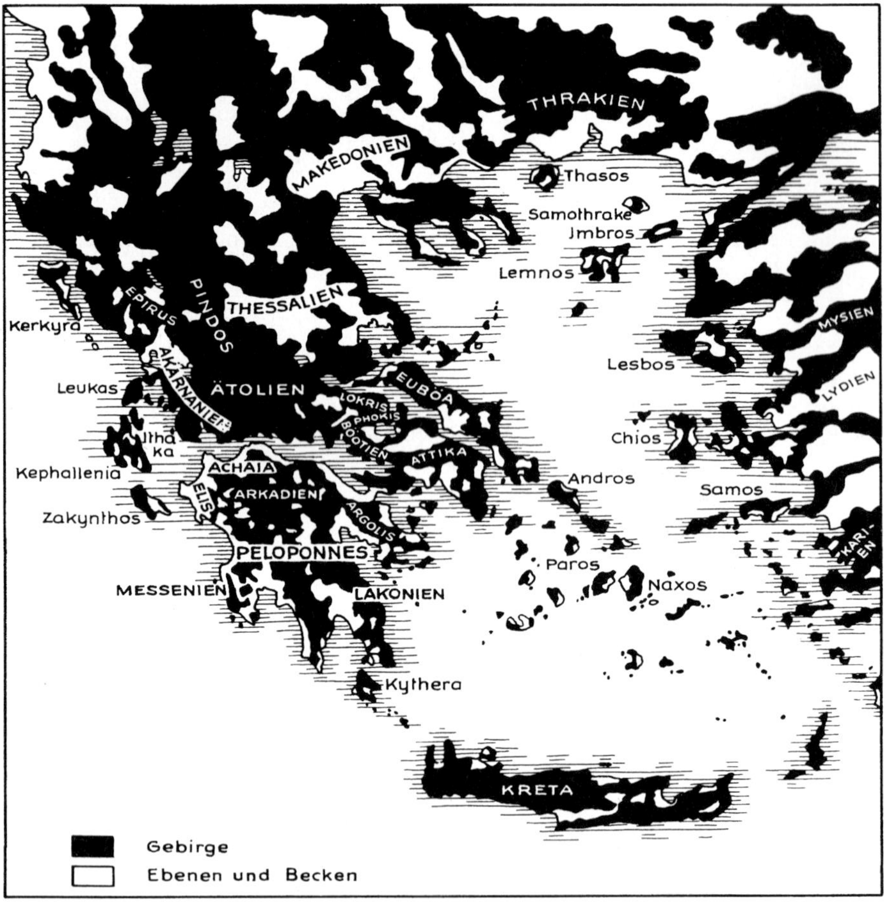

Abb. 2 Gebirge und Ebenen in Griechenland und dem Ägäis-Raum

Prägend für die Landwirtschaft war meist der Ölbaum, der selbst auf den kargen Böden noch den besten Ertrag abwarf. Er galt denn auch als Geschenk der Göttin Athena. Das wird an prominenter Stelle auf dem wichtigsten Monument athenischer Selbstdarstellung, auf dem Ostgiebel des Parthenon, zum Thema.

Die hier für Athen näher geschilderten landwirtschaftlichen Bedingungen waren anderenorts unter Umständen leicht anders akzentuiert, aber in der gesamten mutterländischen *polis*-Welt nirgendwo entscheidend besser. Ein Grundzug dieser naturräumlichen Bedingungen ist ihre große Verschiedenheit. Schon auf engstem Raum konnten sich die Ländereien in Bodenqualität, Wasser oder Zugänglichkeit sehr stark unterscheiden. Die außerordentliche Knappheit an gutem Ackerland macht den schon früh merkbaren Drang der Griechen nach besserem Land nur zu verständlich. Viele fanden es tatsächlich in Unteritalien und Sizilien, an den Küsten Afrikas und Kleinasiens oder gar am Schwarzen Meer. Kolonisten fanden in diesen zwischen dem 8. und 6. Jh. v. Chr. neu erschlossenen Gebieten günstigere Entwicklungsmöglichkeiten.

Die zweite Bedingung bäuerlicher Existenz war die Leistungskraft des *oikos*. Sie hing ab von der Größe des Bodenbesitzes. Dieser war meist nicht besonders umfangreich. Der Landmangel, das Realteilungserbrecht und vor allem im 5. Jh. v. Chr. auch ein politisch bedingtes mangelndes Interesse an grundlegenden Verbesserungen ihrer Wirtschaftsweise verurteilten die Masse der Bauern mehr oder weniger zu einer Subsistenzwirtschaft. Gewiß gab es Unterschiede: Der Besitz von etwa drei bis vier Hektar Land konnte immerhin so viel abwerfen, daß er dem Bauern die Selbstausrüstung als Hoplit und damit die Einstufung in den Zeugitenzensus (in Athen) ermöglichte. Solche gut situierten Bauern blieben jedoch die Minderheit. Die Mehrheit vegetierte trotz aller Arbeit und Mühe am Rande des Existenzminimums.

Arbeit und Mühe waren mithin das Los des Bauern; denn er nannte nur wenig sein Eigen, und dieses bedurfte auch noch der ständigen intensiven Zuwendung, um nicht völlig zu veröden. So blieben die Mahnungen des Bauerndichters Hesiod stets unvermindert aktuell:

> „Arbeite, Perses, erlaucht von Geburt, auf daß dich der Hunger
> Meidet voll Haß, doch dich gern hat im Schmuck ihres Kranzes Demeter,
> Würdig und hehr, und mache von Nahrung voll deine Scheuer.
> Denn der Hunger ist treuer Kumpan dem trägen Gesellen.
> Dem verargen es Götter und Menschen, welcher in Trägheit
> Hinbringt den Tag, wie die Drohnen, die stachellosen, es lieben,
> Welche der Bienen geduldig Bemühn vertilgen in Trägheit,
> Fressend die Tracht. Du mache dich gern an das Maß deiner Arbeit,
> Daß dir der Jahreszeiten Ertrag ausfüllt deine Speicher.
> Tätigkeit ists, die die Männer an Herden reich macht und Silber;
> Und wer zufaßt beim Werk, den Unsterblichen ist er viel lieber.
> Arbeit, *die* ist nicht Schande, das Nichtstun jedoch, das ist Schande."
>
> (Hes. erg. 299-311; Ü.: Walter Marg)

Was der Bauer zu arbeiten hat, folgt aus den Notwendigkeiten des Landbaus: dreimal pflügen von Mai bis November, hacken, aussäen; das Getreide mit der Sichel abschneiden, es dreschen und die Spreu vom Korn trennen; die Weinstöcke beschneiden, auch hier den Boden bereiten, die Trauben ernten und in Hand- beziehungsweise Fußarbeit keltern; dann das harte Geschäft der Olivenernte und des Pressens der Früchte. Die Werkzeuge, die der Bauer benutzte, blieben über viele Jahrhunderte im Prinzip unverändert. Dies ist nicht als Stagnation oder Rückständigkeit zu deuten. Vielmehr zeigt es, daß schon sehr früh technologische Formen gefunden wurden, die den natürlichen und sozialen Bedingungen angepaßt waren und daher über einen langen Zeitraum ihre Funktion erfüllten.

Angesichts dieser Produktivkräfte erstaunt eine mangelnde ökonomische Rationalität: Wer es irgend konnte, wollte im 5. Jh. v. Chr. auf den Besitz eines Sklaven nicht verzichten, selbst wenn dessen Besitz dem *oikos* eher schadete als nutzte. Manche Bauern hatten sogar zwei bis drei Sklaven, die etwa zur Erntezeit sicher gut gebraucht werden konnten, sonst aber dem *oikos* eher Kosten als Nutzen bescherten. Die Erklärung hierfür ist in den politischen Bedingungen in der Zeit des Bürgerstaates zu suchen.

Das von Hesiod beschworene Arbeitsethos stand schon zu seiner Zeit, zu Beginn des 7. Jhs. v. Chr., in Konkurrenz mit anderen Lebensinhalten: der Teilnahme an Kult und Fest, an Volksversammlungen, öffentlichen Schiedsverfahren oder den vielen Gelegenheiten zu informellem Austausch mit anderen Gemeindemitgliedern. In der Zeit der Demokratie hat die vielfältige Inanspruchnahme des Bürgers durch Politik und Krieg den Bereich dann immens ausgedehnt, in dem das Oberhaupt des *oikos* sich mit den die gesamte *polis* betreffenden Angelegenheiten befassen mußte. Der Einsatz von Sklaven hat diese Möglichkeit erheblich verbessert, für manchen kleinen Mann wohl manchmal erst geschaffen.

Der bäuerliche *oikos* ist also die Grundlage des *polis*-Bürgertums. Die weitaus meisten griechischen Bürger waren Bauern, die ihr eigenes Land bestellten oder auf dem Land von Großgrundbesitzern arbeiteten. Landbesitz und das Bürgerrecht der Stadtgemeinde waren eng miteinander verkoppelt, war doch in der Regel nur den eigenen Bürgern erlaubt, Land auf dem Territorium der Gemeinde zu besitzen. Dieses Recht wurde eifersüchtig gehütet, und nur selten wurden Ausnahmen davon zugelassen. Das bäuerliche Grundeigentum war jedoch nicht nur Ausweis der vollgültigen Gemeindemitgliedschaft. Wie zu allen Zeiten war auch der griechische Ackerbürger außerdem stolz auf sein Land und damit zugleich auf seine *polis*. Der Patriotismus, der daraus erwuchs, war bodenständig. Verteidigung der Heimat hieß zunächst Kampf um das kostbare Fruchtland, das man besaß. Die Athener haben diesen Patriotismus der Bauern im 5. Jh. v. Chr. auf eine harte Probe gestellt. Zuerst im Jahre 480, als die Athener beim Herannahen der Perser auf den Rat des Themistokles hin Stadt und Land aufgaben und sich auf ihre Schiffe zurückzogen. Zwei Generationen später dann von Perikles, dessen Strategie gegen die Spartaner im Peloponnesischen Krieg es von Beginn an war, das attische Land preiszugeben und sich hinter die schützenden Mauern der Stadt zurückzuziehen. Militärisch ein sicher richtiger Schachzug, forderte dies von der attischen Landbevölkerung, dem Rückgrat der Bürgerschaft, einen hohen Preis. Thukydides berichtet:

> „Die Athener folgten dem (von Perikles, d. Verf.) vernommenen Rat: sie holten vom Lande ihre Weiber und Kinder herein und den ganzen Hausrat, ja sie rissen sogar von den Häusern das Holzwerk ab; Kleinvieh und Zugtiere sandten sie nach Euboia hinüber und auf die anliegenden Inseln. Weil aber die meisten immer das Leben auf dem Lande gewohnt waren, fiel ihnen diese Aussiedelung sehr schwer."
>
> (Thuk. 2, 14; Ü.: Georg Peter Landmann)

Für viele war die Trennung letztlich ohne Wiederkehr. Besonders hart traf der Krieg nämlich diejenigen, deren Olivenhaine von den einfallenden Spartanern zerstört wurden. Bedenkt man das Übergewicht der Olivenkultur im attischen Landbau, so wird klar, daß der Krieg sehr bald die Existenzgrundlage vieler Bauern vernichten mußte. Olivenbäume benötigen viele Jahre, bis sie tragen. Der Anteil der nicht primär von der Landwirtschaft lebenden Bürger, der aufgrund der politischen Entwicklung des 5. Jhs. v. Chr. ohnehin gewachsen war, wurde infolge des Krieges also größer. Doch die außenpolitische Machtstellung Athens als Zentrum des Ägäishandels und der Zustrom von Fremden boten immer mehr Bürgern auch als Handwerker, im Handel, als Arbeiter und Gastwirte eine Existenz. Viele von ihnen besaßen gleichwohl noch ein Stück Land. Doch daran, daß dieser Wandel den *oikos* solcher Bürger um eine bisher wichtige Dimension und einen Teil seines Ansehens beraubt hatte, war nichts mehr zu ändern. Selbstversorgung war unter den großstädtischen Lebensbedingungen keine realistische Zielsetzung mehr. Perikles selbst gab das Beispiel: Er ließ sich die Einkünfte seiner Besitzungen von einem Verwalter in die Stadt transferieren, um sich mit ihnen auf dem Markt mit dem für sein Stadthaus Notwendigen einzudecken.[3]

Ungeachtet dieser zeitlich begrenzten und hauptsächlich Athen betreffenden Sonderentwicklung war und blieb der *oikos*, der die Familie, das Hauswesen und die bäuerliche Wirtschaft umfaßte, die grundlegende soziale Einheit. Der typische *polis*-Bürger war der bäuerliche *oikos*-Besitzer, und die *polis* insgesamt war nichts anderes als die Gemeinschaft der Hausherren. „Denn jede *polis* ist zusammengesetzt aus Häusern"[4], formuliert Aristoteles lapidar. Ein über den *oikos* hinausgreifendes soziales Gliederungsprinzip, das auf Verwandtschaft gründete, gab es nicht. Sobald das *oikos*-Oberhaupt die allein ihm und seiner Verfügungsgewalt unterstehende Sphäre des *oikos* verließ, betrat es den zwischen den *oikoi* liegenden Raum der Öffentlichkeit. Dieser war in der archaischen Zeit weitgehend von der sozialen Dominanz einzelner Aristokraten bestimmt.

Was aber kennzeichnete einen griechischen Aristokraten und seinen *oikos*?

---

3 Vgl. Plut. Per. 16, 4.

4 Aristot. pol. 1253b 2; Ü.: Verf.

4. Der Aristokrat: Reichtum und Leistung

Jede Gesellschaft ist von horizontalen und vertikalen Strukturelementen geprägt. Der einzelne ist zum einen in verschiedene Personenverbände integriert. In dieser Hinsicht ist für jeden Griechen der *oikos* die gleichartige und grundlegende Einheit, die durch Blutsverwandtschaft gebildet wird. Daneben und auf gleicher Stufe mit anderen, das heißt horizontal, gehört er weiteren sozialen Gruppen an, für die andere, in der Regel das Gemeinschaftsleben betreffende Zugehörigkeitskriterien gelten. Das sind zum Beispiel Phratrien, Demen oder Phylen, deren Bedeutung später im Zusammenhang mit der Struktur der Bürgerstaatlichkeit erklärt werden wird.

Neben diesem horizontalen Gliederungsprinzip gibt es ein vertikales. Es äußert sich für den einzelnen in seiner Stellung in der hierarchisch geordneten Gesellschaft, seine Position im Verhältnis zu den übrigen Gesellschaftsmitgliedern rückt also in den Blick. Dabei ist die Hierarchie im Prinzip einfach: Wie in den meisten vormodernen Hochkulturen ist die Gesellschaft zweigeteilt. Unten eine größere Masse von einfachem Volk, oben eine kleine Gruppe von Aristokraten. Es ist ausdrücklich zu betonen, daß wir in keiner griechischen *polis* Belege für eine Mittelschicht im soziologischen Sinne haben. Die Mittleren, *mesoi*, von denen etwa Aristoteles manchmal spricht, sind ein politischer Begriff und zudem mehr ein Wunschtraum der politischen Theorie des 4. Jhs. v. Chr., als daß es sie in der Realität in relevantem Ausmaß gegeben hätte.

Wodurch nun grenzt sich die aristokratische Sozialschicht ab? Zunächst: Die griechische Aristokratie war keine Geblütsaristokratie, denn es fehlten ja die dafür nötigen größeren Blutsverwandtschaftsverbände. Ebenso fehlen alle Anzeichen für die Ausbildung eines aristokratischen Standes mit rechtlicher und symbolischer Abgrenzung durch äußere Zeichen. Vielmehr resultierte aus der sozialen Vereinzelung jedes *oikos*, daß der aristokratische Status nicht etwas war, das jemand von Natur, das heißt von Geburt an automatisch für sich beanspruchen konnte. Gewiß war die Abkunft von einem Aristokraten immer eine gute Voraussetzung für die eigene Stellung als Aristokrat. Eine Bedingung dafür war die Geburt aber nicht.

Das ist besonders gut sichtbar in der archaischen Zeit. Denken wir an Telemachos' Kampf um den väterlichen *oikos* in der homerischen *Odyssee*. Der Sohn des Odysseus rückt eben nicht automatisch in die Stellung ein, die sein Vater vor seiner Fahrt nach Troja und langjährigen Abwesenheit in seinem *oikos* und in Ithaka innegehabt hat. Eine noch schlimmere Zukunft steht dem Sohn des Hektor, Astyanax, bevor. Seine Mutter Andromache beklagt sein Geschick, wenn Hektor im Kampf einst umgekommen sein wird:

> „Doch jetzt gehst du hinab zu des Hades Häusern unter den Schlüften
> Der Erde, und mich läßt du zurück in verhaßter Trauer
> Als Witwe in den Hallen! Und der Sohn ist so ganz klein noch,
> Den wir erzeugten, du und ich, wir Unseligen! Und nicht wirst du,

Hektor! diesem ein Labsal sein, da du starbst, noch dieser dir.
Denn entrinnt er wirklich dem Krieg, dem tränenreichen, der Achaier:
Immer werden hernach ihm doch Mühsal und Kümmernisse
Sein, denn andere werden ihm schmälern seine Felder.
Und der Tag der Verwaisung nimmt dem Knaben alle Altersgenossen;
Ganz niedergebeugt ist er, voll Tränen sind seine Wangen,
Und darbend geht er hinauf, der Sohn, zu den Gefährten seines Vaters,
Zieht den einen am Mantel, den anderen am Rock;
Und erbarmen sie sich, so hält einer ihm ein wenig den Napf hin,
Netzt ihm die Lippen, netzt ihm aber nicht den Gaumen.
Auch stößt ihn ein Sohn noch blühender Eltern fort vom Mahle,
Schlägt ihn mit den Händen und fährt ihn an mit Schmähungen:
‚Weg da, du! dein Vater ist hier bei uns nicht Tischgenosse!'
Dann kommt in Tränen zurück der Sohn zur Mutter, der Witwe –
Astyanax, der früher auf seines Vaters Knien
Nur Mark und dickes Fett von Schafen schmauste!"

(Hom. Il. 22, 482-501; Ü.: Wolfgang Schadewaldt)

Ähnliches können wir auch noch später beobachten. Die vorgelegten Zahlen über die Liturgiepflichtigen lassen jedenfalls auf eine relativ große Unsicherheit darüber schließen, wer im 5. Jh. v. Chr. als Aristokrat angesehen wurde. Solche Zahlen wären – man vergleiche nur die innere Stabilität der römischen Nobilität – nicht denkbar, hätten wir es mit einer Aristokratie zu tun, deren Ansprüche auf Vorrangstellung durch Blutsverwandtschaft oder andere Kriterien abgesichert gewesen wären. Auch die Tatsache, daß von den bekannten maßgeblichen Persönlichkeiten des 5. und 4. Jhs. v. Chr. nur eine, der Spartaner Lysander, nicht aus einem aristokratischen *oikos* abstammte, beweist nicht das Gegenteil. Denn die historische Bedeutsamkeit dieser Personen ist nicht eine Folge ihres aristokratischen Status, sondern ihrer persönlichen politischen Leistungen.

Der erste wichtige Faktor für eine aristokratische Existenz ist denn auch: die individuelle Tüchtigkeit, die *arete* des einzelnen, von der angesichts der sozialen Risiken die Existenz des *oikos* abhing. Schon bei Homer ist das so, wie das Schicksal des Telemachos zeigt, der, weil minderjährig, noch keine eigene *arete* besitzt und somit den aristokratischen Status, den sein Vater besaß, noch nicht für sich beanspruchen kann. Dies bleibt auch in späterer Zeit unverändert so.

Entscheidend für den Aristokratenstatus ist die Zuerkennung dieses Status durch die Gesellschaft. Sie reagiert damit auf den Anspruch, den jemand auf eine sozial herausgehobene Stellung erhebt und sie durch bestimmte Leistungen öffentlich legitimiert und somit seine *arete* erweist. Die Frage ist, ob es für den dadurch begründeten Status als Aristokrat nicht auch objektive Voraussetzungen und Merkmale gibt.

Bei allen Definitionen, durch die die Griechen selbst den Unterschied zwischen oben und unten in der sozialen Hierarchie zu fassen versucht haben, gibt es immer ein Merkmal, das als unabdingbar überall auftaucht: den Reichtum. Das ist schon bei Homer und in den Quellen zur archaischen Zeit so. Man denke etwa an die Schilderung des fiktiven Lebenslaufs, den Odysseus, noch unerkannt, bei seiner Rückkehr nach Ithaka seinem alten Sklaven Eumaios erzählt. Er sei, so Odysseus, der Bastardsohn eines Aristokraten, bei der Erbteilung daher schlecht weggekommen. Durch große Tüchtigkeit in Krieg und Raubzügen habe er sich dann den für eine aristokratische Existenz erforderlichen Reichtum erworben:

> „(...) da mehrte sich rasch das Vermögen im Hause *(oikos)*;
> Fortan war ich geehrt und gefürchtet unter den Kretern."
>
> (Hom. Od. 14, 233-234; Ü.: Roland Hampe)

Reichtum als Voraussetzung und Anerkennung durch andere als Form der Feststellung von aristokratischem Status kommen hier zum Ausdruck. Eindrucksvoll ist das Kriterium Reichtum in der unter dem Namen des Dichters Theognis laufenden Gedichtsammlung dokumentiert:

> „Oh Reichtum, schönster und wünschenswertester aller Götter, mit Deiner Hilfe wird selbst ein Mann, der ein Unedler *(kakos)* ist, zu einem edlen Mann *(aner esthlos)*."
>
> (Theogn. 1117-1118; Ü.: Verf.)

Daher gilt:

> „Wenn ich noch mein Vermögen hätte wie früher, (...) würde ich nicht aufhören, mit edlen Menschen *(agathoi)* zu verkehren; jetzt aber merke ich, wie der Reichtum an mir vorbeigeht, und die Bedürftigkeit macht mich stumm, obschon ich noch immer bessere Einsichten besitze als viele ."
>
> (Theogn. 667-670; Ü.: Verf.)

> „Armut drückt einen guten Mann *(aner agathos)* mehr als alles andere nieder, mehr als das graue Alter und Fieberfrost."
>
> (Theogn. 173-174; Ü.: Verf.)

Schließlich zitiert viel später der Dichter Euripides ein altes Sprichwort:

> „Nichts hat bei den Menschen höheren Wert als Hab und Gut. Das übt von allen menschlichen Dingen die größte Macht aus.
> (...) Denn ein Aristokrat *(eugenes)*, der arm ist, zählt nicht als solcher."
>
> (Eur. Phoen. 439-440, 442; Ü.: Verf.)

Ohne Reichtum also keine Aristokratie. Das Vermögen des *oikos* ist Grundlage und Zeichen des sozialen Status zugleich. Dieser muß bewahrt und das heißt ständig neu behauptet werden. Da das nicht immer gelingen konnte, ergibt sich das Bild dauernder Gefährdung und einer relativ großen Mobilität. Athen macht trotz der vorgelegten Zahlen im 5. Jh. v. Chr. aufgrund der außergewöhnlichen Stabilität im Inneren hier eher eine Ausnahme. Anderswo aber ging es auch im 5. Jh. v. Chr. genauso, ja in verschärfter Form so zu, wie schon in archaischer Zeit: der aristokratische *oikos* stand und fiel mit der Fähigkeit seines Oberhauptes, ihn gegen An- und Zugriffe von außen zu verteidigen und zusammenzuhalten. War das aus irgend- einem Grund nicht mehr möglich, so war es auch mit dem Aristokratenstatus vorbei. Das Bild des verarmten Edelmannes kannten die Griechen nicht. Bei ihnen galt immer nur: Alles oder nichts.

Das beweisen ex negativo noch die Versuche des Theognis in spätarchaischer Zeit, die Aristokratie stärker an die Abstammung zu binden, wie aus den folgenden Versen hervorgeht:

> „Hör, Kyrnos: Eine *Stadt* ist diese Stadt noch – doch die Leute
> sind andre: die, die früher Recht nicht kannten noch Gesetz,
> vielmehr um ihre Hüften Ziegenfelle schaben ließen
> und außerhalb wie Rehe ästen, fern von dieser Stadt,
> die sind jetzt Noble, Sohn des Polypas! Und die einst vornehm,
> sind jetzt gemein! Wer könnte das ertragen, wenn er's sieht?
> (...)
> Besitztum gibt das Schicksal auch dem ganz verderbten Manne,
> mein Kyrnos. Wert jedoch wird nur ganz wenigen zuteil.
> (...)
> Bei Widdern und bei Eseln, Kyrnos, suchen wir – und Hengsten –
> nach solchen edlen Stamms: von *guten* werde – so der Wunsch –
> gedeckt! Zu frei'n jedoch des niedern Mannes niedre Tochter
> ficht einen Edlen heut nicht an, bringt sie nur viel Besitz;
> und auch die Frau versagt sich einem Niedern nicht als Gattin,
> der reich ist, sondern zieht den, der besitzt, dem Edlen vor.
> . . . .
> Besitztum ehren sie: aus niederm Stande freit der Edle,
> der Niedre aus dem edlen: Reichtum hat den Stand vermischt."
>
> (Theogn. 53-58, 149-150, 183-190; Ü.: Joachim Latacz)

Der verzweifelte und beschwörende Ton dieser Angriffe zeigt, daß sie sich nicht auf ein allgemein anerkanntes Prinzip von Geblütsrecht stützen konnten. Maßgebend war und blieb vielmehr der Reichtum und nur in Verbindung mit diesem auch die aristokratische Abstammung.

Der Reichtum hatte für den Aristokraten in erster Linie eine soziale Funktion. Er war Indikator der herausgehobenen sozialen Stellung und ermöglichte ein Leben in der Muße, dem Auftreten in der Öffentlichkeit gewidmet. Deshalb interessierten den Aristokraten die in seinem Vermögen liegenden rein wirtschaftlichen Potenzen nicht sonderlich. Gewiß war jeder bestrebt, sein Vermögen zu mehren. Das konnte die soziale Stellung nur verbessern. Aber allein um dieses Zieles willen, nicht um seiner selbst willen, nicht aus rein ökonomischen Interessen hat der Aristokrat seinen Reichtum zu vermehren gesucht. Er hat das deshalb weniger durch eine bessere Bewirtschaftung der vorhandenen Vermögensressourcen, also durch Wirtschaftstätigkeit als solche erreichen wollen. Das hätte die eigene Tätigkeit und Aufmerksamkeit zu stark auf den Bereich des eigenen *oikos* gelenkt, in dem sie nicht gebunden werden durfte. Denn vor den Toren des *oikos* lauerte immer der potentielle Feind. Gegen ihn sich abzusichern erforderte, sich auf den zwischen den *oikoi* liegenden öffentlichen Bereich zu konzentrieren. Und hier gab es andere Möglichkeiten, Reichtum zu erwerben. Vermehrung aristokratischen Reichtums war daher hauptsächlich eine Begleiterscheinung der politischen Tätigkeit der Aristokraten: Kriegsbeute, Heiraten, Geschenke, Verleihung von Privilegien, Honorare für die Tätigkeit als Redner, im eigentlich wirtschaftlichen Sinne am ehesten durch Handels- und Geldgeschäfte.

Noch bei Homer sehen wir auch den Aristokraten intensiv mit der Leitung seiner *oikos*-Wirtschaft beschäftigt.[5] Die Helden sind sich sogar nicht zu schade, eigenhändig mit anzupacken: Paris arbeitet am Bau seines Hauses mit[6]; Odysseus hat sein Bett selbst gezimmert[7]; oder er ist als Bauer auf seinen Feldern tätig:

> „Da antwortete und sagte zu ihm der vielkluge Odysseus:
> ‚Eurymachos! Laß es uns beiden einmal zum Wettstreit in der Arbeit kommen, zur Frühlingszeit, wenn lang die Tage werden, im Heu, und ich hätte eine gutgebogene Sichel und auch du hättest eine solche: daß wir uns versuchten an der Arbeit, nüchtern bis spät ins Dunkel, und Gras wäre vorhanden, oder auch Rinder wären anzutreiben, die nur immer die besten wären: rotbraune, große, beide vom Grase sattgefressen, gleichaltrige, gleich stark im Ziehen, und ihre Kraft wäre unerschöpflich, und da wäre ein Viermorgenstück und die Scholle gäbe nach unter dem Pfluge: dann solltest du mich sehen, ob ich die Furche hinschnitte in einem Zuge! Oder auch, es erregte der Kronide (Zeus, d. Verf.) von irgendwoher einen Krieg noch heute, und mir wäre ein Schild und auch zwei Speere und eine Haube ganz von Erz, den Schläfen angepaßt: dann solltest du mich sehen, wie ich mich vorn unter die ersten Kämpfer mischte, und würdest nicht Reden führen und mir den Bauch verhöhnen! (...)‘.“
>
> (Hom. Od. 18, 365-380; Ü.: Wolfgang Schadewaldt)

Die Nachrangigkeit der Wirtschaftstätigkeit im eigenen *oikos* ist also erst eine Folge der Entwicklung der *polis* und der Aristokratie als ihrem integralen Bestandteil. Vermögen und Reichtum bedeuten für den Aristokraten jetzt vor allem, nicht mehr von der eigenen Hände Arbeit leben zu müssen, ja sich mit wirtschaftlichen Fragen möglichst wenig beschäftigen zu müssen. Der Aristokrat befand sich insofern immer in einer widersprüchlichen Lage: Sein Aristokrat-Sein, seine gesellschaftliche Position, gründete in seinem durch Reichtum hervorgehobenen *oikos*. Sie war als solche jedoch nur zu verwirklichen, wenn sich der Aristokrat mit allen Kräften der Welt außerhalb seines *oikos* widmete. Die Konsequenz war ein stadtsässiges Leben, das immer in Gefahr stand, durch Desinteresse die eigene Basis zu unterminieren, auf der allein es dauerhaft bestehen konnte.

Eine weitere Konsequenz war eine spezifische Struktur des aristokratischen *oikos*-Besitzes. Grundsätzlich hatte der landwirtschaftliche Großbesitz keine andere Struktur als der bäuerliche *oikos*, betrieb also keinen spezialisierten Anbau beziehungsweise primär keine Marktproduktion. Der Aristokrat hatte nur meist besseres Land als der kleine Bauer. Die Größe des Besitzes unterschied sich nicht durch ganze Welten vom bäuerlichen wie etwa im Falle der römischen oder häufig der mittelalterlichen Aristokratie. Etwa 40-50 Hektar Land sind die größten uns aus klassischer Zeit bekannten Besitztümer; das ist höchstens das Zehnfache eines sein Auskommen findenden Bauern. Auch die Zahl der für diese Wirtschaft erforderlichen

[5] Vgl. Hom. Il. 18, 550-560.
[6] Vgl. Hom. Il. 6, 314.
[7] Vgl. Hom. Od. 23, 189-201.

Sklaven hielt sich sehr in Grenzen. Zusätzlichen, zeitweiligen Bedarf an Arbeitskräften konnte man mit Tagelöhnern oder nicht ausgelasteten Kleinbauern abdecken. Die Güter wurden meist von einem unfreien Verwalter geleitet, gelegentlich verpachtet. „Insgesamt gesehen waren die athenischen Landeigner keine Großgrundbesitzer."[8] Insbesondere waren große zusammenhängende Ländereien sehr selten. Das Übliche war Streubesitz, was zum einen an der kleinteiligen naturräumlichen Struktur des Landes lag und andererseits das wirtschaftliche Risiko verringerte. „So besaß", das Beispiel stammt von Davies,

> „zum Beispiel Euphiletos aus dem Demos Kydathenaion ein Haus, dessen Lage wir nicht kennen, ein Haus in Semachidai, ein Stück Land in Gargettos, ein Stück Land, einen Garten und ein Haus, alle in Myrrhinoutta und ein Stück Land in Aphidna (das sind alles Namen attischer Demen, d. Verf.)."[9]

Wichtig ist schließlich die Folge dieses Bestandes. Der Streubesitz verhinderte das Aufkommen größerer zusammenhängender, einzelnen Aristokraten gehörender Territorien und damit möglicher sozialer Einflußbereiche. Der aristokratische Landbesitz war mithin kein Ausgangspunkt für die Bildung dauerhafter sozialer Abhängigkeiten zwischen Aristokraten und Nicht-Aristokraten. Eine Institution dauerhafter, gegebenenfalls auch rechtlich gefaßter sozialer Abhängigkeit, wie sie etwa in den Feudalbeziehungen des Mittelalters oder im römischen Klientelwesen gegeben war, kannte die griechische Sozialstruktur nicht.

Die Fragmentierung des attischen Landes in eine große Zahl kleiner bäuerlicher Betriebseinheiten war eine wesentliche Voraussetzung für den demokratischen Bürgerstaat. Vom aristokratischen *oikos* gingen keine Kräfte aus, die den einzelnen Bürger gegenüber dem Ganzen hätten mediatisieren können, wie es etwa im Feudalsystem oder in geringerem Maße auch im republikanischen Rom der Fall war. Die Selbstregierung der Bürger hatte keine ihr entgegenstehenden Bindungen und Loyalitäten zu brechen. Die ökonomische und soziale Potenz, mit der der Aristokrat den öffentlichen Raum betrat, bezog er nicht aus einem bereits vorgängig im sozialen Raum existenten Herrschaftsverhältnis über andere freie Bürger. Es war nur sein eigener, wirtschaftlich besser gestellter *oikos*, für den nur er als Person stand, der dem Aristokraten den notwendigen Rückhalt im Raum von Öffentlichkeit und Politik gab.

---

8 John K. Davies: Wealth and the Power of Wealth in classical Athens. 1981, S. 52. (Ü.: Verf.)

9 Davies a.a.O. S. 53 (Ü.: Verf.).

5. Die soziale Wertschätzung der Landwirtschaft und die europäische Hausväterliteratur

Zu der unerläßlichen Sorge um das eigene Hauswesen gehört auch die große und in Griechenland wie in der Antike allgemein bleibende Wertschätzung der Landwirtschaft als wirtschaftliche Tätigkeit sowie Bemühungen, dies theoretisch zu begründen und den Aristokraten zu Bewußtsein zu bringen.

Bereits Hesiod hatte in seinem Lehrgedicht dem bäuerlichen *oikos*-Besitzer konkrete Ratschläge für die Arbeit und das soziale Verhalten erteilt. Der wirtschaftliche Erfolg und damit die Sicherung der eigenen sozialen Existenz hängt nach Hesiod zu allererst von der unermüdlichen Arbeit des Hausherrn ab. Er soll sein Haus gut bestellen, Vorräte anlegen und sie mehren. Was außerhalb des Hauses ist, bringt im Prinzip nur Schaden: der Raum der Öffentlichkeit ist zu Hesiods Zeiten durch das nicht endende Gegeneinander der aristokratischen Hausherrn gekennzeichnet. Auch der Handel mit den eigenen Erzeugnissen, den Hesiod als Möglichkeit ansieht, „(...) der Not zu entkommen und niederdrückendem Hunger“[10], bleibt dem Ziel der wirtschaftlichen Autarkie des *oikos* verhaftet. Wer diesen verliert, wird zum „Tagelöhner ohne Hausstand“[11], der sich „(...) bedürftig auf fremden Höfen herumdrückt (...)“[12]. Hesiods Thema ist also der Zusammenhang von Wirtschaften und sozialem Status des *oikos*-Besitzers und die sich daraus ergebenden Anforderungen an das Verhalten des Hausherrn: Fleiß, Bescheidenheit, Selbstbezogenheit, Selbstbeherrschung. Wir werden noch sehen, daß diese Ideale teilweise in krassem Gegensatz zu den Vorstellungen der Aristokratie standen. Für den Bauern in seinem *oikos* blieben sie freilich richtungweisend.

Xenophons Schrift *Oikonomikos*, die auch aus verlorenen Schriften des 5. Jhs. v. Chr. schöpft, ist in der Form eines sokratischen Dialogs gewissermaßen der erste wirtschaftstheoretische Traktat in Europa. Er zeigt, daß Wirtschaft *(oikonomia)* für die Griechen keineswegs nur den Vorgang der Reproduktion der Existenz durch Arbeit bedeutete, also das Wirtschaften in einem bäuerlichen Betrieb. Ebenso wichtig wie das Wissen um die Methoden des Landbaus und der Arbeitsorganisation ist für Xenophon die Ordnung der sozialen Beziehungen im *oikos* und die sich daraus ergebenden Anforderungen an das rechte Verhalten des Hausherrn gegenüber seiner Ehefrau und den übrigen *oikos*-Mitgliedern, gegenüber der Arbeit als solcher und über den *oikos* hinaus als Bürger. Der erfolgreiche Landwirt ist für Xenophon zugleich der vollkommene *aner kalos kagathos*, das Leitbild des Aristokraten seit dem 5. Jh. v. Chr.:

> „Ich werde es dir sagen, Sokrates, erwiderte Ischomachos. Es sind nämlich nicht das Wissen und die Unwissenheit der Landwirte, die den einen Überfluß gewähren, die ande-

[10] Hes. erg. 647; Ü.: Walter Marg.
[11] Hes. erg. 602; Ü.: Walter Marg.
[12] Hes. erg. 394-395; Ü.: Verf.

ren aber mittellos sein lassen; auch dürftest du nicht hören, fuhr er fort, wenn die Rede einmal darauf kommt, daß das Hauswesen deshalb zugrunde ging, weil der Landwirt beim Säen den Samen nicht gleichmäßig auswarf oder weil er die Reihen nicht gerade pflanzte; auch nicht, weil einer aus Unkenntnis des richtigen Bodens Weinstöcke auf unfruchtbarem Land setzte, oder weil einer nicht wußte, daß es für die Aussaat gut ist, Brachland vorzubereiten, oder weil jemandem unbekannt war, daß es von Vorteil ist, dem Boden Dung beizumischen. Vielmehr kann man weit eher hören: Der Mann erntet von seinem Acker kein Getreide, denn er kümmert sich nicht darum, daß gesät oder gedüngt wird. Der Mann hat keinen Wein, denn er kümmert sich nicht darum, daß Weinstöcke gepflanzt werden, nicht einmal darum, daß die vorhandenen ihm etwas tragen. Der Mann hat kein Öl und auch keine Feigen, denn er kümmert sich nicht darum und tut nichts dafür, daß er diese (Dinge, d. Verf.) bekommt. Das ist es, Sokrates, was die Landwirte voneinander unterscheidet und wodurch sie sich in einer unterschiedlichen Lage befinden, viel mehr als daß sie anscheinend etwas Schlaues zum Vorteil ihrer Arbeiten entdeckt haben."

(Xen. oik. 20, 2-5; Ü.: Klaus Meyer)

Also ist es nicht in erster Linie das technische Wissen um den Landbau, was den Erfolg gewährt. Landwirtschaft wird nicht verstanden als Transformation der Natur durch menschliche Fertigkeit, sondern als Zuwendung zu einem göttlich gelenkten Naturprozeß. Soweit man diesen begreift, ist er ohnehin allen geläufig.

„Mir scheint die Erde dadurch, daß sie alles leicht verständlich und lernbar darbietet, der beste Prüfstein für die Schlechten und Guten[13] zu sein. Man kann nämlich nicht, wie andere, die ihre Berufe nicht ausüben, die Ausrede vorgeben, nichts zu verstehen, von der Erde wissen vielmehr alle, daß sie einen guten Ertrag liefert, wenn sie gut behandelt wird; also ist die Nachlässigkeit im Bereich des Landbaus ein untrüglicher Hinweis auf eine schlechte Seele."

(Xen. oik. 20, 14-15; Ü.: Klaus Meyer)

Nehmen die Menschen an diesem Naturvorgang, in dessen Mittelpunkt die Gottheit Erde, *Gaia*, steht, teil, so lernen sie dabei zugleich das rechte Verhalten, wie es eines freien Mannes würdig ist.

„Mir wenigstens scheint es unerklärlich zu sein, wenn ein freier Mensch irgendein Besitztum lieber innehat als das (der Landwirtschaft) oder irgendeine (andere) Tätigkeit – angenehmer als diese oder nützlicher für das Leben – gefunden hat. Außerdem lehrt die Erde als Gottheit diejenigen, die zu lernen vermögen, auch Gerechtigkeit; denen nämlich, die sie am besten pflegen, erweist sie dafür am meisten Gutes."

(Xen. oik. 5, 11-12; Ü.: Klaus Meyer)

„Wir gelangten zu der Ansicht, daß für einen ehrenwerten und rechtschaffenen Mann die vornehmste Betätigung und Kenntnis in der Landwirtschaft zu sehen sei, mit deren Hilfe die Menschen sich ihren Lebensunterhalt verschaffen. Diese Beschäftigung nämlich schien uns die leichteste beim Lernen und die angenehmste in der Ausübung zu sein, ebenso die schönsten und kräftigsten Körper hervorzubringen und den Menschen am wenigsten Zeit wegzunehmen, um sich noch um Freunde und Staatsangelegenhei-

[13] Griechischer Text hier korrupt. Übersetzung abweichend von Klaus Meyer nach der griechischen Ausgabe von P. Chantraine (Paris 1949).

> ten zu kümmern. Die Landwirtschaft schien uns aber zugleich auch zur Tapferkeit anzuspornen, da sie den Lebensunterhalt außerhalb der schützenden Mauern hervorbringt und nur solche ernährt, die auch (wirklich) arbeiten. Aus den genannten Gründen steht diese Lebensweise offenbar auch aus staatlicher Sicht in höchstem Ansehen, weil sie dem Gemeinwesen die besten und patriotischsten Bürger stellt."
>
> (Xen. oik. 6, 8-10; Ü.: Klaus Meyer)

Die Bearbeitung des Bodens wird von Xenophon nicht als menschliche Produktionstätigkeit, sondern als Teilnahme an göttlich gelenkten Naturprozessen begriffen. Der technische und instrumentelle Aspekt der Arbeit kann bei der Landwirtschaft nur schwer zutage treten: zwischen der menschlichen Anstrengung und ihrem Ergebnis ist die zeitliche und technische Distanz zu groß. Entscheidend ist daher nicht das Wissen um die agrarischen Produktionsvorgänge, das nach Xenophon ohnehin allen geläufig ist, sondern die Intensität, mit der der arbeitende Bauer sich den natürlichen Vorgängen zuwendet. Er muß der Natur den nötigen Entfaltungsraum schaffen, alles übrige besorgt sie selbst. Der Lohn ist eine gute Ernte. Sie ist ein Geschenk der Götter, sichtbares Zeichen einer gelungenen Kommunikation mit ihnen. Die Aristokratie nimmt an dieser Kommunikation vermittelt durch die abhängig Arbeitenden (Sklaven, Tagelöhner, Pächter) teil. Es ist dieser geradezu einem Gottesdienst gleichkommende Charakter der Landarbeit, der ihr die gesamte Antike hindurch die höchste Wertschätzung unter den menschlichen Wirtschaftstätigkeiten eintrug. Die handwerkliche Arbeit steht in extremem Gegensatz hierzu.

Xenophon hat mit seinem *Oikonomikos* ein literarisches Genre begründet, die sogenannte Hausväterliteratur. In dieser Form begegnet uns in der gesamten vorindustriellen Welt die ökonomische Reflexion. In Rom ist sie vor allem durch die Schriften der drei überlieferten Agrarschriftsteller, Cato (234-149 v. Chr.), Varro (116-27 v. Chr.) und Columella (4-65 n. Chr.) vertreten. Auch bei ihnen findet sich dieselbe Wertschätzung der Landwirtschaft:

> „Und wenn sie einen Ehrenmann lobten, lobten sie ihn so: ein guter Bauer und ein guter Landwirt. Wer so gelobt wurde, schien nach ihrer Auffassung das ehrenvollste Lob erhalten zu haben."
>
> (...)
>
> „Aber von den Bauern stammen die tapfersten Männer und tüchtigsten Soldaten; sie erzielen einen in hohem Maße rechtschaffenen und sichere und am wenigsten mißgönnten Gewinn, und die dieser Beschäftigung nachgehen, führen am wenigsten Böses im Schilde."
>
> (Cato, De agricultura, praef. 2 u. 4; Ü.: Rudolf Till)

> „Von allen den Erwerbszweigen aber, aus denen irgendein Gewinn gezogen wird, ist nichts besser als Ackerbau, nichts einträglicher, nichts angenehmer, nichts eines Menschen, nichts eines Freien würdiger."
>
> (Cicero, De officiis I, 42, 151; Ü.: Heinz Gunermann)

Nach der Wiederentdeckung der antiken Literatur kommt auch die Hausväterliteratur in der frühen Neuzeit wieder auf. Ein herausragendes Beispiel sind die *Ge-*

orgica curiosa von 1682 des Wolf Helmhard von Hohberg (1612-1688), einem niederösterreichischen Landadligen.

Hohberg bewirtschaftete seinen bescheidenen Besitz selbst und hat theoretisch über die Grundsätze seines Wirtschaftens reflektiert. Seine *Georgica* verraten Vergil-Lektüre, vielleicht aber auch Kenntnis Xenophons. Denn die Schrift enthält neben technischen Anleitungen für Landbau und Gutsverwaltung auch Kapitel über die Stellung des Hausvaters und die Pflichten der Hausmutter. Wie bei Xenophon richtet sich die Ökonomik auf die Gesamtheit der im Haus *(oikos)* vorhandenen sozialen Beziehungen. Der Begriff ‚Wirtschaft' ist demgegenüber jünger und wesentlich eingeschränkter.

Auch für Hohberg steht hinter dem Landbau der göttlich gelenkte Naturprozeß: „Die geschickliche Wissenschaft, recht hauszuhalten", scheint ihm „nach der himmlischen Seelennahrung die aller-nöthigste". Gott ist „der menschenliebende himmlische Hausherr, der nicht abläßt, die große Welt-Oeconomiam noch immerdar zu bestellen und zu regieren." Die Landwirtschaft ist für Hohberg ein „jedermann bekanntes Ding, ohne welches das menschliche Leben nicht bestehen kann." Er müsse daher ihren Inhalt nicht ausführlich erläutern, sondern tut es der Kürze halber unter Verweis auf Plutarchs Schrift „Gastmahl der Sieben Weisen". Hier geben die Sieben Weisen, eine im einzelnen wechselnde Versammlung von in der Antike anerkannten moralischen Autoritäten, Antwort auf die Frage, welche Hauswirtschaft die beste sei. Hohberg macht sich ihre Antworten zu eigen:

> „(...) damit es aber auf das kürzeste geschehe, ist die Oeconomia nichts anderes als eine weise Vorsichtigkeit, eine Hauswirtschaft beglückt anzustellen, zu führen und zu erhalten, und wird sich nicht übel herreimen, was der gelehrte Plutarchus in seinem Gastmahl der sieben weisen Griechen erzehlet, daß als Periander von den andern sich erfragt, welche Hauswirtschaft recht glücklich zu achten sey? Habe darauf erstlich Solon geantwortet, diejenige sey es, worinnen kein unrecht erworbenes Gut zu finden, welches zu erhalten kein Mißtrauen und auszuspenden keine Reue nach sich ziehe. Bias habe gesagt, diejenige sey es, in welcher der Hausvater aus freywilligem Hertzen sich also verhält, wie er von außen zu leben, durch die Gesetze angeleitet wird, Thales habe vermeint, wann der Hausvater die mehreste Zeit könne müssig seyn, nemlich, wo das Gesinde fleißig und arbeitsam, sich nicht erst durch viel Gebot antreiben lasse. Cleobulus habe vermeldet, die Hauswirtschaft sey am besten bestellt, in welcher mehr seyen, die den Hausvater lieben als die ihn fürchten. Pittaci Ausspruch war, in welcher nichts Unnotwendiges und Überflüssiges begehrt, auch nichts Notwendiges zu verlangen seye. Endlich habe Chilon geschlossen, diese wäre die glückseligste Wirthschaft, die bestellet sey gleich einer Stadt, darinnen ein weiser Regent die Obsicht habe."[14]

Daher ergibt sich auch für Hohberg die Notwendigkeit, daß der Hausherr persönlich am Wirtschaftsgeschehen teilnimmt. Nur so könne eine gute Hauswirtschaft gelingen:

> „Wäre also zu wünschen, daß die Herren, so große Güter und Felder besitzen, ihnen den Ackerbau selbst besser ließen anbefohlen sein und allerlei teils durch die Alten auf-

[14] Zit. nach: Otto Brunner: Adeliges Landleben und europäischer Geist. Salzburg 1949. S. 241.

> gezeichneter, teils durch die tägliche Erfahrung bekannter Vorteilen sich nützlich gebrauchen und also ihren Dienstboten desto besser und füglicher, was zu tun oder zu lassen, vorschreiben und andeuten, auch daß alles zu gelegensamer Zeit ausgerichtet würde, vorschreiben."[15]

Der Gedanke wird noch erweitert, es erscheint selbst die Regierung des Monarchen wie eine *oikos*-Wirtschaft im großen:

> „Noch höher würde es einem ganzen Lande zum besten gedeien, wenn die landsfürstliche Obrigkeit selbst in diesem Stück durch verständige gewisse, darzu verordnete Bediente jährlich ihr ganzes Land bereiten, der fleißigen oder nachlässigen Haushalter Gebiet, Gründe, Felder und Anbau besichtigen und sowohl gegen dem ihre Gnade als dem letzten ihr Mißfallen nachdrücklich vermerken ließe. So würde auch jede Privatherrschaft diesem löblichen und nützlichen Beispiel folgen und bei ihren unterhabenden Häusern in einem und andern bessere Obsicht halten, damit dem ganzen Land desto besser gewartet, sein Aufnehmen gebessert und dadurch eines jeden Hauswirts Wohlbestand merklich befördert wirde; und obleich dieses verdrießlich und übel practicierlich fürkommt, weil dergleichen Händel in unserm freien Willen stehen und der, so ihme selber übel hauset, einem andern kein Unrecht zu tun scheinet, so ist es doch, wann mans eigentlich abwieget, nicht allein eines nachlässigen Hausvatters, sondern auch der landsfürstlichen Obrigkeit, des Grundherrn, des Eigentümers und seiner Erben und Creditoren Nachteil und Schaden."[16]

Unser Seitenblick auf die frühe Neuzeit und ein Stück Antikerezeption sollte im übrigen auch deutlich machen, daß epochale Scheidelinien zwischen der vorindustriellen und der industriellen modernen Gesellschaft verlaufen. Bei allen historischen Bestimmtheiten im Detail steht hinter Hesiod, Xenophon, Cato wie Hohberg die in der Struktur einheitliche Sozialform der Hauswirtschaft und sind ihre hierauf bezogenen theoretischen Überlegungen im wörtlichen Sinne *oikonomia*, das heißt auf den *oikos* gerichtet. Hohbergs Rückgriff auf die Antike ist folglich keine bloße literarische Attitüde, sondern für ihn in der Sache geboten.

Wirtschaft gehört in dieser vormodernen Welt immer und ausschließlich in den Bereich des *oikos*. Sie spielt deshalb in dem Raum zwischen den *oikoi*, dem Raum der *polis*, des Gemeinwesens, keine Rolle. Allenfalls dort, wo das Gemeinwesen insgesamt dem Modell des *oikos* folgt, in einer Monarchie also, könnte man im übertragenen Sinne von ‚Volkswirtschaft' als der Wirtschaft des monarchischen *oikos* sprechen. In dem Augenblick, wo seit dem 18. Jh. die wirtschaftliche Tätigkeit den Rahmen des einzelnen Hauses in großem Stil zu überschreiten beginnt, werden auch in der Politik wirtschaftliche Kategorien wichtig, und wir befinden uns in einer anderen Welt. Der oben notwendigerweise benutzte Begriff ‚Wirtschaft' ist daher im Grunde nur ein heuristischer. Das Denken in Kategorien wie ‚Volkswirtschaft' oder ‚Wirtschaftspolitik' ist den vormodernen Verhältnissen nicht angemessen.

---

[15] Zit. nach: Otto Brunner a.a.O. S. 293 f.
[16] Zit. nach: Otto Brunner a.a.O. S. 294.

II. Wonach man sich richtete und was man erstrebte: Hausväter und Krieger

1. Ethik als Thema der Sozialgeschichte

Eine große Zahl von Arbeiten in der neueren Historiographie hat gezeigt, wie fruchtbar es sein kann, der Frage nachzugehen, wie die Menschen sich in den Beziehun-

Abb. 3 Panathenäische Preisamphora des Euphiletos-Malers aus Vulci, 510/500 v. Chr. (München, Antikensammlungen, Inv. 1453)
Das wie viele andere griechische Keramik in einem etruskischen Grab gefundene Gefäß war mit heiligem Öl gefüllt und stellte einen Siegespreis bei den panathenäischen Wettspielen in Athen (vgl. Kap. B, VIII, 3) dar. Die Darstellung der verschiedenen Sportler auf solchen immer im gleichen Schema bemalten Amphoren vermittelt eine lebendige Anschauung der Kultur des individuellen Wettbewerbs. Hier streben die Sprinter im Stadionlauf (200 m) nach Aristie.

gen zu ihren Mitmenschen sahen, nach welchen Idealen sie dabei strebten und von welchen Normen ihr Handeln tatsächlich bestimmt war. Es kommt der neueren Sozialgeschichtsschreibung darauf an, in den Köpfen der Menschen der Vergangenheit herumzustreifen, um ihr Handeln und Verhalten besser verstehen zu können. Also ist die Rekonstruktion der Ethik einer Gesellschaft ein legitimer und zentraler Bestandteil der Sozialgeschichte.

Der Wertbegriff spielt in einer Reihe von Wissenschaften eine Rolle, von der Theologie bis zur Nationalökonomie. Für die Verwendung des Begriffs ‚Wert' in der Sozialgeschichte muß folgende Definition zugrunde gelegt werden: Werte sind die grundlegenden Ordnungskonzepte und Leitlinien, an denen die Menschen ihr zweckgerichtetes Handeln orientieren. Werte bezeichnen erwünschte Endzustände sozialer Ordnung, die durch das wertgeleitete Handeln herbeigeführt werden sollen. Werte sind tief in der Persönlichkeit des einzelnen verankert. Nicht jeder ist sich aber der Steuerung seines Verhaltens durch Werte bewußt. In diesem Fall, wo wir also die Wertorientierung nur aus dem Verhalten selbst herauslesen können, sollte statt von Werten lieber von Normen gesprochen werden, denen der einzelne unbewußt folgt. Werte sind daher Ideale, derer sich die nach ihnen Strebenden bewußt sind, die also auch subjektiv etwas Wertvolles darstellen. Sie manifestieren sich in kulturellen Hervorbringungen verschiedenster Art, während Normen nur aus dem jeweiligen konkreten Verhalten zu erkennen sind.

Für die Griechen ist von einem sozial weitgehend einheitlichen Werte- und Normensystem auszugehen. Die Untersuchung muß sich schon von der Überlieferungslage her auf die Aristokratie beschränken. Es gibt aber keine Anzeichen dafür, daß es daneben, das heißt bei den Nicht-Aristokraten, konkurrierende Wertvorstellungen gegeben hätte.

An mehreren Stellen wurde bereits deutlich, daß das Leben eines Griechen zweigeteilt war. Es spielte sich in den beiden grundsätzlich voneinander getrennten Sphären von *oikos* einerseits und *polis*-Gemeinde andererseits ab. Entsprechend unterscheiden sich zwei strikt auseinanderzuhaltende ethische Grundorientierungen: das Ideal des Hausvaters und Hausherrn und demgegenüber das Ideal des Aristokraten in der Gemeindeöffentlichkeit gegenüber seinesgleichen wie Nicht-Aristokraten.

2. Das patriarchalische Ideal

Der Begriff bezeichnet das Verhaltensideal des *oikos*-Oberhauptes gegenüber seiner Familie, Frau und Kindern, wie den ebenso seiner Gewalt unterworfenen freien und unfreien Arbeitskräften und Dienern. Erneut kann die Betrachtung bei Homer beginnen. Vor allem in der *Odyssee* begegnet das patriarchalische Ideal zum ersten Mal und in so eindringlicher und prototypischer Form, daß die gezeichneten Bilder zu Vorbildern für das hausväterliche Verhalten schlechthin geworden sind.

Das schönste Beispiel gibt das Verhältnis des Hausherrn Odysseus zu seinem Sklaven Eumaios, dem Aufseher über die Schweinehaltung. Die Art ihrer Beziehung läßt sich aus den Äußerungen des Eumaios erkennen, die dieser dem von ihm noch nicht erkannten heimgekehrten Odysseus gegenüber macht:

> „(...) einen andern so gütigen Herrn werde ich nicht mehr finden (...) die Sehnsucht nach Odysseus, dem Fortgegangenen, nimmt mich gefangen. Ihn scheue ich mich, Fremder, auch wo er nicht da ist, nur so beim Namen zu nennen – denn über die Maßen war er freundlich zu mir und sorgte für mich in seinem Herzen –, sondern den ‚Lieben' nenne ich ihn, auch wo er fern ist."
>
> (Hom. Od. 14, 138-139; 144-147; Ü.: Wolfgang Schadewaldt)

Es herrscht also ein persönliches, sehr emotional geprägtes Nahverhältnis zwischen Odysseus und Eumaios. Worauf gründete dies? Noch einmal Eumaios mit dem Hinweis auf konkrete Taten des Odysseus ihm gegenüber: Er habe ihm Liebes getan und einen Besitz verliehen: Haus *(oikos)*, Land *(kleros)* und eine vielumworbene Frau,

> „(...) wie solches ein gütiger Herr seinem Diener gibt, der sich viel für ihn gemüht hat, und es hat ihm ein Gott sein Werk gemehrt (dem Odysseus ob seiner trefflichen Verhaltensweise nämlich, d. Verf.). So mehrt sich auch mir dies Werk, bei dem ich ausdauere, darum hätte mir der Herr wohl vieles angedeihen lassen, wenn er hier am Ort gealtert wäre."
>
> (Hom. Od. 14, 64-67; Ü.: Wolfgang Schadewaldt)

Eumaios lebt offenbar als besonders privilegierter Sklave auf einer Art Eigenwirtschaft. Doch auch, wo dies wie zum Beispiel bei den verschiedenen Dienerinnen im Haus nicht so ist, bleibt das, worum es in den Aussagen des Eumaios geht, dasselbe: Das Verhalten des Hausherrn ist darauf gerichtet, den Diener menschlich gut und würdig zu behandeln. Dieser wiederum lohnt es den Herrn auf seine Weise: Er harrt aus im Dienst, eine Alternative dazu kommt ihm nicht in den Sinn. Noch einmal Eumaios: Auch wenn er wieder heim ins Haus des Vaters und der Mutter käme, so jammere er doch um diese verlorene Welt, aus der er als Knabe von phönikischen Seeräubern verschleppt worden war, nicht so sehr wie um den verlorenen Herrn Odysseus.[17] An Flucht oder den Wunsch nach Freilassung denkt er gar nicht.

Gewiß sind das idealtypische dichterische Zeichnungen. Gleichwohl werden in ihnen ein Verhaltensideal und seine Folgen beschworen, das für den *oikos* fundamentale Bedeutung hatte und das deswegen auch ein wichtiges Stück antiker – nicht nur griechischer – Realität widerspiegelt. Ob in Mainz, Trier oder Köln, ob in Lyon, Aosta, dem afrikanischen Timgad oder dem fernen Antalya in Pisidien: überall findet man teils sehr individuelle und ganz persönlich gefärbte Nachrufe auf verstorbene Sklaven oder Freigelassene, deren römische Herren keine Mühe und Kosten für einen nicht selten aufwendigen Grabstein gescheut haben. Auch in dieser von Homer scheinbar so fernab gelegenen Zeit dokumentieren uns solche Zeugnisse die ungebrochene Lebendigkeit und Wirksamkeit des patriarchalischen Ideals.

Die Funktion des patriarchalischen Benehmens des Hausherrn war es, die im Sozialverband des *oikos* mit dem Gewaltmonopol des *kyrios* steckende potentiell große Sprengkraft zu neutralisieren. Der Hausherr und die seiner Gewalt Unterworfenen sollten sich jeder für seinen Teil so verhalten, daß das Zusammenleben im *oikos* für beide Seiten sich nicht nur erträglich, sondern befriedigend gestaltete. Das Verhältnis zwischen Herren und Dienenden, das heißt die soziale Kluft, die sie trennte, wurde dadurch nicht aufgehoben, sondern durch die Form ihrer Bezie-

[17] Vgl. Hom. Od. 14, 140-144.

hungen überbrückt. Das läßt sich auch am Gegenbild jener Diener ablesen, die während der Abwesenheit des Odysseus untreu werden und sich mit den frevelhaften Freiern der Penelope einlassen. Sie alle bestraft Odysseus später aufs härteste. Treue der Diener und menschlich warme und lebendige Beziehungen des Hausherrn zu ihnen sollen den realen sozialen Unterschied weder als Bedrückung aus Sicht der Diener noch als Bedrohung aus der des Herrn empfinden lassen. Nur auf diese Weise war das soziale Gefälle innerhalb des *oikos* aushaltbar und auf Dauer zu stabilisieren.

Es verwundert nicht, daß auch der *Oikonomikos* des Xenophon von diesem Ideal durchdrungen ist. Hören wir die Mahnungen des Sokrates dem jungen Kritoboulos gegenüber:

> „Wie aber, fuhr er fort, wenn ich dir weiterhin nachweise, daß hier die Sklaven alle sozusagen gefesselt sind und sie dennoch in Scharen davonlaufen, dort aber sie sich frei bewegen können und trotzdem arbeitswillig sind und bleiben, scheine ich dir nicht auch in diesem Falle eine beachtenswerte Frage der Hauswirtschaft *(oikonomia)* aufzuzeigen?“
>
> (Xen. oik. 3, 4; Ü.: Klaus Meyer)

Eine andere Stelle betrifft die Ehefrau, auch sie ja der Gewalt des Ehemannes unterworfen:

> „Ich kann dir ferner Männer zeigen, von denen die einen ihre Ehefrauen so behandeln, daß sie in ihnen Mitarbeiter besitzen zur Vermehrung ihrer Hauswesen, die anderen dagegen so, daß sie (ihnen) so viel wie möglich durchbringen.“
>
> (Xen. oik. 3, 10; Ü.: Klaus Meyer)

Schließlich die Maximen des idealen Hausherrn Ischomachos. Eine beschreibt das Verhalten gegen die abhängigen Verwalter der Güter:

> „Bei welchen ich dagegen bemerke, daß sie nicht nur durch den materiellen Vorteil angehalten werden, Gerechtigkeit zu üben, sondern auch den Wunsch haben, von mir gelobt zu werden, diese behandle ich sogleich wie unabhängige Bürger, nicht nur indem ich sie reich mache, sondern auch dadurch, daß ich ihnen Ehren *(timai)* erweise wie hochangesehenen Leuten *(kaloi te kagathoi).*“
>
> (Xen. oik. 14, 9; Ü.: Klaus Meyer)

Die erhellende Schlußfolgerung aus allem lautet:

> „Ich nun halte gerade dies für einen großen Beweis der Tüchtigkeit *(arete)* eines Herrschers, daß ihm alle freiwillig folgen und auch in Gefahren beistehen wollen.“
>
> (Xen. oik. 4, 19; Ü.: Klaus Meyer)

Dieses Ideal der patriarchalischen Herrschaft war weit über die griechische und römische Welt hinaus für die Geschichte des vormodernen Europa von grundlegender Bedeutung. Im Gegensatz zu der anderen Seite des griechischen Normensystems, die noch zu besprechen sein wird, hat dieser Wert sich leicht mit der christlichen Ethik verbinden lassen und damit bis zum Untergang der vormodernen Gesellschaft um 1800 lebendig und wirksam bleiben können. Galt er bei den

Griechen zunächst nur im Bereich des *oikos*, so wurde er schon in der Antike Bestandteil aristokratischer oder monarchischer Herrschaftsideale. Man wird nicht fehlgehen, wenn man die Stabilität von Herrschaftsgebilden dieser Art, sei es nun die Herrschaft der römischen Nobilität oder die irgendeines europäischen Fürsten oder Königs der späteren Zeit, auch darauf zurückführt, inwieweit die jeweiligen Herrscher den Willen besaßen, dieses patriarchalische Ideal, das sie alle in ihren Fürstenspiegeln nachlesen konnten, in wirkliche Politik umzusetzen. In bestimmten Nischen hat es sogar bis ins 20. Jahrhundert überlebt, wie zum Beispiel in den Erinnerungen der Gräfin Dönhoff an ihre ostpreußische Kindheit nachzulesen ist.[18]

Das patriarchalische Ideal ist die der vormodernen Gesellschaft und weithin ihrer politischen Ordnung adäquate Ethik von Herrschen und Dienen. Das Ethos der Bescheidenheit, also nicht mehr begehren zu wollen, als man vernünftigerweise zu erhalten hoffen kann, war die einzige Möglichkeit derer, die die Rolle der Dienenden zu spielen hatten, sich auch in ihrer Existenz und Menschenwürde anerkannt und aufgehoben zu sehen, geschützt vor den Zugriffen unmittelbarer Gewalt. Von den Herrschenden, den sozial Überlegenen, den Aristokraten, forderte diese Ethik demnach ebenfalls Bescheidenheit. Sich patriarchalisch zu verhalten hieß, Selbstbeherrschung zu üben gegenüber den Versuchungen, die bestehenden Gewaltverhältnisse hemmungslos auszunutzen, und darüber hinaus nicht nur Mäßigung in der Ausbeutung zu zeigen, sondern Fürsorge für die Abhängigen walten zu lassen.

Überall dort, wo in der vormodernen Zeit Europas die soziale Dichotomie von Aristokratie und Volk ohne Friktionen den Lebensalltag bestimmt hat, wo die aristokratische Welt im wörtlichen Sinne in der Ordnung war, kann nichts anderes als die Praktizierung dieser Ethik der Grund gewesen sein. Sie ist daher nicht herrschaftslegitimierende Ideologie, da es eine reale Alternative zur bestehenden Sozialstruktur ja gar nicht gab, sondern erfüllt eine unabdingbare Funktion im Leben dieser Gesellschaften.

Ist nun mit der historischen Überholung dieser Ethik und der ihr zugrundeliegenden Sozialverhältnisse in der Moderne auch die Frage nach einer verbindlichen Sozialethik, einer demokratischen Sozialmoral mit dem Ziel der Bewältigung und Steuerung vorhandener Probleme und Konflikte obsolet geworden? Können wir auf die Dauer so tun, als seien mit den Standesschranken auch alle Verhaltenshemmnisse gefallen? Nach der Überwindung des Zustands der Güterknappheit ist das ganze Volk heute de facto in die Lage der früheren Aristokraten geraten. Die Gewaltunterworfenen sind mittlerweile andere, ohne daß die jetzt Herrschenden über die nötigen Wertorientierungen zur Regulierung dieses Verhältnisses verfügen würden. In dieser Situation kann die historische Reflexion auf Funktion und Substanz vergangener Verhaltensformen zumindest das Bewußtsein dafür schärfen, daß wir hier vor einem für unsere Zukunft wichtigen Problem stehen. Aber auch inhaltlich bieten sich Anknüpfungspunkte: Ein zentraler Bestandteil des patriarchalischen Ideals ist die Selbstbeherrschung des Mächtigen. Wird man dieses Gebot,

[18] Vgl. Marion Gräfin Dönhoff: Kindheit in Ostpreußen. Hamburg 1988.

ohne katastrophale Folgen für die Zukunft befürchten zu müssen, weiterhin einfach ignorieren können?

3. Normkontrolle und Normgeltung

Im Gegensatz zur bewußten Verfolgung von Wertidealen sind die meisten Menschen in ihrem Handeln normalerweise von ihnen nicht bewußten Normen geleitet. Wie kommt es im Falle der Griechen dazu, daß diese Verhaltenssteuerung erfolgreich funktionierte?

Normerfüllung und Normgeltung sind bei den Griechen stark ergebnisorientiert. Das bedeutet, daß es weniger darauf ankommt, wie jemand bei seinem Handeln denkt, fühlt, wie er es selbst verstanden wissen will, sondern hauptsächlich darauf, daß er in einer bestimmten Weise mit bestimmten Folgen gehandelt hat. Wenn die Griechen die gesellschaftlich verbindlichen Normen befolgen, so richten sie sich dabei mehr als die Menschen in Mittelalter und Neuzeit nach ihrem Ansehen bei anderen, ihrem Erscheinungsbild in der Gesellschaft. Das liegt sicher auch daran, daß die gesellschaftlichen Beziehungen der Griechen einen stark persönlich-konkreten Charakter haben, ihre Normkontrolle also nicht die ausschließlich transzendental verankerte Normkontrolle des Christentums ist. In ihm sind die Normen in jedem Fall sanktioniert, ganz gleichgültig, ob es zu tatsächlichen Handlungen gekommen ist, ob das Handeln zu sichtbaren Ergebnissen geführt hat oder ob seine Folgen im Gegensatz zu den ursprünglichen Intentionen stehen. Es gibt die Sünden im stillen Kämmerlein ebenso wie solche in Gedanken. Das Gewissen ist hier eine transzendental gelenkte Instanz. Dagegen ist das Gewissen des Griechen durch die erwartbaren Reaktionen seiner Umwelt sanktioniert. Diese zwei Sanktionsweisen sind hier nur idealtypisch gegenübergestellt und kommen derart rein in der Realität nicht vor. Sie dienen aber zur klaren Herausarbeitung der Unterschiede.

Was das patriarchalische Ideal als den einen Teilbereich des griechischen Normensystems betrifft, so ist der hier greifende Sanktionsmechanismus leicht zu sehen: Es sind die manifesten positiven oder negativen Resultate seines Handelns, die den Hausherrn einzig dazu bringen können, sich wie ein guter Hausvater und nicht wie ein Tyrann aufzuführen. Im letzteren Fall werden nämlich die *oikos*-Mitglieder über kurz oder lang zur Rebellion getrieben und die dagegen einzusetzenden Zwangsmittel werden vom *oikos*-Besitzer nicht nur höhere Aufmerksamkeit auf seinen *oikos*, sondern auch Mitteleinsatz und Einbußen an Wirtschaftskraft erfordern. Da das unerwünscht ist, entspringt das patriarchalische Verhalten nicht reiner Menschenfreundlichkeit, vielmehr auch dem schieren Eigennutz.[19] Worin aber bestehen die Kontrollmechanismen für das Verhalten, wenn der *kyrios* aus seinem *oikos* heraustritt? Hier ist nun in den Quellen ausdrücklich geschildert, daß seinem Gewissen zu folgen für den Griechen hieß: das eigene Verhalten im Blick der anderen einzuschätzen. Drei Belege hierzu:

[19] Vgl. die oben zitierten Äußerungen Xenophons.

- Zunächst Homer: Als Hektor von seiner Frau Andromache Abschied nimmt, bittet diese ihn flehentlich, nicht in den Kampf zu ziehen, da sie sein sicheres Ende befürchtet. Hektor erkennt wohl die auf ihn wartenden Gefahren, begründet dann aber seinen Entschluß, dennoch aufzubrechen, wie folgt:

> „(...) Aber zu furchtbar
> Schäme ich mich vor den Troern und schleppgewandeten Troerfrauen,
> Wollte ich mich wie ein schlechter Mann *(kakos)* vom Kampfe fernhalten.
> Auch heißt es mich nicht mein Mut *(thymos)*, da ich lernte, immer ein Edler *(esthlos)*
> Zu sein und unter den vordersten Troern zu kämpfen,
> Zu wahren des Vaters großen Ruhm und meinen eigenen."
> (Hom. Il. 6, 441-446; Ü.: Wolfgang Schadewaldt)

Ähnliche Situationen und teils sogar formelhaft erstarrte Wendungen über die Scham, *aidos*, vor den anderen finden sich in den Epen immer wieder.[20] Den Helden ist dabei vollkommen klar, daß sie jedes Mal ihren eigenen Untergang riskieren. Stärker freilich ist die Sanktion: der Blick der anderen auf das eigene Verhalten und der Zorn, die Verachtung, die Anklage, die man von den anderen zu gewärtigen hat, schließlich die eigene Scham, die Schmach, der Verlust der Ehre, des sozialen Ansehens. Daß sie der Todesfurcht angesichts dieser Drohungen nicht nachgeben, macht die Kämpfer der *Ilias* zu den vorbildhaften Gestalten. Sie führen vor, was im Zweifel, ja auch und gerade in einer existentiellen Situation gelten soll. *aidos*, der Respekt vor den Forderungen der Gesellschaft, für die die am Schluß genannte Norm von elementarer Bedeutung ist, bewegt Hektor in seinem Innersten, dem *thymos*, dem Kern seiner Persönlichkeit. *aidos* wird im *thymos* wirksam, weil Hektor entsprechend erzogen wurde, wie sein Hinweis auf das Lernen und den Vater deutlich machen.

- An einer Passage aus einem Gedicht des Atheners Solon, dem sogenannten Gebet an die Musen, lassen sich ähnliche Beobachtungen machen:

> „Prangende Töchter des Zeus vom Olymp und der Göttin Erinnrung,
> himmlische Musenschar, höret! Ich bete zu euch.
> Segen schenkt mir von Seiten der seligen Götter, von Seiten
> aller Menschen dazu guten und ständigen Ruhm,
> und daß ich süß meinen Freunden *(philoi)* und bitter sei meinen Feinden *(echthroi)*,
> jene mit Achtung *(aidoios)* auf mich blicken und diese mit Furcht *(deinos)*."
> (Solon F 1D. 1-6; Ü.: Hermann Fränkel)

Erneut das regulative Prinzip von *aidos*: Wenn Solon sich so verhält, wie es die Norm gebietet, nämlich seinen Freunden ein Freund und seinen Feinden ein Feind ist, so trägt ihm dies Achtung und Ehre ein. Normkonformität erweist sich darin, daß die eigene Ehre und die derjenigen, denen man sich zugehörig fühlt, in einem für beide Seiten annehmbaren Verhältnis stehen.

---

[20] Vgl. Hom. Il. 17, 91 ff., 22, 104 ff.

- Im 5. Jh. schreibt Herodot eine Begebenheit nieder, die seit der archaischen Zeit mündlich überliefert worden war, inhaltlich aber eben auch für das 5. Jh. Gültigkeit besitzt: Der Lyderkönig Kroisos, der einen Sohn namens Atys hat, verbietet diesem, in den Krieg zu ziehen, ja sogar an Jagden teilzunehmen, weil ihm in einem Traumorakel der Tod des Atys durch etwas Eisernes vorausgesagt ist. Atys, der davon nichts weiß, versucht, seinen Vater umzustimmen:

  > „Lieber Vater, früher einmal war es meine schönste und edelste Freude, in den Krieg zu ziehen, auf die Jagd zu gehen und damit Ruhm zu erwerben. Jetzt hast du mich von beidem ausgeschlossen und hast doch kein Fünkchen Feigheit an mir bemerkt. Mit was für Augen muß man mich denn ansehen, wenn ich auf den Markt gehe oder von da heimkehre? Als was für ein Mann muß ich vor meinen Mitbürgern stehen, wie vor meiner jungen Frau? Mit welch einem Manne muß sie ihrer Meinung nach verheiratet sein? Laß mich also entweder mit auf die Jagd gehen oder überzeuge mich durch eine Begründung, daß es für mich besser ist, wenn es so geschieht!"
  >
  > (Hdt. 1, 37; Ü.: Josef Feix)

  Aus der Anspielung des Atys auf den Eindruck, den er bei seiner Ehefrau macht, wird klar, daß indirekt die *aidos*-Sanktion auch auf die Stellung des *oikos*-Oberhauptes innerhalb des *oikos* einwirkt.

Maßstab für die Beurteilung individuellen wie gemeinsamen Handelns war die Gesellschaft, die dieses Handeln wahrnahm und entsprechend honorierte oder sanktionierte. Angesichts der Bedeutung von *aidos* für Normkontrolle und Normgeltung hat die Altertumswissenschaft ein in der Ethnologie entwickeltes Konzept aufgegriffen und die griechische Kultur als ‚shame-culture', Scham-Kultur, charakterisiert. Eric R. Dodds, der 1951 diesen Begriff zum erstenmal angewendet hat, bezog sich auf die Definition von Ruth Benedict:

> „True shame cultures rely on external sanctions for good behavior, not, as true guilt cultures do, on an internalized conviction of sin. Shame is a reaction to other people's criticism. A man is shamed either by being openly ridiculed and rejected or by fantasying to himself that he has been made ridiculous. In either case it is a potent sanction. But it requires an audience or at least a man's fantasy of an audience. Guilt does not. In a nation where honor means living up to one's own picture of oneself, a man may suffer from guilt though no man knows of his misdeed and a man's feelings of guilt may actually be relieved by confessing his sin."[21]

Zwei sich ausschließende Gesellschaftstypen werden hier einander gegenübergestellt: In dem einen werden Normen nur aufgrund externer, in dem anderen aufgrund interner Sanktionen befolgt. Eine solche Klassifizierung kann indessen allenfalls heuristischen Wert haben. Sie beruht offenbar auf der Annahme, daß es ein ‚Gewissen' nur geben könne, wenn es den Individuen durch eine bestimmte Form

---

[21] Ruth Benedict : The Crysanthemum and the Sword : Patterns of Japanese Culture. London 1947, S. 223. Hier zit. nach Douglas L. Cairns: *Aidos*. The Psychology and Ethics of Honour and Shame in Ancient Greek Literature. Oxford 1993, S. 27.

der westlichen, familialen Sozialisation anerzogen würde. Es ist allerdings mehr als zweifelhaft, ob irgendeine Gesellschaft ohne einen bestimmten Grad der individuellen Internalisierung von Normen auskommen könnte. Mit den empirischen Befunden besser vereinbar ist daher die Annahme, daß alle Gesellschaften sowohl externe wie interne Sanktionsmechanismen benötigen. Normen können nur befolgt werden, wenn die Menschen von ihrem Wert auch innerlich überzeugt sind. Hinsichtlich der Dichotomie von Scham- und Schuldkultur sind die Griechen von der nachantiken europäischen und der modernen Kultur also nicht ums Ganze unterschieden. Ihre im Steuerungsprinzip der *aidos* deutlich werdende Betonung der gesellschaftsbezogenen Wirkung ihrer Handlung bedeutet lediglich eine andere Gewichtung der bei der Normkontrolle maßgeblichen Faktoren.

4. Das Aristie-Ideal

Die Bedingung, die es dem Hausherrn ermöglicht, sich dem patriarchalischen Ideal gemäß zu verhalten, ist, daß es an den sozialen Rangverhältnissen innerhalb des Hauses keinen Zweifel gibt. Jedes *oikos*-Mitglied weiß, wo sein Platz im *oikos* ist und vor allem: daß einer der Herr ist und sein muß. Bei dessen ganzem Handeln innerhalb des *oikos* ging es daher nie um seinen Status.

Dies war dagegen völlig anders außerhalb des Hauses, im Raum der Öffentlichkeit zwischen den Häusern. Jeder *oikos*-Besitzer traf hier zunächst einmal auf seinesgleichen. Besser gesagt: auf jene Gruppe von seinesgleichen, die sich durch ihr Vermögen, vielfach schon ererbt, von der Masse der übrigen *oikos*-Besitzer unterschied. In diesem Kreis von aristokratischen *oikos*-Besitzern war der Status jedes einzelnen nicht von vornherein geklärt, sondern mußte erst noch und immer wieder ausgemacht werden. Für den einzelnen stand stets die Ehre auf dem Spiel.

Der Grad der Ehre, *time*, die der einzelne genoß, bestimmte seinen Status innerhalb der Gruppe der Aristokraten. Angesichts des Fehlens jeglicher über den *oikos* hinausgreifender hierarchischer Sozialverbände hatte dies schwerwiegende Folgen. Anders als in anderen Aristokratien gab es für den Griechen nicht die Möglichkeit, seinen Platz in einem vorgegebenen System von Hierarchien zu finden, wie etwa im Rahmen von Feudalbeziehungen, in einer Ämterkarriere, in einer höfischen Gesellschaft, in einer schon bestehenden Struktur von höherem und niederem Adel. Auch in solchen Rangstufenaristokratien können sich für den Aristokraten Probleme seiner Ehre, seines Ansehens oder Selbstwertes stellen, aber doch viel stärker im Hinblick auf den Grad der Erfüllung von in der Hierarchie vorgegebenen Normen. Zugespitzt an einem Beispiel formuliert: In späteren Aristokratien gab es auch die direkte Ehrauseinandersetzung, das Duell mit dem Gleichrangigen, aber es bildete eine Ausnahmesituation. Das Leben eines griechischen Aristokraten außerhalb seines *oikos* bestand dagegen aus einem unaufhörlichen Sich-Messen. Die Ehre des einzelnen mußte im Wettstreit ständig neu definiert, mußte auf dem offenen Markt errungen und verteidigt werden. Die Konsequenzen dieser Struktur sind weitreichend.

Sie eröffnete dem einzelnen große Möglichkeiten, sei es in eine überragende Position zu kommen, sei es überhaupt erst einmal als Aristokrat angesehen zu sein. Daher das schon vorgestellte Bild der Mobilität. Ferner verhinderte dieser permanente Konfliktzustand die Ausweitung des patriarchalischen Ideals auf die Gesamtgemeinde und damit die Herausbildung eines Klientel- und Patronatssystems. Die Folge waren einerseits eine größere soziale Freiheit für die Masse der Nicht-Aristokraten mit allen darin liegenden sozialen Risiken, aber auch der Notwendigkeit und der Möglichkeiten zur Gestaltung der Gemeinschaftsordnung. Die Kehrseite der Medaille zeigt ein hohes Maß an sozialer Spannung: ein aristokratischer Wettbewerb mit teils verheerenden Konsequenzen sowie eine starke Dichotomie von oben und unten, Aristokraten und Nicht-Aristokraten, die von beiden Seiten ungefiltert empfunden wurde. Die sozialen Gegensätze von Aristokraten und Nicht-Aristokraten waren durch keinerlei Rücksichten eingedämmt.

Stellt das patriarchalische Ideal, wie wir gesehen hatten, die eine Seite des griechischen Normensystems dar, so steht auf dessen anderer Seite also eine hochgezüchtete Wettbewerbsethik. Sie wurzelt in der sozialen Vereinzelung des *oikos*. Die Hauptnorm ist das Gebot für den einzelnen, in allen erdenklichen Bereichen, in denen sich Aristokraten begegnen, besser als die anderen zu sein, sie zu übertreffen. Die prototypische Formulierung der Norm steht abermals bei Homer:

- Zuerst die oben schon zur Frage der Normenkontrolle zitierte Szene zwischen Hektor und Andromache:

> „(...) Aber zu furchtbar
> Schäme ich mich vor den Troern und schleppgewandeten Troerfrauen,
> Wollte ich mich wie ein schlechter Mann vom Kampfe fernhalten.
> Auch heißt es mich nicht mein Mut, da ich lernte, immer ein Edler
> Zu sein und unter den vordersten Troern zu kämpfen,
> Zu wahren des Vaters großen Ruhm *(kleos)* und meinen eigenen.“
> (Hom. Il. 6, 441-446; Ü.: Wolfgang Schadewaldt)

Als Hektor sich dann von seinem Sohn Astyanax verabschiedet hat, fleht er Zeus an mit den Worten:

> „Zeus und ihr anderen Götter! Gebt, daß auch dieser,
> Mein Sohn, werde wie auch ich: hervorragend unter den Troern
> Und so gut *(agathos)* an Kraft, und daß er über Ilios mit Macht gebiete.
> Und einst mag einer sagen: ‚Der ist viel besser als der Vater!‘,
> Wenn er vom Kampf kommt. Und er bringe ein blutiges Rüstzeug,
> Wenn er erschlug einen feindlichen Mann. Dann freue sich in ihrem Sinn die Mutter!“
> (Hom. Il. 6, 476-481; Ü.: Wolfgang Schadewaldt)

- Kurz vor dieser Szene stellt sich der Lykier Glaukon vor:

> „Hippolochos aber zeugte mich, und von ihm sage ich, daß ich stamme.
> Und er schickte mich nach Troja und trug mir gar vielfach auf,
> Immer Bester zu sein und überlegen zu sein den anderen

Und der Väter Geschlecht nicht Schande zu machen, die die weit Besten
Waren in Ephyra wie auch in dem breiten Lykien.
Aus diesem Geschlecht und Blut rühme ich mich dir zu stammen!"
(Hom. Il. 6, 206-211; Ü.: Wolfgang Schadewaldt)

Vers 208 bietet die gültige, von Homer formelhaft benutzte Definition der Norm: „Immer Bester zu sein und überlegen zu sein den anderen *(aien aristeuein kai hypeirochon emmenai allon).*" Mit Bezug auf die griechische Wortwahl kann man diese Norm das ‚Aristie-Ideal' nennen, das aus ihm folgende Wettbewerbsstreben das ‚agonale Ideal', von *agon*, der Wettkampf.

- Den Zusammenhang von Kampf beziehungsweise wie in der *Ilias* Krieg und persönlicher Auszeichnung und damit das unverminderte Fortleben des Ideals zeigt eine Grabstele aus Korkyra vom Anfang des 6. Jhs. v. Chr.:

„Dies ist das Grabmal des Arniades. Ihn hat der wild blickende Ares (der Kriegsgott, d. Verf.) vernichtet in der Schlacht bei den Schiffen am Strom
Aratthos[22]: gewaltig tat er sich dort hervor im tosenden Kriegsgeschrei."
(Inscriptiones Graecae IX, 1, 868 ; Ü.: Verf.)

- Hesiod:

„Auch einen hilflosen Mann, wie die andern, weckt er (der Streit, d. Verf.) zur Arbeit;
Denn auf den Nächsten blickt einer hin und drängt nun zum Wirken,
Auf einen Reichen, der emsig sich rührt beim Pflügen und Pflanzen
Und beim Bestellen des Hauses. Den Nachbarn stachelt der Nachbar,
Wenn er nach Wohlstand strebt. *Der* Streit ist gut für die Menschen!
Und zwischen Töpfer und Töpfer ist Groll, zwischen Zimmrer und Zimmrer,
Und zwischen Bettler und Bettler ist Neid *(phthonos)*, zwischen Sänger und Sänger."
(Hes. erg. 20-26; Ü.: Walter Marg)

Die Stelle ist in zweifacher Hinsicht aufschlußreich: Zum einen zeigt sie, daß das aristokratische Ideal bereits im 7. Jh. v. Chr. auch ins Volk gewirkt hat und dort ebenfalls als etwas Erstrebenswertes galt. Das zweite: Hesiod versucht, das Aristie-Ideal für einen Bereich zu beanspruchen, dem es naturgemäß ganz fremd ist, nämlich für das Verhalten gegenüber dem eigenen *oikos*. Er möchte das Aristie-Ideal für das Arbeitsethos fruchtbar machen. Das mußte mißlingen und hat später auch keine Schule gemacht.

- Schließlich noch spätere Stimmen: Ein beredter Verkünder des Aristie-Ideals im 5. Jh. v. Chr. ist der Dichter Pindar (518-446 v. Chr.). In einer großen Anzahl von Gedichten preist er die Sieger der Wettspiele in Olympia, Delphi, Korinth und Nemea. In seiner ersten olympischen Ode auf Hieron von Syrakus feiert er dessen Olympiasieg im Pferderennen von 476 v. Chr.: Wer in Olympia siegt, so Pin-

22 Fluß in der nordwestgriechischen Landschaft Epirus.

dar, habe im Leben fortan stets süßestes Glück, weil er den Kampfpreis errang. Das sich immer erneuernde *esthlon* (Glück, Inbegriff des Edlen, Beweis der Vortrefflichkeit) erweise sich als Höchstes für jeden Sterblichen.[23]

- In dem Dialog *Hieron* läßt Xenophon den Dichter Simonides zum Tyrannen Hieron von Syrakus sagen:

  „Und gerade dadurch scheint mir, Hieron, der Mensch sich von den übrigen Lebewesen zu unterscheiden, daß er nach Ehre *(time)* strebt. Denn an Essen und Trinken, Schlafen und Liebesgenuß haben anscheinend alle Lebewesen gleichermaßen Freude. Der Ehrgeiz *(philotimia)* aber ist weder den unvernünftigen Lebewesen noch allen Menschen von der Natur gegeben. Die aber, denen ein leidenschaftliches Verlangen nach Ehre und Lob von der Natur gegeben ist, die sind es, die sich am meisten vom Vieh unterscheiden und die als Männer gelten, nicht mehr bloß als Menschen. Daher scheint ihr mir mit Recht all das auszuhalten, was ihr bei der Tyrannis zu ertragen habt, da ihr ja in höherem Maß als die übrigen Menschen geehrt werdet. Denn es scheint ja keine menschliche Freude näher an die Gottheit heranzureichen als die Freude über die Ehren."
  (Xen. Hieron 7, 3-4; Ü.: Ernst Cahn[24])

Hieran schließt nun die Frage, in welchen Bereichen der Aristokrat sich bemüht, der beste sein zu wollen, worin also seine Tugend, *arete*, bestehen muß, damit er als *aristos, agathos, esthlos*, vortrefflich, tugendhaft, edel angesehen wird. Die Beantwortung dieser Frage führt auf drei die großen Felder aristokratischer Tätigkeit: Kultur, Krieg und Politik.

---

23 Vgl. Pind. Ol. 1, 97-100.

24 In: Leo Strauss: Über die Tyrannis. Neuwied 1963. S. 21 f.

III. Was verband: Aristokratische Lebensformen

1. Eine exemplarische Erzählung: Die Brautwerbung bei Kleisthenes von Sikyon

Die Wirkung des Aristie-Ideals auf die Aristokratie als soziale Gruppe ist der ständige offene oder latente Konflikt zwischen den einzelnen aristokratischen *oikos-*

Abb. 4 Kolonnettenkrater des Malers der drei Mädchen (Ausschnitt) aus Korinth (gefunden in Caere, Etrurien), ~580 v. Chr. (Paris, Louvre E 629)
Diese frühe Darstellung eines Gelages gibt das Ambiente wieder, das aus dem *symposion* eine zentrale Institution der aristokratischen Lebenswelt machte: die Demonstration von Reichtum durch den Prunk der Gewänder und des Mobiliars, der Bezug auf die Leistung durch die an der Wand hängenden militärischen Ausrüstungsgegenstände, die Bindung an eine gemeinsame Kultur verkörpert in den Saiteninstrumenten, die Konstituierung einer Sphäre der männlichen Vollbürger jenseits des einzelnen Hauses durch das gemeinsame Essen und Trinken und den Verkehr mit Hetären.

Besitzern. Dennoch können wir von einer sozialen Gruppe sprechen, weil alle Aristokraten dem gemeinsamen Ideal der Aristie verpflichtet sind und dieses in einem ganzen Spektrum von allen gemeinsamen Lebensformen und kulturellen Äußerungen lebendig wird. Alle Aristokraten, wenn sie als solche gelten wollen, haben teil an der aristokratischen Kultur und müssen einen bestimmten Lebensstil pflegen. Dazu gehören Verkehrs- und Repräsentationsformen ebenso wie die vom Aristie-Ideal durchdrungene Bildkunst und Dichtung. Das alles schafft neben der Teilhabe an einer gemeinsamen aristokratischen Mentalität und einem charakteristischen äußeren Erscheinungsbild auch konkrete Bindungs- und Verpflichtungsverhältnisse zwischen einzelnen Aristokraten.

Im folgenden sollen wichtige Formen aristokratischen Lebensstils und aristokratischer Vergesellschaftung vorgestellt werden, indem von einem größeren Quellenzeugnis ausgegangen wird. Wegen der Dichte ihrer Informationen erlaubt diese Quelle, praktisch das gesamte hier in Frage stehende Spektrum von Phänomenen aufzublättern.

Es handelt sich um eine typische Geschichte aus dem Werk des Begründers der Geschichtsschreibung, Herodot von Halikarnassos. Er beschreibt die sogenannte Brautwerbung um Agariste, die Tochter des Tyrannen Kleisthenes. Die Begebenheit spielt um 575 v. Chr. in Sikyon, einer Stadt im Norden der Peloponnes, unweit Korinth. Die Hauptakteure sind Kleisthenes, der von etwa 600-570 v. Chr. Tyrann in Sikyon war, und die Athener Hippokleides und Megakles. Letzterer ist uns auch aus anderen Zusammenhängen bekannt; sein *oikos* ist – eine Ausnahme – über mehrere Generationen hin vom späten 7. bis ins 5. Jh. v. Chr. hinein bekannt. Seine Mitglieder werden in den Quellen gewöhnlich die „Alkmeoniden" genannt. Jedoch ist vor dem bereits erläuterten Hintergrund auch hier nicht von einem Adelsgeschlecht zu sprechen. Nach Kleisthenes von Sikyon war der Sohn des Megakles, Kleisthenes, benannt, der am Ende des 6. Jhs. v. Chr. in Athen eine demokratische Ordnung eingerichtet hat.

> „Kleisthenes war der Sohn des Aristonymos, der Enkel des Myron, der Urenkel des Andreus. Er hatte eine Tochter namens Agariste, die er dem tapfersten und edelsten *(aristos)* aller Griechen, den er fände, zur Frau geben wollte. Als Kleisthenes bei den olympischen Spielen mit dem Viergespann siegte, ließ er durch einen Herold verkünden: Welcher Grieche sich für würdig halte, des Kleisthenes Schwiegersohn zu werden, solle am sechzigsten Tage oder früher in Sikyon erscheinen, da Kleisthenes innerhalb eines Jahres, von diesem 60. Tage an gezählt, die Hochzeit seiner Tochter feiern wolle. Da machten sich alle Griechen, die auf sich und ihr Vaterland[25] stolz waren, als Freier auf nach Sikyon, und Kleisthenes richtete für sie eine Rennbahn und einen Ringplatz ein, eben zu diesem Zwecke.
> Aus Italien kam Smindyrides, der Sohn des Hippokrates aus Sybaris, der glänzendste *(chlide)* Freier, der erschien; Sybaris stand zu dieser Zeit in seiner höchsten Blüte. Aus Siris stellte sich Damasos ein, der Sohn des sogenannten ‚Weisen' *(sophos)* Amyris. Diese kamen aus Italien. Vom ionischen Meerbusen her erschien Amphimnestos aus Epidamnos, der Sohn des Epistrophos. Der kam also vom ionischen Meer. Aus Aitolien kam

[25] Die jeweilige Heimatgemeinde, nicht Griechenland als ganzes.

Males, der Bruder des Titormos, der alle Griechen an Körperkraft übertraf und vor den Menschen in die äußersten Winkel des aitolischen Landes geflohen war. Aus der Peloponnes traf Leokedes ein, der Sohn des Pheidon, des Tyrannen von Argos, jenes Pheidon, der den Peloponnesiern neue Maße geschaffen und von allen Griechen am meisten gefrevelt hatte. In Olympia hatte er die Kampfrichter aus Elis verjagt und die Wettspiele selbst geleitet. Dessen Sohn also kam und Amiantos, der Sohn des Lykurgos, ein Arkader aus Trapezunt. Auch ein Azener aus Paios, Laphanes, der Sohn des Euphorion, der, wie es in Arkadien heißt, die Dioskuren in seinem Hause bewirtet und seitdem jedermann gastlich aufgenommen hat. Aus Elis stellte sich Onomastos ein, der Sohn des Aigaios. Diese also kamen aus der Peloponnes selbst. Aus Athen erschien Megakles, der Sohn jenes Alkmeon, den Kroisos zu sich berufen hatte, und noch ein anderer, Hippokleides, der Sohn des Teisandros, der unter den Athenern an Reichtum und Schönheit hervorragte. Aus Eretria, einer damals blühenden Stadt, traf Lysanias ein; er war der einzige Mann aus Euboia. Aus Thessalien kamen der Skopade Diaktorides aus Krannon und der Molosser Alkon. So zahlreich waren die Freier.
Als diese zu dem festgesetzten Tag erschienen, fragte Kleisthenes zuerst jeden nach seiner Vaterstadt *(patris)* und seinem Geschlecht *(genos)*[26]. Dann behielt er sie ein Jahr bei sich. Er prüfte ihren Mannesmut *(andragathia)*, ihre Gemütsart, ihre Bildung, den Charakter, indem er sich mit jedem einzeln unterhielt und mit allen zusammen. Er führte die jüngeren von ihnen auf die Turnplätze und prüfte sie, was das wichtigste war, beim gemeinsamen Mahl. Solange er sie bei sich behielt, tat er das unausgesetzt, und dabei bewirtete er sie großartig. Am besten gefielen ihm die Freier aus Athen, und unter ihnen besonders Hippokleides, der Sohn des Teisandros, wegen seines Mannesmutes und auch wegen seiner verwandtschaftlichen Herkunft mit den Kypseliden in Korinth.[27]
Als nun der Tag nahte, an dem Kleisthenes die Hochzeit feiern und die getroffene Wahl allen verkünden sollte, opferte er 100 Rinder und lud die Freier selbst und ganz Sikyon zum Festmahl ein. Nach dem Essen wetteiferten die Freier im Vortrag von Liedern und Beiträgen zur Geselligkeit. Im Verlauf des Gelages forderte Hippokleides, der die anderen alle in seinen Bann zog, den Flötenspieler auf, ihm zum Tanz aufzuspielen. Als der Flötenspieler gehorchte, tanzte er, und zwar nach seinem Geschmack sehr schön; dem Kleisthenes aber gefiel die ganze Sache beim Zuschauen nicht. Nach einer Pause ließ Hippokleides einen Tisch hereinbringen und tanzte darauf zunächst lakonische Weisen, dann andere attische, und beim dritten Tanz stand er kopf und schlenkerte mit den Beinen im Takt. Beim ersten Tanz und beim zweiten wies Kleisthenes zwar mit Abscheu den Gedanken von sich, daß Hippokleides noch sein Schwiegersohn werden könnte, eben wegen der Schamlosigkeit des Tanzes; doch er beherrschte sich und wollte ihn nicht beleidigen. Als er ihn aber mit den Beinen so herumbaumeln sah, konnte er sich nicht mehr beherrschen und sagte: ‚Sohn des Teisandros, du hast deine Hochzeit vertanzt!' Hippokleides aber unterbrach ihn und rief: ‚Das kümmert Hippokleides wenig.' Daher stammt das bekannte Sprichwort.
Kleisthenes gebot nun Stille und sprach zu den versammelten Freiern: ‚Freier meiner Tochter! Ihr seid mir alle lieb, und ich möchte, wenn ich könnte, euch allen euern Wunsch erfüllen, ohne einen einzigen von euch durch meine Wahl zu bevorzugen oder die anderen abzuweisen. Da ist aber nicht möglich. Ich habe doch nur eine Tochter zu vergeben und kann es nicht allen recht machen. Ich will aber jedem Abgewiesenem bei die-

26 Gemeint ist die Abstammung. Die Frage geht nach den Vätern und Vorvätern.
27 Kypselos war in der zweiten Hälfte des 7. Jhs. v. Chr. Tyrann in Korinth. Ihm folgte sein Sohn Periander nach. Kypselos war der Urgroßvater des Atheners Hippokleides.

ser Werbung ein Talent Silber[28] zum Geschenk und zur Anerkennung dafür geben, daß er um meine Tochter gefreit hat und so lange von Hause fernbleiben mußte. Meine Tochter Agariste aber verlobe ich dem Megakles, dem Sohn des Alkmeon, nach dem Eherecht der Athener.' Als Megakles sich zur Verlobung bereit erklärte, galt die Ehe als von Kleisthenes geschlossen."

(Hdt. 6, 126-130; Ü.: Josef Feix)

Wertet man diese Geschichte auf die Frage nach den aristokratischen Lebensformen hin aus, ist nicht ihr voller Informationsgehalt auszuschöpfen. Insbesondere ist gerade auf das nicht einzugehen, was Herodot an den Vorgängen in Sikyon am meisten interessiert hat: die Geschichte vom Tanz des Hippokleides. Sie ist eine typische aitiologische Geschichte, die dazu dient, das von Herodot am Ende zitierte Sprichwort in seiner Herkunft zu erläutern. Sachlich führt die Episode vom Tanz des jungen Atheners, der sich in den Augen des Kleisthenes allzu wild gebärdete, vermutlich in die Vorgeschichte der Tragödie. Kleisthenes von Sikyon hatte sich

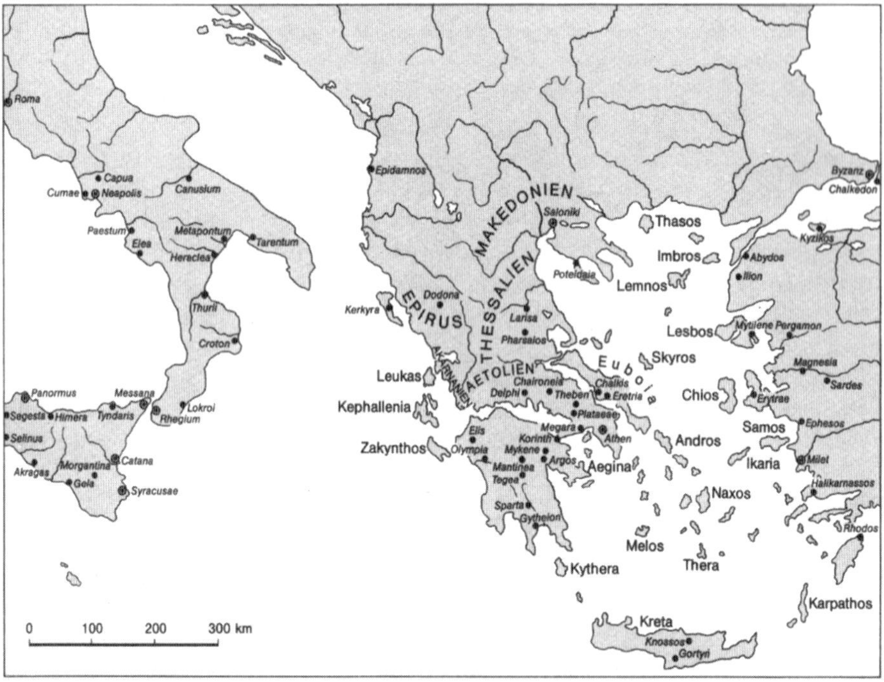

Abb. 5 Die Hauptgebiete der griechischen Welt: Mutterland, Ägäis, Kleinasien, Unteritalien, Sizilien

[28] Ein Talent ist die größte Gewichtseinheit (später der größte monetäre Rechenwert). Je nach lokalen Normen zwischen 20 und 40 kg.

nämlich um Reformen der dionysischen Chor- und Tanzaufführungen bemüht, deren wilden und ungeregelten Charakter er in gebändigtere und geordnetere Formen überführen wollte, wie sie später bei den Großen Dionysien in Athen begegnen.[29]

Das Hauptthema der Geschichte schließlich, die Werbung um Agariste, die Tochter des Tyrannen, und ihre Verheiratung mit Megakles, bildet für unsere Auswertung nur einen unter anderen Gesichtspunkten. Wir müssen daher gleichsam gegen den Strich lesen.

2. Die gemeinsame Wertorientierung

In Hdt. 6, 126 nennt Kleisthenes das Ziel seiner Einladung an die jungen Aristokraten. Er wolle den Tapfersten und Edelsten, *aristos*, unter ihnen als Ehemann für seine Tochter herausfinden. Das Wort *aristos* umschreibt also den allen gemeinsamen höchsten Wert, das Überlegensein gegenüber den anderen. In Kap. 127 werden die Freier vorgestellt und bei etlichen von ihnen wird gesagt, worin sie sich bereits hervorgetan haben. Dies ergibt in der Summe einen aristokratischen Tugendkatalog, der Möglichkeiten des *aristos*-Seins inhaltlich beschreibt. All diese Werte lassen sich auch auf das Geschehen am Tyrannenhof beziehen, wie es im folgenden erzählt wird und worin die spezifischen Qualitäten der einzelnen Freier sich erweisen können. In der Reihenfolge des Auftretens im Text:

- Äußere Repräsentation:

  Smindyrides aus Sybaris wird als der „glänzendste“ Freier bezeichnet. Gemeint ist die Gesamtheit des Eindrucks, den jemand durch sein Auftreten in der Öffentlichkeit hervor ruft. Woraus sich diese Wirkung ergibt, kann unterschiedlich sein. Das von Herodot gebrauchte Wort *chlide*, Prunk, verweist auf einen Aufwand an Kleiderluxus, Schmuck und anderer kostbarer Ausstattung. Sybaris galt in der Antike als Inbegriff von üppigem Wohlleben. Äußere Repräsentation konnte etwa beim *symposion* oder bei Wettspielen entfaltet werden.

- Weisheit:

  Der Freier Damasos aus Siris ist der Sohn des Amyris, eines Weisen, *sophos*. Daß die auszeichnende Eigenschaft hier dem Vater zukommt, hat wenig zu bedeuten und erscheint auch im weiteren wieder. Offenbar wird erwartet, daß der Sohn in die Fußstapfen seines Vaters tritt. *sophia* ist übrigens keine kontemplative Haltung, sondern lebenspraktische Klugheit. Die Leistungen der Sieben Weisen bestehen in dem Wissen um eine bessere Ordnung des Zusammenlebens und deren praktischer Verwirklichung. Auch Amyris gehört in den Kreis der

[29] Vgl. Konrad H. Kinzl: Zur Vor- und Frühgeschichte der attischen Tragödie. – In: Klio 62, 1980, S.177-190.

Sieben-Weisen-Sage. Später wird in der Geschichte noch der Gesetzgeber Pheidon von Argos genannt. Weisheit konnte der Freier in den Gesprächen an den Tag legen, die Kleisthenes mit den Bewerbern führen wird.[30]

- Körperkraft:

Males aus Aitolien zeichnete sich durch seine Körperkraft aus. Dieses Merkmal erscheint völlig gleichberechtigt neben den anderen. Körperliche Tüchtigkeit war eine Voraussetzung für kriegerische Leistungsfähigkeit und als solche hoch angesehen. Im Laufe der archaischen Zeit wurde die Ausbildung des Körpers freilich auch zu einem Wert an sich, der in dem betont männlichen Milieu der Aristokratie eine große Rolle spielte. Dem Beweis der Körperbildung dienten die sportlichen Wettspiele, die *agones*. Sie sind deshalb ein wichtiger Teil der Prüfungen, die Kleisthenes durchführt.

- Negative Aristie:

Der Gedanke des Sich-Hervortuns ging sogar so weit, daß auch ein herausragender Frevel jemanden auszeichnen konnte, so bei Pheidon von Argos in Olympia. Ähnliches findet sich in der folgenden Geschichte: Hippokleides ragt mit seinem in den Augen des Kleisthenes frevelhaften Tanz zweifellos aus den anderen heraus, da sein Verhalten Anlaß für eine bis zu Herodot reichende mündlich überlieferte Geschichte wurde.

- Gastfreundschaft:

Das Haus des Laphanes aus Paios in Arkadien war für seine Gastfreundschaft berühmt. Da die Gastfreundschaft ein zentrales Strukturelement der aristokratischen Geselligkeit war und einen hohen Aufwand erforderte, konnte man sich auch hierin Ruhm erwerben. Dies ist ein wichtiges Motiv für die Einladung des Kleisthenes, und die Art, wie er sie zelebriert, läßt darauf schließen, daß er sein Ziel mehr als erreicht hat.

- Schönheit:

Sie ist der andere Aspekt der körperlichen Erscheinung und entsteht durch die gleichmäßige Ausbildung des Körpers, während die Körperkraft durchaus auf einseitige Leistungen ausgerichtet sein kann. Schönheit kommt vor allem bei den *agones* und beim *symposion* zur Geltung und gilt als Ausdruck innerer Tugend. Außerdem verweist sie auf die Sexualität in dieser männlichen Kultur. In unserer Geschichte wird das nur indirekt angesprochen: Es ist Hippokleides, der für seine Schönheit gerühmt wird und der dann später beim Tanz jene auffällige Vorführung gibt.

---

30 Vgl. Hdt. 6, 128.

- Reichtum:

Über ein ausreichendes Vermögen mußte ein Aristokrat in jedem Falle verfügen. Er konnte freilich auch danach streben, so reich wie kein anderer zu werden. Hippokleides und Megakles, den beiden athenischen Konkurrenten, sagt unsere Geschichte besonderen Reichtum nach. Für Megakles ist das der Anspielung auf die Geschichte von Alkmeon und Kroisos zu entnehmen.[31] Reichtum ist schließlich das Fundament für das gesamte Verhalten des Kleisthenes, das zugleich demonstrativen Charakter hat.

3. Die *agones*

Kleisthenes richtete den Bewerbern um die Hand seiner Tochter eigens eine Rennbahn und einen Ringplatz ein. Die dort stattfindenden Wettkämpfe waren eine wichtige Prüfung ihrer *arete*. Sie konfrontierte die zum Wettkampf antretenden Aristokraten nicht mit etwas Außergewöhnlichem. Vielmehr gehörte sportlicher Wettstreit schon von homerischer Zeit an zu den vornehmsten Betätigungen der Aristokratie. Zu Ehren des Odysseus veranstalten die Phaiaken sportliche Spiele, damit der Gast nach seiner Heimkehr von der Überlegenheit des Phaiakenvolkes berichten könne.[32] Der demonstrative Zweck der Veranstaltung ist also wohl bewußt. Nach einer ersten Kampfrunde in mehreren Disziplinen wird Odysseus aufgefordert mitzumachen, denn:

> „(...) gibt es doch für einen Mann, solange er lebt, keinen größeren Ruhm *(kleos)* als das, was er mit seinen Füßen ausrichtet und mit seinen Armen!"
>
> (Hom. Od. 8, 147-148; Ü.: Wolfgang Schadewaldt)

Odysseus jedoch möchte seine Abfahrt nicht länger hinauszögern und lehnt das Angebot zunächst ab.

> „Da antwortete ihm hinwieder Euryalos und schmähte ihm ins Angesicht: ‚Nein doch! Wahrhaftig, Fremder, du siehst mir nicht nach einem Mann aus, der sich auf die Kämpfe *(athla)* versteht, wie deren viele unter den Menschen in Übung sind (...)'."
>
> (Hom. Od. 8, 158-160; Ü.: Wolfgang Schadewaldt)

Ein Händler, das heißt kein Mann von *arete* sei er vielmehr. Herausgefordert durch diese Worte schleudert Odysseus daraufhin den Diskus weiter als alle anderen und zeigt sich auch bereit, es in allen übrigen Disziplinen mit jedem Phaiaken aufzunehmen. Mit dieser Wendung hat sich Odysseus für alle sichtbar als Aristokrat erwiesen, und er wird von den Phaiaken deswegen hoch geehrt.

Vergleichbares spielt sich bei der Rückkehr des Helden ins heimatliche Ithaka ab. Es ist der Sieg in einem sportlichen *agon*, durch den sich Odysseus als legiti-

---

31 Vgl. Hdt. 6, 125.

32 Vgl. Hom. Od. 8,101-103.

mer Herr seines Hauses erweist: Der von Penelope angeordnete Wettkampf besteht im Durchschießen von zwölf hintereinander gestellten Äxten (vermutlich kupfernen Metallplatten) – eine Aufgabe übrigens, die auch zur Herrschaftslegitimation des ägyptischen Pharao gehörte. Indem Odysseus sie meistert, setzt er sich wieder in seine alten Rechte ein.

Im Laufe der archaischen Zeit entwickelt sich das sportliche Kräftemessen zu einem Signum der griechischen Kultur schlechthin. Die zahlreichen Gelegenheiten, bei denen der einzelne seine körperliche Tüchtigkeit unter Beweis stellen konnte, werden zu einem eigenständigen Bereich von Aktivitäten, die als einem Aristokraten angemessen erachtet werden. Neben einzelnen Aristokraten zu besonderen Anlässen wie Hochzeit oder Begräbnis veranstalten nun auch viele Gemeinden sowie eine Reihe gemeingriechischer Heiligtümer sportliche *agones*. Diese neue Erscheinung beeinflußt die kulturelle Entwicklung auf zahlreichen Gebieten: Erziehung, Architektur, Kunst, Handwerk.

Ursprünglich sind diese sportlichen Wettbewerbe eine Form von Opfer und daher Bestandteil des religiösen Ritus. In der sportlichen Betätigung des Körpers wird ohne unmittelbaren praktischen Zweck menschliche Lebensenergie verausgabt, die durch körperliche Vorbereitung und gezieltes Training zuvor besonders intensiv aufgebaut worden ist. Wie als Opfertier ein besonders schönes Exemplar geweiht wird, so weiht auch der Athlet sich und seine Leistung der Gottheit. Und wie beim Schlachtopfer des Tieres können auch mit dem Opfer des Athleten verschiedene Absichten und Wirkungen verbunden sein: Versöhnung der Gottheit oder der Geister des Toten (Leichenspiele); Votivopfer in Gestalt der begrenzten Verausgabung von Lebensenergie zur Regeneration der körperlichen Leistungsfähigkeit; zweckfreies gemeinschaftliches Spiel zur Stärkung des gemeinschaftlichen Zusammenhangs.

Dieser als Opferkult zu verstehende ursprüngliche Sinn der Athletik bleibt insofern auch später präsent, als die sportlichen *agones* stets Bestandteile von Kultfesten blieben. Am bekanntesten und berühmtesten waren die panhellenischen Spiele, die seit dem frühen 6. Jh. v. Chr. außer in Olympia auch in Delphi, Nemea und bei Korinth in einem regelmäßigen Zyklus stattfanden.

Die *agones* in Olympia waren noch bis Anfang des 7. Jhs. lediglich ein bescheidenes Element des bedeutenden Kultfestes für Zeus, zu dem die Eleier bald die gesamte griechische Welt einluden. Olympia war in dieser Frühzeit primär als eine Orakelstätte berühmt, und die dort gefundenen Weihungen sind noch weit bis in die archaische Zeit hinein fast ausschließlich als Gaben für die Weisungen des Gottes anzusehen. Olympia war wie Delphi ein Ort, an dem sich Griechen aus allen Himmelsrichtungen versammelten, um ihren Gott zu ehren und miteinander in friedlichen, vermutlich auch wirtschaftlichen Austausch zu treten. Seit dem 7. Jh. v. Chr. nahm – wieder wie in Delphi – die Bedeutung der kultischen *agones* stark zu, um schließlich zum dominierenden Zug des olympischen Festes zu werden.

Der Hintergrund für diese Entwicklung war die mit der Herausbildung der *polis* einhergehende schärfere Profilierung der Aristokratie als sozialer Schicht. Wir können daher an den sportlichen *agones* charakteristische Merkmale im Erscheinungsbild der griechischen Aristokratie erkennen.

Das Zeusfest von Olympia wurde alle vier Jahre Ende Juli/Anfang August gefeiert. Es dauerte sechs Tage, wobei die Hälfte davon den sportlichen Wettkämpfen galt. Am zweiten Tag fanden die *agones* der Jugendlichen, am dritten Tag die Pferde- und Wagenrennen und am fünften Tag die Laufwettbewerbe und Kampfsportarten statt. Wie die Übersicht zeigt, waren die sportlichen Ereignisse in einem von religiösen Ritualen bestimmten Festablauf[33] eingebunden:

1. Tag:	– Eid der Wettkämpfer und Trainer vor der Statue des Zeus Horkios (Schützer der Eide)	
	– Einteilung der Wettkämpfer und Pferde in Altersklassen	
	– Agon der Trompeter und Herolde (seit 396 v. Chr.)	
2. Tag:	– Agone der Jugendlichen	
3. Tag:	– vormittags:	hippische Agone
	– nachmittags:	*Pentathlon*
	– abends:	Riten für Pelops
4. Tag:	– Prozession und großes Opfer für Zeus	
(Vollmond)	– Festmahl im Prytaneion	
5. Tag:	– vormittags:	Laufwettbewerbe *(Dolichos, Stadion, Diaulos)*
	– nachmittags:	Kampfsportarten (Ringkampf, Faustkampf, *Pankration*); Waffenlauf
6. Tag:	– morgens:	Siegerehrung vor dem Zeustempel
	– abends:	Bewirtung der Sieger im Prytaneion

Wer in Olympia siegte, hatte als Athlet den höchsten Erfolg errungen; er hatte seine Aristie, seine Bestheit, unter Beweis gestellt. In archaisch-klassischer Zeit jedenfalls gehörte er mit dieser Leistung zur Aristokratie. Der Zusammenhang zwischen sportlichen *agones* und aristokratischem Sozialstatus läßt sich folgendermaßen aufzeigen:

- *agon* und aristokratischer Sozialstatus:

  Noch bis ins 5. Jh. v. Chr. hinein, als erstmals vereinzelt Berufsathleten auftraten, mußte man Aristokrat sein, um an den *agones* teilnehmen zu dürfen. Denn sie erforderten viel Übung und damit zeitliche Abkömmlichkeit von der Arbeit. Die Muße, sich gemeinsam mit anderen in der *palaistra* auf Wettkämpfe vorbereiten zu können, ist daher ein Ausweis aristokratischer Existenz. Sie ermöglichte auch eine gemeinsame Erziehung, das heißt über die gymnischen Übungen hinaus eine Einübung in das Leben eines Aristokraten ganz allgemein. Ferner boten die Wagenrennen die Möglichkeit, besonderen Reichtum zu dokumentieren, da die Aufwendungen für Pferdezucht und Fahrtraining sehr kostspielig waren.

---

33 Übersicht aus: Wolfgang Decker: Sport in der griechischen Antike. München 1995, S. 46 f.

- *agon* und Aristie-Ideal:

  Mit Ausnahme des Waffenlaufs hatte keine der Sportarten irgendeinen Bezug zum praktischen Leben. Die sportlichen Übungen waren rein spielerischer Natur. Sie waren deshalb hervorragend dazu geeignet, die aristokratische Hauptnorm, das Aristie-Ideal, auszuleben und dadurch den jeweiligen sozialen Status des einzelnen Aristokraten ständig neu zu ermitteln. Dies war aufgrund der in dem Aristie-Ideal enthaltenen Forderung, sich anderen als überlegen zu erweisen, unbedingt notwendig. Wenn es im Rahmen sportlicher Auseinandersetzung geschah, so entlastete es die Gesellschaft von Konflikten.

- agon und stasis:

  Diese Konflikte, *staseis*, auf die im nächsten Kapitel näher einzugehen sein wird, konnten jedoch durch eine andere Konsequenz der *agones* auch angeheizt werden, nämlich dadurch, daß sich den Aristokraten – vor allem bei den panhellenischen Spielen – ein großes internationales Forum eröffnete, auf dem sie in Austausch und enge Verbindung mit Aristokraten aus anderen Gemeinden treten konnten. Solche über die einzelne *polis* hinausgreifenden Beziehungen konnten jedoch leicht zu ausschlaggebenden Faktoren in den inneren Machtkämpfen werden.

- Der Sieger:

  Eng damit hängt etwas anderes zusammen: Der Sieger in Olympia oder Delphi war für die Griechen nicht einfach ein hervorragender Sportsmann. Er hatte sich mit seinem Sieg als *esthlos* und *aristos* erwiesen. Diese ‚Bestheit' kennzeichnete aber seine ganze Persönlichkeit. Daher konnten Sieger in den *agones* ihren Ruhm immer wieder erfolgreich auch in politische Vorrangstellungen ummünzen oder es zumindest versuchen. So etwa ein gewisser Kylon, der sich nach einem Sieg im olympischen Laufwettbewerb mit Hilfe seines Schwiegervaters, des Tyrannen von Megara, in Athen um 630 v. Chr. zum Tyrannen aufschwingen wollte. Der Versuch mißlang. Mehr Erfolg hatte der Athener Kimon, der mit seinen Pferden zweimal hintereinander das Wagenrennen in Olympia für sich entschied und mit dem sich der Tyrann Peisistratos von Athen wohl oder übel arrangieren, das heißt das ihm zuerkannte hohe Sozialprestige akzeptieren mußte. Als Kimon ein drittes Mal gewann, wurde er für die athenischen Machthaber schließlich so gefährlich, daß ihn die Söhne des Peisistratos ermorden ließen.[34]

- Die Preise:

  Die bei den großen *agones* errungenen Preise waren nur symbolische Anerkennungen der Aristie, verschiedenerlei Kränze etwa oder heiliges Öl in kostbaren

[34] Vgl. Hdt. 6, 103.

Gefäßen. Bei vielen Wettbewerben gab es allerdings auch nicht unbeträchtliche materielle Preise zu gewinnen. Für manchen Aristokraten stellte dies eine Möglichkeit dar, sein Vermögen aufzubessern.

- Die Ehrungen:

  Dazu kamen meist zahlreiche Ehrungen der Heimatstädte in Form von demonstrativer Zuerkennung höchsten Ruhmes bis hin zu kultischer Verehrung; daneben Privilegien und materielle Zuwendungen. Hinter solchen Bemühungen der Gemeinden stand auch die Absicht, die Stadt als ganze an dem überragenden Ruhm des Siegers teilhaben zu lassen. Aristokratische *philotimia* sollte sich nicht neben der Gemeinde oder gar gegen sie entfalten. Die Gemeinden sahen ihre Olympiasieger daher als wichtige Repräsentanten an und versuchten, sie als solche in Dienst zu nehmen und an sich zu binden. Ein berühmtes Beispiel ist der Ringkämpfer Milon aus dem unteritalischen Kroton. In der 2. Hälfte des 6. Jhs. v. Chr. errang er insgesamt 32 Siege allein an den vier großen panhellenischen Spielen, wobei er sechsmal alle vier Wettbewerbe hintereinander gewann. Dies wurde von keinem Späteren übertroffen und bildete den Anlaß für lebhaften Nachruhm in Geschichten und Legenden. So soll er 511/10 v. Chr. das Heer seiner Heimatstadt gegen das rivalisierende Sybaris geführt und allein durch sein Auftreten im Siegerornat und als Herakles im Löwenfell und mit der Keule bewaffnet die Feinde in die Flucht geschlagen haben.[35]

4. Die Gastfreundschaft

Herodots Geschichte erzählt unter anderem von einem herausragenden Beispiel von Gastfreundschaft. Die Freier seiner Tochter sind die Gastfreunde, *xenoi*, des Kleisthenes. Durch die großartige Weise, in der dieser sie in sein Haus aufnimmt, gibt er ein denkwürdiges Vorbild und beweist auch dadurch seine Qualitäten als Aristokrat.

Die Maßstäbe hatte wieder bereits Homer gesetzt. Die Epen sind übersät mit Exempeln gelungener Gastfreundschaft wie mit Fällen frevelhafter Verfehlungen dagegen. Die Wurzel der Norm ist leicht zu erkennen, geht man von den Konsequenzen der sozialen Vereinzelung des *oikos* aus: Ohne ein großräumigeres Netz verwandtschaftlicher Beziehungen war man in der Fremde jenseits der eigenen Gemeindegrenzen prinzipiell recht- und schutzlos. Dem Fremden begegnete man mit Mißtrauen, und dieser mußte seinerseits bestrebt sein, seine Friedfertigkeit glaubwürdig unter Beweis zu stellen. In diese gespannte Situation konnte jeder, besonders der Aristokrat, schnell geraten, da die höchst fragmentierte politische Struktur die Fremde oft nicht weit hinter der eigenen Haustür beginnen ließ. Diese für den

---

35 Vgl. Diod. XII, 9, 5-6.

Fremden wie den Einheimischen mißliche Lage konnte in der sozialen Institution der Gastfreundschaft überwunden werden. Sie legte beiden Seiten Verpflichtungen auf: dem Gastgeber, seine Abwehr gegen den Fremden aufzugeben und ihn als Gast gut und großzügig zu behandeln; dem Fremden, in dem gastlichen Haus seine Friedfertigkeit vor allem durch rückhaltlose Offenheit zu zeigen. Das Gebot der Gastfreundschaft ist allgemeingültig und von Zeus Xenios geheiligt: „Denn von Zeus her sind allgesamt die Fremden und die Bettler“, so der Schweinehirt Eumaios zu Odysseus.[36]

Die prototypische Verwirklichung der Norm führt uns Odysseus' Aufenthalt bei den Phaiaken vor. Beginnend mit der Königstochter Nausikaa legen sie bald ihre anfängliche Reserve gegenüber dem Fremden ab, der König Alkinoos nimmt ihn wie es sich gehört in sein Haus auf, bewirtet ihn reich, veranstaltet ihm zu Ehren Spiele, musische Aufführungen und Gastmähler und entläßt ihn am Ende reich beschenkt in seine Heimat Ithaka. Odysseus wiederum lohnt den Phaiaken all dies, indem er ihre grenzenlose Neugier befriedigt und ausführlich seine Abenteuer erzählt. Beide Seiten haben also Gelegenheit zur Darstellung ihrer persönlichen Qualitäten und damit zur Demonstration ihres sozialen Status. Gastfreundschaft ist daher auch ein Medium zur Bewährung von *arete*. Am äußerst großzügigen Verhalten des Kleisthenes wird das ganz deutlich.

Entscheidend an der Gastfreundschaft ist, daß sie dauerhafte soziale Bindungen herstellt und Verpflichtungen für die Zukunft enthält. Bereits in homerischer Zeit existieren überlokale Gastfreundschaftsbeziehungen zwischen einzelnen *oikoi*. Ihre Wirkungen sehen wir bei der Begegnung der beiden Helden Glaukos, der auf der Seite der Trojaner kämpft, und Diomedes vom Heer der Achaier. Diomedes zu Glaukos:

> „Wirklich! da bist du mir ein Gastfreund *(xeinos)* von den Vätern her, ein alter!
> Denn Oineus (der Großvater des Diomedes, d. Verf.), der göttliche, hat einst den untadligen Bellerophontes (den Großvater des Glaukos, d. Verf.)
> In den Hallen bewirtet und ihn zwanzig Tage dabehalten.
> (...)
> So bin ich dir jetzt dein Gastfreund *(xeinos*, benutzt für Gastgeber und Gast gleichermaßen, hier also Gastgeber, d. Verf.), mitten in Argos,
> Du aber in Lykien, wenn ich in das Land von denen gelange.
> Aber meiden wir voneinander die Lanzen, auch im Gedränge!“
> (Hom. Il. 6, 215-217, 224-226; Ü.: Wolfgang Schadewaldt)

In der archaischen Zeit wurden diese Verpflichtungsverhältnisse immer mehr von Nebenfolgen der Meisterung der Fremdheitssituation zum bewußt gesuchten Hauptzweck der Gastfreundschaftsverhältnisse. Kein Aristokrat konnte darauf verzichten, ein Netz solch überlokaler und überregionaler Verbindungen zu knüpfen. Es ersetzte ihm den mangelnden Rückhalt in einer größeren Verwandtschaftsgruppe und im

[36] Hom. Od. 14, 57-58; Ü.: Wolfgang Schadewaldt.

Notfall konnte er darauf zurückgreifen. Dieser Notfall trat angesichts zunehmender innerer Auseinandersetzungen in den Gemeinden nicht selten ein. Der Aristokrat konnte dann bei seinen auswärtigen Gastfreunden Schutz bei freiwilligem oder erzwungenem Exil suchen und zusätzliche Mittel für seinen Gegenschlag mobilisieren.

5. Der Geschenketausch

Untrennbar mit der Gastfreundschaft verbunden ist eine weitere, in ihrer Funktion noch umfassendere soziale Institution: das Geben und Nehmen von Geschenken. So hat jeder Gast ein Anrecht auf ein Gastgeschenk, *xenion*, in der Regel im Plural, *xenia*, gebraucht. Kleisthenes gibt den erfolglosen Bewerbern am Ende je ein Talent Silber als Ausgleich dafür, daß sie nicht zum Zuge kamen und für die Ehre, die sie dem Gastgeber mit ihrem Aufenthalt einbrachten. Die kostbare Gabe steigerte ihren Reichtum und damit ihr soziales Ansehen ebenso wie das des Kleisthenes. Und es verpflichtete die Empfänger der Geschenke, sich auch in der Zukunft dem Geschenkegeber gegenüber erkenntlich zu zeigen. Beides, Geben und Nehmen schafft also Ehre und eine auch in der Zukunft wirksame Beziehung zwischen Geber und Empfänger. Beide sind gewiß, daß sie bei einer anderen Gelegenheit ihre Rollen tauschen werden.

Homers Epen offenbaren die Vielfalt von Situationen, die Anlaß für solchen Geschenketausch waren: Geschenke wurden jedem Gast auf die Reise mitgegeben; sie wurden bei der Hochzeit zwischen Bräutigam und Brautvater getauscht; sie dienten der Wiedergutmachung gekränkter Ehre oder der Belohnung für Dienste; selbst die Abgaben des Volkes an seine aristokratischen Führer wurden als Geschenk angesehen, das diese zur Erfüllung ihrer Aufgaben gegenüber dem Gemeinwesen verpflichten sollte; auch Darlehen wurden umgekehrt als Geschenk aufgefaßt, die Rückzahlung als Gegengabe. Entscheidend war dabei immer, daß die Gabe eine soziale Beziehung zwischen Geber und Nehmer herstellte. Homer schildert den Gabentausch bereits mit allen Zügen, die ihn auch in späterer Zeit unverändert prägten:

- Die Zirkulation der Gaben beruhte immer auf Gegenseitigkeit, Reziprozität ist ihr Grundprinzip. Nur selten vollzieht sie sich allerdings direkt wie in der eben beschriebenen Begegnung von Diomedes und Glaukos:

  „,Wirklich! da bist du mir ein Gastfreund von den Vätern her, ein alter!
  Denn Oineus, der göttliche, hat einst den untadligen Bellerophontes
  In den Hallen bewirtet und ihn zwanzig Tage dabehalten.
  Und sie reichten einander auch schöne Gastgeschenke *(xeineia)*:
  Oineus gab einen Gürtel, von Purpur schimmernd,
  Bellerophontes aber einen goldenen Becher, doppelt gebuchtet.
  Und den ließ ich zurück, als ich ging, in meinen Häusern.
  An Tydeus aber kann ich mich nicht erinnern, da er mich noch klein
  Zurückließ, als in Theben umkam das Volk der Achaier.
  So bin ich dir jetzt dein Gastfreund mitten in Argos,

Du aber in Lykien, wenn ich in das Land von denen gelange.
Aber meiden wir voneinander die Lanzen, auch im Gedränge!
Sind mir doch viele Troer und berühmte Verbündete,
Zu töten, wen immer ein Gott mir gibt und ich mit den Füßen erreiche,
Und dir wieder viele Achaier, zu erschlagen, wen du vermagst.
Die Waffen aber laß uns miteinander tauschen, damit auch diese
Erkennen, daß wir von den Vätern her uns Gastfreunde rühmen!'
Als sie so gesprochen hatten, sprangen sie von den Gespannen
Und ergriffen einander bei den Händen und verpflichteten sich einander.
Da wieder benahm dem Glaukos der Kronide Zeus die Sinne,
Der mit dem Tydeus-Sohn Diomedes die Waffen tauschte:
Goldene gegen eherne, hundert Rinder gegen neun Rinder."

(Hom. Il. 6, 215-236; Ü.: Wolfgang Schadewaldt)

Anders als in dieser Szene war Reziprozität in der Regel ein Versprechen und eine Verpflichtung für die Zukunft. Laertes gegenüber seinem noch unerkannten Sohn, der sich für einen alten Freund des Odysseus ausgibt:

„Mit den Geschenken (...), die du zehntausendfältig dargereicht, hast du eine vergebliche Gunst erwiesen. Ja, wenn du ihn (Odysseus) lebend im Gau von Ithaka angetroffen hättest, dann hätte er es dir mit Geschenken gut vergolten und dich auch mit guter Bewirtung *(xenie)* hinweggeschickt, denn das ist der Brauch *(themis)*, wenn einer darin vorangegangen."

(Hom. Od. 24, 283-286; Ü.: Wolfgang Schadewaldt)

- Geschenke waren normalerweise kostbare Gegenstände aus Metall oder Edelmetall, Schmuck, Dreifüße, Becher, verzierte Bronzekessel, zuweilen auch Textilien, Pferde oder Sklavinnen. Es waren also typischerweise Kleinodien, die zwar einen gewissen Gebrauchswert und eine anspruchsvolle ästhetische Gestaltung hatten, gewöhnlich aber in der Schatzkammer des *oikos* aufbewahrt wurden, um bei Gelegenheit zur Schau gestellt oder auch wieder weiter als Geschenk vergeben zu werden. Telemachos, auf der Suche nach seinem Vater bei Menelaos in Sparta zu Gast, erhält von diesem ein besonders wertvolles Geschenk:

„Telemachos, wahrhaftig, es möge dir die Heimkehr, so wie du sie wünschst in deinem Sinne, Zeus vollenden, der starkdröhnende Gemahl der Hera! Unter den Kleinoden aber, so viele in meinem Hause liegen, will ich dir das zum Geschenke geben, was das Schönste und Werteste ist: will dir einen gefertigten Mischkrug geben, von Silber ist er ganz und gar, und es sind oben die Ränder mit Gold eingelegt. Ein Werk des Hephaistos ist er, und gereicht hat ihn mir Phaidimos, der Heros, der König der Sidonier, als sein Haus mich aufnahm, als ich dort auf meiner Heimfahrt hingelangte. Dir aber will ich diesen geben."

(Hom. Od. 15, 111-119; Ü.: Wolfgang Schadewaldt)

- Eine solche Genealogie zeigt an, daß in einem Geschenk nicht nur ein materieller Wert steckt, obwohl auch der als Quelle zur Vermehrung des *oikos*-Vermögens für manchen Aristokraten nicht zu verachten war. Die Glaukos-Diomedes-Szene mit dem völlig ungleichen Tausch am Ende weist außerdem darauf hin, daß der Gesichtspunkt des Wertes der getauschten Gegenstände nicht ohne Belang war. Er drückte den relativen sozialen Rang der Tauschpartner aus. Da Glaukos und Diomedes als gleichrangig vorgestellt werden, bedeutete der ungleiche Tausch natürlich einen Fehlgriff des Glaukos. Viel wichtiger als der Materialwert war jedoch, daß das Geschenk den sozialen Status seines Besitzers verkörperte. Es war ein Symbol für Reichtum und Ehre für den Geber wie für den Empfänger. Als Odysseus von den Phaiaken gedrängt wird, noch einen weiteren Abend bei ihnen zu verweilen und von seinen Abenteuern zu erzählen und ihm Alkinoos in Aussicht stellt, „die Beschenkung ganz zu vollenden", bemerkt Odysseus:

> „Alkinoos, Herrscher, Ausgezeichneter vor allen Männern des Volkes! Und wenn ihr mich selbst bis übers Jahr bleiben hießet und wolltet das Geleit betreiben und glänzende Gaben geben, so würde ich auch dieses wollen! Auch wäre es viel vorteilhafter, wenn ich mit vollerer Hand in das eigene Vaterland gelangte; ehrwürdiger *(aidoioteros)* und lieber wäre ich dann allen Männern, die mich nach Ithaka heimgekehrt erblicken würden."
> (Hom. Od. 11, 355-361; Ü.: Wolfgang Schadewaldt)

- Der Geschenketausch enthielt über die Faktoren von Reziprozität und Äquivalenz hinaus schließlich ein erhebliches agonales Element. In seinem Rahmen konnte man sich in einen Wettbewerb der Großzügigkeit stürzen, um sich Ruhm zu erwerben. Das offensichtlich Übermäßige in der Gastfreundlichkeit des Kleisthenes entspringt gewiß diesem Motiv.

Die fundamentale Bedeutung des Geschenketauschs für die Funktionsweise archaischer Gesellschaften ist seit der Studie von Marcel Mauss[37] in der Ethnologie allgemein anerkannt. Für die Griechen ergibt sich ein komplexes Bild: Der Geschenketausch ist eine ritualisierte, symbolhaltige Form sozialen Handelns, mit der einerseits dem Aristie-Ideal gehuldigt werden kann, die andererseits zugleich ein Gegenmittel gegen dessen ruinöse Folgen bereithält, indem sie sehr wirksame Bindekräfte innerhalb der Schicht der Aristokraten freisetzt.

6. Das *symposion*

Die nach Herodot wichtigste Prüfung[38], der Kleisthenes die Freier unterzog, fand bei den gemeinsamen Mahlzeiten statt. Kleisthenes veranstaltete das ganze Jahr über, in dem die Freier in seinem Hause blieben, großartige Gelage, bei denen die Bewerber ihre Qualitäten als Aristokraten zur Geltung bringen konnten. In diesem Rahmen sollte sich letztlich entscheiden, wer die Hand Agaristes bekam.

---

[37] Vgl. Marcel Mauss: Essai sur le don. Forme et raison de l'èchange dans les sociétés archaiques. – In: L'Année sociologique n.s. 1, 1923/24, S. 30-196 (dt.: Die Gabe. Form und Funktion des Austauschs in archaischen Gesellschaften. – In: Marcel Mauss: Soziologie und Anthropologie Bd. 2. Frankfurt a.M. u.a. 1978, S. 9-144).
[38] Vgl. Hdt. 6, 128.

Die Gelage, *symposia*, bilden den Dreh- und Angelpunkt des geselligen Lebens der Aristokratie. Sie sind die zentrale Institution für deren Zusammenhalt als soziale Gruppe. Dabei stellen die aristokratischen *symposia* nur eine Spielart der gemeinsamen Mahlzeiten dar, die für die innere Verfassung von Gesellschaft und Gemeinschaft noch in vielen anderen Zusammenhängen von grundlegender Bedeutung waren. Der griechische Kult war als Opferkult in der Regel mit einer gemeinsamen Mahlzeit, beziehungsweise einem Gelage der Teilnehmer verbunden. Das gilt besonders auch für den Totenkult, in dem das Totenmahl der Hinterbliebenen eine große Rolle spielte; aber auch für die staatlichen Kulthandlungen an den großen Festen zu Ehren von Zeus, Athena, Dionysos und anderen Göttern. Zu gemeinsamen Mahlzeiten um den Staatsherd im Prytaneion versammelten sich ferner die Repräsentanten der Gemeinde mit zu ehrenden Gästen. Von höchster Wichtigkeit für das Selbstverständnis und das Selbstbewußtsein der Bürger waren schließlich die zahlreichen Gelegenheiten, zu denen die Bürger in ihren genossenschaftlichen Verbänden (etwa in den Demen oder Phratrien[39]) bei gemeinsamem Essen und Trinken zusammenkamen. Dies alles sind typische Formen des gesellschaftlichen Lebens der Griechen. In ihnen vollzieht sich aber auch die Integration der Bürger in den allen gemeinsamen Bereich des Politischen. Im Mittelpunkt der Gemeinde als politischer Ordnung und das heißt der kollektiven Praktiken, in denen sich die Bürgerschaft konstituiert, steht das gemeinsame Mahl. Hier soll uns allerdings nur das *symposion* als von der Aristokratie geprägte Sozialform beschäftigen.

Zum *symposion* traf sich ein begrenzter Kreis von um die zehn Aristokraten im Hause eines der ihren, um gemeinsam zu essen und zu trinken. Der Schwerpunkt lag auf letzterem, weswegen Mahlzeit und Umtrunk, so *symposion* wörtlich, gewöhnlich voneinander getrennt wurden. Dies vor allem dann, wenn sich beim Mahl die Familie des *oikos* versammelte, während sich zum *symposion* ausschließlich die männlichen Oberhäupter verschiedener *oikoi* vereinten. Das Ziel war, oberflächlich betrachtet, sich zu unterhalten und zu zerstreuen: Trinkrituale, Gespräche, Gesellschaftsspiele, eigene musikalische oder dichterische Beiträge konnten zu einem *symposion* ebenso gehören wie varietéartige oder musikalische Darbietungen von Sklaven beziehungsweise Sklavinnen und die Gesellschaft von heranwachsenden Knaben und von Hetären. Einen besonderen Anlaß brauchte das *symposion* eigentlich nicht, aber wichtige Ereignisse wie Hochzeiten oder Begräbnisse wurden immer auch durch *symposia* gewürdigt.

Das *symposion* war keine nur den Griechen der archaischen und klassischen Zeit eigene Erscheinung, sondern wurde in teilweise modifizierten Formen in der ganzen antiken Welt gepflegt. Auch in diesem Falle ist Homer unser erster Zeuge. Wohl unterscheiden sich seine Schilderungen von Gelagen in einigen Zügen noch von

[39] Vgl. Verf.: Gesellschaft und Staat bei den Griechen: Klassische Zeit. Paderborn 2003, Kap. A, II, 7.

dem, was in der späteren archaischen Zeit üblich wurde. Das betrifft etwa die zu Homers Zeit noch mögliche Teilnahme von Ehefrauen und die Tatsache, daß Homers Helden sich zu Tische setzen, während man sich seit dem 7. Jh. v. Chr. auf Klinen, Liegebetten, lagerte, die entlang der Wände des für das *symposion* bestimmten Raumes aufgestellt waren. Die Sitte des zu Tische Liegens wurde wie manches in dieser Zeit aus dem Osten, von den Assyrern, Persern oder Lydern übernommen und galt als Ausdruck verfeinerter und luxuriöser Lebensweise. Abgesehen davon sind bei Homer aber schon entscheidende Kennzeichen für das *symposion* als soziale Institution vorhanden.

Voraussetzung für diese Form der Gastfreundschaft ist, daß der *oikos* einen Überschuß erwirtschaftet, der dann in der Veranstaltung solcher Feste verausgabt werden kann. Das Gelage ist daher Anzeichen für den aristokratischen Status eines *oikos*:

> „Eumaios, wirklich, das sind die schönen Häuser des Odysseus! Leicht herauszukennen sind sie auch unter vielen, wenn man sie sieht! Eines reiht sich an das andere, und ein Hof ist ihm daran gebaut mit Mauer und Gesimsen, und gut verschließbare Türen sind davor, zweiflüglige: kein Mann könnte sie überwinden. Doch gewahre ich, daß viele Männer darin ein Gastmahl halten, denn Fettdampf breitet sich aus, und drinnen ertönt die Leier, die die Götter dem Mahl geschaffen haben zur Gefährtin."
>
> (Hom. Od. 17, 264-271; Ü.: Wolfgang Schadewaldt)

So beschreibt Odysseus beim Wiedersehen sein eigenes Haus. Noch ist es über den dreisten Zumutungen der Freier von Penelope nicht zugrunde gegangen. Was Odysseus beim Näherkommen bemerkt, ist deren Gelage, zu dem sie sich seit langem ohne Unterbrechung in seinem Hause eingenistet haben. Ein derartiges Verhalten entspricht jedoch keineswegs den das Gelage bestimmenden Normen, wie Telemachos schon zu Beginn des Epos klar macht:

> „Doch wenn eure Gemüter noch Scheu empfinden vor alldem,
> Geht mir heraus aus den Hallen, verschafft euch andre Gelage,
> Wechselnd von Haus *(oikos)* zu Haus verzehrt die eigenen Güter."
>
> (Hom. Od. 2, 138-140; Ü.: Roland Hampe)

Reziprozität, Gegenseitigkeit, und prinzipielle Gleichheit unter den Teilnehmern sind Grundvoraussetzungen dafür, daß das *symposion* seine gemeinschaftsbildende Funktion erfüllen kann. In homerischer Zeit geht es dabei nicht zuletzt darum, daß sich im *symposion* militärische Kampfgemeinschaften zusammenfinden und zusammengeschweißt werden. Als Odysseus Eumaios sein früheres angebliches Leben erzählt, stehen seine kriegerischen Taten im Vordergrund: Raubzüge, Kaperfahrten, der Krieg vor Troja bilden eine nicht abreißende Kette von kriegerischen Einsätzen.

> „(...) danach dann
> Hieß mich der Mut, nach Ägypten hin eine Seefahrt zu machen
> In gerüsteten Schiffen mit göttergleichen Gefährten *(hetairoi)*.
> Und ich rüstete neun, schnell war die Mannschaft beisammen.
> Schon sechs Tage schmausten bei mir die werten Gefährten,

> Aber ich selber bot ihnen Opfertiere in Menge,
> Um sie den Göttern zu opfern und selbst sich das Mahl zu bereiten."
>
> (Hom. Od. 14, 245-251; Ü.: Roland Hampe)

Da solche Unternehmungen nicht nur Sache der Beteiligten, sondern nicht selten auch zum Nutzen der Gesamtgemeinde waren, ist das mit Blick auf die militärische Aufgabe vom Anführer veranstaltete Gelage nicht reine Privatsache, sondern hat eine weiter reichende politisch-soziale Funktion. In Sparta blieb diese militärische Bedeutung übrigens auch später erhalten. Die Kriegerkaste der Spartiaten war in Zelt- und Mahlgemeinschaften, die sogenanten Syssitien, gegliedert, in deren Rahmen sich das Leben der spartanischen Vollbürger im wesentlichen abspielte.

Ansonsten hat sich im Laufe der archaischen Zeit die Bedeutung des *symposion* verlagert. Im Vordergrund standen nun die Ausbildung und Ausübung des aristokratischen Lebensstils im Rahmen der *symposion*-Gemeinschaften. Aus diesen gingen zugleich aristokratische soziale Gruppierungen hervor, die in ihrer Zusammensetzung durchaus wechselhaft waren und die für das politische Leben in den archaischen und den meisten klassischen Gemeinden als Anhängerschaften einzelner Aristokraten sehr wichtig waren. Das *symposion* wurde auch im 5. Jh. v. Chr. weiter gepflegt, nunmehr von breiteren Kreisen der Bürgerschaft, wobei es in Athen jedenfalls, wo man die innere Instabilität für etliche Jahrzehnte überwunden hatte, seine unmittelbare politische Bedeutung aus der archaischen Zeit verlor. Lediglich in der zweiten Jahrhunderthälfte sammelten sich in *symposion*-Gemeinschaften aristokratische Gegner der Demokratie, um – allerdings erfolglos – deren Abschaffung zu betreiben.

Schon immer war das *symposion* auch ein Ort ernster Gespräche. Im 4. Jh. v. Chr. entstand daraus ein spezifisches literarisches Genre, die *symposion*-Literatur. Das *symposion* bildete dabei den formalen Rahmen für in Dialogform vorgetragene philosophische Untersuchungen. Das berühmteste Beispiel sind die Dialoge Platons (428-349 v. Chr.), vor allem das *Symposion*. Aus späterer Zeit bekannt sind Plutarchs *Symposiaka*, ca. 80-100 n. Chr., und Athenaios' *Deipnosophistai*, Gelehrtenmahl, ca. 200 n. Chr.

Wie in mehreren anderen Kulturen ging also die Bedeutung des *symposion* weit über ein rein privates geselliges Beisammensein beim Wein hinaus. Es wurzelt in einem vielschichtigen Komplex von Motiven, die drei Dimensionen zugeordnet werden können:

- Die ethologisch-psychologischen Antriebe:

  Bis in die Jägerkulturen der Altsteinzeit zurück hat die Anthro- pologie beobachten können, daß gemeinschaftliche Mahlzeiten soziale Bindungen zwischen den Beteiligten schaffen. Die Gemeinsamkeit des Opfermahls im Kult und die gemeinsame Verpflegung im Zeltlager der Krieger sind konstante Sozialformen, bei denen durch das Medium des gemeinsamen Essens und Trinkens Verbindungen zwischen Menschen oder zwischen Menschen und Göttern oder zwischen Lebenden und Toten hergestellt oder bekräftigt werden sollen. Wir haben es hier mit einer bis heute wirksamen anthropologischen Konstante zu tun.

- Die magisch-rituelle Praxis:

Diese Dimension ist dagegen nur den vormodernen Gesellschaften eigen. Sie äußert sich im Hinblick auf das *symposion* darin, daß es Trinken und Geselligkeit an ein strenges Reglement band. Hören wir die Schilderung eines idealen *symposion* durch den Dichter Xenophanes von Kolophon (580-480 v. Chr.):

> „Nun ist der Boden gesäubert, die Hände sämtlicher Gäste
> wie auch die Becher sind rein *(katharos)*; Häupter umkränzt man bereits,
> reicht auch das köstlich duftende Öl herum in der Schale;
> fertig steht auch der Krug *(krater)*, frohsinngefüllt *(euphrosyne)* bis zum Rand.
> Mehr Wein erwartet die Zecher – verspricht auch nie zu versiegen –
> in den Gefäßen; mild-süß duftet der herrliche Trank.
> Zwischen den Gästen entwickelt der Weihrauch die reinen Gerüche;
> Wasser harrt des Gebrauchs, sauber und lieblich und kühl.
> Bräunliche Brote liegen zur Hand, und Käse belastet,
> leckerer Honig dazu, üppig den stattlichen Tisch.
> Mitten im Saale, mit Blumen geschmückt, erhebt der Altar sich;
> Festfreude, Spiel und Gesang hallen laut wider im Haus.
> Anfangs müssen verständige Männer mit löblichen Reden
> und mit lauterem Wort preisen den waltenden Gott.
> Brachten sie Trankopfer dar und flehten um Kraft zu gerechtem
> Tun *(ta dikaia)* – denn dieses Gebet liegt ja dem Menschen zunächst –,
> dürfen bedenkenlos *(ouch hybris)* trinken sie, so viel, daß sie nach Hause
> kommen noch ohne Geleit, sind sie nicht allzu betagt.
> Lob verdient, wer beim Zechen Gutes und Wertvolles *(esthla)* darlegt,
> seine Gedächtniskraft wahrt, stets nach dem Besten *(arete)* auch strebt.
> Nicht von dem Kampf der Titanen, Giganten oder Kentauren,
> Märchen vergangener Zeit, oder vom blutigen Zwist *(stasis)*
> streitender Bürger zu reden – das nützt doch gar nichts! –, nein, Götter
> stetig zu achten: darin zeigt sich ein wahrhaftes Gut!"
>
> (Xenophan. F 1D.; Ü.: Dietrich Ebener)

Natürlich ist das ein Idealbild, dem die Wirklichkeit nur mehr oder weniger geglichen haben wird. Die strukturellen Merkmale sind jedoch deutlich: Das *symposion* vollzieht sich in einem besonderen, nicht alltäglichen Raum, der durch verschiedene äußere Zeichen konstituiert wird. Das erste ist, daß jeder *oikos* einen allein für das *symposion* bestimmten und im Prinzip gleichförmig eingerichteten Raum, den *andron*, besaß. Er war mit drei bis 15 Liegen, Polstern, Decken und Kissen, kleineren Tischen, Spielgerät, zuweilen mit Musikinstrumenten oder Waffen und vor allem dem für das Trinkgelage erforderlichen Geschirr aus Metall oder Keramik ausgestattet. Weiterhin erfordert das *symposion* rituelle Reinheit; die Teilnehmer schmücken sich mit Kränzen, Duftöle verbreiten ihre Aro-

men, religiös-rituelle Gesänge werden angestimmt. Alle Sinne sind also angesprochen und stellen sich auf eine festliche Atmosphäre ein, die das, was nun kommt, dem Alltag entrückt. Eine Kulthandlung leitet das Geschehen denn auch ein: die Anrufung des Gottes Dionysos und ein Trankopfer von ungemischtem Wein, wie es nur ihm zukommt. Dann wird, was Xenophanes nicht erwähnt, ein Symposiarch gewählt, nicht unbedingt der Gastgeber. Er hat den Ablauf des Festes zu überwachen und im einzelnen die Themen der Gespräche, die Geschicklichkeitsspiele, die musischen *agones* und nicht zuletzt die Mischung von Wein und Wasser und den Rhythmus des Trinkens zu bestimmen.
Hinter den Mahnungen des Xenophanes verbirgt sich das Ziel der ganzen Prozeduren und Rituale: die Alkoholisierung in Grenzen zu halten und damit die vom Weingenuß ausgehenden Kräfte zu bannen. Mäßigung muß daher das angemessene Verhalten beim *symposion* sein. Wohin es sonst kommen kann, läßt der Komödiendichter Euboulos den Gott Dionysos selbst schildern:

> „Drei Kratere nur mische ich für die Mäßigen – einen auf die Gesundheit, den sie als erstes leeren, den zweiten auf Liebe und Lust und den dritten für den Schlaf. Wenn sie diesen getrunken haben, gehen die Weisen nach Hause. Der vierte Krater ist nicht mehr unsere Sache; er gehört der Hybris; der fünfte führt zu Tumult, der sechste zu trunkenen Ausschweifungen, der siebente zu blauen Augen. Für den achten ist die Polizei zuständig, der neunte macht die Galle krank; der zehnte hat Wahnvorstellungen und Herumwerfen von Gegenständen zur Folge. Denn viel Wein, in ein kleines Gefäß gegossen, bringt die Trinker leicht zu Fall.“
>
> (Athen. 36 b-c; Ü.: Verf.)

Die Wirkungsweise ist für den, der von der Substanz Alkohol nichts weiß, nicht rational erklärbar und deswegen nur als Walten des Gottes zu beschreiben. Vor seiner Kraft konnten nur magisch-rituelle Vorkehrungen schützen. Daß sie nicht immer wirksam waren, zeigt der *komos*, das Außer-Sich-Sein, von dem der puritanische Xenophanes nichts wissen will, das aber gleichwohl Bestandteil des *symposion* gewesen sein konnte und sich in wilden Tänzen, lärmenden Umzügen oder sexuellen Ausschweifungen mit den anwesenden Hetären äußerte. Auch hierbei ist freilich zu unterscheiden zwischen die Norm sprengenden Exzessen und dem im geregelten Rahmen des *symposion* durchaus Erlaubten. Der *komos* als Teil des *symposion* stellt somit eine begrenzte und kontrollierte Aufgabe der Selbstkontrolle dar, während die Veranstaltung insgesamt von dem Streben nach Selbstkontrolle zeugt, das das öffentliche Auftreten der Aristokraten auch sonst leitet.

- Das *symposion* als Medium politisch-sozialer Kommunikation:

Wie die Institutionen von Gastfreundschaft und Geschenketausch beinhaltet auch das *symposion* die zwei in Spannung und Korrelation zueinander stehenden Aspekte Aristie und Bindung. Bindung schafft die gleiche Teilhabe aller an der Geselligkeit, die zugleich das temporäre Hervortreten einzelner in Spiel, Gesang oder Gespräch ermöglicht. Zusammenhalt unter den Aristokraten bewirkt die Reziprozitätsregel, drückt sich in dem im *symposion* gelebten gemeinsamen Lebensgefühl aus und wird schließlich durch die konkrete Gelegenheit hervorgerufen, sich auszutauschen, neue Kontakte zu knüpfen oder alte Beziehungen zu bekräftigen. Dem steht die Chance für einzelne gegenüber, sich als Gastgeber durch besondere Großzügigkeit oder Attraktionen hervorzutun, sich also von den anderen Aristokraten abzusetzen und sie zu übertreffen. Das konnte den sozialen Status verbessern mit allen Folgen für die Rolle dieses Aristokraten in der Öffentlichkeit der Gemeinde. Der Tyrann Kleisthenes von Sikyon hat seine Gastfreundschaft gegenüber den Freiern seiner Tochter offensichtlich dazu genutzt, seine Popularität zu steigern und damit seine Herrschaftsstellung zu festigen.[40] Andernorts ging es um den Kampf um die Herrschaft: Das *symposion* war nicht selten der Kristallisationspunkt, von dem aus sich jene sozialen Anhängerschaften bildeten, mit deren Hilfe einzelne Aristokraten Vorrangstellungen in ihren Gemeinden beanspruchen wollten. Ein gutes Beispiel dafür bietet die Gemeinde Mytilene auf Lesbos. Vor allem die Fragmente des Dichters Alkaios unterrichten uns über die inneren Kämpfe dort. In einem Gedichtfragment werden wir in jenen Männersaal, *andron*, geführt, in dem das *symposion* stattzufinden pflegten:

> „Von Erz funkelt mein weites Haus, die ganze Halle ist mit Krieg geschmückt:
> mit blanken Helmen, von deren Kuppe weiße Roßhaarbüsche
> nicken, als prangende Zierde für Männerhäupter, und die Haken an der Wand
> sind verdeckt von ehernen blanken Beinschienen, dem Schutz gegen ein starkes Geschoß,
> Waffenröcke aus neuem Leinen und hohle Schilde liegen bereit,
> Schwerter aus Chalkis sind vorhanden, und gleichfalls viele Gürtel und Schurzröcke.
> All das durfte nicht versäumt werden, nachdem wir einmal diese Werk auf uns [genommen haben.“
>
> (Alk. F 54D.; Ü.: Hermann Fränkel)

Mit dem „Werk“ umschreibt Alkaios ganz allgemein die politischen Aktivitäten der im *symposion* versammelten Aristokratengruppe, seiner *hetairia*. Andere Gedichtfragmente zeigen sie beim *symposion*, wo sie ihre Trauer über erlittene Niederlagen im politischen Kampf teilen, sich ihres Willens zu gemeinsamer Aktion versichern oder Triumphe feiern:

> „Nun heißt es zechen und bis zum Unverstand
> betrinken sich – denn tot ist ja Myrsilos (ein Widersacher im politischen Kampf, d. Verf.)!“
>
> (Alk. F 39D.; Ü.: Joachim Latacz)

Auf eine weitere soziale Funktion des *symposion* sei nur noch hingewiesen: Am *symposion* nahmen häufig Jugendliche teil, die in diesem Rahmen auf ihr späteres Leben als erwachsene Aristokraten vorbereitet wurden. Die Vielschichtigkeit

40 Vgl. Hdt. 6, 129: Kleisthenes opfert 100 Rinder und lädt ganz Sikyon zum Festmahl ein.

des Geschehens während eines *symposion* eignete sich vorzüglich dafür, die Lebensformen und Wertvorstellungen an die nachwachsende Generation weiterzugeben und einzuüben. In diesen Kontext hat man auch die Päderastie oder Knabenliebe einzuordnen, deren Praxis wie das *symposion* ebenfalls streng geregelt war und deren soziale Bedeutung vor allem in der Erziehung und Initiation in die Erwachsenenwelt lag.

- Kulturelle Ausdrucksformen:

  Mit dem *symposion* verbunden sind schließlich wesentliche kulturelle Ausdrucksformen der archaisch-klassischen Zeit. Sie repräsentieren allesamt eine männliche aristokratische Welt: insbesondere die bemalte Keramik, deren Typenvielfalt sich auf die Erfordernisse des *symposion* bezieht und deren Bildschmuck das *symposion* selbst auch zum Thema macht; ebenso bedeutend schließlich die Dichtung der archaischen Zeit, die überwiegend für das *symposion* verfaßt wurde und es auch inhaltlich häufig reflektiert.

Festzuhalten ist: Das *symposion* mit seinen verschiedenen Bedeutungsebenen ist eine zentrale gesellschaftliche Institution. In ihr kommen das Profil der Aristokratie als sozialer Gruppe und deren Wertorientierung prägnant zum Vorschein.

7. Ehe und Sexualität

Der Anlaß und das Ziel der grandiosen Einladung des Kleisthenes war die Verheiratung seiner Tochter Agariste. Der Brautvater wollte den *aristos*, den Besten unter den Freiern, herausfinden. Deshalb prüfte er sie so ausführlich auf ihre Qualitäten als Aristokraten. Überhaupt keine Rolle spielte dabei die Braut selbst. Sie konnte weder mit eigenen Wünschen an dem Auswahlverfahren teilnehmen noch war für ihren Vater ihr persönliches Eheglück maßgebend, oder besser: dieses konnte eben nur darin bestehen, einen Mann mit möglichst hohem sozialem Ansehen zu gewinnen. Die Ehe war kein Ort für Emotionen, sie war in erster Linie eine soziale Institution. Das ist nicht überraschend und gilt für die meisten vormodernen Gesellschaften. Die Verbindung von Ehe und romantischer Liebe ist erst im bürgerlichen Zeitalter seit dem 19. Jh. aufgekommen. Die Griechen betrachteten die Ehe dagegen primär als ein Medium der gesellschaftlichen Verbindung zweier *oikoi.* Der Brautvater suchte einen Bräutigam, von dessen sozialem Status er sich für seinen eigenen *oikos* Vorteile versprechen konnte. Der Bräutigam verfolgte seinerseits das gleiche Interesse. Die Eheschließung knüpfte ein Band zwischen zwei *oikoi.* Diese konnten dadurch ihre soziale Isolierung partiell und temporär überwinden. Aus solchen Ehebündnissen konnte den Aristokraten Unterstützung im Kampf um die Behauptung oder Verbesserung ihres Status erwachsen.

Die von der Ehe ausgehende Bindekraft wird verständlich, wenn man das Handeln von Brautvater und Bräutigam im Kontext des Geschenketauschs rekonstruiert. Das Geschenk ist Ausdruck gegenseitiger Verpflichtungen zwischen Geber und Nehmer. Nun ist die Heirat als solche nicht nur begleitet von dem Austausch von Brautgeschenken und Mitgift; die Braut selbst stellt vielmehr ein ganz besonderes Geschenk dar. Denn sie verkörpert das Sozialprestige ihres Vaters. Wenn Frauen und Töchter von Aristokraten in der Öffentlichkeit auftraten, dann diente das immer auch dazu, von den aristokratischen Idealen ihrer Herren Zeugnis abzulegen: Anmut und Schönheit, elegantes und wohlerzogenes Benehmen, prächtige Kleidung und kostbarer Schmuck wurden zur Schau gestellt und trugen zu Ansehen und Prestige ihrer jeweiligen *oikoi* bei. Dieses Verständnis der weiblichen Rolle findet etwa in den archaischen Korenstatuen, etwa den berühmten Weihegaben von der Akropolis in Athen, eine repräsentative bildliche Darstellung.

Solche Bilder liefern den Anschauungsunterricht für die Behauptung archaischer Dichter, daß schöne Frauen zu den prestigeträchtigsten Besitztümern gehören, über die ein Mann verfügen könne.[41] Es ist daher nur konsequent, eine Tochter als Geschenk zu betrachten, das wie andere Geschenke auch statusdemonstrierenden Charakter hat. Solche Ehebündnisse blieben indessen immer den Unsicherheiten und Fährnissen in den Beziehungen zwischen den Aristokraten einer Gemeinde unterworfen. Es ist deshalb kein Wunder, daß Eheschließungen wie ja auch im Falle des Kleisthenes gerade über die Gemeindegrenzen hinaus gesucht wurden. Heiraten sind damit neben Gastfreundschafts- und Geschenkbeziehungen ein weiteres wichtiges Mittel für die ‚internationale' Verflechtung der Aristokratie.

Die Funktion der Frauen bei der sozialen Bindung zweier *oikoi* bildet, wie zu betonen ist, freilich nur einen Aspekt, wenn man die Stellung der Frau in der griechischen Gesellschaft beschreiben will. Sie ist insgesamt sicher komplexer, als es von dem eben aufgezeigten Gesichtspunkt her erscheinen mag. Allein soll hier in aller Kürze noch ein Thema berührt werden, das mit der Welt der Männer, wie sie sich vor allem im *symposion* manifestiert, eng zusammenhängt. Ehefrauen waren beim *symposion* nicht anwesend, da sie allein dem Bereich des *oikos* angehörten. Die Frauen, die wir dennoch als Teilnehmerinnen des *symposion* ausmachen können, waren Sklavinnen oder Hetären.

In einer Rede vor Gericht äußert der Redner Demosthenes im 4. Jh. v. Chr.:

> „Wir haben die Hetären der Lust wegen, die Nebenfrauen wegen der täglichen Pflege unseres Körpers, die Ehefrauen aber dazu, um uns legitime Kinder zu gebären und als verläßliche Wächter unseres Haushalts."
>
> (Demosth. 59, 122; Ü.: Wolfgang Schuller)

Angesichts dieser Äußerung muß ein beliebtes und von modernen Wertvorstellungen bestimmtes Vorurteil korrigiert werden: Die Feststellung des Demosthenes bedeutet keine Degradierung der Ehefrauen, sondern im Gegenteil: der Redner be-

41 Vgl. Sol. F 14 D.

tont gerade den Kern der Ehe und damit die Wichtigkeit der Ehefrauen, die in ihrer Rolle für den Fortbestand des *oikos* lag. Bezogen auf die Ehefrauen waren die Hetären weit weniger gesellschaftlich angesehen. Und obwohl diese als mondäne Unterhaltungskünstlerinnen ebenfalls Dienerinnen der Sinnenfreuden und der männlichen Sexualität waren, sind von ihnen wiederum die gewöhnlichen Prostituierten zu unterscheiden.

Im Rahmen der Frage, was die Aristokratie als soziale Schicht auszeichnet, kann es nicht um die Formen gehen, in denen sich Sexualität bei den Griechen ausgeprägt hat. Es soll also nicht das Verhältnis von Hetero- und Homosexualität oder die Funktion der Päderastie erörtert werden. Für den sozialgeschichtlichen Befund erheblich und vor dem Hintergrund des griechischen Normensystems bezeichnend ist aber die Einstellung zur Sexualität. Jede Sexualmoral muß die Kontrolle der natürlichen Triebkräfte zum Ziel haben. Sie galten den Griechen als von den Göttern gesandte Naturmächte, derer man sich nicht erwehren konnte, die man jedoch in bestimmten geregelten Formen der Praxis einhegen konnte. Ähnlich wie beim Wein bietet daher der kontrollierte und abgegrenzte Rahmen des *symposion* auch dem Ausleben der Sexualität einen bevorzugten Raum. Und wie Xenophanes das Maßhalten im Weingenuß als Ideal verkündet hat, so steht auch die moralische Maxime, mit der man der Sexualität zu begegnen suchte, in engem Zusammenhang mit dem Verhaltensideal des autonomen Herrschers über seinen *oikos* und zugleich des freien Bürgers. Hierzu die erhellenden Ausführungen von Michel Foucault:

> „Andererseits muß, wer die anderen lenken soll, fähig sein, vollkommene Autorität über sich selber auszuüben: einmal, weil er in seiner Stellung und mit seiner Macht alle seine Begierden leicht befriedigen und also sich ihnen hingeben könnte, aber auch, weil sich die Liederlichkeit seines Verhaltens auf alle anderen und auf das kollektive Leben der *polis* auswirken. Um nicht zügellos und gewaltsam zu sein, um dem Zirkel zu entrinnen, der zwischen der tyrannischen Autorität (über die anderen) und der (von ihren Begierden) tyrannisierten Seele verläuft, erfordert die Ausübung der politischen Macht als ihr inneres Regulationsprinzip die Macht über sich. Als ein Aspekt der Souveränität über sich ist die Mäßigung ebenso wie die Gerechtigkeit, der Mut oder die Klugheit eine qualifizierende Tugend dessen, der seine Herrschaft über die anderen auszuüben hat. Der Königlichste ist König seiner selber (...). (...)
> So wie im Haus der Mann befiehlt, so wie in der *polis* die Ausübung der Macht weder den Sklaven noch den Kindern noch den Frauen zukommt, sondern den Männern, allein den Männern, so muß auch gegenüber sich selber jeder seine Mannesqualitäten zur Geltung bringen. Die Selbstbeherrschung ist eine Art und Weise, Mann im Verhältnis zu sich selber zu sein, das heißt, dem zu befehlen, dem befohlen gehört, das zum Gehorsam zu zwingen, was nicht fähig ist, sich selber zu leiten, Vernunftprinzipien dem aufzuerlegen, dem sie mangeln; es handelt sich also darum, gegenüber dem, was von Natur aus passiv ist und es bleiben muß, aktiv zu sein. (...)
> Daß die Mäßigung wesenhaft männlicher Struktur ist, hat noch eine andere – symmetrische und umgekehrte – Konsequenz: die Unmäßigkeit besteht in einer Passivität, die sie der Weiblichkeit annähert. Unmäßig zu sein heißt, sich gegenüber der Kraft der Lüste in

einem Zustand von Nicht-Widerstand, in einem Zustand von Schwäche und Unterwerfung zu befinden; es bedeutet, unfähig zu sein zu jener Haltung von Männlichkeit sich selber gegenüber, die es ermöglicht, stärker zu sein als man selber. In diesem Sinn ist der Mann der Vergnügen und der Begierden, der Mann der Nicht-Beherrschung *(akrasía)* und der Unmäßigkeit *(akolosía)* ein Mann, den man weiblich nennen könnte – und zwar mehr noch sich selber als anderen gegenüber. In einer Erfahrung der Sexualität wie der unsrigen, in der eine grundlegende Skandierung das Männliche und das Weibliche entgegensetzt, wird die Weiblichkeit des Mannes in der effektiven oder virtuellen Überschreitung seiner Geschlechtsrolle gesehen. Von einem Mann, den die Liebe zu Frauen zum Exzeß treibt, würde niemand sagen, er sei weibisch – es sei denn, man unterzöge sein Begehren einer gründlichen Dechiffrierungsarbeit und stöberte die ‚latente Homosexualität' auf, die in seinen unbeständigen und zahlreichen Verhältnissen zu Frauen steckt. Hingegen ist für die Griechen der Gegensatz zwischen Aktivität und Passivität wesentlich und entscheidend für den Bereich der sexuellen Verhaltensweisen wie für den der moralischen Haltungen. (...) Was in den Augen der Griechen die ethische Negativität schlechthin darstellt, ist nicht, daß man beide Geschlechter liebt; auch nicht, daß man sein eigenes Geschlecht dem anderen vorzieht; sondern daß man gegenüber den Lüsten passiv ist."[42]

Selbstbeherrschung ist der zentrale Wert dieser Sexualmoral. Sie ist auch die zentrale Tugend des patriarchalischen Ideals im *oikos*. Und sie ist darüber hinaus die Voraussetzung für den Umgang der freien und gleichen Bürger untereinander. Die *arete* der Freier, die Kleisthenes auf die Probe stellt, mußte mithin von diesem Grundzug der Selbstbeherrschung durchdrungen sein. Der vollkommene Aristokrat beherrschte seinen Körper wie seinen Geist und seine Triebe und bewährte sich daher beim sportlichen *agon* ebenso wie in den hochgradig konventionalisierten und ritualisierten Spielarten des aristokratischen Lebensstils. Es wäre daher gut möglich, daß Hippokleides, der seine Hochzeit vertanzt, diese Forderungen an sein Benehmen nicht beachtet und damit die Reaktion des Kleisthenes ausgelöst hat.

8. Die ‚Internationalität' der Aristokratie

Ein schon mehrfach berührtes Merkmal der Agariste-Geschichte, das der archaischen und etwas eingeschränkter auch der klassischen Aristokratie ihr Gepräge gibt, soll abschließend noch einmal eigens hervorgehoben werden. Der große Katalog, in dem zu Beginn der Geschichte die Freier vorgestellt werden, umspannt einen weiten Raum der von den Griechen in jener Zeit besiedelten Welt: von der Magna Graecia im Westen über das westliche und nördliche Mutterland und die Peloponnes bis zu Athen und den Inseln vor den Küsten Kleinasiens bis zum Schwarzmeerbereich und Afrika. Dieses Panorama vermittelt einen Eindruck von

---

[42] Michel Foucault: Der Gebrauch der Lüste. Sexualität und Wahrheit Bd. 2. Frankfurt a.M. 1986. S. 107, 109-110, 112-113, 113.

der Weite des Raumes, in dem die Griechen sich nicht erst im 6. Jh. v. Chr. in der Welt bewegten, sondern schon seit dem ausgehenden 8. Jh. v. Chr. Die Kräfte, die der Aristokratie ihr soziales Profil verliehen und die im vorhergehenden Revue passierten, konnten ihre Wirkung nur in diesem weiten Horizont entfalten: *agones* aller Art, Gastfreundschafts- und Geschenketauschbeziehungen, *symposion*-Geselligkeit und Heiratsbündnisse konnten Bindungen gerade dann erzeugen, wenn sie sich nicht nur auf den engen Kreis der eigenen *polis* beschränkten, sondern die gesamte griechische Welt einbezogen.

Die griechische Aristokratie verdient diese Bezeichnung also zu Recht, da sie über die Grenzen der Gemeinden, die ja regelmäßig staatlich-politische Eigenständigkeit markierten, hinaus offen blieb für den Zusammenhalt mit Aristokraten aus anderen griechischen Gemeinden auch außerhalb des Mutterlandes. Die Aristokratie als soziale Gruppe war demnach in doppeltem Sinne offen: sozial gegenüber sozialen Aufsteigern und geographisch gegenüber der Mit- und Umwelt. Dieser Offenheit entspricht ein hohes Maß an innerer Spannung und Zerrissenheit; und die ‚Internationalität' steht nicht nur für Bindung und Einheitlichkeit, sondern hat auch eine häßliche Kehrseite, da sie zugleich dafür sorgen konnte, die politische Lage in den jeweiligen Gemeinden zu destabilisieren.

9. Zusammenfassung

Noch einmal die Voraussetzung: die soziale Vereinzelung des *oikos* und das ihr gemäße Verhaltensideal der Aristie, der ständigen Notwendigkeit, sich zu behaupten, sich zu bewähren, den erreichten Status zu sichern und möglichst noch zu verbessern. Aristokrat sein hieß, sich unablässig darum zu bemühen, als solcher zu erscheinen und angesehen zu werden. So wird der gewaltige Einsatz von materiellen Mitteln und individuellen Energien verständlich, mit denen die Griechen eine vielfältige, höchst anspruchsvolle und über Zeiten und Räume hinweg ausstrahlungskräftige Kultur hervorbrachten. Indem sie sich in ihren zahlreichen Spielarten auslebten, erfüllte sich ihr Dasein als Aristokraten. Zugleich grenzte diese auf Reichtum gegründete exklusive Lebenswelt die aristokratische Elite von der nichtaristokratischen Bevölkerung ab. Die Identität, das Selbstverständnis der Aristokratie als sozialer Gruppe hing daher einzig an dem allen Aristokraten gemeinsamen Lebensstil.

Mit dieser Konzentration auf die immer verfeinertere Ausgestaltung ihrer Lebenswelt bildet die griechische Aristokratie weltgeschichtlich betrachtet wohl eine Ausnahme. Der Vergleich mit der römischen Aristokratie, deren Identität sich aus dem Dienst und der Leistung für die *res publica* ergab, führt die Eigenart der griechischen Aristokratie unmittelbar vor Augen. Von ihr ist im wesentlichen nur als von einem sozialen und kulturellen Phänomen zu sprechen, das weitgehend unabhängig von allen staatlichen Formen existierte.

Dennoch hat sich der griechische *polis*-Staat nicht losgelöst von der Aristokratie oder gar gegen sie herausgebildet. Vielmehr ist die immer stärkere Einbeziehung der Aristokratie in den *polis*-Bildungsprozeß und damit die Eröffnung einer neuen *raison d'être* für sie eines der wichtigsten Themen des 6. und 5. Jhs. v. Chr. Die gelungene Entwicklung staatlicher Strukturen bedeutete immer auch die gelungene Integration der Aristokratie in sie.

IV. Was trennte: *stasis* – innere Differenzierung und permanenter Konflikt

Die griechischen Aristokraten werden als soziale Gruppe kenntlich durch die wichtigste Norm, die ihr soziales Handeln bestimmte, das Aristie-Ideal. Es ist besprochen worden, welche Folgen dieses Aristie-Ideal für das soziale Erscheinungsbild der griechischen Aristokratie hatte. Dabei haben wir zuerst jene Kräfte beobachtet, die dazu beitrugen, der Aristokratie eine Identität als soziale Gruppe zu verleihen. Eine Sozialgeschichte der griechischen Aristokratie wäre jedoch nicht vollständig, wenn sie nicht auch die andere Seite des Aristie-Ideals, die Schattenseite der aristokratischen Hauptnorm beleuchten würde. Immer Bester zu sein und überlegen den anderen – diese Maxime, die etwa der Held Glaukos in der homerischen *Ilias* formuliert, konnte nämlich auch zum Teil äußerst negative Konsequenzen haben.

Abb. 6 Trinkschale des Malers Duris (Ausschnitt Außenseite) aus Athen (gefunden in Santa Maria di Capua Vetere, Kampanien), 485/80 v. Chr. (Paris, Louvre G 115)
Inspiriert von einer Erzählung Homers (vgl. Il. 7, 206-311) schildert der Maler den Zweikampf zwischen dem achaiischen Helden Ajax (links) und dem Trojaner Hektor, beide mythische Vorbilder einer Aristokratie, die im Streit um Ruhm und Ehre ihre Daseinsberechtigung fand. Der oft bis zur letzten Konsequenz ausgetragene Rangstreit im Mythos spiegelt die durchaus auch blutigen Auseinandersetzungen, die *staseis,* von denen die Gemeinden immer wieder erschüttert wurden. Diese mußten daher der Gewalt Herr zu werden suchen. Die entscheidende Pointe des Bildes liegt denn auch darin, daß die Kämpfenden zur Einstellung ihres Streites gezwungen werden. Der Maler läßt die Götter – bei Homer sind es die Herolde beider Seiten – Athena (links) und Apollon auf ihre menschlichen Schützlinge einwirken und die Friedensstiftung damit als die übergeordnete Norm erscheinen.

1. Freund-Feind-Denken, Erwiderungsethik, Rachegebot

Gemeint ist die notwendige Begleiterscheinung des Wettbewerbsdenkens: ein extremes Freund-Feind-Denken. Solon bittet in seinem Gebet an die Musen darum, daß ihm Ruhm zuteil werde und dies vor allem durch sein Verhalten,

> „(...) daß ich süß bin dieserart den Freunden *(philoi)* und bitter den Feinden *(echthroi)*".
> (Solon, F 1D. 5; Ü.: Joachim Latacz)

Das ist eine stereotype Formel, die sich immer wieder findet, so im Munde der Medea des Euripides (431 v. Chr.):

> „Niemand soll mich für feige und schwach halten noch für ruhig, sondern von der anderen Art: schwer lastend den Feinden und den Freunden wohlgesinnt. Denn solcher Menschen Leben ist das meistgerühmte."
> (Eur. Med. 807-810; Ü.: Hans-Joachim Gehrke)

Ein Grieche hat seine Mitmenschen demnach in drei Kategorien eingeteilt: solche, denen gegenüber man verpflichtet war und von denen man ebenfalls Verpflichtungen erwartete, also Freunde *(philoi)*, und solche, gegenüber denen man feindlich eingestellt war, also Feinde *(echthroi)*; die dritte Kategorie, mit der den Aristokraten weder das eine noch das andere verband, zählte nicht eigentlich zur Mitwelt. Zu bemerken ist, daß diese Kategorien freilich jeweils nur Momentaufnahmen zulassen und daß diejenigen, die zu der einen oder anderen Gruppe zählten, schnell von der einen zur anderen wechseln konnten, wenn zum Beispiel Freundespflichten nicht erfüllt wurden. Hierin liegt die Wirksamkeit eines weiteren grundlegenden Prinzips, das schon bei Homer die Beziehungen zwischen den einzelnen Helden bestimmte: die Gegenseitigkeit oder Reziprozität. Die griechische Ethik war also eine Erwiderungsethik.

Daraus ergibt sich ein weiteres Verhaltensmoment von ungeheuer dynamischer Wirkung. Der Redelehrer Anaximenes von Lampsakos am Ende des 4. Jhs. v. Chr.:

> „Wie es gerecht ist, sich an denen, die einem Übles zugefügt haben, zu rächen, so gehört es sich auch, seinen Wohltätern ihre Wohltat zu erwidern."
> (Ps.-Aristot. rhet. Alex. 1422a 36-38; Ü.: Hans-Joachim Gehrke)

Der Gedanke an Rache, *timoria*, und eng damit zusammenhängend das Gefühl des Neides, *phthonos*, sind die Antriebskräfte, die den aristokratischen Wettbewerb um Ehre und Vorrang immer wieder anstacheln. Alkibiades (~450–404 v. Chr.), Inbegriff eines Aristokraten und zugleich ein höchst beliebter Politiker im späteren 5. Jh. v. Chr., bemerkt:

> „Es ist auch kein Unrecht, wenn einer, der von sich selber groß denkt, sich nicht mit allen gleichstellt, kann doch auch der Unglückliche mit niemand sein Schicksal gleich und gleich teilen; sondern wie wir im Elend von niemand angesprochen werden, ebenso muß einer auch die Verachtung der vom Glück Gesegneten hinnehmen, oder er soll erst Gleichheit erweisen, eh er dasselbe auch für sich beansprucht. Ich weiß aber, daß solche Männer, alle, die sich irgendwie leuchtend hervortaten, in ihrem eigenen Leben Anstoß erregen – am meisten bei ihresgleichen, doch auch im Umgang mit andern (...)."
> (Thuk. 6, 16; Ü.: Georg Peter Landmann)

Die Ehre des einzelnen und damit sein sozialer Status sind sensible und knappe Güter. Jeder Ehrgewinn des einen, also das Ziel der *philotimia*, bedeutet im Effekt eine Zurücksetzung des anderen, ja ist gegebenenfalls sogar das unmittelbare Ergebnis von Ehrabschneidung. *timoria*, Rache, heißt daher die Parole der Unterlegenen. Im Wort wird der Zusammenhang festgehalten: *timoria* bedeutet soviel wie ‚Ehrenaufsicht', der Rächer wacht über seine Ehre. Die Rache ist daher nicht ins Belieben des einzelnen gestellt. Sie ist Pflicht, erwartet bei Strafe noch größeren Ehrverlusts. Sie ist daher tief in der griechischen Seele verankert, eine mächtige Emotion, die zwanghaft zum Handeln treibt.

Zwei Beispiele aus der archaischen und aus der klassischen Zeit machen die Kontinuität deutlich.

> „Möge mir Zeus Rache für meine Freunde, die mich lieben, gewähren und daß ich mehr Macht als meine Feinde besäße. Hätte ich Rache geübt, so wäre ich unter den Menschen als Gott angesehen, wenn mich einmal das Schicksal des Todes dahinrafft. Zeus vom Olymp, erfülle mir die doch nur angemessene Bitte! Gewähre es mir, anstatt der Übel auch etwas Gutes zu erfahren. Lieber möchte ich sterben, wenn ich keine Erleichterung von meinen schlimmen Sorgen fände. Und lieber möchte ich quälen, statt gequält zu werden. Denn so ist es doch nur billig. Und dennoch fehlt jede Aussicht auf Rache an den Männern, die mir mit Gewalt meinen Besitz raubten. (...) Könnte ich doch trinken ihr schwarzes Blut! Könnte doch ein edler Dämon dies alles sehen und mir erfüllen, was ich verlange."
>
> (Theogn. 337-350; Ü.: Verf.)

Wie ein Echo auf diese auch in der Freimütigkeit ihrer Gefühlsäußerung für uns heute befremdlichen Worte wirkt eine Passage aus der Rede des spartanischen Feldherrn Gylippos, die dieser im Jahre 413 v. Chr. vor der letzten und entscheidenden Seeschlacht gegen die Athener im Hafen von Syrakus hält. Der Text zeigt, daß der Rachewunsch auch ein entscheidender Motor der Außenpolitik gewesen ist, wie an der gesamten Außenpolitik des 5. Jhs. v. Chr. abzulesen ist.

> „Auf solche Mißordnung dieser Männer und ihr schon sich selber preisgebendes Geschick[43] wollen wir uns stürzen mit erbittertem Grimm, wissend daß es nur gerecht und erlaubt ist, wenn an den Gegnern zur Rache für ihren Einfall das zürnende Herz sich ersättigen darf, und daß uns vergönnt ist, den Feinden zu vergelten, was, wie man wohl sagt, die süßeste Freude ist. Daß sie aber Feinde sind, Erzfeinde, wißt ihr alle, kamen sie doch zur Unterjochung unsres Landes und hätten, wär' es ihnen gelungen, über die Männer den ärgsten Schmerz gebracht, über Frauen und Kinder bittere Unehre, und über unsre ganze Stadt einen schmachvollen Namen."
>
> (Thuk. 7, 68, 1-2; Ü.: Georg Peter Landmann)

Erbitterter Grimm, vergeltende Rache, süßeste Freude: In dieser Abfolge von Gefühlszuständen liegt eine ganze Welt griechischen Sozialverhaltens beschlossen. Die

[43] Zuvor wurde darauf hingewiesen, daß die Athener aufgrund der taktischen Lage, in der sie sich befanden, nämlich eingeschlossen im Hafen, ihre Flotte nicht effektiv würden zum Einsatz bringen können.

Rache gewährt nicht nur tiefste Befriedigung, sie hat auch demonstrativen Charakter und ein kompetitives Element, wenn der Rächer mittels der Rache nicht nur seine Ehre retten, sondern die ihm angetane Ehrverletzung möglichst doppelt heimzahlen will. Dies Bedürfnis wird sich besonders dann geregt haben, wenn der Angriff auf die eigene Ehre verbunden war mit einer demonstrativen öffentlichen Erniedrigung.

Wir hören von einer geradezu grotesken Szene dieser Art in einer Gerichtsrede des Demosthenes. Im Verfahren gegen einen gewissen Konon berichtet der Ankläger, er und sein Freund seien von einer Bande unter der Führung des Konon überfallen worden. Man habe sie brutal zusammengeschlagen, bis sie sich nicht mehr hätten rühren können. Der Ankläger habe schließlich nur noch hören können, wie Konon sich in unflätigen Beschimpfungen gegen ihn ergangen habe. Und zum Schluß habe sich Konon in Positur gestellt und begonnen, wie ein siegreicher Hahn zu krähen. Seine übrige Bande hieß ihn, mit seinen Armen seitlich wie mit Flügeln zu schlagen.[44] Das ist denn auch der eigentliche Treffer gewesen, der die Ehre empfindlich verletzt hat. Der Unterlegene war der Lächerlichkeit preisgegeben. Wir würden das heute auf Anhieb eher andersherum empfinden. Man muß als Hintergrund für diese Szene aber die Bedeutung des Hahns als Symbol sieghafter Männlichkeit hinzudenken. Stichwortartig angedeutet: Es gab in Athen Hahnenkämpfe als eine Art Volkssport. Der Hahn war auch ein beliebtes Geschenk zwischen *erastes* und *eromenos* in päderastischen Beziehungen. Hähne sind schließlich auf den panathenäischen Preisamphoren zu sehen, den Preisen für die Sieger bei den panathenäischen Spielen. Auf diesen Bildern sitzen die Hähne auf zwei Säulen, die die sieghafte Athena flankieren.

Noch einmal zur ersten Quelle dieses Gedankengangs, der *Medea* des Euripides: Auch an ihr ist nämlich das Phänomen der Überrache aus der Gefahr des Lächerlichwerdens zu beobachten. Ihr Ehemann Jason hatte sie verlassen. Aber nicht um einen Ehestreit geht es, sondern um einen Konflikt zwischen *philoi.* Denn Medea hatte sich früher bei der Erringung des goldenen Vlieses entschieden auf Jasons Seite gestellt, hatte ihn aktiv unterstützt, ja sogar den eigenen Bruder getötet. Sie hatte gehandelt wie ein *philos,* in höchstem Maße ehrenvoll, und sie bezieht daraus ein selbstgefälliges Ehrgefühl, Hoffart, wie ein alter deutscher Begriff sagt. Deshalb ist die Kränkung des Verlassenwerdens nun so groß – Jason vergilt ihr ihren Einsatz nicht angemessen – und um so abgrundtiefer der Haß, dessen Folgen katastrophaler Art sind, auch für die Rächerin Medea selbst. Sie trifft Jason bis ins Mark seiner männlichen Existenz, indem sie die eigenen Kinder tötet, seine Nachkommen, und seine neue Frau, und damit auch künftige Nachkommenschaft.

Führt bei Medea die Rache zur Tragödie menschlichen Schicksals, so bestand die Tragik der griechischen *polis* insgesamt in den verheerenden und ruinösen Folgen, die das aristokratische Freund-Feind-Denken dort anrichten konnte, wo sich die

---

[44] Vgl. Demosth. 54, 7-9.

Rache im öffentlichen Bereich auslebte. Das war sowohl im zwischenstaatlichen Bereich wie im Innern der Gemeinden der Fall. Im folgenden geht es um die Rache als Motor der *polis*-Innenpolitik.

2. Die *stasis* und ihre Struktur

Bei der Vorstellung des aristokratischen *oikos* ist bereits auf den hohen Grad von sozialer Mobilität hingewiesen worden, der die Aristokratie als soziale Gruppe kennzeichnet. Die Aristokratie war einer recht starken personellen Fluktuation unterworfen. Hinzu kam eine große innere soziale Differenzierung, da die Aristokraten sich in ihrem Sozialprestige voneinander sehr unterschieden. Die jeweiligen Relationen blieben allerdings selten über längere Zeit stabil. Sie wurden mit jedem Erfolg oder Mißerfolg neu definiert. Zusammengenommen ergibt sich aus diesen Befunden, daß die Aristokratie als soziale Gruppe nur geringen inneren Zusammenhalt besaß. Die Wettbewerbsethik bedingte eine labile Situation ständiger Konfrontation, die vom Stachel der Rache fortwährend in Gang gehalten wurde.

Schon die frühesten Nachrichten aus dem 7. Jh. v. Chr. für Korinth, Athen und andere Gemeinden spiegeln immer wieder die heftigen inneren Kämpfe zwischen den Aristokraten einer *polis* um Macht, Einfluß, soziale und politische Vorrangstellung. Solche Auseinandersetzungen werden in der Überlieferung als *staseis* (Singular: *stasis*) bezeichnet. Dieses Phänomen ist in der archaischen wie in der klassischen Zeit häufig bezeugt.

Eine der ausführlichsten Schilderungen einer *stasis* bietet eine Erzählung bei Herodot. Sie ist Teil des sogenannten Kroisoslogos[45]. Der Zusammenhang: Der lydische König Kroisos hält nach einem mächtigen griechischen Bundesgenossen für seinen geplanten Feldzug gegen den Perserkönig Kyros Ausschau (vgl. 1, 56). Er hatte, so Herodot, herausgefunden, daß Sparta und Athen die führenden Mächte Griechenlands seien (vgl. 1, 56) und sich schließlich entschieden, in Sparta um Beistand nachzusuchen. Die Begründung für diese Wahl liefert Herodot in zwei aufeinanderfolgenden Exkursen zur athenischen (vgl. 1, 59-64) und spartanischen Geschichte (vgl. 1, 65-68). Kroisos entscheidet sich für Sparta, weil dieses sich aufgrund einer besonders guten, weil stabilen inneren Verfassung bereits als potente Macht nach außen (auf der Peloponnes) erwiesen hatte (vgl. 1, 66 u. 1, 68). Kroisos kommt in Sparta denn auch ohne weiteres zu seinem Ziel (vgl. 1, 70). Über die Athener hingegen habe Kroisos erfahren, daß sie unterdrückt und zerrissen seien aufgrund der Tyrannenherrschaft des Peisistratos (vgl. 1, 59). Hier setzt unsere Geschichte von der *stasis* in Athen ein. Sie soll bei Herodot die Begründung geben für die festgestellte Schwäche Athens.

---

45 Vgl. Hdt. 1, 26-94.

„Als die Küstenbevölkerung von Attika und die Bewohner der Ebene in Streit gerieten – Führer der Küstenbevölkerung war Megakles, der Sohn des Alkmaion; Führer der Ebenenbevölkerung war Lykurgos, der Sohn des Aristolaides –, scharte Peisistratos in der Absicht, Alleinherrscher zu werden, eine dritte Partei um sich. Er sammelte Anhänger und nannte sich Führer der Leute aus den Bergen und ersann diese List: Er verwundete sich selbst und seine Maultiere, fuhr dann mit dem Wagen auf den Marktplatz und gab an, er sei mit Mühe seinen Feinden entkommen, die ihn bei der Fahrt aufs Land umbringen wollten. Er bat das Volk, ihm eine Leibwache zu stellen. Denn auch schon vorher hatte er sich als Feldherr gegen Megara hervorgetan, Nisaia erobert und andere große Taten vollbracht. Das Volk von Athen ließ sich von ihm überlisten und wählte für ihn eine Leibwache unter den Bürgern aus, die zwar nicht zu Lanzen-, wohl aber zu Keulenträgern des Peisistratos wurden. Sie pflegten ihn nämlich mit Holzkeulen zu begleiten. Mit ihnen machte Peisistratos einen Aufstand und besetzte die Burg. Seitdem war er Herrscher von Athen. Aber er schaffte die bestehenden Ämter nicht ab, änderte auch die Gesetze nicht, sondern regierte die Stadt nach der bestehenden Verfassung in trefflicher und guter Ordnung.
Bald danach verbanden sich die Anhänger des Megakles und des Lykurgos und vertrieben Peisistratos. So gewann er die Herrschaft über Athen und verlor sie wieder, weil sie noch nicht recht Wurzel gefaßt hatte. Die aber Peisistratos vertrieben hatten, gerieten von neuem untereinander in Streit, Megakles kam in Bedrängnis und ließ Peisistratos durch einen Herold fragen, ob er mit der Herrschaft seine Tochter zur Frau nehmen wolle. Peisistratos erklärte sich einverstanden. Nun ersannen sie, um seine Rückkehr ins Werk zu setzen, eine, wie ich finde, recht einfältige List. Von jeher hatten sich die Griechen von den Nichtgriechen dadurch unterschieden, daß sie schlauer und törichten Einfällen weniger zugänglich waren. Trotzdem ersannen damals die Leute bei den Athenern, die doch die klügsten Griechen sein sollen, folgendes: In dem Demos Paiania lebte eine Frau namens Phye. Sie war vier Ellen weniger drei Finger groß und sonst wohlgestaltet. Diese Frau steckten sie in eine volle Waffenrüstung, ließen sie auf einen Wagen steigen und fuhren sie in stattlicher Haltung in die Stadt. Herolde mußten vorauslaufen und beim Betreten des Stadtbezirks verkünden: ‚Athener, nehmt Peisistratos willig und freudig auf; denn Athene ehrt ihn am meisten von allen Menschen und führt ihn selbst in ihre Burg zurück.' So riefen sie auf allen Straßen. Sogleich drang das Gerücht in alle Teile des Landes, daß Athene Peisistratos zurückführe. In der Stadt glaubten alle, die Frau sei wirklich die Göttin; sie beteten sie an und nahmen Peisistratos auf.
Als Peisistratos auf die genannte Weise die Alleinherrschaft übernommen hatte, heiratete er der Abrede mit Megakles gemäß dessen Tochter. Da er aber bereits Söhne im Jünglingsalter hatte (...), wollte er von seiner neuen Frau keine Kinder und verkehrte mit ihr nicht nach Brauch. Anfangs verheimlichte dies die Frau, dann aber sagte sie es ihrer Mutter; ich weiß nicht, ob sie danach fragte. Die Mutter erzählte es ihrem Mann. Der war darüber entrüstet, daß Peisistratos ihn so entehrte, und versöhnte sich deshalb wieder mit den Aufrührern. Als Peisistratos erfuhr, was gegen ihn im Werk war, wich er mit seinem ganzen Anhang aus dem Land und ging nach Eretria. Dort beriet er sich mit seinen Söhnen. Hippias drang mit seiner Meinung durch, man müsse die Herrschaft wiedergewinnen. Nun sammelten sie Spenden von den Städten, die ihnen von früher her verpflichtet waren. Große Geldsummen kamen von vielen Seiten zusammen, und am reichlichsten gaben die Thebaner. Es dauerte, um es kurz zu machen, einige Zeit, da war alles bereit zur Rückkehr. Argeiische Söldner kamen aus der Peloponnes, und ein Freiwilliger aus Naxos namens Lygdamis brachte in größter Bereitwilligkeit Geld und Leute mit. So brachen sie von Eretria auf und kehrten im elften Jahre ihrer Verbannung nach Attika zurück. Die erste Stadt, die sie dort einnahmen, war Marathon. Als sie daselbst lager-

ten, kamen die Parteianhänger *(stasiotai)* aus der Stadt zu ihnen, und auch andere Leute aus den ländlichen Bezirken eilten herbei (...). Peisistratos und seine Leute trafen im Vormarsch von Marathon gegen die Stadt beim Tempel der Athene Pallene auf die Feinde. Dort lagerten sie einander gegenüber. (...)
Die Athener aus der Stadt hatten sich gerade zum Mahle gesetzt; danach würfelten die einen, die andern legten sich zur Ruhe. Peisistratos griff mit seinen Leuten die Athener an und schlug sie in die Flucht. Damit sie sich nach der Flucht nicht wieder sammeln konnten, sondern zerstreut blieben, ersann Peisistratos einen klugen Plan: Er ließ seine Söhne Pferde besteigen und schickte sie voraus. Sie erreichten die Flüchtenden und sagten auf Geheiß des Peisistratos, sie sollten nur guten Mutes sein, und jeder solle nach Hause zurückkehren.
Die Athener ließen sich dazu überreden, und so gewann Peisistratos zum dritten Male Athen und sicherte seine Alleinherrschaft durch viele Bundesgenossen und durch Abgaben, die aus Attika und auch vom Strymon einliefen. Er ließ sich Geiseln stellen, nämlich die Söhne jener Athener, die dageblieben und nicht sofort geflohen waren. Diese Geiseln schickte er nach Naxos, das er ebenfalls unterworfen und Lygdamis übergeben hatte."

(Hdt. 1, 59-64; Ü.: Josef Feix)

Die Ereignisse spielen in den Jahren zwischen 560 und 550/46 v. Chr. Sicherheit ist in den Fragen der Chronologie nicht zu erreichen. Darauf kommt es aber bei einer Untersuchung der Geschichte im Hinblick auf unsere Fragestellung auch nicht an. Herodot berichtet, daß Peisistratos nach zwei vergeblichen Versuchen schließlich eine dauerhafte tyrannische Machtstellung in Athen etablieren konnte. Ausgangspunkt ist die Auseinandersetzung zwischen den drei *stasis*-Gruppierungen des Lykurgos, des aus der Agariste-Geschichte schon bekannten Megakles und des Peisistratos. Peisistratos kann sich zunächst mittels einer List durchsetzen, darf auf Beschluß des Volkes eine „Leibwache" aufstellen und besetzt mit dieser die Akropolis. Kurze Zeit später wird er von Lykurgos und Megakles vertrieben, deren Koalition jedoch rasch zerfällt. Daraufhin kehrt Peisistratos wieder an die Macht zurück, nachdem er sich mit Megakles arrangiert hat, indem er dessen Tochter heiratet.[46] Peisistratos weigert sich jedoch, die Ehe zu vollziehen, sein Bündnis mit Megakles bricht, und er weicht vor der sich erneut abzeichnenden Verbindung zwischen Megakles und Lykurgos nach Eretria aus. Von dort aus bereitet er nach etlichen Jahren seine neuerliche Rückkehr vor, sammelt Geldmittel, wirbt Söldnertruppen und verpflichtet Bundesgenossen. Schließlich setzt er nach Attika über, errichtet einen Stützpunkt in Marathon und erhält Zulauf aus dem ganzen Land. Als er sich anschickt, auf die Stadt Athen selbst zu marschieren, wird ihm eine Streitmacht entgegengeschickt. Er schlägt sie jedoch zuerst in die Flucht und überredet sie dann, sich freiwillig aufzulösen. Herodot notiert abschließend und zusammenfassend, daß Peisistratos nun seine Herrschaft durch Bundesgenossen, Abgaben, Geiselstellung und freiwilliges Exil seiner Gegner auf Dauer zu sichern wußte.

---

[46] Man beachte noch einmal die politische Funktion der beschriebenen Ehebündnisse.

Die Struktur einer *stasis* läßt sich aus dieser Herodot-Geschichte klar herausarbeiten:

- *stasis* als Strukturelement:

  Die *stasis* ist ein soziales und politisches Strukturelement, keine singuläre Erscheinung. Dies ist an der Selbstverständlichkeit zu erkennen, mit der Herodot die Geschichte einsetzen läßt: „Als die Küstenbevölkerung von Attika und die Bewohner der Ebene in Streit gerieten...“. Natürlich belegen das auch die vielen anderen Zeugnisse, die von *staseis* berichten.

- *stasis* und aristokratischer Machtanspruch:

  Das Wort *stasis* wird in der Überlieferung in doppeltem Sinne gebraucht: einmal für die von Herodot beschriebenen Auseinandersetzungen, zum zweiten für die einzelnen, daran beteiligten sozialen Gruppierungen. Deutlich wird, daß diese *stasis*-Gruppierungen völlig auf die jeweilige aristokratische Führerpersönlichkeit, also Megakles, Lykurgos oder Peisistratos ausgerichtet sind. Nehmen wir Peisistratos: Voraussetzung für sein Hervortreten als Führer der *stasis*-Gruppierung ist sein schon zuvor erworbener Kriegsruhm: „Denn auch schon vorher hatte er sich als Feldherr gegen Megara hervorgetan, Nisaia erobert und andere große Taten vollbracht.“ Peisistratos setzt sich nun aber nicht an die Spitze einer etwa schon vorhandenen *stasis*-Gruppierung, vielmehr ist es allein seine Initiative, die zur Bildung dieser Gruppierung führt: Er „scharte (...) eine dritte Partei *(stasis)* um sich“, von deren Führer allein dann alle Initiative ausgeht: Er bildet eine Kerntruppe zu seinem persönlichen Schutz, er besetzt die Akropolis, er geht Bündnisse ein, er entscheidet über die Strategie, er bildet am Ende den Kristallisationspunkt für das Wiederaufleben der *stasis*. „Er gab vor, sich der Hyperakrier anzunehmen“, so lautet wörtlich und genauer übersetzt die oben zitierte Formulierung: „nannte sich Führer der Leute aus den Bergen“. Eindeutig ist also: eine *stasis* ist keine Vereinigung von *polis*-Bürgern, die ein gemeinsames sachliches Interesse verbindet. Eine *stasis* besteht vielmehr einzig und allein um der Person ihres aristokratischen Führers und seiner politischen Zielsetzung willen. Diese ist nichts anderes als die Durchsetzung eines persönlichen Machtanspruchs in der Gemeinde: Peisistratos bildet eine *stasis* „in der Absicht Alleinherrscher *(tyrannos)* zu werden“.

- *stasis* als soziale Gruppierung:

  Zu einer *stasis* gehören Aristokraten wie Nicht-Aristokraten. Den Kern bildet der *oikos* des Führers, er selbst und seine Söhne. Diesen Mittelpunkt umgibt ein engerer Zirkel von aristokratischen Anhängern, die dem Führer auf unterschiedliche Weise verbunden sein können; die verschiedenen Möglichkeiten, im Rahmen der aristokratischen Sozialformen Bindungen herzustellen, kommen hier ins Spiel. Aus diesem Kreis rekrutiert sich auch die Leibgarde. Im weiteren gehören dann auch Nicht-Aristokraten zu den Anhängern des Peisistratos. Die Erzählung Herodots legt auf den ersten Blick nahe, hier an regional zu unterscheidende Gruppen zu denken, da er von der Küstenbevölkerung, den Paralern, von den Bewohnern der Ebene, den Pediakern, und von den Leuten aus den Bergen, den Hyperakriern, spricht. Darüber, was darunter genau zu verstehen ist, ist sich die Forschung jedenfalls uneins, da die übrige Überlieferung so wie unsere sonstigen Kenntnisse etwa der Agrarstruktur, schnell in Widersprüche zu diesem Bild der regionalen Aufgliederung führen. Schließlich ist evident, daß die von Herodot genannten Namen der Gruppierungen für den Ablauf der Geschichte keine tragende Rolle spielen. Dennoch darf man vielleicht mit lokalen Bezugspunkten für das Auftreten und die Tätigkeit einzelner Aristokraten rechnen. Der Gewinn einer Vormachtstellung als Tyrann bedeutete freilich, daß darüber hinaus noch ein größerer Kreis von Bürgern zur Zustimmung für die Person des jeweiligen Aristokraten gewonnen werden mußte. Peisistratos gelingt dies zwar dreimal, jedoch kann er erst beim dritten Anlauf seine Vormachtstellung für viele Jahre festigen. Ausschlaggebend hierfür ist, daß er seine *stasis*-Gruppierung durch auswärtige Bündnisse, durch die Mobilisierung auswärtiger Ressourcen und durch auswärtigen Zuzug stärken konnte. Diese schon gezeigten auswärtigen Beziehungen, die in der Internationalität der Aristokratie wurzeln, hatten großen Einfluß auf den Verlauf der *stasis*-Auseinandersetzungen und haben sie in diesem Fall sogar definitiv entscheiden können.

- Die innere Instabilität der *stasis*:

Eine *stasis*-Gruppierung ist also keine feststehende soziale Gruppe. Vielmehr gibt es verschiedene Möglichkeiten und Grade der Zugehörigkeit. In ihrem Bestand ist sie veränderlich und ihre Anhängerschaft mobil. Das bezeugt der gesamte Ablauf der herodoteischen Erzählung, deren hauptsächlicher Inhalt ja der dreimalige Machtwechsel ist. Diese Umschwünge kommen zustande, indem sich die Zusammensetzung und der Umfang der Gruppierungen, die an dem Konflikt beteiligt sind, ständig verschieben: Einem oder auch zwei aristokratischen Führern gelingt es dabei, eine solche Zahl von Anhängern um sich zu versammeln, daß sich daraus eine Vormachtstellung für sie ergibt. Die anderen *stasis*-Führer werden dadurch auf einen unter Umständen ganz engen Kreis von Anhängern reduziert. Die Konstellation kann sich indessen ebenso wieder umkehren, Herodot veranschaulicht diese soziale Instabilität der *stasis*-Gruppierungen mehrfach.

- Die äußere Instabilität der *stasis*:

Dieser inneren Unbeständigkeit der *stasis*-Gruppierungen entspricht die Wechselhaftigkeit der Beziehungen in Bündnis und Opposition. Der Streit wird in wechselnden Konstellationen immer wieder neu ausgetragen. Daraus folgt jedoch, daß die *stasis* ein permanentes Element der Struktur der Aristokratie und aufgrund der Mobilisierung von nichtaristokratischen Anhängerschaften auch der Gemeinde insgesamt ist. Verantwortlich für das Wechselspiel von Bündnis und Opposition sind die persönlichen Beziehungen der Führungspositionen beanspruchenden Aristokraten zueinander. Diese gestalten sich nach den bereits geschilderten verschiedenen, von der Aristokratie zur Pflege ihrer Sozialbeziehungen entwickelten Formen. Die *stasis*-Auseinandersetzungen setzen immer die Bereitschaft zum Einsatz von Gewalt voraus. In unterschiedlichem Ausmaß und unter wechselnder Beteiligung aller Gemeindemitglieder werden Feindseligkeiten immer wieder offen gewaltsam ausgetragen, gegnerische *stasis*-Führer werden zu Flucht und Exil gezwungen, oder die Entscheidung wird in bürgerkriegsartigen Kämpfen gesucht. Die Sieger bemühen sich, ihre Stellung in der Regel durch eine Reihe weiterer Gewaltmaßnahmen wie die Stellung von Geiseln, die Stationierung auswärtiger Söldnertruppen, bis hin zur Liquidierung der Unterlegenen zu sichern. Die Herodotgeschichte schildert einen in dieser Hinsicht noch eher moderaten Ablauf einer *stasis*.

Die der Erzählung Herodots zu entnehmenden Merkmale sind typisch für alle *staseis* der archaischen und klassischen Zeit. Sie zeigen, daß die innere Verfassung der Aristokratie als sozialer Gruppe von permanenten Konfliktzuständen bestimmt war. In ihnen stehen die Person des einzelnen Aristokraten und das Ziel des Machtgewinns gemäß dem Ideal der Aristie im Mittelpunkt. Aufgrund der Instabilität der Anhängerschaften spielen sich die Auseinandersetzungen nicht entlang feststehender Frontstellungen ab, vielmehr ist ihnen die Wechselhaftigkeit der Konstellationen eigentümlich. Entscheidend beeinflußt wurde der Fortgang einer *stasis* durch die von außen in eine Gemeinde eingebrachten Kräfte.

stasis-Auseinandersetzungen sind keine in der individuellen Ereignisgeschichte einzelner Gemeinden wurzelnden Bürgerkriege, sondern eine strukturell überall vorhandene Möglichkeit, die sich aus den Grundbedingungen der Sozialstruktur (Stichwort: Vereinzelung des *oikos*) und der normativen Ordnung (Stichwort: Aristie-Ideal) herleitet. Das Streben nach Ehre, Ruhm, sozialem Ansehen, der Wettstreit mit anderen, der Kampf, der Neid und die Rache waren die zentralen Triebkräfte der *stasis*.

Dies blieb auch in klassischer Zeit so. Zwar veränderten sich die Rahmenbedingungen angesichts der Etablierung der verfaßten politischen Ordnungen von Demokratie und Oligarchie und angesichts der Bildung von Großmächten, da diese die Tendenz noch verstärkten, von außen in die inneren Verhältnisse beherrschter *poleis* einzugreifen. Am Charakter der *stasis* änderte dies jedoch nichts. Sie war ein endemisches Problem praktisch aller *poleis* mit Ausnahme Spartas und Athens. Sparta ist ein Ausnahmefall und daher in diesem Zusammenhang ganz auszuklammern. Bemerkenswert bleibt aber, daß Athen, das wir noch im Jahre 510 v. Chr. im Zustand der *stasis* erleben, im 5. Jh. v. Chr. von ihr fast verschont geblieben ist. Ausschlaggebend dafür war letztlich die in hohem Maße gelungene innere Kohärenz der *polis*, verstärkt durch die äußere Machtentfaltung. Als es am Ende des Jahrhunderts mit der athenischen Machtstellung bergab ging, blitzte auch in Athen die *stasis* zweimal kurz auf, in den sogenannten oligarchischen Umstürzen der Jahre 411 und 404 v. Chr. In ihnen zeigte die *stasis* ihr häßliches Gesicht, die Nachtseite der aristokratischen Ideals. Da ging es dann keineswegs mehr um die hehren Werte der persönlichen Tapferkeit, der Vortrefflichkeit, Ehre und glanzvollen Selbstdarstellung. In der *stasis* floß vielmehr häufig genug Blut, das schwarze Blut der Feinde, von dem Theognis gesprochen hatte.

Eine der einprägsamsten Schilderungen des inneren Krieges verdanken wir Thukydides. Sie trifft auch nach dem Verständnis heutiger Analyse in vielem den Kern der Dinge. Thukydides gibt anläßlich des Berichts über die *stasis* im Korkyra eine verallgemeinerte Darstellung des *stasis*-Geschehens, das natürlich in der Zeit des Peloponnesischen Krieges an Intensität noch zugenommen hatte.

> „So tobten also Parteikämpfe *(stasiazein)* in allen Städten, und die etwa erst später dahin kamen, die spornte die Kunde vom bereits Geschehenen erst recht zum Wettlauf im Erfinden immer der neusten Art ausgeklügelter Anschläge und unerhörter Rachen *(timoria)*. Und den bislang gültigen Gebrauch der Namen für die Dinge vertauschten sie nach ihrer Willkür: unbedachtes Losstürmen galt nun als Tapferkeit und gute Kameradschaft, aber vordenkendes Zögern als aufgeschmückte Feigheit, Sittlichkeit als Deckmantel einer ängstlichen Natur, Klugsein bei jedem Ding als Schlaffheit zu jeder Tat; tolle Hitze rechnete man zu Mannes Art, aber behutsames Weiterberaten nahm man als ein schönes Wort zur Verbrämung der Abkehr. Wer schalt und eiferte, galt immer für glaubwürdig, wer ihm widersprach, für verdächtig. Tücke gegen andere, wenn erfolgreich, war ein Zeichen der Klugheit, sie zu durchschauen war erst recht groß, wer sich aber selber vorsah, um nichts damit zu tun zu haben, von dem hieß es, er zersetze den Bund und zittere vor den Gegnern. Kurz, bösem Plan mit bösem Tun zuvorzukommen brachte Lob, auch den noch Arglosen aufzustiften. Dann entfremdeten sich die Verwandten über all den Bünden, die so viel rascher bereit waren, ohne Zaudern zuzuschlagen. Denn nicht mit den gültigen Gesetzen waren das Vereine zu gegenseitiger Hilfe, sondern gegen die bestehende Ordnung solche der Raffgier *(pleonexia)*. Untereinander verbürgte ihnen die Treue weniger das göttliche Recht als gemeinsam begangenes Unrecht. Ein edelmütiger Vorschlag von den Gegnern fand Eingang aus zweckmäßiger Vorsicht, wenn diese überlegen waren, und nicht aus schönem Vertrauen. Sich wiederzurächen am andern war mehr wert, als selber verschont geblieben zu sein. Eide, falls noch irgendein Vergleich auf die Art bekräftigt wurde, waren geleistet in der Not, wenn beide sich nicht mehr anders zu helfen wußten, und galten für den Augenblick; wer aber bei günstiger Gelegenheit zuerst wieder Mut faßte, wenn er eine Blöße entdeckte, der nahm seine Rache lieber durch Verrat als in offenem Kampf, einmal zu seiner Sicherheit und dann, weil der ertrogene Triumph ihm noch den Siegespreis der Schlauheit hinzugewann. Denn im allgemeinen heißt der Mensch lieber ein Bösewicht, aber gescheit, als ein Dummkopf, wenn auch anständig; des einen schämt er, mit dem andern brüstet er sich.
> Die Ursache von dem allem war die Herrschsucht *(arche)* mit ihrer Habgier *(pleonexia)* und ihrem Ehrgeiz *(philotimia)* und daraus dann, bei der entbrannten Kampfwut, noch das wilde Ungestüm. Denn die führenden Männer in den Städten, auf beiden Seiten mit einer bestechenden Parole, sie seien Verfechter staatlicher Gleichberechtigung *(isono-*

mia politike) der Menge oder einer gemäßigten Herrschaft der Besten *(aristokratia)*, machten das Gemeingut, dem sie angeblich dienten, zu ihrer Beute, und in ihrem Ringen, mit allen Mitteln einander zu überwältigen, vollbrachten sie ohne Scheu die furchtbarsten Dinge und überboten sich dann noch in der Rache; nicht, daß sie sich dafür eine Grenze gesteckt hätten beim Recht oder beim Staatswohl – da war freie Bahn, soweit jede Partei gerade ihre Laune trieb. Ob sie nun durch ungerechten Stimmstein oder mit der Faust sich zum Herrn machten, es war alles recht, um nur die Kampfwut des Augenblicks zu ersättigen. Frömmigkeit galt weder hüben noch drüben; man schaffte sich vielmehr einen guten Namen, wenn es gelang, gerade durch den Schönklang eines Wortes eine Tat des Hasses zu vollführen."

(Thuk. 3, 82, 3-8; Ü.: Georg Peter Landmann)

3. Gegenkräfte: Der Rechtsgedanke

Ganz können wir das eben gezeichnete Bild freilich nicht stehen lassen. Zwar ist die Rachementalität das Vorherrschende und ist die *stasis* ein chronisches Übel in allen *poleis*. Doch es gab Gegenkräfte. Thukydides selbst ist wie auch zuvor schon Herodot Zeuge für eine Ethik oder besser: für ethische Forderungen, die sich in Grenzen gegen die vorherrschende Mentalität richteten. Insbesondere die *hybris*, das Zuviel, das Übermaß begegnete weithin der Kritik. Der Wahlspruch der allen Griechen heiligen Orakelstätte zu Delphi lautete: *meden agan* (nichts zu sehr). *sophrosyne*, Mäßigung, Beherrschung, Selbstdisziplin gehörten ebenso zum Normensystem. Man denke nur an die Wirkung dieser Orientierungen im Rahmen des patriarchalischen Ideals. In diese Richtung zielt wohl auch die kritische Schilderung der korkyräischen *stasis* durch Thukydides. In den Augen von Thukydides ist das Abscheuliche die Überschreitung von Grenzen bei der Ausübung von Rache und Widerrache.

Aber es waren nicht nur einzelne, die zur Mäßigung riefen. Es gibt vor allem einen wichtigen strukturellen Bereich des *polis*-Lebens, der dem Rachegedanken entgegenstand: die *polis* als Raum des Rechts. Von Beginn der staatlichen Institutionalisierung von Recht und Streitschlichtung an – in Athen etwa von der Gesetzgebung Drakons im letzten Drittel des 7. Jhs. v. Chr. – ging es darum, das Prinzip von Selbsthilfe und Rache durch Verfahrensvorschriften einzuhegen. Die Zulässigkeit der Selbsthilfe bedurfte in den meisten Fällen der Genehmigung staatlicher Behörden. Ein Blick auf die vorstaatlichen Verhältnisse bei Homer zeigt, daß auch dort die Ausübung von Rache an den gesellschaftlichen Konsens gebunden war. Es läßt sich überdies neben der Rache auch bei Homer schon eine Tendenz zum Ausgleich beobachten, etwa die Ablösung von Blutschuld durch Wergeld.[47] Das Recht auf dem Prozeßwege zu suchen, war unter den bürgerstaatlichen Verhältnissen im 5. Jh. v. Chr. dann die Möglichkeit, die Selbstläufigkeit von Rache und Widerrache zu überwinden. Die demokratisch besetzten Gerichtshöfe sind gerade-

---

[47] Vgl. Kap. B, VI, 3.

zu ein Markenzeichen der demokratischen Ordnung und haben ihre soziale Befriedungsaufgabe im großen und ganzen erfüllt. Das geistige Fundament hierfür war ebenfalls vorhanden, wie beispielsweise die *Orestie* des Aischylos zeigt.[48]

Freilich: auch im klassischen Recht und Rechtsverfahren war der Rachegedanke noch sehr lebendig. So etwa im Recht des Ehemanns, den in flagranti ertappten Ehebrecher auf der Stelle zu töten. Dazu kommen die bereits angeführten Quellen. Nehmen wir noch ein weiteres Faktum hinzu: die geradezu kanonische Geltung Homers und der in den Epen vorgelebten Wertewelt. Sie gab nicht zuletzt der Erziehung der Jugend das unbestrittene Vorbild. Homer war die wichtigste Schullektüre. So blieb aufs Ganze gesehen die Mentalität immer auch einflußreich, die von Wettbewerbsstreben, Reziprozität, Freund-Feind-Denken, Rache und Neid geprägt war. Das Recht der *polis*-Gemeinschaft und die Religion der Philosophen bildeten demgegenüber oft nur brüchige Dämme, nicht immer wirksame Einhegungen. Die affektiv-emotionalen Strebungen, die Triebe stimmten weithin mit den allgemein akzeptierten Normen überein.

Das griechische Normensystem und damit korrespondierend die griechische Sozialstruktur, der griechische Mensch in seinem Denken, Fühlen und Handeln: Gerade an dieser Stelle offenbart sich eine fundamentale Fremdheit gegenüber der Moderne. Gewiß ist auch heute und in der europäischen Gesellschaft die Rache keine völlig überwundene Verhaltensweise. Die Reaktionen der Öffentlichkeit in bestimmten Kriminalfällen, häufig durch die Massenpresse artikuliert, zeigen das zur Genüge. Ganz abgesehen vom zwischenstaatlichen Verkehr beziehungsweise Konflikt, wie wir ihn als nationalen und ethnischen Konflikt immer wieder erleben müssen. Allerdings scheint klar: Die Kontrollmechanismen zur Einhegung der Rache greifen heute wirkungsvoller. Rache ist keine normativ sanktionierte Verhaltensweise mehr. Christliche oder humanistische Einstellungen und ein hoher Grad der Monopolisierung von Gewaltausübung durch den Staat oder durch Hegemonialsysteme – wo sie sich auflösen, wird der Zusammenhang augenfällig – sind entscheidende Bedingungen für die veränderte Situation. Und doch können uns die Griechen, die in ihren Gemeinschaften den heutigen strukturell vergleichbare Probleme erstmals zu lösen hatten, zu nach wie vor gültigen Einsichten führen: Wachsamkeit und Anstrengung dürfen nicht nachlassen, das auf dem Grund jeder Gesellschaft lauernde Gewaltpotential einzuhegen und unter Kontrolle zu halten. Institutionelle Vorkehrungen sind dazu ebenso nötig und wichtig wie das dauernde Ringen um die Akzeptanz einer gemeinwohlorientierten Ethik. Denn vom Rückfall in die Barbarei trennt uns auch in Zukunft nur ein Schritt.

---

[48] Vgl. Verf.: Gesellschaft und Staat bei den Griechen: Klassische Zeit. Paderborn 2003, Kap. A, VI, 2.

B. Wie etwas Neues entstand: Die Erfindung des Bürgerstaates

Vorbemerkung: Zur Konstitution des Themas

Von den Strukturelementen der griechischen Gesellschaft zu unterscheiden ist die Organisationsform, die die Griechen ihrem Gemeinschaftsleben gegeben haben. Schon früh in der archaischen Epoche hat sich eine eigentümliche Form von Staatlichkeit herauszubilden begonnen. Sie beruhte von Beginn an auf der Selbstregierung einer Bürgergemeinde. Diese den Griechen eigene Form der Staatlichkeit kann man daher am besten den Bürgerstaat nennen. Dessen Entwicklung bildet den entscheidenden historischen Prozeß in der archaischen Epoche und soll in seinen wichtigsten Stationen im folgenden zweiten Teil nachgezeichnet werden. Vorab bedarf es einiger Abgrenzungen und Präzisierungen.

In unserer Untersuchung des griechischen Staates werden alle die Staatsbildungsvorgänge außer Betracht gelassen, die nicht zur Ausbildung der bürgerstaatlichen Form geführt haben, die es auf dem Boden Griechenlands gleichwohl aber auch gegeben hat. Da ist zum einen das, was die Griechen als *ethnos* bezeichnet haben und was in der Forschung gemeinhin mit dem Begriff ‚Stammstaat' übersetzt wird. Diese Form politischer Gemeinschaft findet sich vor allem in einigen westlichen und zentralen Gegenden des griechischen Mutterlandes. Die Aitoler oder Arkader haben solche Stammstaaten gebildet. Man hat in der Forschung gelegentlich angenommen, daß diese Gebiete auf einer primitiveren Stufe der Entwicklung stehengeblieben sind. Sie hätten angeblich Strukturen bewahrt, wie sie die einwandernden Stammesverbände besessen hatten. Auch wenn sich der Zusammenhalt der Stämme nach der Seßhaftwerdung stark gelockert habe, gingen die Strukturen der *ethne* doch auf die Zeit der Einwanderung der Griechen Ende des 2. Jahrtausends v. Chr. zurück. Als ihre Kennzeichen gelten die Siedlung in Dörfern oder Einzelgehöften, ein gemeinsames Kultzentrum als einigendes Band, gemeinsame Fluchtburgen, eine Stammesversammlung. Letztere ist freilich schon recht unsicher bezeugt, und von einem Stammeskönigtum hören wir gar nichts. Das ist merkwürdig, denn hierin müßte sich am ehesten zeigen, daß die politischen Formen der *ethne* tatsächlich auf die Wanderungszeit zurückgehen. So bleiben diese aber nebulös, und es fragt sich, ob es diese Stammstaaten in archaischer Zeit überhaupt gegeben hat.

Dieser Zweifel wird durch neuere Forschungen unterstützt. Uwe Walter hat in einer Untersuchung zur Entstehung des Bürgerrechts festgestellt, daß einige dieser angeblichen Stammstaaten wie Lokroi oder Elis in ihrer Entwicklung schon früh weit fortgeschritten waren. In Elis etwa können wir im 6. Jh. v. Chr. Züge von Staatlichkeit erkennen, wie es sie zur gleichen Zeit in Athen erst in Ansätzen gegeben hat: Beamte, Volksbeschlüsse, Bürgerrecht. Der Hintergrund ist möglicherweise das Heiligtum von Olympia, über das die Eleer die Oberaufsicht besaßen und dessen enorme Ausstrahlung in die gesamte griechische Welt die Eleer vor große Aufgaben und Herausforderungen gestellt und ebenso große Anregungen von außen für eine Weiterentwicklung der Gemeinschaftsordnung gebracht hat.

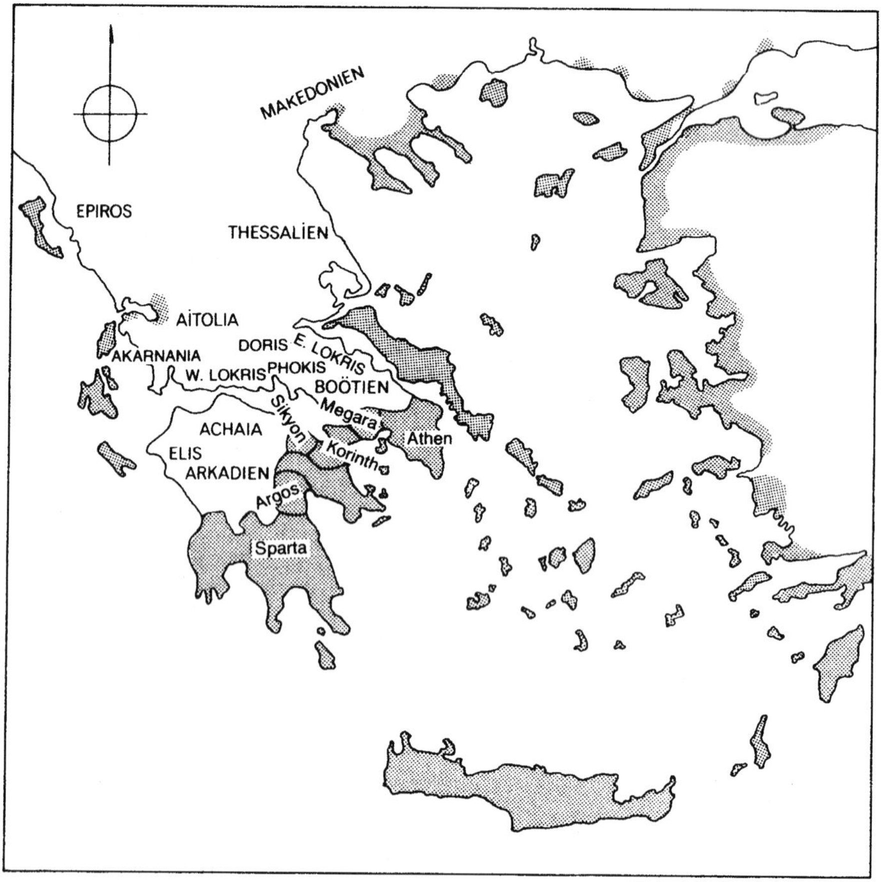

Abb. 7 Die Bereiche von *polis* (grau) und *ethnos* in Griechenland

Man sollte sich also davor hüten, die Verhältnisse des 4. und 3. Jhs. v. Chr. zurückzuprojizieren, als einige *ethne* tatsächlich ins helle Licht der Geschichte traten und im 3. und 2. Jh. v. Chr. eine erhebliche Rolle spielten, zum Beispiel die Aitoler und die Achaier. Doch setzte dies eine andere politische Umwelt und vor allem die Existenz des bereits entwickelten Bürgerstaates voraus.

Maßgebend für die Ausklammerung der *ethne* aus der Betrachtung der griechischen Staatsentstehung ist somit:

- Wir wissen über sie für die archaisch-klassische Zeit zu wenig, als daß wir ihnen überhaupt das Prädikat einer nur ihnen eigenen, von der Bürgerstaatlichkeit zu unterscheidenden Staatlichkeit zuerkennen könnten.
- Insbesondere bietet der Rückblick auf die Zeit der Wanderungen um 1200-1000 v. Chr. keine erhellende Erklärung, da diese selbst ein großes Problem für das historische Verständnis darstellen. Schlicht vorauszusetzen ist hier jedenfalls nichts.
- Die *ethne* haben keine nennenswerten wirtschaftlichen oder kulturellen Spuren hinterlassen.

In der Forschung ist unter anderem von Fritz Gschnitzer der Einwand erhoben worden, die Vernachlässigung der *ethne* konzentriere den Blick zu einseitig auf die *polis* als griechische Staatsform schlechthin. Diese Kritik greift aber nicht: Zum einen ist es nicht die *polis*, verstanden als Stadtstaat, auf der der Fokus der Betrachtung liegt, sondern der Bürgerstaat. Denn auch Gemeinden mit nicht-städtischen Siedlungs- und Lebensformen waren an der Ausbildung von Bürgerstaatlichkeit in erstaunlichem Maße beteiligt (zum Beispiel Elis oder Sparta). Entscheidend ist zum anderen, daß die *ethne* historisch unbedeutend waren, daß also historisch rückblickend einzig der Bürgerstaat als die den Griechen eigentümliche Leistung auf dem Gebiet der Staatsbildung wichtig erscheint. Das gilt im übrigen auch für die am Rande der griechischen Welt entstandenen Monarchien, vor allem in Makedonien, über deren Frühgeschichte wir ebenfalls nur sehr unklare Vorstellungen haben.

Der Hintergrund für diese Ausgrenzungen ist: Der Historiker hat bei der Gegenstandskonstitution wertend auszuwählen. Historische Reflexion ist keine nach Vollständigkeit strebende Sammeltätigkeit. Vielmehr muß bestimmt werden, was sich als historisch bedeutsam darstellt. Unter diesem Blickwinkel ist fraglos der Bürgerstaat, also die im Unterschied zum *ethnos* von den Griechen selbst *polis* genannte Staatsform, der Staat der Griechen schlechthin: als Akteur, von dem die größte geschichtliche Wirkung ausgegangen ist, und als Rahmen, der die Voraussetzungen für die einzigartigen kulturellen Leistungen der Griechen geboten hat.

Die Herausbildung und Entwicklung des Bürgerstaates spielte sich in dem Zeitraum zwischen dem 8. und dem ausgehenden 6. Jh. v. Chr. ab. Noch im 8. Jh. v. Chr. ist eine vorstaatliche Ordnung als ursprüngliche politische Organisationsform der Griechen zu erkennen. Zur gleichen Zeit sind freilich schon erste Kräfte des Wandels am Werk, dic in dcr Folgezeit zu einem Umbruch der Gemeindeordnung führen. Auf der Suche nach einer neuen politischen Ordnung werden im 7. Jh. v. Chr. erste bürgerstaatliche Formen gefunden, die zu Beginn des 6. Jhs. v. Chr. in einen ersten Gesamtentwurf des griechischen Bürgerstaates münden. In den nächsten zwei bis drei Generationen wachsen diesem feste und breite Wurzeln in der historischen Realität, und das Ende des Jahrhunderts sieht seine umfassende und weitentwickelte institutionelle Umsetzung.

Es spitzt freilich etwas vereinfachend zu, innerhalb dieses Entwicklungsprozesses vom Bürgerstaat als einer abstrakten und einheitlichen Größe zu sprechen. Vielmehr waren es immer einzelne Gemeinden wie die der Athener, der Spartaner, der Eleier, der Chioten oder der Lokrer, die um neue und tragfähige politische Organisationsformen gerungen haben. Daher stößt man innerhalb der gesamten archaischen Zeit zu sehr verschiedenen Zeitpunkten auf Zeugnisse für den Staatsbildungsprozeß. Sie besagen, daß wir nicht überall gleichzeitig mit einem einheitlichen Entwicklungsprozeß rechnen dürfen, sondern von erheblichen Unterschieden zwischen den einzelnen Gemeinden ausgehen müssen. So haben beispielsweise die Spartaner bereits in der Mitte des 7. Jhs. v. Chr. eine für ihre Zwecke ausreichend differenzierte Form der Bürgerstaatlichkeit gefunden, während Athen erst eine Generation später einen ersten Schritt in diese Richtung geht. Athen hat mit der am Ende des 6. Jhs. v. Chr. errichteten Ordnung des Kleisthenes einen sehr langwierigen Staatsbildungsprozeß hinter sich, darin aber auch das vergleichsweise höchste Stadium erreicht. Die Erklärung für diese sehr ausgeprägten Phasenverschiebungen innerhalb der Gesamtentwicklung ist in den jeweils spezifischen historischen Bedingungen und Herausforderungen für die einzelne Gemeinde zu suchen. Wir werden auch danach zu fragen haben.

Am Ende des 6. Jhs. v. Chr., als in Athen die griechische Bürgerstaatlichkeit ihre letzte und wirkungsvollste Gestaltung erfahren hat, hatte die griechische Staatlichkeit bereits eine knapp 200jährige Entwicklung hinter sich. Die Quellen aus dem staatlichen Leben der archaischen Gemeinden belegen, daß diese Geschichte nicht bloß die Vorgeschichte der zweifellos höchst bedeutsamen Geschichte Athens im 5. Jh. v. Chr. ist. Im Hinblick auf diese hat die Forschung nicht selten von einer ‚Blütezeit der *polis*' gesprochen, für die die davorliegenden Jahrhunderte lediglich eine Zeit der Vorbereitung und des Wachstums gewesen seien. Diese Zeit der Blüte habe etwa von den Perserkriegen (480 v. Chr.) bis zum Peloponnesischen Krieg (431 v. Chr.) gedauert. Von da an seien erneut Kräfte des Wandels zu beobachten, die die *polis* schnell in eine Zeit der Krise und im 4. Jh. v. Chr. schließlich des Verfalls geführt hätten. In einer solchen Anschauung schrumpft jedoch die Existenz des voll entwickelten griechischen Staates als einer wirksamen historischen Größe auf wenige Jahrzehnte zusammen. Es liegt auf der Hand, daß dies wenig Sinn macht und nur als Ergebnis der Anwendung eines problematischen historischen Denkmodells von Wachstum, Blüte und Verfall zu erklären ist. Eine solche einzig auf die klassische Zeit des 5. Jhs. v. Chr. fixierte Schematisierung ist von den Quellen nicht gedeckt. Sie zeigen nämlich, daß die Grundlinien der Bürgerstaatlichkeit bereits sehr früh in archaischer Zeit festliegen, daß sie aber zu unterschiedlichen Zeitpunkten und in ganz unterschiedlichem Ausmaß historische Realisierung und Wirksamkeit gewannen. Die in der älteren Forschung viel diskutierte Frage: Wann entstand die *polis*? kann daher nicht bündig beantwortet werden und ist in dieser Form obsolet. Schon in den archaischen Quellen sind eindrucksvolle Spuren bürgerstaatlichen Lebens zu entdecken, ohne daß wir einen Zeitpunkt bestimmen könnten, zu dem wir die *polis* als eine fertig abgeschlossene Staatsform vor uns hätten. Bürgerstaatlichkeit war vielmehr eine Sache der jeweils einzelnen Ausgestaltung, und das Athen seit dem Ende des 6. Jhs. v. Chr. stellt nur den vielleicht gelungensten Fall dar. Mit anderen Worten: Die griechische Staatlichkeit hat sich nicht in einem Prozeß entwickelt, dessen Ziel erst im 5. Jh. v. Chr. erreicht war, sondern hat sich den historischen Voraussetzungen der jeweiligen Gemeinden und den Herausforderungen, vor denen sie standen, gemäß in immer neuen Formen, jedoch gleichbleibenden Grundlinien folgend, entfaltet.

Es bleibt hinzuzufügen, daß durch diese Denkfigur auch eine andere kaum sinnvolle Konsequenz der Vorstellung von einer ‚Blütezeit der *polis*' vermieden werden kann: Läßt man den Verfall des griechischen Staates nämlich etwa 430 v. Chr. beginnen, so ergibt sich hieraus eine etwa 700jährige Verfallsgeschichte. Denn die im 5. Jh. v. Chr. bestehenden staatlichen Formen sind auch für das 4. Jh. v. Chr. bestimmend gewesen und haben mit gewiß zum Teil tiefgreifenden Modifikationen auch noch in der hellenistischen und in der hellenistisch-römischen Zeit weitergelebt. Und selbst diese lange weitere Geschichte griechischer Staatlichkeit steht letztlich noch im Banne des in archaischer Zeit erfundenen Bürgerstaates.

Im Einklang mit der jüngeren Forschung ist hier also eine teleologische Ausrichtung der Rekonstruktion griechischer Staatlichkeit auf den Fall Athen hin kritisiert. Die Quellen gebieten für die archaische Zeit zunächst einmal eine sehr breite Übersicht in der Welt der griechischen Gemeinden. Athen gerät erst relativ spät in den Blick. Dennoch ist es unvermeidlich, daß sich der Fokus der Betrachtung im 6. Jh. v. Chr. auf die Entwicklung in Athen zu konzentrieren beginnt. Dazu zwingt die Quellenlage, die einzig für Athen die Nachzeichnung einer einigermaßen kohärenten Entwicklungsgeschichte erlaubt. Diese Überlieferungslage ist indessen ihrerseits das Ergebnis der späteren Geschichte Athens, die der Nachwelt das Bild der griechischen Staatlichkeit am nachdrücklichsten eingeprägt hat. Daß das der Sache nach durchaus berechtigt war, wird sich im Laufe der Darlegungen erweisen.

Athen fügt sich mit der Ausbildung der Staatlichkeit in archaischer Zeit bruchlos in den großen Kreis der archaischen Gemeinden ein. Und doch sind es letztlich die staunenswerten Formen und die eindrückliche Intensität, mit der die Bürgerstaatlichkeit im Athen des 5. Jhs. v. Chr. historische Wirklichkeit geworden sind, die die Rekonstruktion und Vergegenwärtigung des griechischen Staates bis heute zu einer unverzichtbaren und lohnenden Aufgabe machen.

I. Nachdenken über Konzepte: Staatlichkeit als besondere Ordnungsform der Gemeinschaft

1. Der griechische Staat in der Forschung

Am Beginn steht aufgrund der Forschungslage eine theoretische Erörterung der Kategorie ‚Staat'. Welche Voraussetzungen und Konzepte sind in dem von der Forschung benutzten Begriff ‚Staat' enthalten? Grundsätzlich lassen sich drei methodische Zugriffe unterscheiden: die antiquarisch-positivistische Methode, der marxistische Denkansatz und die ideal-typisierende Betrachtung.

a. Die antiquarisch-positivistische Methode

Bereits im 17. und 18. Jh. hatte der Gelehrtenfleiß zusammengetragen, was man über den griechischen Staat wußte. Diese Sammlungen konnten im frühen 19. Jh. erstmals systematisch geordnet werden. Denn jetzt begann das Quellenmaterial, insbesondere der Inschriften, reichlicher zu fließen. Seit den Initiativen von August Boeckh um 1820 wurde es in umfangreichen Editionen für die wissenschaftliche Forschung zugänglich. Die Sammlung griechischer Inschriften begann 1825 im Corpus Inscriptionum Graecarum, das seit 1873 auf eine erweiterte Grundlage gestellt wurde und fortan als Inscriptiones Graecae den Schatz der griechischen Inschriften bereithielt. Aus ihnen konnte man nunmehr ein erheblich größeres Wissen um die realen Faktoren des griechischen Staatslebens schöpfen. Das schlug sich in der zweiten Hälfte des 19. Jhs. in mehreren Handbüchern der griechischen Staatsaltertümer nieder.

Das Ende des 19. Jhs. brachte zwei große Herausforderungen für die Erforschung des griechischen Staates. Da war zum einen der allgemeine Aufschwung der Altertumswissenschaften in jener Zeit. Für ihn war besonders das Wirken Theodor Mommsens maßgebend, der neben vielem anderen auch den gewaltigen Entwurf eines römischen Staatsrechts schuf. Mommsen unterwarf die staatlichen Institutionen der Römer einer dem juristischen Denken der eigenen Zeit verpflichteten Systematik und brachte so dessen inneren Bau seinen Zeitgenossen zur Anschauung. Nach diesem Vorbild suchte man dann auch für den Staat der griechischen *polis* ein einheitliches und systematisches Staats- und Verfassungsrecht zu rekonstruieren.

Die andere Herausforderung ergab sich aus der Entdeckung einer neuen Quelle im Jahre 1890: der *Athenaion Politeia*, einer fast vollständig überlieferten Verfassungsgeschichte Athens, die aus der Feder des Aristoteles oder wenigstens aus seiner Schule stammt. Diese Schrift stellt eine der dort erarbeiteten 158 Verfassungsgeschichten griechischer Gemeinden dar. Sie zerfällt in zwei Teile, eine Geschichte der Verfassungsentwicklung in Athen und eine Beschreibung der Verfassungsinstitutionen der athenischen Demokratie in der Zeit der Entstehung dieser Schrift, also in den Jahren um 330/20 v. Chr. Diese neue Quelle, von deren Existenz man zwar gewußt, von der man aber bis dahin nur wenige Fragmente besessen hatte, schien aufgrund ihres Inhalts ein systematisches griechisches Staatsrecht auch von der Materialseite her zu rechtfertigen, ja geradezu zu fordern. Dennoch konnten schließlich nur sehr beschränkte Erfolge erzielt werden.

Quellenkritische Analysen der Athenaion Politeia konnten nämlich zeigen, daß der Quellenwert dieser Schrift entgegen den ersten Erwartungen durchaus begrenzt ist. Denn für ein griechisches Staatsrecht kann die Beschreibung der athenischen Verfassung des 4. Jhs. v. Chr. im 2. Teil der Athenaion Politeia nur einen kleinen Teilabschnitt fundieren, weil die griechische Staatsordnung in viel höherem Maße als die römische einer historischen Dynamik unterliegt und also die Verfassung des 4. Jhs. v. Chr. nicht ohne weiteres auf frühere Zeiten, insbesondere die archaische Epoche, übertragbar ist. Die Angaben der verfassungsgeschichtlichen Darstellung im 1. Teil der Athenaion Politeia sind aber nur mit großer Vorsicht aufzunehmen, da das Bild sehr stark von den Voraussetzungen und Zielen der politischen Philosophie des Aristoteles geprägt ist.

Eine andere Schwierigkeit für die Rekonstruktion eines griechischen Staatsrechts ergibt sich daraus, daß keine griechische Gemeinde je eine Verrechtlichung ihrer staatlichen Ordnung benötigt hat, für die es in Rom immerhin Ansätze gibt. Aber selbst die Systematik eines römischen Staatsrechts ist lediglich ein modernes Konstrukt, und man hat heute gelernt, Mommsens *Staatsrecht* als eine Schöpfung seiner Zeit zu lesen und die römische Verfassungsordnung im wesentlichen nicht mehr mit den Augen Mommsens zu sehen.

Ein griechisches Staatsrecht konnte es schließlich auch deshalb nicht geben, weil sich die Vielzahl der konkreten institutionellen Ausformungen staatlichen Lebens der griechischen Gemeinden nicht auf eine einheitliche Rechtssystematik zurückführen läßt. Und von Athen, von dessen staatlicher Ordnung im 4. Jh. v. Chr. man dank der Athenaion Politeia allein nähere Einzelheiten kennt, können nur begrenzt verallgemeinernde Schlüsse auf den griechischen Staat gezogen werden.

Von einer solchen kritischen Bewertung war die positivistisch orientierte Forschung um 1900 noch weit entfernt. Den Endpunkt ihres Weges hat sie in Georg Busolts und Heinrich Swobodas Handbuch zur griechischen Staatskunde erreicht, das in zwei Teilen 1920-26 erschienen ist[1]. Das Ziel des Werkes ist es, „ein auf dem Boden und der Höhe der Entwicklung stehendes System des Staatsrechts und der Verfassung zu entwerfen“[2]. Die Gliederung entspricht dem Programm: Nach einer umfangreichen forschungsgeschichtlichen und quellenkritischen Einleitung bietet der erste Band eine allgemeine Darstellung des griechischen Staates: eine Beschreibung der Staatsordnung, das heißt der inneren Gliederung der Bürgerschaft sowie

---

1 Vgl. Georg Busolt: Griechische Staatskunde. 1. Hälfte 1920, 2. Hälfte vollendet von Heinrich Swoboda. München 1926.

2 Busolt a.a.O. S. 1.

der Verfassungsnormen und Staatsorgane. Es folgen die Hauptgebiete der Staatsverwaltung: Kult, Rechtspflege, Heerwesen, Finanzen. Im Vordergrund steht dabei eine möglichst lückenlose Materialsammlung, und als solche ist dieses Werk auch heute noch überaus nützlich. Nicht reflektiert sind aber die Kategorien, nach denen die Quellen geordnet sind: ihre Einordnung unter den Begriff des Staates überhaupt, die Elemente, die diesen konstituieren, also Territorium und Staatsbürgerschaft, Verfassung und Magistratur, staatliche Aufgaben. All das wird als gegeben vorausgesetzt, als in jeder historischen Situation naturgemäß vorhandene Größen, so daß es nur darauf ankommt, ihre jeweils spezifische Form zu bestimmen. Nicht in den Blick kommt somit das Ganze griechischer Staatlichkeit, dessen historische Eigentümlichkeit, die in dem Begriff des Bürgerstaates beschlossen liegt.

b. Der marxistische Denkansatz

Im Gegensatz zur positivistischen Methodik ‚bürgerlicher Wissenschaft' ist die Frage der Staatsentstehung für die marxistische Staatstheorie ein wichtiges Anliegen. Diese ist wesentlich geprägt durch die 1884 erschienene Schrift von Friedrich Engels *Der Ursprung der Familie, des Privateigentums und des Staats.* Engels hat die Grundlinien seiner Auffassung wie folgt zusammengefaßt:

> „Die gesellschaftlichen Einrichtungen, unter denen die Menschen einer bestimmten Geschichtsepoche und eines bestimmten Landes leben, werden bedingt durch beide Arten der Produktion: durch die Entwicklungsstufe einerseits der Arbeit, andererseits der Familie. Je weniger die Arbeit noch entwickelt ist, je beschränkter die Menge ihrer Erzeugnisse, also auch der Reichtum der Gesellschaft, desto überwiegender erscheint die Gesellschaftsordnung beherrscht durch Geschlechtsbande. Unter dieser, auf Geschlechtsbande begründeten Gliederung der Gesellschaft entwickelt sich indes die Produktivität der Arbeit mehr und mehr; mit ihr Privateigentum und Austausch, Unterschiede des Reichtums, Verwertbarkeit fremder Arbeitskraft und damit die Grundlage von Klassengegensätzen: neue soziale Elemente, die im Lauf von Generationen sich abmühen, die alte Gesellschaftsverfassung den neuen Zuständen anzupassen, bis endlich die Unvereinbarkeit beider eine vollständige Umwälzung herbeiführt. Die alte, auf Geschlechtsverbänden beruhende Gesellschaft wird gesprengt im Zusammenstoß der neu entwickelten gesellschaftlichen Klassen; an ihre Stelle tritt eine neue Gesellschaft, zusammengefaßt im Staat, dessen Untereinheiten nicht mehr Geschlechtsverbände, sondern Ortsverbände sind, eine Gesellschaft, in der die Familienordnung ganz von der Eigentumsordnung beherrscht wird und in der sich nun jene Klassengegensätze und Klassenkämpfe frei entfalten, aus denen der Inhalt aller bisherigen geschriebnen Geschichte besteht."[3]

Der Staat entsteht für Engels aus einer geschichtlichen Entwicklung. Die vorstaatlich organisierte Gentilgesellschaft mit Gemeineigentum zersetzt sich durch die Weiterentwicklung der Produktivität der Arbeit, das heißt der Möglichkeit, ein Mehr-

---

3 Friedrich Engels: Der Ursprung der Familie, des Privateigentums und des Staats. Berlin 1970, S. 8.

produkt zu erwirtschaften. Dadurch entstehen Privateigentum, Tauschhandel, soziale Differenzierung zwischen reich und arm – mit einem Wort: Klassengegensätze. Der Staat ist ein Produkt dieser neuen Klassengesellschaft. Er bildet den Rahmen, in dem sich die Klassengegensätze und Klassenkämpfe abspielen. Ihre Geschichte ist zugleich die Geschichte des Staates als eines Objektes von Klasseninteressen.

Am Beginn der griechischen Geschichte steht daher der Adelsstaat. In ihm hatte sich der Adel als fortgeschrittenste soziale Klasse ein Instrument zur Absicherung und Durchsetzung seiner Interessen geschaffen. Der Staat bot ein Mittel zur Bewahrung und Vergrößerung seines Reichtums auf Kosten der wirtschaftlich und militärisch Unterlegenen.

In der konkreten Anwendung der marxistischen Staatstheorie auf die griechischen Gemeinden der archaischen Zeit gleicht das hier entworfene Bild im Prinzip dem der ‚bürgerlichen Forschung' – nur mit umgekehrt wirkenden Vorzeichen. Das ist insofern nicht weiter erstaunlich, als den Vätern der marxistischen Theorie als Informationsgrundlage eben nur die in der Altertumswissenschaft gängige Anschauung vom frühgriechischen Adelsstaat zur Verfügung stand. Aus heutiger Sicht lassen sich von einem gleichsam dritten Standpunkt aus zumindest zwei Einwände gegen diese Vorstellung der Staatsentstehung erheben. Beide Einwände rekurrieren auf Grundbedingungen der griechischen Sozialordnung:

- Die frühgriechische Gesellschaft vor der angeblichen Zeit des Adelsstaates, also vor dem 8. Jh. v. Chr., war keine klassenlose Gesellschaft. Soziale Differenzierung auf der Basis von Privateigentum können wir feststellen, soweit die Quellen zurückreichen. Das besagt freilich noch nichts über die Existenz von Klassen. Die frühgriechische Gesellschaft war ferner keine Gentilgesellschaft. Die Verwandtschaftsordnung spielte für die Sozialordnung nur eine marginale Rolle.

- Der Staat war nicht das Instrument einer Klassenherrschaft, da man die sozialen Schichtungsverhältnisse im archaischen Griechenland nicht als Klassengegensätze bezeichnen kann. Insbesondere kann man überhaupt nicht von der griechischen Aristokratie als einem einheitlichen und geschlossenen Sozialverband sprechen. Endlich ist in den Quellen nirgends zu sehen, inwiefern die ersten staatlichen Institutionen dem Interesse einzelner oder einer Klasse hätten dienen sollen.

Für die historische Forschung im früheren Ostblock spielte die marxistische Staatstheorie keine große Rolle; sie bildete lediglich eine doktrinäre Vorgabe für die in anderen Bahnen verlaufenden sozial- und wirtschaftsgeschichtlichen Detailforschungen. Das wiederum hatte eine andere Konsequenz: Da Begriff und Entstehung des Staates in der Doktrin ein für allemal festgelegt waren, konnte darüber auf theoretischer Ebene auch nicht weiter diskutiert werden. Der Umgang mit dem Thema war daher in der marxistischen Forschung ebenso unreflektiert wie in der vorherrschenden bürgerlichen Altertumswissenschaft.

Auch wenn die Forschung unter marxistischen Vorzeichen heute praktisch tot ist, lebt die von Engels hergestellte Beziehung zwischen Staatsentstehung und Herrschaftsbildung in einem Teil der ethnologischen Theorie noch fort. Darauf wird noch zurückzukommen sein.

c. Die ideal-typisierende Betrachtungsweise

Das Problem der Staatsentstehung wird auch in dem dritten methodischen Konzept, mit dem die Forschung das Phänomen des griechischen Staates zu rekonstruieren gesucht hat, nicht thematisiert. Auch die ideal-typisierende Betrachtungsweise stammt aus dem 19. Jh. und prägt die beiden großen Entwürfe griechischer Staatlichkeit von Fustel de Coulanges und Jacob Burckhardt.

Numa Denis Fustel de Coulanges hat in seiner *Cité Antique* 1864[4] ein Bild des griechischen *polis*-Staates gezeichnet, bei dem der Staat eine aus Familie und Sippe hervorgehende übergreifende Einheit ist. Bei Griechen und Römern habe sich der Staat

> „(...) stufenweise, von der Familie zur Tribus, von der Tribus zur Stadt entwickelt (...). Das Königtum entstand auf ganz natürliche Weise, zuerst in der Familie, später im Stadtstaat."[5]

Und:

> „So wie in der Familie die Autorität mit der Priesterschaft untrennbar verbunden und der Vater als Oberhaupt des häuslichen Kults zugleich Richter und Gebieter war, so war auch der Oberpriester der Stadt zugleich politisches Oberhaupt. Der Altar verlieh ihm, wie Aristoteles bemerkt, seine Würde und sein Ansehen. Diese Verbindung der Priesterschaft mit der Macht ist keineswegs überraschend. Man findet sie am Ursprung fast aller Gesellschaften (...)."[6]
> „Die Religion schuf den König, so wie sie im Hause das Familienoberhaupt geschaffen hatte."[7]

Fustel de Coulanges hat mit dieser Anschauung ein wichtiges Element des griechischen Staates herausgestellt, das von den anderen theoretischen Konzepten vernachlässigt worden ist. Erst die jüngste Forschung hat sich wieder verstärkt diesem Aspekt zugewendet und betont mit Recht den Charakter der griechischen Gemeinde als eines Kultverbandes. Dennoch sind die Zusammenhänge, die Fustel de Coulanges im einzelnen herstellt, in dieser Form nicht mehr haltbar, wenigstens nicht für den griechischen Staat. Denn dieser kannte keine religiösen Riten wie etwa Rom, von deren Vollzug das Wohl und Wehe der gesamten Gemeinde abhing. Aus der Religion ließ sich daher auch keine staatliche Autorität ableiten; das Verhältnis

4 Dt.: Der antike Staat: Kult, Recht und Institutionen Griechenlands und Roms. Stuttgart 1981.
5 Fustel de Coulanges a.a.O. S. 241.
6 Fustel de Coulanges a.a.O. S. 238.
7 Fustel de Coulanges a.a.O. S. 240.

von Staat und Religion ist eher umgekehrt: Die Macht des Staates gründet nicht in dem Priestertum seiner Beamten, sondern durch deren priesterliche Tätigkeit wird das Religiöse in die Sphäre des Staates hereingeholt. Außerdem halten die Aussagen über das Vorhandensein und die Entwicklung einer Gentilverfassung und eines Königtums der Überprüfung an den Quellen nicht stand.

Nichts desto weniger bleibt eindrucksvoll, auf welchem methodischen Wege Fustel de Coulanges zu seiner historischen Theorie des griechischen Staates gekommen ist. Arnaldo Momigliano hat in einer Untersuchung über Fustel gezeigt, daß dieser im Hinblick auf die griechische Geschichte am Beginn des Auseinandertretens von französischer und deutscher Geschichtswissenschaft steht. Die französische Althistorie kann Fustel de Coulanges heute zu einem ihrer Ahnherrn rechnen, da die dort stattgefundene Entwicklung zu einer methodisch komplexeren Konzeption der griechischen *polis* vor allem unter Einschluß ethnologischer und religionswissenschaftlicher Methodik von der Arbeit Fustel de Coulanges' angeregt worden ist. In der deutschen Forschung wurde die *Cité Antique* hingegen nicht rezipiert, da die Perspektive der ‚Staatskunde' im Stile von Busolt vorherrschend blieb. Der Gegensatz von deutscher Althistorie einerseits und französischer und in vieler Hinsicht auch angelsächsischer Altertumswissenschaft andererseits ist bis heute aktuell und hat tiefreichende historische Wurzeln.

Dabei hat es auch im deutschen Bereich durchaus andersartige Betrachtungsweisen gegeben. Die wichtigste ist die des Baseler Historikers Jacob Burckhardt. Seine Darstellung der griechischen *polis* in der monumentalen *Griechischen Kulturgeschichte*[8] lag „abseits des Weges der strengen Wissenschaft", wie Victor Ehrenberg bemerkt, der – ohne sich dem Vorbild von Burckhardt verpflichtet zu fühlen – dessen Beitrag zum Verständnis des griechischen Staates immerhin gewürdigt und seinerseits das wichtigste neuere Beispiel einer ideal-typisierenden Darstellung vorgelegt hat.[9]

Abb. 8 Jacob Burckhardt (1818-1897)

Wie Fustel de Coulanges, so zeichnet auch Burckhardt ein großes, in sich geschlossenes Bild der griechischen *polis*: Sie ist die definitive griechische Staatsform, die aus einmaligen staatsgründenden Willensakten entstanden ist, daher die vielen Gründungssagen im Mythos. Bereits ihre Entstehung verdankt sie der Gewalt, und in ihrem Leben fordert die *polis* beständig das Opfer jedes einzelnen. Sie ist nach einem Wort Dantes *città dolente*, ein allmächtiger Zwangsstaat.

8 Seit 1872 als Vorlesung gehalten, 1898-1902 in vier Bänden posthum ediert.
9 Vgl. Victor Ehrenberg: Der Staat der Griechen. Zürich/München ²1965, Zit. S. 306.

> „In neuern Zeiten ist es, abgesehen von philosophischen und sonstigen idealistischen Programmen, wesentlich der Einzelne, das Individuum, welches den Staat postuliert, wie es ihn braucht. Es verlangt von ihm eigentlich nur die Sicherheit, um dann seine Kräfte frei entwickeln zu können; hierfür bringt es gerne wohlabgemessene Opfer, hält sich aber um so viel mehr dem Staat zu Danke verpflichtet, je weniger derselbe sich um sein sonstiges Tun kümmert. Die griechische Polis dagegen geht von vornherein vom Ganzen aus, welches früher vorhanden sei als der Teil, nämlich als das einzelne Haus, der einzelne Mensch (...). Von dem Individuum wird nicht bloß im Felde und auf Augenblicke, sondern jederzeit die Hingebung der ganzen Existenz verlangt, denn es verdankt dem Ganzen alles; ja schon die Sicherung seines Daseins, welche damals nur der Bürger genießt und zwar nur in seiner Stadt oder, soweit deren Einfluß reicht. Die Polis ist ein höheres Naturprodukt; (...).
> Sie ist die Darstellung eines Gesamtwillens von höchster Thätigkeit und Thatfähigkeit (...). Hieraus erklärt sich aber auch ihre Gewaltsamkeit. (...) Im Innern wird sie dem Einzelnen höchst furchtbar, sobald er nicht völlig in ihr aufgeht. Ihre Zwangsmittel, von denen sie ausgiebigen Gebrauch macht, sind Tod, Atimie und Exil. (...) Mit der Staatsallmacht aber geht der Mangel an individueller Freiheit in jeder Beziehung Hand in Hand. (...) Kurz, gegenüber der Polis und ihren Interessen fehlt jede Garantie von Leben und Besitz. Und zwar besteht diese Staatsknechtschaft des Individuums unter allen Verfassungen (...).
> Wenn sich nun aber auch in den guten Zeiten das Höchste und Edelste, was in dem Griechen lebt, auf die Polis bezog, so war sie im Grunde seine Religion."[10]

Burckhardt hat mit dieser Sicht der griechischen *polis* eine nicht nur in der Altertumswissenschaft seiner Zeit verbreitete Einäugigkeit aufgedeckt. Er wirft ihr vor, die institutionelle Gewaltausübung und Unterdrückung, „Blut und Jammer" der *polis* als Kontext ihrer kulturellen Leistungen übersehen zu haben. Darüber hinaus hat er – und dies ist, wie Ehrenberg richtig feststellt, wichtiger – durch den „Blick aufs Ganze des griechischen Lebens und Geistes"[11] der zeitgenössischen antiquarisch-positivistischen Forschung eine völlig andere Methode gegenübergestellt: Vergangenheit nicht zu rekonstruieren am Leitfaden der zeitlichen Abfolge von Ereignissen oder der Sammlung disparater Daten in einem vermeintlich immer gleichbleibenden Raster (der Staat und die Bereiche seiner Tätigkeit). Burckhardts Ziel war demgegenüber die Erhellung epochenspezifischer, eigentümlicher Lebensformen. Gewiß verdankt Burckhardts Konzept der *città dolente* wie seine Herausarbeitung der agonalen Triebkräfte griechischer Kultur der eigenen Zeiterfahrung und dem Glauben an eine liberale Ordnung schöpferischer Individuen sowie einer daraus erwachsenden radikalen Kulturkritik sehr viel. Seine konkrete Anschauung der griechischen *polis* war daher umstritten und ist es auch heute. Was allerdings bleibt und als methodisches Vorbild weiterwirkt, ist, daß Geschichtsschreibung nur dann ihrer Aufgabe gerecht wird, wenn sie sich wie Burckhardt darum bemüht, die Rekonstruktion der Vergangenheit zu einem Bild zu verdichten, das für die eigene Zeit in Zustimmung oder

---

[10] Jacob Burckhardt: Griechische Kulturgeschichte. Band 1. Berlin/Stuttgart 1898, S. 80, 83, 84.
[11] Victor Ehrenberg: Der Staat der Griechen. Zürich/München ^{2}1965, S. 306.

Widerspruch Bedeutung besitzt und der Orientierung auf die Zukunft hin eine Grundlage verleiht.

Diese Fähigkeit zu historiographischer Verdichtung zeichnet auch das Buch von Victor Ehrenberg über den griechischen Staat aus, das 1932 erstmals erschien, 1957 erneut aufgelegt und 1965 noch einmal überarbeitet wurde. Es ist die einzige Gesamtdarstellung des Gegenstands aus den letzten Jahrzehnten. Das Buch behandelt in der ersten, größeren Hälfte den „hellenischen", danach den „hellenistischen Staat".[12] Das Zentrum des ersten Teils und des Buches überhaupt ist das Kapitel über die „Polis". Hier werden in vier Abschnitten Gebiet und Bevölkerung, Bürgerrecht und Verfassungsformen, der politische Aufbau, das heißt die staatlichen Institutionen, sodann die staatlichen Funktionen dargestellt. Eine Reflexion über das Wesen der *polis* schließt das Kapitel ab. Obwohl wir hier eine ähnliche Gliederung des Stoffes finden wie etwa in Busolt/Swobodas Handbuch und Ehrenberg insofern an die traditionelle positivistische Staatslehre anknüpft, unterscheidet er sich von ihr methodisch doch erheblich. Ihm kommt es darauf an, wie er selbst sagt,

Abb. 9
Victor Ehrenberg (1891-1976)

> „das ‚Typische' (Max Webers ‚Idealtypus') zu beschreiben, ohne über dem Gemeinsamen das Verschiedene zu vergessen. Die Forschung der letzten Jahrzehnte hat unsere Kenntnis der Vielzahl der griechischen Staaten und ihrer Verfassungen (...) gewaltig bereichert."[13]

Dennoch könne es seine Aufgabe nicht sein, dieses noch ständig anwachsende Material vorzulegen. Vielmehr müsse „aus der Fülle des Einzelnen ein Bild des Ganzen gewonnen"[14] werden. Dieses Ganze ist für Ehrenberg der *polis*-Staat, die historisch entscheidende Staatsform, „in der die wesentlichen Kräfte des Zeitalters ihren überzeugenden Ausdruck fanden", wie Ehrenberg in seiner Schrift „Von den Grundformen griechischer Staatsordnung" von 1961 sagt, in der er sich mit den Argumenten seiner Kritiker auseinandersetzt und seinen Standpunkt noch einmal bekräftigt.[15]

Die *polis* ist für Ehrenberg eine Personengemeinschaft. Kraft seines Bürgerrechts nimmt jeder an der Ausübung der staatlichen Herrschaft teil. In dieser Mitwirkung an der politischen Gestaltung findet er seine Selbstverwirklichung und steht daher nicht unter dem Diktat eines Zwangsstaates wie bei Burckhardt.

[12] Besonders hinzuweisen ist auf den Forschungsbericht im Anhang, der knapp, aber sehr instruktiv ist.
[13] Victor Ehrenberg: Der Staat der Griechen. Zürich/München ²1965, S. VIII.
[14] ebd.
[15] Jetzt in: Victor Ehrenberg: Polis und Imperium. Zürich/München 1965, S. 105 ff.

Die Kritik an Ehrenbergs Entwurf hat sich freilich weniger an inhaltlichen Einzelzügen entzündet als am Gesamtbild, das man für zu ideal hielt, so wie an der Methode, mit der Ehrenberg es zeichnete. Die Einwände zielen in zwei Richtungen: Zum einen seien andere staatliche Gestaltungsformen wie *ethnos* und Monarchie aus dem Bild des griechischen Staates unzulässigerweise eliminiert worden. Ich bin darauf bereits eingegangen und wiederhole: Die *polis* ist die wesentliche griechische Staatsform. Das haben die Griechen selbst schon so gesehen. Platon und Aristoteles haben mit den der *polis* abgelesenen Kategorien die Grundlagen der Staatslehre gelegt. Auch der rückschauende Historiker, der den Verlauf der griechischen Geschichte rekonstruiert, hat den historischen Vorrang der *polis*-Staatlichkeit wertend festzustellen. Die *polis* ist außerdem das wichtigste Phänomen in der Wirkungsgeschichte der Griechen – bis heute, wo wir mit Hannah Arendt, Dolf Sternberger und Christian Meier das Politische als die bestimmende und eigentümliche Form wiedererkannt haben, die die staatliche Gestaltung der Gemeinschaftsaufgaben in der europäischen Geschichte seit den Griechen, oder besser: durch die Griechen, erfahren hat. Der Einwand gegen Ehrenberg ist somit also nicht stichhaltig.

Der zweite Einwand zielt auf die ideal-typisierende Methode Ehrenbergs. Was ist ein Idealtyp? Otto Hintze, der die von Max Weber entwickelte Methodik selbst fruchtbar angewendet hat, beschreibt den Idealtyp wie folgt:

> „Aus dem Erfahrungsmaterial, wie es politische Beobachtung und historisches Studium in die Hand geben, werden nach Ermessen, also nicht ohne eine gewisse Willkür, charakteristische Züge ausgesondert, die dann zu ideeller Reinheit gesteigert und durch einen konstruktiven geistigen Akt miteinander verbunden werden zu einem lebensvollen Ganzen, das zwar selbst keine konkrete Wirklichkeit ist und zu sein beansprucht, wohl aber aller historisch-gesellschaftlichen Wirklichkeit zugrunde liegt, und das wir als Orientierungsmittel in der verwirrenden Fülle der Erscheinungen und als Maßstab des wissenschaftlichen Urteils gar nicht entbehren können."[16]

Entsprechend verschiedener Gegenstände sind auch die Arten von Idealtypen zu unterscheiden, etwa soziologisch-generalisierende von historisch-individueller Typenbildung. Mit letzterem hat es der Historiker primär zu tun. Die *polis* kann als ein solcher historisch-individueller Typus rekonstruiert werden. Insofern beruht der Einwand, Ehrenbergs *polis*-Bild sei zu ideal, methodisch auf einem Mißverständnis. Zu kritisieren ist nicht die Tatsache der Abstraktion als solcher von der Wirklichkeit der vielen Gemeinden oder der anderen Staatsformen.

Vielmehr erscheint die Art und Weise der von Ehrenberg vorgenommenen Typisierung nicht zureichend. Denn zu einem historisch-individuellen Typus gehört elementar die Geschichte hinzu. Das bedeutet, daß es nicht genügt, das fertige Gebilde *polis*, abstrahiert von den konkreten Verwirklichungen in der Geschichte, vorzustellen. Notwendig ist vielmehr, daß die *polis*-Staatlichkeit als die typische griechische Staatsform nur in ihrer geschichtlichen Entstehung sowie ihrem Entfal-

---

16 Otto Hintze: Gesammelte Abhandlungen Bd. 1. Göttingen ^{2}1962, S. 470.

tungs- und Umbildungsprozeß ganz zu erfassen ist. Blendet man diese historische Dimension aus, so entgeht man kaum der Gefahr, in die begriffliche Konstruktion der *polis* unreflektierte Vorannahmen einzubringen. So Ehrenberg, wenn er seinen Stoff weiterhin entlang der Kategorien traditioneller Staatslehre organisiert. Die Forderung nach einer Historisierung dieser Kategorien ist jedoch nicht einfach dadurch einzulösen, daß etwa jeweils bei den einzelnen staatlichen Institutionen wie Magistratur oder Volksversammlung oder bei den Verfassungsformen deren jeweilige Geschichte mit berücksichtigt wird. Auch dieser etwa von Hans Schaefer vorgeschlagene Weg greift zu kurz. Vielmehr muß ganz grundsätzlich nach den Kategorien von Staatlichkeit überhaupt gefragt werden. Die Eigentümlichkeit und Besonderheit der griechischen *polis*-Staatlichkeit tritt nur in den Blick, wenn man das Staatliche nicht als eine gleichsam naturwüchsige Kategorie ansieht. Man muß sich vorweg darüber verständigen, was an einem Gemeinwesen ‚Staat' ist, in welchem Sinne man im Hinblick auf die griechische *polis* und die Antike überhaupt von ‚Staat' reden kann.

Für die nicht-marxistische Althistorie war dies bislang weitgehend unproblematisch. Es gibt nur ganz vereinzelt Äußerungen, die sich ausdrücklich mit dem zugrunde gelegten Staatsbegriff befassen. Ehrenberg ist eine dieser Ausnahmen, seine entsprechenden Bemerkungen sind allerdings sehr kurz.

> „Kultur (...) ist das Produkt menschlicher Gemeinschaft und somit in erster Linie des Staates. Deshalb konnte Aristoteles das Paradox aufstellen, daß der Staat älter sei als der Mensch."[17]

In seinem Beitrag über *Grundformen griechischer Staatsordnung* wendet sich Ehrenberg dagegen, im Hinblick auf die *polis* nur von ‚Stadt' oder ‚Gemeinde' zu sprechen, auch wenn ‚Staat' keine ideale Übersetzung sei. Um der Vereinfachung der Verständigung willen sei etwa das englische ‚city-state' eine brauchbare Formel. ‚Gemeinde' hingegen sei „geradezu ausdrücklich eine unpolitische Gemeinschaft"[18]. Gemeinde gebe es in der Form der Dorfgemeinde oder Kirchengemeinde. Darüber wölbe sich aber immer eine übergreifende politische Gemeinschaft, der Staat. Er besteht für Ehrenberg daher begrifflich wie realhistorisch a priori, der Historiker hat es also mit dem Staat immer und überall zu tun.

Ehrenberg teilt diese Position mit der großen Mehrzahl der Althistoriker, auch wenn diese sie nur unausgesprochen ihrer Beschäftigung mit dem griechischen Staat zugrunde legen. Direkt daraufhin befragt, würden sie sich wohl auf einen der Altmeister des Faches berufen: Eduard Meyer. Seiner Reflexion des Staatsbegriffs gebührt daher noch ein eigenes Kapitel.

---

[17] Victor Ehrenberg: Der Staat der Griechen. Zürich/Stuttgart ²1965. S. 290 f. (im Abschlußkapitel „Staat und Kultur im hellenischen und hellenistischen Zeitalter").

[18] Victor Ehrenberg: Polis und Imperium. Zürich, München 1965, S. 107.

Abb. 10
Eduard Meyer (1855-1930)

d. Eduard Meyer: Der Staat als ursprüngliche geschichtliche Macht

Eduard Meyer hat ausführlich dargelegt, von welcher Vorstellung von ‚Staat' er und mit ihm die meisten Althistoriker auszugehen pflegen. Meyer reflektiert darüber in der Einleitung zu seiner großen *Geschichte des Altertums*[19]. Deren erster Halbband trägt den Titel *Elemente der Anthropologie*[20], das erste Kapitel behandelt „die staatliche und soziale Entwicklung". Meyer gibt hier eine Definition des Staates, bei der er sich in Einklang mit Aristoteles weiß, was seinen Aussagen den Schein der Unangreifbarkeit verleiht. Aristoteles' Auffassung des Staates sei gewesen, „(...) daß der Mensch ein von Natur staatenbildendes Wesen und der Staat der alle anderen umfassende und an Leistungsfähigkeit überragende soziale Verband ist."[21] Für Meyer gilt:

> „Wo immer wir von menschlichen Zuständen Kunde haben, treffen wir nicht, wie bei den Herdentieren, einen einzigen, sondern eine größere Zahl sozialer Verbände (...). (...) unter all diesen Verbänden ist einer der Idee nach der dominierende: derjenige, der alle kleineren Verbände als untergeordnete Teile, als Gruppierungen innerhalb einer Einheit betrachtet, und daher von allen seinem Machtbereich zugehörigen Gruppen und Individuen Unterordnung unter seinen Willen und seine Zwecke fordert und nötigenfalls erzwingt, mögen dieselben sonst mit ihren eigenen Bestrebungen und Zielen noch so weit auseinander gehen. Als Ganzes kann er selbst wohl zu anderen gleichartigen Verbänden vorübergehend oder dauernd in ein festes Verhältnis treten oder gezwungen werden, seinen Willen einem fremden, stärkeren unterzuordnen (zum Beispiel als Vasallenstaat); für seine Glieder dagegen erkennt er im Falle eines Konfliktes Verpflichtungen gegen einen fremden Verband nicht an, sondert sie vielmehr von allen anderen Menschen scharf ab. Diese dominierende Form des sozialen Verbandes, in deren Wesen das Bewußtsein einer vollständigen, auf sich selbst ruhenden Einheit enthalten ist, nennen wir den Staat. Wir müssen daher den staatlichen Verband nicht nur begrifflich, sondern auch geschichtlich als die primäre Form der menschlichen Gemeinschaft betrachten, eben als denjenigen sozialen Verband, welcher der tierischen Herde entspricht und seinem Ursprung nach älter ist als das Menschengeschlecht überhaupt, dessen Entwicklung erst in ihm und durch ihn möglich geworden ist."[22]

Es entspricht der dominierenden Position der Geschichtswissenschaft innerhalb der Geistes- und Sozialwissenschaften um 1900, wenn Meyer von der postulierten begrifflichen und historischen Priorität des Staates aus in diesem das eigentliche und

[19] Eduard Meyer: Geschichte des Altertums Bd. I-V, Stuttgart/Berlin 1884-1902. Bd. 1: Einleitung. Elemente der Anthropologie. Stuttgart/Berlin ³1910, S. 11.
[20] In dieser Form erst in der 2. Auflage des Werkes 1907 erschienen.
[21] Meyer a.a.O. S. 11.
[22] Meyer a.a.O. S. 9 ff.

vornehmste Forschungsobjekt des Historikers sieht. Demgegenüber hätten es „die moderne Ethnologie und die auf ihr fußenden anthropologischen und kulturhistorischen Darstellungen"[23] mit jenen anderen sozialen Verbänden zu tun, die dem Staat historisch nach- und begrifflich untergeordnet seien wie etwa Ehe, Blutsverwandtschaft, Sippenordnung usw. In diesem Bereich gebe es „eine bunte Fülle diametral entgegengesetzter Ordnungen"[24], von denen keine „als naturnotwendig, als aus einem angeborenen Gefühl des Menschen erwachsen betrachtet werden kann."[25] Ob matriarchalische oder patriarchalische Ordnung, ob Herrschaft der Alten oder ihre Ausschaltung bis zur Tötung, ob Ahnenverehrung oder nicht: bei keiner dieser sozialen Institutionen haben wir es

> „(...) mit einem naturnotwendigen Gebilde zu tun, das als die Wurzel aller menschlichen Gemeinschaft, aller sozialen Verbände betrachtet werden könnte, sondern umgekehrt mit autoritativen Ordnungen (...). (...) jede derartige Ordnung setzt das Bestehen des wie auch immer organisierten staatlichen Verbandes voraus, der um vitaler Bedürfnisse willen eine bestimmte Regelung des Verkehrs der Geschlechter und der rechtlichen Stellung der Kinder erzwingt. Diese Regelung kann sehr verschieden ausfallen; aber ohne irgendeine solche Regelung könnte der Verband überhaupt nicht existieren. Die Geschlechtsverbände und die Familie sind daher nie anders gewesen, als wie sie uns in geschichtlicher Zeit überall entgegentreten: nicht selbständige Verbände, sondern Unterabteilungen des Staats."[26]

Die Vorrangigkeit und Naturwüchsigkeit des Staates verbietet für Eduard Meyer jede Frage nach der historischen Genese von Staatlichkeit. Denn tatsächlich seien

> „(...) alle wirklich für den Staatsbegriff maßgebenden Momente, Einheit des Willens, Durchführung der Rechtsordnung, militärische und politische Organisation, und vor allem das Bewußtsein der Ewigkeit des Verbandes, dessen Bestand von dem Willen der zu ihm gehörigen Unterabteilungen und Individuen unabhängig ist, wohl aber diese unter seinen Willen zwingt, auch bei den nomadischen und Jägerstämmen vorhanden, oft sogar in sehr entwickelten Formen: es fehlt mithin jeder Grund, hier den Ausdruck Staat oder staatlicher Verband zu vermeiden. – Jeder Versuch, in der Entwicklung des Rechts einen Punkt zu bestimmen, von dem an man das Vorhandensein des Staats konstatieren könnte, ist willkürlich und praktisch unausführbar. Daß von schriftlich fixiertem Recht hier nicht die Rede sein kann, ist evident; ohne eine Rechtsordnung aber, das heißt eine allgemein anerkannte und als unverbrüchlich geltende Regelung seiner äußeren Gestaltung, seiner Befugnisse und seiner Stellung zu den Einzelnen, ist auch der primitivste Stammverband nicht denkbar, denn ohne solche wäre er eben nur eine ephemere Vereinigung selbständiger Individuen."[27]

Daher lebe, wie Meyer abschließend hervorhebt,

> „die Notwendigkeit der Existenz des Staats (...) in dem Bewußtsein eines jeden, in kultivierten so gut wie in ganz barbarischen Völkern (...). Und so sehen wir, daß eben die

23 Meyer a.a.O. S. 15.
24 Meyer a.a.O. S. 26.
25 Meyer a.a.O. S. 30.
26 Meyer a.a.O. S. 33 f.
27 Meyer a.a.O. S. 11 f.

> Männer, die einen unfähigen oder brutalen Herrscher gestürzt oder ermordet haben, einen anderen auf den Thron erheben, der kaum besser ist, und sich ihm unweigerlich unterwerfen, weil sie sich vor der Allmacht der Staatsidee beugen."[28]

Meyer hat seine Position aus der Warte unvergleichlicher Detailkenntnis über die gesamte Geschichte der antiken Welt sehr präzise und allgemein verständlich formuliert. Es sind ex cathedra gesprochene Worte, mit denen sich die Mehrzahl der Zunftgenossen seiner Zeit und später ohne weiteres identifizieren konnte. Sie brachten auf den Punkt, was der Altertumswissenschaftler immer schon gedacht hat. Es handelt sich mithin um die explizite Formulierung eines wissenschaftlichen Paradigmas, des begrifflichen und sachlichen Bezugsrahmens, innerhalb dessen sich die wissenschaftliche Einzelforschung in einer bestimmten Epoche bewegt. Die wesentlichen Aussagen und Gesichtspunkte dieses bedeutenden wissenschaftsgeschichtlichen Dokuments sind:

- Ein im engeren Sinne wissenschaftsgeschichtlicher Aspekt: Meyers Definition des omnipräsenten und omnipotenten Staates als des vorzüglichen Erkenntnisobjekts des Historikers läßt auf einen Streit um wissenschaftliche Domänen schließen. Die neu entstehende Ethnologie und Anthropologie mit ihren anders gearteten methodischen Zugriffen bildete offenbar eine Herausforderung gerade für den Altertumswissenschaftler, sobald er

  > „die geschichtlichen Anfänge der einzelnen Völker und Kulturen"

  untersucht. Es sei

  > „(...) dringend geboten, daß dem Überwuchern moderner Konstruktionen und phantastischer Systeme gegenüber, welche gegenwärtig unserer Zeit als gesicherte Endergebnisse der Wissenschaft ausgeboten werden, die Berechtigung der geschichtlichen Betrachtung erwiesen, und die schlichten Ergebnisse, zu denen sie führt, unverfälscht dargelegt werden."[29]

  Meyer ist hierin insoweit beizupflichten, als er nachweist, daß manche ethnologischen Theorien allzu leichtfertig auf historisches Material übertragen wurden. Insbesondere passen Theorien über schriftlose und in der Regel außereuropäische Gesellschaften nicht ohne weiteres auf die antiken Gesellschaften.
  Andererseits geht es Meyer methodisch vor allem um eine Verteidigung und Rechtfertigung der historischen Methode gegen das Eindringen theoretischer Elemente, die als „moderne Konstruktionen" oder sogar Phantasien abgetan werden. Demgegenüber sei an einer Verständigungsform über Geschichte festzuhalten, die „schlichte Ergebnisse" erbringe, sich also im Rahmen des unreflektierten praktischen Erfahrungshorizonts und sprachlichen Diskurses der traditionellen Adressaten der Geschichtsschreibung bewegt. Mit der historischen Methode soll

[28] Meyer a.a.O. S. 63.
[29] Meyer a.a.O. S. IX.

die Geschichtswissenschaft selbst ihre führende Position, die sie im 19. Jh. erlangt hatte, bewahren. So wird ihr Gegenstand, der Staat, als die grundlegende historische Kategorie definiert, der gegenüber alle weiteren als abgeleitet, die anderen Wissenschaften wie die Ethnologie als untergeordnete oder Hilfswissenschaften aufgefaßt werden können.
Die Geschichtswissenschaft hat diesen Behauptungskampf bekanntlich verloren. Und die Historiker sind entsprechend bescheidener geworden. War Eduard Meyer noch bestrebt, die Historie als die Wissenschaft schlechthin zu erweisen, so geht es heute um Abgrenzungen: Indem bestimmte Fragestellungen wie die nach der Entstehung von Staatlichkeit einfach ausgeblendet und im Zweifel in die Zuständigkeit anderer Wissenschaften wie der Rechtsgeschichte oder Ethnologie verlagert werden, bleibt es weiter möglich, etwa mit Ehrenberg davon auszugehen, die Geschichtswissenschaft habe es immer schon mit Staatlichkeit zu tun.

- Auch Meyers Vorstellung von der „Allmacht der Staatsidee" hat seit Hegels Staatsphilosophie eine feste Tradition in der deutschen Geistesgeschichte. Das ist hier nicht weiter zu vertiefen. Entscheidend ist aber die Konsequenz aus Meyers Definition des Staates als universeller und dominierender historischer Größe: Der Staat wird dadurch zu einer autonomen, selbsttätig handelnden und bestimmenden Instanz im historischen Geschehen. Das schlägt sich dann in der konkreten Geschichtsdarstellung in Formulierungen nieder wie: „Das Bemühen des Staates geht zunächst dahin, die Voraussetzungen der Zulässigkeit der Selbsthilfe zu umgrenzen. (...)"[30]. Oder – statt ‚Staat': *polis* – „auf der einen Seite die blutigen Fehden der Adligen untereinander, auf der anderen die stete Bedrückung und Beeinträchtigung der unteren Volksschichten verlangen das selbsttätige Eingreifen einer höheren Gewalt. Sie ist die Polis, die erst jetzt stark genug wird, ihrem Willen Nachdruck zu verleihen."[31]

- Hinter der Erhebung des Staates zur dominanten historischen Kraft steckt ein bezeichnendes terminologisches Mißverständnis. Denn was die Historiker hier mit staatlicher Ordnung meinen, ist im Grunde die tatsächlich immer und überall vorhandene gesamtgesellschaftliche Ordnung, soweit jedenfalls menschliche Sozialverbände über die Einzelfamilie hinausgehen. „Endlich führt uns die hellenische Überlieferung bis in die Werdezeit des Staates, der geordneten menschlichen Gesellschaft überhaupt (...)."[32] Also auch hier wie bei Meyer die allerdings nicht programmatische, sondern eher beiläufige, ganz selbstverständliche Gleichsetzung von Staat und Gesellschaft.

---

30 E. Gerner: Historisch-soziologische Entwicklungstendenzen im attischen Recht. – In: ZRG 67, 1950, S. 7.

31 Victor Ehrenberg: Die Rechtsidee im frühen Griechentum. Leipzig 1921, S. 103.

32 Ulrich von Wilamowitz-Moellendorff: Staat und Gesellschaft der Griechen. Berlin 1910, S. 3.

Mit dem Zusammenleben sind immer und überall Selbststeuerungsprobleme der Gesellschaft gegeben, die auf die eine oder andere Art und Weise gelöst werden müssen. Bei der von Meyer vorgenommenen gängigen Bestimmung des Staates als Einheit von Staat und Gesellschaft müssen universale gesellschaftliche Funktionen also als Funktionen des Staates beschrieben werden, durch die dieser eine apriorische Qualität erhält. Der weitere Hintergrund für eine solche Auffassung ist der Aufstieg des neuzeitlichen Staates seit dem Absolutismus des 17. und 18. Jhs. im allgemeinen und die Entwicklung deutscher Staatlichkeit im 19. Jh. im besonderen. Geboren aus der Frontstellung gegen die Französische Revolution und gefördert durch die gescheiterten deutschen Revolutionen und die Gründung des deutschen Nationalstaats ‚von oben' im Jahre 1871, zieht sich durch die deutsche Geschichte des 19. Jhs. die Tendenz zur Absolutsetzung des Staates, die schließlich im wilhelminischen Obrigkeitsstaat mündete. Auf diesem Nährboden konnte die von Meyer ans Licht gehobene und formulierte Vorstellung vom Staat und seiner historischen Funktion gedeihen. Der zeitgenössische Staat, die ihn verkörpernden Institutionen, sein Apparat und die von ihm wahrgenommenen Aufgaben wurden bis weit in die Arbeiterschaft hinein von der großen Mehrheit fraglos hingenommen und mit einer moralischen Dignität ausgestattet. Unter solchen historischen Umständen konnte man auch über Gesellschaften der Vergangenheit gar nicht anders denken als in den Kategorien der Vorherrschaft und Allgegenwart des Staates. Dies ist ein lehrreiches Beispiel dafür, wie außerwissenschaftliche Bedingungen in die Begriffsbildung und Gegenstandskonstitution des Historikers eingehen und diese prägen.

Aus dieser Analyse folgt, daß wir es in dieser Zuspitzung mit einem spezifisch deutschen Phänomen zu tun haben. Unter den Bedingungen liberalstaatlich-republikanischer Traditionen, in Frankreich, in England und den USA, müssen wir daher mit anderen Akzenten in der Vorstellung vom Staat als historischer Kategorie rechnen. Auf die Situation in Frankreich wurde schon im Zusammenhang mit Fustel de Coulanges hingewiesen. Bis heute kommen aus Frankreich und daneben aus Italien starke Impulse für eine andersartige Sicht der Staatskategorie, ohne diese als solche zu thematisieren. Das gilt auch für die angelsächsischen Länder, in denen man der eigenen wissenschaftlichen Tradition gemäß das Staatsproblem weitgehend pragmatisch sieht. Dort ist man abgeneigt, das Problem überhaupt theoretisch zu erörtern, würde aber eine Begriffsklärung im Sinne Eduard Meyers nur mit Vorbehalten akzeptieren. Ein Beispiel hierfür ist die athenische Verfassungsgeschichte von Charles Hignett[33], der vor allem in Deutschland der Vorwurf gemacht wurde, hyperkritisch zu sein. Dies bezieht sich freilich ausschließlich auf Hignetts Quellenkritik, seine zu Recht kritische Position gegenüber allen Quellen vom 4. Jh. v.

33 Charles Hignett: A History of the Athenian Constitution to the End of the 5th Century B.C. Oxford 1952.

Chr. an. Trotz dieser wachen methodischen Einstellung findet sich bei Hignett keine Spur eines begrifflich-theoretischen Problembewußtseins. Bei der Untersuchung der vorsolonischen Zustände benutzt Hignett ganz umstandslos Begriffe wie „constitution of Athens in the pre-solonian period“, „monarchic state“, „aristocratic state“, „early political history“. Das ist im Prinzip auch die Position Ehrenbergs. Daher auch dessen äußerst knappe Äußerungen über den Staatsbegriff, der inhaltlich im großen und ganzen Eduard Meyer folgt, ohne wohl aber dessen Implikationen in vollem Umfang zu akzeptieren. Es ist aufschlußreich, daß Ehrenberg Eduard Meyer in seiner Literaturübersicht nicht erwähnt, wie überhaupt jeglicher Verweis auf theoretische Erörterungen des Gegenstands fehlt. Hierin liegt denn auch das Dilemma nicht nur von Ehrenbergs *Staat der Griechen*, sondern auch anderer neuerer Arbeiten, die sich mit dem griechischen Staat befassen: Sie kommen nicht aus ohne den Begriff des Staates und übernehmen dabei zugleich Implikationen der traditionellen Begriffsbildung. Indem sie sich andererseits jeglicher theoretischer Erörterung verschließen, bleiben die Konsequenzen der Verwendung bestimmter Begriffe unbewußt und häufig sicher auch ungewollt.

Der größte Teil der bisherigen Forschung zum griechischen Staat weist mithin zwei Defizite auf: Es wird nicht auf die Grundlagen des verwendeten Staatsbegriffs reflektiert; und dieser verhindert, daß das Problem der Entstehung des – angeblich gleichsam naturwüchsigen – Staates überhaupt in den Blick kommt.

2. Der sozialanthropologische Staatsbegriff: Ein konzeptioneller Neuansatz

Nach der Verständigung über Gang und Defizite der bisherigen Forschung wird im folgenden ein Staatsbegriff definiert, der die bisherigen methodischen Unzulänglichkeiten zu überwinden verspricht und die Frage nach der Entstehungsgeschichte der Staatlichkeit aufzuwerfen erlaubt. Ausschlaggebend für diesen Neuansatz sind die Ergebnisse der angelsächsischen Sozialanthropologie, in der das Problem der Staatsentstehung breit diskutiert wird. Selbstverständlich ist dabei auf die schon von Eduard Meyer notierten Gefahren unzulässiger Übertragungen zu achten. Dennoch ist die Auseinandersetzung mit der Begriffsbildung in der Ethnologie beziehungsweise Sozialanthropologie sehr gut geeignet, die begrifflichen Ausblendungen und Implikationen des von der Historie bislang verwendeten Staatsbegriffs aufzudecken, da in jenen Wissenschaften der Staat nicht als eine immer schon bekannte und bestehende Einrichtung angesehen wird. Die sozialanthropologischen Theorien lassen sich auf zwei Erklärungsmuster zur Staatsentstehung zurückführen.

a. Der Staat als Instrument der Herrschaft

Nach dieser Anschauung entwickelt sich der Staat aufgrund ökonomischer und sozialer Differenzierung. Die daraus entstehende Klassengesellschaft ist von erheblichen inneren Spannungen gekennzeichnet. Wie schon erwähnt, ist dies der alte Denkansatz von Friedrich Engels. In den sechziger und siebziger Jahren des 20. Jahrhunderts ist der Ansatz ausgearbeitet worden: Die Entstehung des Staates folgt aus der Notwendigkeit, die soziale Ordnung aufrechtzuerhalten angesichts eines endemischen Klassenkonflikts in einer Gesellschaft, die sich auf einen ungleichen Zugriff zu den grundlegenden Ressourcen gründet. Die staatlichen Institutionen stellen daher Zwangsmechanismen dar, um den aus der sozialen Dichotomie der beiden Klassen entstehenden Konflikt zu lösen. In diesem Sinne ist der Staat ein bewußt entwickeltes Instrument, die Privilegien der herrschenden Klasse zu verteidigen und insbesondere die Unantastbarkeit des Privateigentums zu garantieren. Deswegen sind die Mechanismen der öffentlichen Kontrolle (Armee, Polizei) die wichtigsten staatlichen Institutionen, gefolgt von der Manipulation der gesellschaftlichen Kommunikation mit dem Ziel, die Klassengesellschaft ideologisch zu legitimieren.

Diese Vorstellung vom Staat als Instrument der Herrschaft durch Gewaltanwendung ist auch in der Althistorie einflußreich, ob man nun wie die Marxisten auf die Klassenherrschaft abhebt oder wie Eduard Meyer auf eine präexistente Staatsidee. Daß der Staat eine „Arena zum Austrag von Konflikten zwischen Interessen und Klassen“[34] sei, Politik mithin der Reflex von Kämpfen zwischen Reich und Arm, den Mächtigen und Beherrschten, wurde von Moses I. Finley bekräftigt.

Finley weist allerdings selbst auf die Widersprüche hin: So bemerkt er mit Recht, daß seit der Entstehung der griechischen *polis* (oder auch der römischen Republik) das politische System auch bei der armen Unterschicht stark und dauerhaft akzeptiert gewesen sei.[35] Tatsächlich kennen wir weder Belege für eine gezielte Manipulation der Unterschichten noch für einen ausgebildeten institutionellen Zwangsapparat – schon gar nicht in der Zeit der Anfänge griechischer Staatlichkeit im 8./7. Jh. v. Chr. Die These vom Staat als Herrschaftsinstrument einer Klasse oder als jeder Vergesellschaftung a priori zugrundeliegende Idee scheitert mithin an dem, was die Quellen über die frühgriechische Gesellschaft und die Anfänge ihrer staatlichen Organisation mitteilen. Die folgenden Kapitel werden das belegen.

b. Der Staat als Stufe sozialer Evolution

Für das andere in der Sozialanthropologie verwendete Erklärungsmuster steht nicht das Auftauchen einer mächtigen, auf ihre Privilegien bedachten Klasse am Beginn staatlicher Entwicklung der frühen Gesellschaften. Diese sei vielmehr die Antwort auf Probleme, die sich in Gesellschaften einstellen, sobald diese in eine Dynamik demographischer, ökonomischer und sozialer Entwicklung geraten. Die Probleme ergeben sich sämtlich aus den universellen Notwendigkeiten der Erhaltung sozialer Systeme.

---

34 Moses I. Finley: Das politische Leben in der antiken Welt. München 1986. S. 12.
35 Vgl. Finley a.a.O. S. 37 ff.

Das zentrale Problem für jede Gruppe von Menschen, die aufgrund ihres Zusammenlebens eine Gesellschaft bilden, ist deren kontinuierlicher Fortbestand. Im Innern der Gemeinschaft muß eine Ordnung der gesellschaftlichen Beziehungen aufrecht erhalten, nach außen abgegrenzt und gegen äußere Feinde bewahrt werden. Daraus ergeben sich für alle Gesellschaften gleichartige Aufgaben, die im Laufe der Geschichte die Entstehung ganz unterschiedlicher Gemeinschaftsordnungen bewirkt haben. Aus der Vielzahl der Probleme, die mit sozialem Zusammenleben gegeben sind, ragen immer drei hervor, die universelle Gültigkeit besitzen:

- Streitschlichtung:

  In jeder Gesellschaft muß es allgemein verbindliche Normen für das Zusammenleben sowie ebenfalls von allen respektierte und durch Sanktionen abgesicherte Wege zur Beilegung von Streitfällen zwischen Gesellschaftsmitgliedern geben (Rechtsordnung).

- Soziale Integration:

  Es bedarf der von allen anerkannten und allen zugänglichen Medien zur Integration der Gesellschaftsmitglieder, zur Herstellung von sozialem Konsens, psychologisch: zur Erzeugung eines Wir-Gefühls. Verknüpft war dies in allen vorindustriellen Gesellschaften auch mit der Pflege der Kommunikation mit den Göttern (Kultur und Religion).

- Kasuelles Entscheidungshandeln:

  Es müssen Vorkehrungen getroffen sein, wie Ereignissen oder Schwierigkeiten, die die gesamte Gesellschaft betreffen oder bedrohen und für die keine konventionellen Verhaltensreaktionen existieren, durch ein Gemeinschaftshandeln begegnet werden kann (‚Politik', vor allem im Hinblick auf die Außenbeziehungen).

Jede Gesellschaft, die ihren Bestand auf Dauer sichern will, muß diese drei Anforderungen bewältigen. Es sind gesamtgesellschaftliche oder Gemeinschaftsaufgaben. Seit der Entstehung der griechischen *polis* werden sie auch politische Aufgaben genannt. Die hinter ihnen stehende Problematik kann man als Selbststeuerungsproblem einer Gesellschaft definieren: Jede Gesellschaft muß Mechanismen und Formen finden, durch die sie ihre Gemeinschaftsaufgaben kontinuierlich bewältigen kann.

Die Art und Weise, wie diese Aufgaben jeweils gelöst werden, konstituiert eine Gesellschaft wesentlich und macht sie von anderen unterscheidbar: in der historischen Dimension durch den grundsätzlichen Modus der Problemlösung (sogenannte ‚primitive' versus ‚moderne' Gesellschaft) wie aufgrund des konkret-materiellen Inhalts der jeweiligen Regelungen (also innerhalb ‚primitiver' oder ‚moderner' Gesellschaft), durch den die Gesellschaft sich von anderen auf vergleichbarer Entwicklungsstufe abgrenzen läßt. So läßt sich die spezifische Form beschreiben, in der etwa in Sparta einerseits oder in Athen andererseits die gesamtgesellschaftlichen Aufgaben geregelt worden sind, nachdem die beiden Gemeinden das Stadium staatlicher Organisation erreicht hatten.

Für die notwendige Selbststeuerung genügte es in den meisten bisherigen Gesellschaften, wenn die zu erfüllenden Aufgaben fallweise von einzelnen Gesellschaftsmitgliedern aufgrund ihres sozialen Status wahrgenommen wurden. In kleinen und einfach strukturierten Gesellschaften findet der gesellschaftliche Austausch vorwiegend in unmittelbaren face-to-face-Beziehungen statt. Diese Gemeinschaftsöffentlichkeit garantiert durch die in ihr wirksamen, informell persönlichen Sanktionen, daß die gesamtgesellschaftlich erforderlichen Funktionen auch von den dafür geeigneten Individuen übernommen werden. So werden etwa Streitigkeiten durch den vermittelnden Einfluß von Persönlichkeiten mit hohem sozialem Ansehen geschlichtet. Oder: Älteren oder Ältesten kommt die Aufgabe zu, durch entsprechende Einwirkung auf die Jugend für deren soziale Integration zu sorgen und insbesondere die in dieser Gesellschaft gültigen allgemeinen Verhaltensregeln weiterzugeben, zum Beispiel anläßlich gemeinsamer Kultfeste oder durch die Abhaltung von Initiationsriten. Schließlich: Sozial Mächtige oder physisch Starke werden sich immer zur Verteidigung der Gesellschaft nach außen besonders verpflichtet fühlen. Die Weise, in der in solchen Gesellschaften der soziale Zusammenhang erhalten wird, ist immer persönlich, nicht formalisiert und institutionalisiert, und dennoch nicht unverbindlich und daher effektiv.

Diese Form der Bewältigung der Gemeinschaftsaufgaben kann man als ‚nichtstaatlich' oder ‚vorstaatlich' bezeichnen, wenn man sie unter dem Blickwinkel der Evolution betrachtet. ‚Primitiv' ist dieser Zustand aber nur im Sinne von einfach, wenig komplex, klein, überschaubar. Vor dem Werturteil ‚primitiv' hat man sich zu hüten. Vielmehr ist eine solche Nicht-staatlichkeit bestimmten geschichtlichen Entwicklungsstufen von Gesellschaften angemessen, deren Mehrzahl diese Struktur bisher tatsächlich aufweist. Sie sicherte den Erhalt dieser Gesellschaften über lange Zeiträume, war also gemessen an den sich stellenden Problemen erfolgreich.

Demgegenüber hat die geschichtliche Entwicklung in verschiedenen Gesellschaften zur Herausbildung einer alternativen Form der Bewältigung sozialer Steuerungsprobleme durch die Institutionalisierung staatlicher Funktionen geführt. Diese durch Staatlichkeit realisierte Lösung gemeinschaftlicher, nunmehr ‚politisch' genannter Aufgaben besteht in der Etablierung anonymer politischer Rollen, die kontinuierlich bereitstehen und die mit so viel Machtbefugnissen ausgestattet sind, daß sie zu ihrer Wirksamkeit größtenteils nicht mehr auf die Bindung an die persönliche Leistungsfähigkeit einzelner Individuen angewiesen sind. Die Bildung staatlicher Einrichtungen und Ämter, die Träger dieser Rollen sind, vollzieht sich in den entscheidenden politischen Bereichen der Gesellschaft, das heißt in den beschriebenen Feldern von Gemeinschaftsaufgaben, und bezweckt, den dort auftauchenden Erfordernissen auf eine repressive oder autoritative, in jedem Fall verbindlich geregelte, unpersönliche Art gerecht zu werden.

Man kann die Merkmale dieser neuartigen Staatlichkeit gegenüber der anderen nicht-staatlichen Form der Bewältigung von Gemeinschaftsaufgaben wie folgt zusammenfassen:

Staatlichkeit	**Nicht-Staatlichkeit**
Zentralisierung von Macht und ihre Delegierung	Dezentrale Machtlagerung; Unmittelbare Machtausübung
Institutionalisierung von Rollen oder Funktionen	Persönlich-individuelle Wahrnehmung von Aufgaben
Kontinuität und Permanenz der staatlichen Funktionen	Fallweise Aufgabenerfüllung
Quelle der Macht: Abstraktum Staat, repräsentiert zum Beispiel durch einen Monarchen oder durch die Bürgerschaft	Quelle der Macht: Individueller Sozialstatus
Durchsetzung von staatlichen Entscheidungen der Amtsträger durch die Staatsgewalt	Zubilligung von Macht durch Konsens. Durchsetzung von Entscheidungen durch Konsens

Staat in dem hier definierten Sinne ist

- nicht eine immer und überall anzutreffende, eigenmächtige und historisch eigentätige Größe oder Idee, sondern Produkt einer historischen Entwicklung mit benennbaren Ursachen und präzise umschriebenen Funktionen;
- nicht das notwendige Repressionsmittel zur Sicherung der Herrschaft einer bestimmten sozialen Klasse, sondern die spezifische Antwort auf die Erhaltungs- und Funktionsprobleme einer ganzen Gesellschaft.

3. Perspektiven: Der Bürger und sein Staat in der modernen Demokratie

Die Fragen nach der Eigenart des griechischen Staates und nach seiner Entstehung sind wichtige wissenschaftliche Probleme. Es ist aber darüber hinaus möglich, einige Perspektiven zu skizzieren, durch die dieses Thema heute auch aus der Sicht unserer Lebenswelt in den Blick kommt. Aus solchen gegenwärtigen Orientierungsbedürfnissen, auf die wir schon bei unserem wissenschaftsgeschichtlichen Rückblick gestoßen sind, erwachsen daher auch die leitenden Ideen der folgenden historischen Rekonstruktion.

- Die Geschichtlichkeit des Staates:

  Geht man der Entstehung des Staates im archaischen Griechenland nach, so wird die Geschichtlichkeit dieser so selbstverständlich scheinenden Ordnung bewußt. Wir lernen zu erkennen, aus welchen gesamtgesellschaftlichen Bedürfnissen heraus staatliche Organisationsformen überhaupt entstanden sind. Staat ist also keine feststehende und allgegenwärtige historische Größe. Er ist in seiner Form wandelbar, Ausmaß und Intensität staatlicher Regelungsmechanismen können sich je nach den gesellschaftlichen Notwendigkeiten und Bedürfnissen ändern. Der aktuelle Bezug dieser Erkenntnis: Seit längerer Zeit ist zu beobachten, wie der übernationale wirtschaftliche und politische Zusammenschluß eine neue Sphäre von Staatlichkeit in Europa heranwachsen läßt. Vorangetrieben durch angebliche Sachzwänge hat sich dieses Wachstum weitgehend hinter dem Rücken der Bürger vollzogen. Die historische Erfahrung läßt es jedoch sehr fraglich erscheinen, ob dieser zum Teil ins Hypertrophe schießende Europastaat sich auf Dauer behaupten kann. Denn die staatliche Sphäre, die eine Gesellschaft zur Lösung ihrer Probleme sich schafft, muß von ihr bewußt und aktiv gestaltet werden; und sie kann ihre Aufgaben nur dann erfolgreich erfüllen, wenn die gesamte Gesellschaft dafür Verantwortung trägt.

- Die Gemeinschaftsaufgaben und der Staat:

  Bei aller strukturellen Vergleichbarkeit hinsichtlich der Kategorie ‚Staatlichkeit' generell gibt es natürlich erhebliche Unterschiede zwischen dem griechischen Staat der *polis* und dem modernen Staat sowohl in der Form wie vor allem im Umfang der Staatlichkeit. Dem modernen Staat sind seit dem 19. Jh. erheblich mehr und größere Aufgabenbereiche zugewachsen, als dies in der Geschichte zuvor jemals der Fall war. Bis hinein ins Privateste gibt es heute praktisch keinen Lebensbereich mehr, der nicht in irgendeiner Weise von einem Zugriff des Staates berührt ist, von einer bloßen Erfassung durch behördliche Institutionen bis hin zu massiven Reglementierungen. Damit einher geht, daß auch die Bürger immer mehr vom Staat erwarten und die immensen Leistungen staatlicher Wirtschafts-, Sozial- und Kulturpolitik gerne hinnehmen. Auf diese Weise wird die staatliche Sphäre jedoch zu einer omnipräsenten und omnipotenten, zugleich jedoch von der Gesellschaft um so stärker abgehobenen Macht. Hierin liegt eine große Gefahr für die demokratische Ordnung, und es wird deswegen nicht selten der Ruf nach weniger Staat laut. Prinzipiell weist dies in die richtige Richtung. Eine geschichtliche Besinnung auf die Anfänge von Staatlichkeit kann freilich deutlich machen, daß ein Abbau staatlicher Funktionen nicht in jedem Fall auch die ihnen zugrunde liegenden Probleme beseitigt. Diese müssen dann anders bewältigt werden. So sehen wir in der Antike große Bereiche des sozialen Lebens und die in ihnen auftauchenden Gemeinschaftsaufgaben (zum Beispiel das Erziehungssystem, die Alten- und Krankenversorgung, die soziale Sicherung insgesamt) allein im Bereich der Gesellschaft bewältigt, nicht zuletzt und vor allem durch die Aristokratie, die freiwillig und ehrenamtlich die Erledigung von Gemeinschaftsaufgaben übernimmt. Verpflichtet ist sie dazu von einem patronalen Ethos, das einen wesentlichen Teil des Selbstverständnisses der sozialen Elite in der antiken Stadt bildet. Auf die demokratische Massengesellschaft übertragen heißt das: Die Zurückdrängung staatlicher Tätigkeit hat zwangsläufig die Verlagerung von Verantwortungen in den sozialen Raum zur Folge und setzt die Bereitschaft der Bürger voraus, abgestuft nach dem jeweiligen Leistungsvermögen neue Verantwortlichkeiten zu übernehmen. Daraus folgt auch die Anerkennung und Förderung einer Leistungselite. Die wo immer mögliche Bewältigung von Gemeinschaftsaufgaben durch Übernahme gesellschaftlicher Verantwortung ist mit einem demokratischen Bürgerstaat wohl vereinbar, wie dessen gelungene historische Form in Griechenland lehrt.

- Bürger und Staat:

Das Problem der heutigen Staatsallmacht besteht darin, daß der Staat mit seinem Apparat zu einer dem einzelnen Bürger entfremdeten Macht geworden ist, daß also Staat und Bürger in weiten Bereichen eher antagonistische Pole als identische Größen sind. Gewiß hat auch die *polis* den Bürger in hohem Maße beansprucht, insbesondere in der vollentwickelten Demokratie des 5. Jhs. v. Chr. Man kann daraus sogar das finstere Bild eines Zwangssystems gewinnen, wie das Jacob Burckhardt getan hat. Das vernachlässigt freilich, daß die Inanspruchnahme durch den Staat für den Bürger der *polis* akzeptabel war, weil dieser Staat die Sache der Bürger selbst gewesen ist. Der Staat war also das Politische, das mitten unter den Bürgern stattfand, oder umgekehrt: Bürger sein hieß ständig *in politicis*, im Staate, tätig sein. Es ist deshalb von hohem Interesse zu beobachten, wie in der *polis* das Staatliche aus der Mitte der Gesellschaft und ihren Bedürfnissen heraus entstanden und verstanden worden ist.

- Staat und Herrschaft:

Die wichtigste Perspektive, die das Thema mit unserer Gegenwart verbindet, ist also die Problematik der Demokratie als eines Bürgerstaates, in dem das Staatliche als bürgerliche Verantwortung begriffen wird. Aus dieser Perspektive läßt sich abschließend noch eine Kontroverse beleuchten, die um die Legitimität oder Illegitimität von Staat schlechthin bereits seit der Antike geführt wurde und in deren Bann die Geschichtswissenschaft wie die politische Anthropologie bis heute weithin stehen.[36] Vielen anthropologischen Feldforschern seit dem 19. Jh. ging es im letzten darum, bei den ‚primitiven' Völkern den empirischen Beweis für die beispielhaft vom Kirchenvater Augustinus bereits in der Antike formulierte

[36] Vgl. Dolf Sternberger: Der alte Streit um den Ursprung der Herrschaft. – In: Dolf Sternberger: Herrschaft und Vereinbarung. Frankfurt a.M. 1980 (= Schriften III), S. 9 ff.

These zu erbringen, daß der Mensch in seiner natürlichen Beschaffenheit von Herrschaft frei sei, der Naturzustand des Menschen, den man bei den sogenannten Naturvölkern zu finden hoffte, daher herrschaftsfrei. Der Staat als herrschaftliche Instanz erscheint unter diesem Blickwinkel als widernatürlich, und seine Abschaffung zielt auf die Wiedergewinnung des guten, aber verlorenen Naturzustands. Auch die Gegenthese geht auf die Antike zurück, nämlich auf Aristoteles.[37] Auch sie lautet: Bereits im Naturzustand und nicht erst infolge des Sündenfalls sei es dem Menschen eigentümlich, daß er über seinesgleichen Herrschaft ausübe. Diese sei daher unaufhebbar, Herrschaftsfreiheit menschenunmöglich. Auch der Staat ist folglich ein überall vorfindliches, gleichsam natürliches Phänomen. Dies ist die bereits bekannte Position Eduard Meyers und mit ihm anderer Historiker.

Dieser alte Streit um Herrschaft und Staat ist bis heute hochaktuell, wo sich die beiden Vorstellungen häufig mit den Positionen der sich selbst ‚progressiv' oder ‚konservativ' Verstehenden verbinden. Die Polarität ist unter einem bestimmten Blickwinkel jedoch nur eine scheinbare. Auch hier hilft das Nachdenken über die historischen Ursprünge von Staatlichkeit und die Vergegenwärtigung des griechischen Bürgerstaates, die alte Kontroverse als letztlich unfruchtbar zu erweisen. Denn im Grunde argumentieren beide Thesen strukturell gleich: Sie kennen nur den schlechthin herrschaftlichen Sündenstand oder den schlechthin herrschaftslosen Unschuldsstand. Die Konservativen bejahen jenen, die Progressiven erstreben diesen. Ein drittes gibt es für beide nicht. Indessen zeigt das historische Beispiel der griechischen Staatlichkeit, daß es verschiedene Arten von Herrschaft und also von Staat geben kann: nicht nur knechtende Herrschaft, in griechischem Verständnis monarchische oder tyrannische, sondern – um die römische Ausdrucksweise zu gebrauchen – republikanische oder eben die politische im Bürgerstaat. Auch sie ist in gewissem Umfang in staatlichen Institutionen und Ämtern gegenwärtig. Deren Entscheidungsmacht und Befehlsgewalt beruht aber nicht auf Anmaßung, sondern auf Anvertrauung. Die Ausbildung der griechischen Staatlichkeit ging von Beginn an einher mit dem Bemühen um die Einhegung von Macht. Daß die Griechen damit letztlich Erfolg hatten, verdanken sie der Verwirklichung und Beachtung des Grundprinzips ihrer Staatlichkeit: Es sind die Bürger selbst, die im Wechsel von Herrschen und Beherrschtwerden über sich selbst herrschen.

[37] Sie wurde immer wieder zur Richtschnur des Nachdenkens über den Staat, etwa bei Thomas von Aquin, Niccolo Macchiavelli oder Thomas Hobbes.

II. Historische und strukturelle Voraussetzungen: Zeitlicher Beginn, Naturraum und Siedlungstopographie

Zunächst muß bestimmt werden, wo eine Untersuchung des griechischen Staatsbildungsprozesses einzusetzen hat. Das ist gleichbedeutend mit der Frage nach dem Beginn der griechischen Geschichte. Als erstes gilt es daher, die Bedeutung der mykenischen Welt für die griechische Geschichte zu umreißen. Danach müssen einige Voraussetzungen geklärt werden, auf deren Hintergrund sich die historische Entwicklung der archaischen Zeit abgespielt hat. Abgesehen von den bereits in Teil A dargestellten sozialstrukturellen Gegebenheiten geht es dabei um den Naturraum und die Siedlungstopographie.

Abb. 11 Protogeometrische Bauchhenkelamphora aus Athen, ~1000 v. Chr.
(Athen, Kerameikos-Museum, Inv. 544)
Das Gefäß aus den Dark Ages spiegelt die einfachen Strukturen wieder, von denen die Lebensverhältnisse nach dem Untergang der mykenischen Kultur bestimmt waren. Doch es ist zugleich ein Zeugnis des Übergangs: In den locker geschwungenen Wellen zwischen den Henkeln und den unruhigen Füllstrichen auf der Schulter des Gefäßes lebt noch eine vage Erinnerung an die mykenische Vergangenheit fort, während der geometrische Aufbau der gesamten Bildfläche und vor allem die streng ausgeführten sechsfachen Zirkel schon vom Heranwachsen neuer Organisationsformen künden.

1. Die Bedeutung der mykenischen Welt und der Beginn der griechischen Geschichte

Wo hat das Griechentum der späteren *polis*-Gemeinden seine ethnischen und historischen Wurzeln? Reichen diese zurück bis auf die ersten Spuren einer höheren Kulturentwicklung, die wir auf griechischem Boden zunächst in Kreta, dann auch im griechischen Mutterland feststellen können? Die Forschung ist sich heute darüber weitgehend einig, daß die Hochkultur des minoischen Kreta, deren Zeugnisse vom Ende des 3. Jahrtausends bis um etwa 1300 v. Chr. reichen, kaum etwas mit der späteren griechischen *polis*-Kultur gemein hat. Die Paläste von Knossos, Mallia, Zakros oder Phaistos mit ihren stadtähnlichen Siedlungen gehören zum Typus der vorderorientalischen Kulturbildungen mit einer zentral gelenkten bürokratischen Palastherrschaft.

Die kretische Kultur strahlte auf dem Höhepunkt ihrer Entwicklung um die Mitte des 2. Jahrtausends auch auf das griechische Mutterland aus. Dort entwickelte sich vor allem Mykene sehr rasch zu einem bedeutenden Machtzentrum. Daher stammt die wissenschaftliche Konvention, die späte Bronzezeit in Griechenland von etwa 1600 bis 1200 v. Chr. als ‚Mykenische Zeit' zu bezeichnen. In Mykene wie auch an verschiedenen anderen Orten, in Tiryns, Pylos, Athen oder Iolkos, sprechen eindrucksvolle Burganlagen mit zyklopischen Mauerringen sowie reich ausgestattete Grabfunde von mächtigen Fürsten und einer kriegerischen Aristokratie. Gegenüber der bisher verbreiteten Vorstellung, daß diese neuen Herrschaften das Resultat einer ethnischen Überlagerung durch Einwanderer gewesen seien, hat sich in der Forschung mittlerweile die Überzeugung durchgesetzt, daß diese Machtakkumulation endogener Natur und durch die stärkere Einbindung des griechischen Mutterlandes in die zivilisierte Welt des östlichen Mittelmeeres angeregt worden sei. Die Funde jedenfalls manifestieren weitgespannte Handelsbeziehungen der mykenischen Herren.

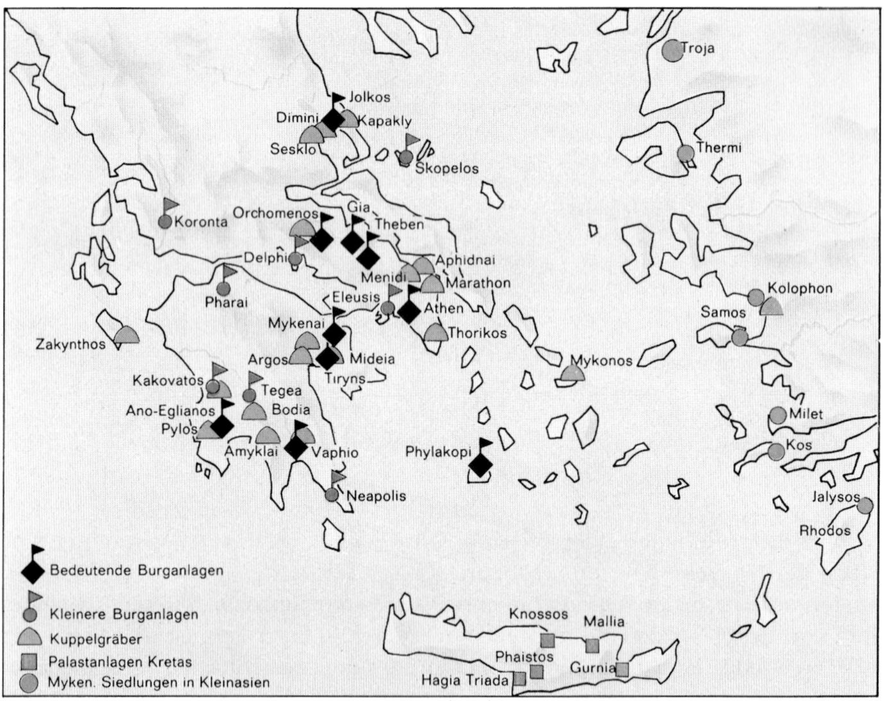

Abb. 12 **Die Zentren der mykenischen Kultur**

Über den politischen und sozialen Aufbau der mykenischen Kultur sind wir nur in Umrissen orientiert. Auch die wahrscheinliche Entzifferung der im Brandschutt der Paläste von Pylos und Knossos erhalten gebliebenen ‚Linear B-Tafeln' hat keine schlüssigen Antworten erlaubt. Sie sind vielleicht in einer Frühform der griechischen Sprache abgefaßt, geben jedoch nur eintönige Listen und Inventare wieder. Daraus ist zu entnehmen, daß die mykenischen Burgen wie die kretischen Paläste keinen Gemeinwesen im Sinne der späteren griechischen Bürgergemeinden vorgestanden haben, sondern Herrschaften patrimonialer Natur gewesen sind, die die agrarische Produktion in den umliegenden Fruchtebenen organisiert und das Leben der Bauern auf die Bedürfnisse des Herrschersitzes hin ausgerichtet haben. Die mykenische Geschichte Griechenlands gehört damit in den Zusammenhang der Geschichte des Alten Orients. Sie gleicht in ihrer Grundstruktur eher den in Syrien oder Mesopotamien verbreiteten, mehr oder weniger umfangreichen und auf einer zentral verwalteten Palastwirtschaft beruhenden Herrschaften als der Welt der griechischen Gemeinden im 1. Jahrtausend. Mit ihr teilte sie allenfalls das Schicksal dauerhafter politischer Zersplitterung. Keiner der mykenischen Fürsten konnte seine Herrschaft zu einem weitflächigen, Griechenland übergreifenden Reich ausbauen.

Vielleicht war diese polyzentrische Machtstruktur einer der Gründe für den Zusammenbruch und die Auflösung der mykenischen Kultur zwischen 1200 und 1000 v. Chr. Die Forschung ist sich über deren Ursachen aber nicht einig. Der Einbruch der militärisch überlegenen sogenannten Seevölker, die Zerstörungsspuren im gesamten ostmediterranen Bereich bis nach Ägypten hinterlassen haben, hat jedoch zur Katastrophe sicher beigetragen. Die durch Machtkämpfe und Kriege um Ressourcen geschwächten mykenischen Fürsten hatten diesem Ansturm nichts entgegenzusetzen. Andere Faktoren wie Nahrungskrisen durch Bevölkerungszunahme, Störungen der Handelsbeziehungen oder Naturkatastrophen mögen hinzugekommen sein. Im 12. und 11. Jh. v. Chr. war die Krise jedenfalls nicht mehr zu wenden. Mit der Zertrümmerung ihrer Paläste verloren die Fürsten die Grundlagen ihrer Herrschaft, das Rückgrat der bisherigen politischen und sozialen Organisation war gebrochen. Auch die kulturellen Errungenschaften Mykenes wie Architektur und Kunst, Handel und Schiffbau, Kriegskunst und vor allem die Schrift überlebten den Zusammenbruch der Palastorganisation nicht.

Das Ende der mykenischen Hochkultur ist nicht durch dynamisch wirkende Veränderungen herbeigeführt worden, die auf die Institutionalisierung eines neuen gesellschaftlichen Organisationsmodells gedrängt hätten. Statt dessen stand am Ende die Rückkehr zu einer weit weniger komplexen Gesellschaft mit einer dezimierten Bevölkerung, die auf einem weithin verödeten Land unter zunächst einfachsten Bedingungen ihr Leben fristete. Dies war die Voraussetzung für neue ethnische Bewegungen, die man unter den Begriffen der dorischen und ionischen Wanderungen (11. bis 9. Jh. v. Chr.) zusammengefaßt hat. Was darunter zu verstehen ist, hat die Forschung bisher weder einhellig noch eindeutig beschreiben können. Sehr zweifelhaft ist allerdings, ob tatsächlich eine großräumige Landnahme durch dorisch oder nordwestgriechisch sprechende Stämme erfolgt ist. Weder die aus Homer zu rekonstruierende Ordnung noch die späteren mythischen Konstruktionen der Griechen selbst lassen Rückschlüsse auf die Existenz größerer Stammesverbände zu. Vielmehr wird man im 11. und 10. Jh. v. Chr. mit einer allmählichen Infiltration neuer Bevölkerungselemente sowie mit punktuellen Auswanderungen ursprünglich mykenischer Bevölkerungsteile auf die Inseln der Ägäis sowie an die kleinasiatische Küste rechnen müssen. Der Fundbestand dokumentiert jedenfalls im 10. Jh. v. Chr. gegenüber der submykenischen Zeit deutliche Veränderungen, die auf Konsolidierung und Neuanfang hinweisen.

Voraussetzung für jede Rekonstruktion griechischer Geschichte in archaischer Zeit ist also die Feststellung eines fundamentalen Bruches zwischen der mykenischen Geschichte und der sogenannten ‚Dunklen Zeit' seit dem 11./10. Jh. v. Chr. Über das Aussehen der Welt in diesen Dark Ages ist nur von deren Ende her etwas Verläßliches zu erfahren, von dem, was die homerischen Epen im 8. Jh. v. Chr. offenbaren.[38] So ist wohl mit Recht zu sagen, daß die griechische Geschichte mit Homer beginnt, der uns Einblicke in die Vorgeschichte während der Dark Ages als auch Ausblicke auf die weitere Entwicklung gewährt.

2. Der Siedlungsraum und seine Lebensbedingungen

Der Kernbereich des griechischen Siedlungsgebietes umfaßte Mittelgriechenland, die Peloponnes mit den sie umgebenden Inseln, die Ägäis und ihre Ostküste sowie die großen Inseln Rhodos, Kreta und Teile Zyperns. Seit den Kolonisationszügen und Siedlungsneugründungen im 8. bis 6. Jh. v. Chr. lebten Griechen auch an den Küsten der nördlichen Ägäis, der Dardanellen und des Schwarzen Meeres sowie in Sizilien, Unteritalien, Südfrankreich, Spanien und der Cyrenaika. Ein erstaunlich großer Teil der Küsten des Mittelmeeres war damit von Griechen bewohnt, die nach einem Wort Platons

> „vom Phasis bis an die Säulen des Herakles (...) wie Ameisen oder Frösche um einen Sumpf (...) um das Meer herum wohnen (...)".
>
> (Plat. Phaid. 109 a-b; Ü.: Friedrich Schleiermacher)

Die Weitläufigkeit des Siedlungsgebietes der Griechen darf aber nicht darüber hinwegtäuschen, daß die Gebiete, die tatsächlich bewohnt und genutzt waren, in ihrem Umfang sehr beschränkt blieben.[39] Das liegt daran, daß die Landschaft des Kernlandes und häufig abgeschwächt auch der Kolonialgebiete durch starke Kontraste geprägt war. Griechenland und der Ägäisraum sind durch Gebirgszüge, die sich vom Balkan über Westgriechenland, die Peloponnes nach Kreta und Rhodos bis zum Tauros-Gebirge an der Südküste Lykiens und Kilikiens erstrecken, in zwei verschieden geartete geographische Zonen gegliedert. Westlich dieser Gebirgsschei-

[38] Vgl. Kap. B, III, 1.
[39] Vgl. Kap. A, I, 3.

de ist die Landschaft nur schwach gegliedert mit wenig Anhaltspunkten für eine Ansiedlung (Häfen, Fruchtebenen); lediglich das mildere und feuchtere Klima könnte dem der östlich gelegenen Gebiete vorzuziehen sein. In der östlichen Zone liegt das Hauptgebiet der griechischen Besiedlung. Die Landschaft ist stark gegliedert, ja nicht selten dramatisch zerklüftet: Auf engstem Raum wechseln bis zu 3000 m hohe Gebirge, weit ins Land vordringende Meeresbuchten, enge Talkessel, kleine Hochebenen und nur selten ausgedehntere Schwemmländer an der Küste. Große Flußläufe sind selten, so daß man in den trockenen und heißen Sommern weitgehend auf das durch die Niederschläge der Winterzeit gespeiste Grundwasser angewiesen war. Das Klima ist ausgeprägt subtropisch, das Jahr kennt drei Jahreszeiten: Frühjahr (März bis Juni), Trockenzeit (Juni bis Oktober) und Regenzeit (Oktober bis März). Diese klimatischen und geographischen Bedingungen finden sich im Prinzip auch außerhalb des griechische Mutterlandes, wenngleich in manchen Gegenden nicht in dieser extremen Form.

Diese natürlichen Voraussetzungen schufen für die Menschen ganz eigene, unverwechselbare Lebensbedingungen. Auch hier stehen die Extreme im Positiven wie im Negativen hart nebeneinander. Einerseits stellt das warme Klima an die Siedlungsweise keine komplizierten Anforderungen und erlaubt durch das üppige Wachstum der Pflanzen mehrere Ernten im Jahr. Auch ist der Boden der Schwemmländer zuweilen höchst fruchtbar und bringt reiche Erträge. Doch solche Böden haben nur einen sehr geringen Anteil an der Gesamtfläche, gewiß weniger als zehn Prozent. Der Rest sind die kargen und dünnen Böden des Hügellandes, ständig der Gefahr der Erosion ausgesetzt. Etwa vier Fünftel des Landes bedecken Berge, die nur im Westen dichte Wälder tragen, während in der regenarmen Zone auch schon in der Antike eine weithin undurchdringliche Macchia lediglich Ziegen und Schafen eine spärliche Weide bot. An den Küsten konnte der in der Regel karge Speisezettel durch den Fischreichtum des Meeres aufgebessert werden. Das Bild der Landschaft, in der sich der griechische Mensch bewegte, war also von starken Kontrasten geprägt: kleine, intensiv bestellte Fruchtebenen zwischen steinigen Hügelketten, überzogen mit Ölbäumen, zwischen denen ein eher kümmerliches Getreide wuchs; üppige, geradezu überwuchernde Wein-, Gemüse- und Obstgärten neben kahlen Felsformationen; abgründige Gebirgszüge, die direkt in das warme, dem menschlichen Zugang für den größten Teil des Jahres offene Meer abfallen.

Das Meer ist denn auch der Hauptverbindungsweg zwischen den einzelnen Siedlungskammern. Während die Verkehrswege zu Lande notorisch schlecht waren, boten die zerklüftete Küste und die Inselwelt der Ägäis der antiken Schiffahrt, die ja bis in die römische Kaiserzeit hinein ausschließlich Küstenschiffahrt gewesen ist, mit ihren vielen Häfen und Ankerplätzen sehr günstige Bedingungen. Die Ägäis wurde auf diese Weise zu einem griechischen Binnenmeer, und auch die Verbindung zu den Kolonialgebieten konnte nur über See aufrecht erhalten werden.

Das besondere Spannungsfeld zwischen Gemeinsamkeit und Eigenheit, in dem die gesamte Geschichte der Griechen sich bewegt, ist in diesen natürlichen Bedingungen des Lebensraumes angelegt. In der geographischen Beschaffenheit des Landes war die Zersplitterung in eine Vielzahl kleiner und kleinster Einheiten als eine Grundkonstellation der Geschichte vorgezeichnet. Grundlage für eine gemeinsame Geschichte wie für eine kulturelle Einheit und Identität bildete demgegenüber der Austausch über das Meer. Von der Meisterung der Schiffahrt und der Zugänglichkeit und Beherrschung der maritimen Verkehrslinien hingen demnach Wohl und Wehe der meisten griechischen Gemeinden ab – politisch-militärische Erfolge mit der Verbesserung der Lebensgrundlagen ebenso wie häufig genug das nackte Überleben.

3. Siedlungsform und Bevölkerung

Der Kulturbruch nach dem Ende der mykenischen Zeit und die Überlieferungsarmut der nachfolgenden Jahrhunderte lassen die Siedlungsanfänge der späteren griechischen Gemeinden weitgehend im Dunkeln. Auch der Spaten der Archäologen konnte der Unkenntnis bislang kaum abhelfen. Erst im 8. und 7. Jh. v. Chr., also mit dem Beginn der griechischen Geschichte, haben wir deutlichere Befunde, die in wichtigen Grundzügen bereits das äußere Bild der griechischen Siedlungen widerspiegeln, wie es auch für die spätere Zeit im großen und ganzen typisch geblieben ist. Selbstverständlich bilden auch für die Siedlungstopographie die geschilderten geographischen Voraussetzungen wichtige Bestimmungsgrößen:

- Die meisten Gemeinden siedelten auf einem im Umfang nur sehr bescheidenen Territorium von häufig unter 100 km². Erheblich größere Gemeinden gab es kaum mehr als ein Dutzend: Theben, Korinth oder Argos, Milet, Syrakus oder Akragas gehörten dazu; Athen mit seinen 2500 km² Territorium und Sparta mit 8500 km² stellten absolute Ausnahmen dar. Die Zahl der Bewohner, die sich aus den spärlichen Nutzländern ernähren konnte, war entsprechend gering, zwischen einigen Hundert und wenigen Tausend; nach Zehntausenden zählende Bevölkerungen waren der Sonderfall, der auch erst durch den Import von Lebensmitteln seit dem späten 6. Jh. v. Chr. möglich geworden ist. Gemessen an der Größe neuzeitlicher Staaten waren die griechischen Gemeinden nicht nur in ihren Anfängen Zwerge, sie blieben es auch später, ungeachtet des relativ großen Wachstums, das viele Orte im Laufe der archaischen und klassischen Zeit erfahren haben.

- Die Knappheit des Fruchtlandes drängte die ohnedies überschaubaren Gemeinden von Beginn an zu einer sehr geschlossenen Siedlungsweise. Die in der Frühzeit ausschließlich bäuerliche Siedlung war keine Ansammlung von Einzelgehöften zu einem irgendwie kohärenten dörflichen Verband, sondern ein auf sehr engem Raum zusammengedrängtes Konglomerat von Anwesen ohne ausgedehnten Wirtschaftsteil. Die griechischen Gemeinden bildeten mithin in ihrer Mehrzahl auch später noch eine Art Stadtdorf, in dem die Bewohner dicht zusammen lebten, über die engen Gassen in ständigem Austausch miteinander. Um dieses Stadtdorf lag die Feldmark der Gemeinde in einer Entfernung, die es jedem Bauern ermöglichte, seine Äcker und Gärten täglich von der Siedlung aus zu erreichen und am Abend wieder dorthin zurückzukehren. Handelskontore und Gewerbebetriebe kamen erst im Laufe der archaischen Zeit hinzu, veränderten aber die geschilderten siedlungstopographischen Gegebenheiten nicht grundlegend.

- Die Lage der Siedlungen war zunächst bestimmt von den Möglichkeiten, die das jeweilige Gelände bot. Zwei Gesichtspunkte sind maßgebend: Die Siedlung konnte selbstverständlich nicht auf solchem Land errichtet werden, das nutzbringend bewirtschaftet werden konnte. Und sie konnte nur dort entstehen, wo sie Anschluß an Verkehrsverbindungen zu Lande oder zu Wasser fand. Ein besonderer Anreiz für die Bildung einer Siedlung ging bei sehr vielen Gemeinden offenbar vom Vorhandensein einer *akropolis* aus. Ausgrabungen früher Siedlungen schon aus dem 9. Jh. v. Chr. etwa von Zagora auf Andros oder Emporio auf Chios weisen darauf hin, daß viele der frühesten Siedlungen auf der *akropolis* – wörtlich: der Oberstadt – lagen. Diese meist steil aus einer Ebene ringsum aufsteigenden Felsberge waren in den unsicheren Zeiten der Invasionskatastrophen und Völkerbewegungen seit dem 13. Jh. v. Chr. die natürlichen Flucht- und Rückzugsorte für die verbleibende und neu hinzukommende Bevölkerung. Die *akropoleis* in Zagora und Emporio waren noch zusätzlich durch monumentale Mauern geschützt, innerhalb derer die Bevölkerung in einfachsten Behausungen überleben und nach Generationen der Konsolidierung seit dem 9. Jh. v. Chr. einen allmählichen Aufschwung erleben konnte. Die Siedlungen verbreiteten sich nun auch außerhalb der Mauern auf dem Hang der *akropolis*, soweit dieser terrassierbar war, und schließlich auf die Ebene. Im 8. und 7. Jh. v. Chr. wurden schließlich überall die Höhensiedlungen aufgegeben und an den Rändern der Fruchtebenen, möglichst in der Nähe eines Hafens, wieder aufgebaut.
  Die Griechen haben diese Neugründungen in früharchaischer Zeit später selbst als *synoikismos* bezeichnet. Sie haben damit freilich in ihrer historischen Erinnerung auf ihre Anfänge das Muster von Vorgängen des 5. und 4. Jhs. v. Chr. projiziert, als sich manche *poleis* zusammenschlossen, um in der Politik dieser Zeit einen besseren Stand zu haben (zum Beispiel Mantineia, Elis oder Rhodos). Tatsächlich hat es in archaischer Zeit in einigen Fällen – etwa in Megara oder Tegea – ein Zusammensiedeln gegeben; das freilich bestand nur in einem geographischen Konzentrationsvorgang. Das Konzept des politischen *synoikismos*, das die Griechen der klassischen Zeit aus eigener Anschauung kannten, ist im Hinblick auf die früharchaische Zeit anachronistisch.

- Mit der Aufgabe der Höhensiedlungen auf den *akropoleis* und dem Umzug in küstennahes Hügelland verbinden sich erste Anzeichen für eine strukturelle Ausgestaltung der neuen Siedlungen, auf der die spätere urbane Entwicklung aufbauen konnte. Erstmals kristallisiert sich in der Siedlung neben der Wohnbebauung ein öffentlicher Bereich heraus. Ein anschauliches Beispiel haben die Archäologen für das 7. Jh. v. Chr. nachgewiesen. Es handelt sich um das alte

Smyrna an der kleinasiatischen Küste, von dessen Aussehen eine nach den Ausgrabungen möglich gewordene Rekonstruktionszeichnung einen Eindruck vermittelt. Wie die Zuschauerreihen des griechischen Theaters ziehen sich 400 bis 500 Lehmziegel-Häuser auf Steinfundamenten einen erst langsam, dann steiler ansteigenden Hang empor und umschließen zwei natürliche Häfen. Die Siedlung ist von einer bereits im 9. Jh. v. Chr. existierenden Mauer umgeben, die auch im 7. Jh. v. Chr. angesichts eines nicht-griechischen Hinterlandes offenbar noch erforderlich gewesen ist. Das unterscheidet Smyrna und andere derart exponierte Gemeinden von den meisten übrigen, für die in archaischer Zeit eine solche Ummauerung nicht mehr nachweisbar ist.
Im übrigen zeigt das Bild von Alt-Smyrna das typische Aussehen und die typische Lage der frühen Stadtdörfer: die Ausrichtung auf das Meer, die dichte und

Abb. 13 Alt-Smyrna. Rekonstruktion der Stadtansicht im 7. Jh. v. Chr. (nach J. M. Cook)

gleichförmige Bebauung und die Aussparung eines öffentlichen Raumes für Tempel und *agora*. Hätte die Archäologie nicht ‚echte' Belege geliefert, könnte man versucht sein, die Ansicht des kleinasiatischen Smyrna nur als bildliche Umsetzung der ersten literarischen Beschreibung einer griechischen Siedlung aufzufassen, so nahtlos erscheint die Übereinstimmung. Homer nämlich schildert die Phaiaken-Stadt Scheria wie folgt:

> „Allein, wenn wir die Stadt betreten, um die eine Umwallung ist, eine hohe, und ein schöner Hafen ist beiderseits der Stadt: schmal ist der Zugang und beiderseits geschweifte Schiffe sind den Weg entlang hinaufgezogen, denn alle haben, jeder für sich, dort für die Schiffe ihren Standplatz. Und dort ist ihnen auch der Markt zu beiden Seiten des schönen Poseidontempels, mit herbeigeschleppten Steinen eingefaßt, die in die Erde eingegraben sind. Dort halten sie auch das Gerät der schwarzen Schiffe instand, Tauwerk und Segel, und schärfen die Ruderblätter. Denn den Phaiaken liegt nichts an Bogen und Köcher, sondern an Masten und Ruderwerk der Schiffe und ebenmäßigen Schiffen, auf denen sie stolz das graue Meer durchfahren (...)."
>
> (Hom. Od. 6, 262-272; Ü.: Wolfgang Schadewaldt)

III. Wie alles anfing: Gemeinschaft ohne Staat bei Homer

Die wichtigsten Elemente der griechischen Sozialstruktur blieben von ihrer ersten Bezeugung bei Homer an durch die archaischen und klassischen Epochen Griechenlands im wesentlichen unverändert. Dagegen hat sich die für die griechische Geschichte der gesamten Folgezeit einschneidendste Veränderung in einem anderen Bereich vollzogen: der Ordnung des Zusammenlebens der gesamten Gemeinde. Über alle sozialen Unterschiede hinweg betraf sie jedes Gemeindemitglied. Zunächst einmal ist zu fragen, von welchem Ausgangspunkt aus sich dieser Veränderungsprozeß vollzogen hat, das heißt wie die früheste uns greifbare Ordnung der Gemeinde ausgesehen hat. Die Quellen lassen eine Rekonstruktion der Zustände nur aus den homerischen Epen zu. Es muß daher vorweg geklärt werden, wie diese frühesten griechischen Dichtungen, mit denen die Geschichte der europäischen Literatur beginnt, als historische Quellen zu benutzen sind.

1. Homers Dichtungen als historische Quellen

Hat der Historiker in den beiden Epen Ilias und Odyssee die ersten aussagekräftigen Quellen der griechischen Geschichte in Händen? Und wenn ja, worüber und in welcher Art und Weise geben sie uns Auskunft?

Beide Epen sind Heldensagen. Die Ilias beschreibt die letzten Tage des Krieges der Griechen gegen das kleinasiatische Troja, die Odyssee die Irrfahrten und Abenteuer, die der Held Odysseus nach dem Fall Trojas vor seiner Rückkehr ins heimatliche Ithaka zu bestehen hat. Beide Stoffe sind in den Werken sowohl im kleinen als auch in weiträumigen und überlegten Kompositionen im großen mit höchster dichterischer Kunst gestaltet worden. Dies setzt ihre Abfassung durch eine, möglicherweise aber auch zwei Dichterpersönlichkeiten sowie die Verwendung der Schrift voraus. Deren Entwicklung durch Übernahme und Modifizierung der phönikischen Schrift erfolgte im 8. Jh. v. Chr. Unser ältestes Schriftzeugnis, eine Inschrift auf einem Keramikgefäß, dürfte um das Jahr 740 v. Chr. entstanden sein. Die beiden Dichtungen Homers mit ihrem beträchtlichen Umfang werden daher wenigstens eine knappe Generation später entstanden sein: etwa 730-710 v. Chr. die Ilias, 700-680 v. Chr. die Odyssee.

Auf welche geschichtliche Epoche sich die homerischen Epen beziehen lassen, ja ob sie überhaupt auf eine bestimmte historische Wirklichkeit Bezug nehmen, ist in der Forschung äußerst umstritten. Das Spektrum der zu dieser Frage bezogenen Positionen reicht von der Behauptung, Ilias und Odyssee seien reine literarische Erfindungen und hätten folglich keinen historischen Quellenwert, über die Vorstellung, in diesen Dichtungen seien geschichtliche Zeiten fast nicht mehr unterscheidbar verbunden, der Quellenwert also gering, bis zu der Annahme, der Historiker erhalte durch Homer tatsächlich Einblick in die konkrete geschichtliche Welt der frühen Griechen. Hier scheiden sich abermals die Geister: In Homer begegneten

Abb. 14 Protoattische Amphora des Polyphemmalers (Ausschnitt) aus Eleusis, 670/660 v. Chr. (Eleusis, Museum)
Als Urbild des europäischen Menschen ist der homerische Held Odysseus bezeichnet worden, weil er vor allem auf die Kraft seines erfindungsreichen Verstandes vertraute. Die antiken Künstler haben immer wieder jene Episode des Epos vergegenwärtigt, in der Odysseus sich und seine Gefährten mit List und Tücke aus der Gewalt des einäugigen Kyklopen befreit. Nur etwa eine Generation nach Homer schildert das Vasenbild die entscheidende Phase des Geschehens: die Blendung des zuvor trunken gemachten Ungeheuers (vgl. Od. 9, 318-414). Odysseus, dessen Figur in Weiß hervorgehoben ist, hat nicht nur den Plan geschmiedet, er geht auch bei dessen Ausführung voran und erweist sich so als vorbildlicher *basileus,* der die Gemeinschaft der Gefährten führen kann, auf deren gemeinsames Handeln er zugleich angewiesen ist.

wir den mykenischen Fürstentümern, sagen die einen – heute eher eine Minderheit; die Mehrheit sieht sich durch Homer entweder in die Welt der Dark Ages des 11. bis 9. Jhs. v. Chr. oder in das 8. Jh. v. Chr. versetzt, an den Beginn der archaischen Epoche. Schließlich gibt es innerhalb dieser Mehrheitsmeinungen noch erhebliche Differenzen darüber, was von Homer als historischem Auskunftsmittel zu erwarten ist: Aristokratische Klassendichtung mit dem Ziel ideologischer Rechtfertigung der bestehenden Herrschaftsverhältnisse oder Weltdichtung, in der eine ganze Enzyklopädie des gesellschaftlichen Wissensvorrats enthalten ist.

Der höchst kontroverse Charakter der Forschungslage macht es erforderlich, die Position, von der die folgende Darstellung ausgeht, festzustellen und methodisch kurz zu begründen.

- Dichtung ist immer funktionaler Bestandteil einer bestimmten geschichtlichen Wirklichkeit. Selbst wenn sie vorgibt, reine Erfindung zu sein, ist sie zumindest durch die Person des Dichters an die jeweilige Gesellschaft gebunden.

- Auch wenn die poetische Qualität der beiden Epen nahelegt, als ihre Schöpfer Dichterpersönlichkeiten zu vermuten, ist es doch nicht möglich, den Namen Homer mit einer tatsächlichen historischen Person in Verbindung zu bringen. Eine andere Voraussetzung der Dichtung ist jedoch deutlicher: Ilias und Odyssee gehen auf eine bereits mehrere Jahrhunderte währende, vielleicht sogar bis in die mykenische Zeit zurückreichende mündliche Dichtungstradition zurück. Auch noch in ihrer schriftlichen Fixierung sind die beiden Epen ganz den Produktions- und Rezeptionsbedingungen der oral poetry in einer nach wie vor mündlichen Kultur verpflichtet. Daraus ergeben sich wichtige Konsequenzen für den Charakter der Dichtungen.

- Die Geschichten, die Ilias und Odyssee erzählen, spielen auf den ersten Blick in der Welt der mykenischen Fürstentümer. Das Handlungsgerüst, die Orte der Handlung, einige Namen, manche prachtvollen und exotischen Gegenstände sollen die Hörer Homers im 8. Jh. v. Chr. in eine längst verschwundene Vorzeit zurückversetzen, die von der eigenen Lebenswirklichkeit nicht nur um ein halbes Jahrtausend getrennt, sondern auch durch eine märchenhafte Überhöhung unterschieden ist. Offenbar war diese Gestaltung der traditionellen Stoffe eine der Erwartungen, die das zeitgenössische Publikum an seinen Dichter richtete. Die andere war, daß es sich trotz aller dichterischen Verklärung auch wiederfinden mußte, wenn der Dichter seinen Anspruch, Wahres zu verkünden und in eindringlicher Form zu vermitteln, einlösen wollte. Die im letzten halben Jahrhundert erzielten Ergebnisse der oral poetry-Forschung haben nämlich ergeben, daß durch mündliche Überlieferung nur das weitergetragen wird, was für die jeweils gegenwärtige Gesellschaft wissenswert und damit erinnerungswürdig ist. Mündliche Dichtung richtet sich immer an ein konkretes, je zeitgenössisches Publikum. Sie existiert nur für und durch dieses. Dichtung und Gesellschaft sind in einer mündlichen Kultur so eng aufeinander bezogen, daß hier das Konzept einer literarischen Fiktion ebenso wenig seinen Platz hat wie eine quasi historistische Einstellung. Es ist also von vornherein nicht damit zu rechnen, daß die mykenische Epoche mehr als ein vages, in seinem inneren Aufbau und Zusammenhang nicht mehr verstandenes Stoffgerüst in der homerischen Dichtung darstellt. Vielmehr müssen die Beschreibungen der alltäglichen Lebenswelt, des Handelns im Haus und in der Öffentlichkeit, der wirtschaftlichen Existenzgrundlagen und der politischen Verfaßtheit den Erfahrungshorizont des Publikums zum Zeitpunkt der schriftlichen Fixierung der Epen getreu widerspiegeln.

- Die ganze griechisch-römische Antike hindurch blieb Homer ein höchst lebendiges und allgegenwärtiges Bildungsgut. Die seiner poetischen Qualität zuerkannte Einzigartigkeit ist dabei nicht zu trennen von der dauernden Vorbildhaftigkeit der in diesen Dichtungen repräsentierten Formen des Denkens und Fühlens, des Verhaltens und Tuns. Dieser praktische Lebensbezug kann nicht erst ein späteres Rezeptionsphänomen sein, sondern ist die Voraussetzung für die sehr erfolgreiche und nach Ausweis der archäologischen Zeugnisse sofort einsetzende zeitgenössische Wirkung der homerischen Dichtung.

- Der Vergleich sowohl mit anderer oral poetry wie mit rezenten Gesellschaften erweist, daß viele der in den Epen erkennbaren sozialen und politischen Strukturelemente auch andere Gesellschaften tatsächlich geprägt haben. Ergebnisse ethnologischer Beobachtungen können daher mit Gewinn zum Verständnis Homers herangezogen werden.[40]

Es ergibt sich: Die Stellung von Dichtung in der mündlichen Kultur, der noch Jahrhunderte später verstandene Bezug zum eigenen Leben sowie die weltgeschichtliche Vergleichbarkeit berechtigen dazu, die homerischen Epen als historische Quellen zu benutzen. Die Frage nach dem geschichtlichen Aussagewert Homers ist demnach nicht im Hinblick auf die tradierten Sagenstoffe als solche zu stellen. Homer historisch auszuwerten heißt vielmehr: Nach den in seinen Erzählungen zum Ausdruck kommenden typischen Formen des Denkens, Fühlens, Verhaltens und Handelns sowie den entsprechenden Strukturgegebenheiten von Wirtschaft, Gesellschaft, politischer Gemeinde, Kultur und Religion zu fragen. Als typisch muß dabei das gelten, was dem Dichter wie selbstverständlich in die Feder floß, weil weder er noch sein Publikum sich zu denken vermochten, daß es jemals hätte anders gewesen sein können. Davon zu unterscheiden sind also sowohl die archaisierenden Züge (Stichwort: mykenische Größe) wie das, was bewußter dichterischer Formung entspringt. Es ist nicht immer einfach, dies von den Alltagserfahrungen des homerischen Publikums zu trennen. Die Prüfung möglicher

[40] Vgl. Kap. B, VI, 3.

poetischer Absichten, die hinter einem bestimmten Motiv stecken können, ist jedoch methodisch notwendig. So hat man etwa zuweilen geglaubt, aus dem Verhalten von Odysseus' Ehefrau Penelope auf eine bestimmte Stellung der Frau in der homerischen Welt schließen zu können. Die Untersuchung der dichterischen Konstruktion zeigt jedoch, daß Penelopes scharf konturierte Rolle dazu dient, Odysseus eine starke und ganz ähnlich wie er handelnde Persönlichkeit im heimatlichen Ithaka gegenüberzustellen, die so dazu beiträgt, daß alles auf ein möglichst dramatisches Ende der Geschichte hinausläuft. Undramatische, der historischen Realität wohl näherkommende Lösungen ihrer prekären Lage als Quasi-Witwe – Rückkehr in den väterlichen *oikos* nämlich und gar Neuverheiratung – werden durchaus angesprochen[41], jedoch um des dichterischen Zieles willen verworfen. Man muß sich also in jedem Einzelfall quellenkritisch genau versichern und im übrigen in erster Linie auf das knapp und beiläufig Mitgeteilte achten und weniger auf die von der Fabel her im Vordergrund stehenden Geschehnisse.

2. Vom Königtum zum Adelsstaat: Die politische Entwicklung in der homerischen Zeit nach der älteren Forschung

Im Gegensatz zur Mehrheit der jüngeren Homer-Forschung wird in den traditionellen Handbüchern und Gesamtdarstellungen zur griechischen Staatskunde und Verfassungsgeschichte einhellig davon ausgegangen, daß es in den griechischen Gemeinden von Beginn an eine staatliche Ordnung gegeben habe. Diese habe bis ins 7. Jh. v. Chr. folgende Entwicklung durchgemacht: Nach dem Zusammenbruch der mykenischen Welt und der Einwanderung der dorischen Griechen habe am Beginn der von diesen gebildeten neuen Gemeinden ein Königtum, eine Erbmonarchie, gestanden: „Die älteste Verfassung der griechischen Staaten war (...) ein erbliches Königtum.“[42] Neben diesen Nachfolgern der für die Wanderungszeit notwendigerweise zu unterstellenden Heerkönige hätten ein Rat der Geronten sowie der *demos*, das zu einer staatlichen Gemeinschaft verbundene Volk, als weitere Faktoren des Staatslebens gestanden.

> „Der Basileus war bei der Ausübung seiner Herrscherrechte sowohl an die Beobachtung gewisser Formen, als an die Mitwirkung des Adelsrates, meist auch der Gemeindeversammlung gebunden, seine Macht war aber die höchste im Staate, keine andere Person und kein anderes Organ war ihm übergeordnet.“[43]

Dieses Bild der frühen politischen Struktur findet sich in seinem grundsätzlichen Aufbau noch in neuesten Darstellungen, auch wenn es in seinen Dimensionen verkleinert wird:

---

[41] Vgl. Hom. Od. 2, 195; 15, 16-19; 16,34; 20, 334-337.
[42] Busolt a.a.O. S. 317.
[43] Busolt a.a.O. S. 340 f.

> „Die politischen Organisationsformen waren wenig ausgeprägt: Zumeist gab es einen Rat der Sippenoberhäupter *(die Ältesten)*, die einen Häuptling berieten; die Waffenfähigen mögen hie und da noch zu Versammlungen zusammengekommen sein.“[44]

Die Machtstellung der ursprünglichen Könige sei dann bis zum 8. Jh. v. Chr. immer stärker verfallen. Am Ende dieser Entwicklung habe „(...) der Übergang der Staatsgewalt vom souveränen Königtum an die Oligarchie des Blutsadels (...)“[45] gestanden. Die Adligen „(...) entmachteten den König (Häuptling), monopolisierten alle Herrschaftsfunktionen (Kriegführung, Kultausübung, Rechtsprechung), und sicherten sich wirtschaftlich ab, indem sie ihren Grundbesitz vermehrten – meist auf Kosten des Gemeindelandes“[46]. Die Übernahme der „Regierungsgeschäfte“ durch die Aristokratie sei mit der Einrichtung von Magistraturen (zunächst lebenslangen, dann zeitlich immer stärker befristeten) einhergegangen. In diesem aristokratischen Staat seien dem König nur noch kultische Obliegenheiten geblieben. Schließlich sei er selbst zu einer Magistratur geworden. Dies sei die Ordnung des Gemeindelebens seit dem 8./7. Jh. v. Chr. gewesen.

Es ist zu prüfen, inwieweit sich die Forschung bei dieser Rekonstruktion zu Recht auf Homer berufen kann. Als weitere Begründung wird auch die Überlieferung der griechischen Gemeinden über ihre Frühgeschichte etwa in den Königslisten von Athen und Sparta angeführt. Im Falle Athens stammen sie allerdings erst aus dem ausgehenden 5. und dem 4. Jh. v. Chr. und enthalten die Namen von zwei Herrscherdynastien: Die erste beginnt mit Kekrops und Erechthonios, den mythischen Gründern der Stadt, und enthält vierzehn Namen, darunter den des Theseus; die zweite Liste nennt neunzehn Könige von Melanthos bis Hippomenes. Es wird allgemein zugestanden, daß ein mehr oder weniger großer Teil dieser Königslisten nur historische Fiktion ist. Vor allem die erste Liste besteht aus athenischen Göttern oder Lokalheroen. Aber ebenso wird weithin angenommen, daß man in der zweiten Liste ab einem gewissen Akastos die tatsächliche athenische Königsfamilie der Medontiden vor sich habe. Indessen hat bereits 1902 Felix Jacoby nachgewiesen, daß die gesamte Überlieferung chronologisch wertlos und mithin spätere Konstruktion sei.

Die Absicht solcher späteren Pseudo-Geschichtsschreibung ist, die Anfänge des eigenen Gemeinwesens bis in die mythische Zeit zu verrücken. Der nicht nur in den homerischen Epen ausgebreitete Mythos repräsentierte für die Griechen ihre alte Geschichte und wurde als solche allgemein akzeptiert, wie man an den einleitenden Kapiteln der Geschichte des Thukydides erkennen kann. Der Mythos bot außerdem das Bild einer vorbildlichen und daher für die Nachfahren normsetzenden Welt. Als man im 5. Jh. v. Chr. die eigene tatsächliche Geschichte zu entdecken begann, sie aber nur in Ausschnitten bis zum 7. Jh. v. Chr. zurückverfolgen konnte, entstand das Bestreben, die verbleibende Erinnerungslücke vom 7. Jh. v.

---

44 Werner Dahlheim: Die Antike. Paderborn ^{5}2001, S. 44.
45 Busolt a.a.O. S. 346.
46 Dahlheim a.a.O.

Chr. bis hinauf zur für real gehaltenen mythischen Zeit zu füllen und damit zugleich die Anfänge der eigenen Gemeinde in der glanzvollen Zeit der Heroen anzusiedeln.

Eine authentische Überlieferung aus der angeblichen Königszeit hat es mithin nicht gegeben. Die Frage bleibt freilich, wie das bei Homer ja tatsächlich dem Namen nach auftauchende Königtum zu verstehen ist und worauf die Annahme eines danach folgenden, durch Aristokraten-Herrschaft bestimmten Staates sich stützt.

3. Königtum und Führerstellung bei Homer

Die Untersuchung der für die Bezeichnung der monarchischen Stellung in Frage kommenden Begriffe bei Homer ergibt: Die stoffliche Tradition der Epen, die ja äußerlich in der mykenischen Welt angesiedelt sind, fordert das Auftreten von Monarchen. Wie etwa Agamemnon oder Odysseus tragen sie den vom mykenischen *wanax* abgeleiteten griechischen Titel des *anax*. Mit ihm werden die wichtigsten Helden vor Troja bezeichnet, aber auch die meisten Götter. Darüber hinaus wird der Begriff *anax* ganz allgemein im Sinne von ‚Herr' gebraucht. Daher kann er in der Odyssee auch den Hausherrn des *oikos* bezeichnen oder den Anführer in einem Kriegszug. Das Wort *anax* belegt also, daß es die Position alleiniger Führerschaft insbesondere in Haus und Krieg gegeben hat, daß aber dort, wo solche hervorragenden, über andere gebietenden Gestalten auftauchen, es immer zugleich weitere gleichartige gegeben hat.

Ähnliches gilt für den Begriff *basileus*, der im späteren Griechisch der Begriff für den Monarchen ist. Das Wort wird zuweilen unterschiedslos mit *anax* benutzt. Es verweist ebenfalls immer auf eine Führerstellung. Wiederum sind es jedoch in der Regel mehrere, denen gleichzeitig der Titel *basileus* zukommt. Man vergleiche etwa die Worte, die Athena an Odysseus richtet, als dieser durch die Phaiaken-Stadt Scheria gewandert ist und nun vor dem Haus des *basileus* Alkinoos steht:

> „(...) dies ist das Haus, das du mich geheißen
> Dir zu zeigen; du findest darinnen die zeusgenährten
> Könige *(basilees)* schmausend beim Mahl (...)".
>
> (Hom. Od. 7, 48-50; Ü.: Roland Hampe)

Nachdem Odysseus das Haus betreten hat, richtet er an die *basileia* Arete und an ihren Gemahl Alkinoos seine Bitte um Hilfe bei der Heimkehr in sein Vaterland. Darauf eröffnet nicht Alkinoos, sondern der älteste *basileus* Echeneos die Unterredung.

Der Befund kann noch vervollständigt werden durch einen Blick auf die Bezeichnung, mit der die Tätigkeit eines *basileus* oder *anax* beschrieben wird: *archein* oder *archos einai* (die Funktion eines *archos* ausüben). An keiner Stelle bei Homer meinen diese Worte (*basileus* und *archein*) die Ausübung einer alleinigen, allumfassenden Herrschaft, sondern ausnahmslos die Führerschaft in einem spezifischen Kontext, meist im militärischen Bereich oder auch ganz eng begrenzt zum Beispiel auf die Tätigkeit eines Schiffsführers. *archein* ist also ein Sammelbegriff für Führungsfunktionen in unterschiedlichsten Bereichen. So bezeichnet Alkinoos sich selbst und zwölf andere *basileis* der Phaiaken als *archoi kata demon*:

> „Zwölf angesehene Könige *(basilees)* walten als *archoi* im Hinblick auf das Volk *(archoi kata demon)*, der dreizehnte aber bin ich selber (...)."
> (Hom. Od. 8, 390-391; Ü.: Wolfgang Schadewaldt, mit Änderungen durch Verf.)

Der sprachliche Befund bei Homer ist also auf den ersten Blick zwiespältig. Die mykenische Tradition des Stoffes verlangt den Einzelherrscher; doch das Bild ist offenbar durch die eigene Zeiterfahrung verwischt: In einem Atemzug und mit demselben Begriff wird eine Gestalt als der eine *basileus* bezeichnet und ihm eine Vielzahl Gleichrangiger an die Seite gestellt.

> „König zu sein *(basileuein)*, ist gar nicht übel. Schnell wird das Haus ihm reich, und er selber ist höher geachtet. Allein, da sind unter den Achaiern noch viele andere *basilees* auf der meerumgebenen Ithaka, junge wie alte: mag von denen einer dieses (Ithaka) haben, wenn der göttliche Odysseus tot ist. Doch ich will Herr *(anax)* sein in unserm Hause wie auch über die Knechte, die für mich erbeutet hat der göttliche Odysseus."
> (Hom. Od. 1, 392-398; Ü.: Wolfgang Schadewaldt)

Diese Worte des Sohnes von Odysseus, Telemachos, zeigen sehr schön den genannten Widerspruch: Odysseus als der mykenische Fürst von Ithaka einerseits und das dem Dichter vertraute gleichzeitige Auftreten vieler *basileis* auf Ithaka andererseits, unter denen das Haus des Odysseus ebenfalls nur noch eines unter anderen ‚königlichen' Häusern ist. Das geht aus der Bemerkung des Freiers Alkinoos hervor, mit der dieser auf die eben zitierte Feststellung des Telemachos antwortet:

> „Telemachos! Dich lehren gewiß die Götter selber, ein großer Redner zu sein und kühnlich zu reden! Daß dich der Kronos-Sohn (Zeus) nicht gar noch auf der meerumgebenen Ithaka zum König mache *(en amphialo Ithake basileia poiein)*, welches dir nach Abkunft zukäme von dem Vater."
> (Hom. Od. 1, 384-387; Ü.: Wolfgang Schadewaldt)

Mit eben dem gleichen Wort *basileia* beziehungsweise *basileus* wird also die angebliche Fürstenstellung des Odysseus wie die Position anderer herausragender Gemeindemitglieder von Ithaka beschrieben. Nebenbei: Das Schicksal des Telemachos läßt erkennen, daß es entgegen dem ersten Eindruck aufgrund dieser Aussage eben nicht die Abkunft ist, die eine *basileus*-Stellung begründen kann. Telemachos beschwert sich folglich auch an keiner Stelle darüber, daß ihm eine vermeintliche *basileus*-Stellung streitig gemacht würde, sondern er kämpft allein um den Erhalt seines ererbten *oikos*.

Die von Homer geschilderte Welt, die Zeit des 8. Jhs. v. Chr., kennt kein wie auch immer geschwächtes Königtum im Sinne einer umfassenden politischen Machtinstanz. Sofern man, was etwa für Alkinoos durchaus möglich ist, einem *basileus* die Stellung eines Ersten unter Gleichen zubilligen kann, so ist auch diese Position keine grundsätzliche und dauerhafte, sondern situations- und kontextgebunden. Der Dichter beschreibt immer konkrete Einzelszenen, in denen uns jeweils verschiedene *basileis* in der Rolle des Ersten begegnen. Der König als die zentrale Instanz der Gemeinschaft ist folglich aus der Vorstellung vom früharchaischen Griechenland zu streichen.

Das wird auch durch den archäologischen Befund gestützt. Jede auch noch so schwache und bescheidene monarchisch, das heißt staatlich organisierte Gesellschaft hinterläßt Spuren, wenn sie denn überhaupt archäologisch faßbar ist. Aus dem Fundbestand ragen normalerweise die Hinterlassenschaften von Königen hervor, insbesondere die Bestattungen. Die Überreste des mykenischen Griechenland veranschaulichen das sehr deutlich: Die monumentale Steinarchitektur der Paläste und die großartigen und reich ausgestatteten Gräber dokumentieren die Existenz der mykenischen Monarchie. In der Folgezeit der Dark Ages sind keine Bestattungen mit reicherem Grabinventar, das auch nur im entferntesten etwa dem von Heinrich Schliemann gefundenen Goldschatz von Mykene gleichkäme, nachgewiesen. Erst seit dem 9./8. Jh. v. Chr. zeugen die Bestattungen wieder von einer stärkeren sozialen Differenzierung, der Befund enthält aber keine Hinweise auf die herausgehobene Stellung eines Monarchen in den frühen Gemeinden.

4. Zum ‚aristokratischen Geschlechterstaat'

Das zweite Glied in der traditionellen Rekonstruktionskette der politischen Entwicklung in früharchaischer Zeit ist die Annahme, die ohnehin geschwächte Macht des Königs sei durch die vereinten Anstrengungen der Aristokratie gebrochen worden und diese habe dann ihrerseits die Macht übernommen.

Ist aber nun das homerische Königtum in seiner bisher angenommenen Form als Ausgangsposition dieser Vorstellung nicht haltbar, dann fehlt einem aristokratischen Staat zunächst seine historische Wurzel. Wenn es den griechischen König in den Gemeinden der Dark Ages nicht gegeben hat, so kann auch eine Aristokratie seine Machtstellung nicht geerbt haben. Wenn es keine formelle Machtposition gab, so konnte sie auch nicht umdefiniert und mit neuem Leben erfüllt worden sein. Ein aristokratischer Staat hätte folglich nur dann gegründet werden können, wenn die Aristokratie ihrerseits über eine hinreichend große und zentralisierte Machtposition verfügt hätte.

Die traditionelle Anschauung setzt an diese Stelle die Macht der aristokratischen Geschlechter, *gene*, ein. Im Adelsrat versammelt und in der Verteidigung und dem Ausbau ihrer privilegierten Stellung einig, hätte sich in diesen aristokratischen *gene* die Macht des aristokratischen Staates konzentriert. Ein Blick auf die Grundlagen der griechischen Gesellschaft zeigt freilich, daß die gentilizische Sozialordnung für die frühgriechische Geschichte lediglich ein modernes Konstrukt darstellt, das aus der Übertragung der altrömischen Sozialstruktur gewonnen wurde, in unseren Quellen jedoch keinen Anhaltspunkt besitzt. Auch für die Aristokratie war demnach der einzelne *oikos* die einzige auf Verwandtschaft beruhende soziale Organisationsform.[47]

[47] Vgl. Kap. A, I, 1.

Da ferner auch jegliche dauerhaften sozialen Bindungen zwischen einzelnen Aristokraten und einer Gefolgschaft von Nicht-Aristokraten fehlen, entfällt eine weitere Voraussetzung dafür, daß sich nach dem Sturz des Königtums die vorhandene soziale Macht aristokratischer Häuser in politische Macht umgemünzt hätte. Kein einzelnes Haus, kein aristokratischer *oikos* konnte auf solche Machtressourcen zählen. Damit ist aber auch jeder möglichen Koalition von *oikoi* der erforderliche soziale Rückhalt entzogen.

Schließlich ein ebenfalls grundsätzliches Charakteristikum der Sozialverfassung: Eine Aristokratie als in sich homogene und nach außen abgeschlossene soziale Gruppe hat es nie gegeben. Der Normalfall der Beziehungen der Aristokraten untereinander war vielmehr das je nach den Umständen mehr oder weniger offene und akute, friedliche oder gewaltsame Gegeneinander in der *stasis*. Dieser permanente aristokratische Wettbewerb und Konflikt und damit der Mangel an innerer Kohäsion der Aristokratie als sozialer Gruppe entzieht jeder Rekonstruktion eines starken, aristokratisch beherrschten Staates als zweitem Stadium der politischen Entwicklung der griechischen Gemeinden endgültig die Grundlage.

5. Der Umfang der Gemeinschaftsaufgaben bis zum 8. Jh. v. Chr.

Gemäß dem oben skizzierten funktionalen Staatsbegriff hat die Rekonstruktion der politischen Struktur der früharchaischen Gemeinden von der Art und der Größenordnung der sich für die Gesamtgemeinde stellenden Probleme auszugehen. Sie erwachsen aus den demographischen und materiellen Gegebenheiten, denen die Gemeinschaftsordnung gerecht werden muß. Nach dem Zusammenbruch der mykenischen Welt hatten sich die Lebensbedingungen in den verbleibenden oder neu entstandenen Siedlungen also radikal verändert:

- starker Bevölkerungsrückgang;
- Verminderung der Zahl der Siedlungen;
- Kleinheit sowie räumliche und politische Abgeschlossenheit der Siedlungseinheiten;
- Verlust des Schriftgebrauchs;
- kein städtischer Siedlungscharakter;
- einfache Wirtschaftsweise mit geringem Mehrprodukt;
- kärgliche materielle Lebensumstände.

Diese Veränderungen waren dramatisch und entbehrten jeder Voraussetzung für eine monarchische Ordnung. Die Gemeinschaftsaufgaben in den kleinen und ärmlichen, sozial nicht ausgeprägt differenzierten Gemeinwesen erforderten keine machtvolle Zentralinstanz wie den vormaligen mykenischen Herrscher, der im Rahmen des komplexen redistributiven Wirtschaftssystems der Mykener unverzichtbar war. Auch für einen Heerkönig aus der Wanderungszeit, so es ihn überhaupt gegeben hatte, bestand nun kein praktischer Bedarf mehr. Umfang und Reichweite der Gemeinschaftsaufgaben entsprachen also den einfach strukturierten Verhältnissen, deren Bewältigung die Aufgabe derjenigen war, die von Homer als *basileis* bezeichnet werden.

6. Die vorstaatliche Ordnung und die Rolle der homerischen *basileis*

a. Die Gemeinde

Der Dichter der Odyssee offenbart ein ausgeprägtes Bewußtsein davon, daß den Griechen von Beginn an die menschliche Existenz ausschließlich als Leben in einer Gemeinde denkbar erschien. In einer seiner Abenteuererzählungen bei den Phaiaken schildert Odysseus das Land der wilden Kyklopen:

> „Von dort fuhren wir weiter, betrübten Herzens, und kamen zum Lande der Kyklopen, der übergewaltigen, gesetzlosen, die, sich auf die Götter verlassend, die unsterblichen, weder Gewächse pflanzen mit den Händen noch pflügen, sondern das wächst alles ungesät und ungepflügt: Weizen und Gerste und Reben, die einen Wein von großen Trauben tragen, und der Regen des Zeus mehrt es ihnen. Und sie haben weder ratspflegende Versammlungen *(agorai boulephoroi)* noch auch verbindliche Ordnungen (*themistes*, Ü.: d. Verf.), sondern bewohnen die Häupter der hohen Berge in gewölbten Höhlen, und ein jeder setzt die Satzungen fest *(themisteuein)* für seine Kinder und seine Weiber, und sie kümmern sich nicht umeinander."
>
> (Hom. Od. 9, 105-115; Ü.: Wolfgang Schadewaldt)

In diesem Bild eines märchenhaften Volkes zeichnet der Dichter ein bewußtes Gegenbild zum Charakter menschlicher Zivilisation. Deren wesentlichen Züge sind ex negativo dem Erscheinungsbild der Kyklopen zu entnehmen:

- die Lebensgrundlage: bäuerliche Arbeit als aktive Teilnahme am Naturprozeß;
- die Lebensform: das gemeinsame Leben in einer Gemeinde;
- deren Einzelzüge: das Zusammenleben in einer von Menschenhand erbauten Siedlung;
- die Beachtung von für alle verbindlichen Ordnungen;
- die Zusammenkunft in Gemeindeversammlungen zur Beratung und Bildung eines gemeinsamen Willens;
- das Fehlen festgefügter hierarchischer Herrschaftsstrukturen, etwa eines Königtums.

Die Bedeutung dieser ganz beiläufig und dennoch sehr konzentriert gegebenen Mitteilungen für unser Verständnis der ersten bezeugten politischen Organisationsform am Beginn der griechischen Geschichte ist gar nicht hoch genug einzuschätzen. Im Kern sind bereits die entscheidenden Faktoren genannt, aus denen heraus sich im Laufe der archaischen Zeit die bürgerstaatliche Gemeindeordnung entwickelt hat: das dichte Zusammenleben in einer überschaubaren Gemeinschaft, deren Gemeinschaftsleben von festen und durch alle Mitglieder der Gemeinde gemeinsam getragenen Regeln bestimmt ist.

b. Beratende und beschließende Versammlungen

Schon bei Homer wird die Gemeinde als ganze mit dem Ausdruck bezeichnet, der sie auch später als Träger der bürgerstaatlichen Ordnung ausweist: *demos*, verstanden als die Gemeinschaft eines bestimmten Volkes oder des Landes, das es bewohnt, so zum Beispiel *en demos Ithakes*, im Volk von Ithaka, oder *demos Phaiekon*, das Land der Phaiaken. Der *demos* als ganzer, *pas demos*, taucht immer wieder als selbständig handelnde Größe auf.[48] Dahinter steht ein gemeinsamer Wille der Gemeinde, der sich im Rahmen der Versammlung des *demos* auf der *agora* bildet. Diese Versammlung ist nach Ausweis der Kyklopen-Geschichte Grundbestand menschlicher Gemeinschaftsordnung, in ihr gewinnt der *demos* eine reale, handlungsfähige Gestalt. Die *agora* meint dabei sowohl den Platz der Volksversammlung, der in dieser Frühzeit noch ohne jede städtebauliche Ausgestaltung zu denken ist, wie auch die Versammlung selbst. In eine solche werden wir im folgenden geführt:

> „Als aber die frühgeborene erschien, die rosenfingrige Eos, erhob sich vom Lager der eigene Sohn des Odysseus, legte die Kleider an und hängte das Schwert, das scharfe, um die Schulter. Unter die glänzenden Füße aber band er sich schöne Sohlen und schritt hin und ging aus der Kammer, einem Gotte gleichend von Angesicht. Und gebot sogleich den hellstimmigen Rufern, daß sie zu Markte berufen sollten die am Haupte langgehaarten Achaier. Die riefen es aus, und sie kamen gar schnell zusammen. Doch als sie sich versammelt hatten und alle beieinander waren, schritt er hin und ging zum Markt und hielt in der Hand einen ehernen Speer, nicht allein, ihm folgten zwei schnelle Hunde. Und über ihn goß göttliche Anmut Athene. Da staunte alles Volk über ihn, wie er daherkam, und er setzte sich in den Sitz des Vaters, und die Alten wichen vor ihm zur Seite.
> Und unter ihnen begann alsbald der Heros Aigyptios zu sprechen, der vom Alter gebeugt war und zehntausend Dinge wußte. (...)
> ‚Hört mich jetzt, ihr Männer von Ithaka, was ich sage! Niemals ist eine Versammlung von uns noch eine Ratssitzung gewesen, seitdem der göttliche Odysseus hinwegging in den hohlen Schiffen. Wer hat jetzt so das Volk versammelt? Über wen ist eine so große Not gekommen, sei es von den jungen Männern oder denen, die früher geboren wurden? Hat er eine Botschaft gehört von einem Heere, das herankommt, die er uns genau ansagen will, nachdem er sie als erster vernommen? Oder will er irgendeine andere gemeinsame Sache vorbringen und darüber reden? Ein Tüchtiger scheint er mir zu sein: wohl ihm! Möge ihm Zeus das Gute zu Ende führen, das er begehrt in seinen Sinnen.‘
> So sprach er. Da freute sich des guten Worts der Sohn des Odysseus. Und er blieb nicht lange mehr sitzen, sondern es trieb ihn zu reden. Und er trat in die Mitte der Versammlung; und es legte ihm den Stab in die Hand der Herold Peisenor, der kluge Gedanken wußte. Da wandte er sich zuerst an den Alten und sagte zu ihm:

---

[48] Vgl. Hom. Od. 14, 239; 21, 17.

‚Alter, nicht fern ist der Mann, gleich wirst du selbst ihn kennen. Ich bin es, der das Volk versammelt hat, denn am meisten ist Kummer über mich gekommen. Nicht habe ich eine Botschaft gehört von einem Heere, das herankommt, die ich euch genau ansagen will, nachdem ich sie als erster vernommen, noch will ich irgendeine andere gemeinsame Sache vorbringen und darüber reden. Sondern es geht um meine eigene Not, die mir schlimm mein Haus befallen hat auf zwiefache Weise: da habe ich einmal den edlen Vater verloren (...). Doch jetzt hinwieder noch viel schlimmer – das wird mir bald das ganze Haus gänzlich verwüsten und all mein Lebensgut zugrunde richten –: als Freier bedrängen mir die Mutter, obwohl sie es nicht will, die eigenen Söhne von den Männern, die hier zu Lande die besten sind."

(Hom. Od. 2, 1–51; Ü.: Wolfgang Schadewaldt)

In Rede und Gegenrede zwischen Telemachos und den letzten Getreuen seines väterlichen *oikos* sowie auf der anderen Seite den Freiern seiner Mutter Penelope verläuft nun weiter die Versammlung. Die Freier verwahren sich gegen Telemachos' Vorwürfe und pochen auf ihr Recht, um die vermeintliche Witwe Penelope zu freien, das sie notfalls auch mit Gewalt durchsetzen würden. Daraufhin wendet sich schließlich Mentor, der alte Freund des Odysseus, dem dieser die Erziehung von Telemachos anvertraut hatte, an den *demos* von Ithaka:

„Hört mich jetzt, Ithakesier, was ich sage! Da soll hinfort kein szeptertragender König mehr von Herzen milde und freundlich sein noch auch das Rechte in seinem Sinne wissen, nein, immer hart sein soll er und frevle Dinge üben – wie keiner hier des göttlichen Odysseus gedenkt von den Männern des Volkes, über die er Herr war (*anassein*, von *anax*), und war so freundlich wie ein Vater! Nun, zwar den mannhaften Freiern will ich es nicht verargen, daß sie gewalttätige Werke üben in den bösen Ränken ihres Sinnes: setzen sie doch die eigenen Köpfe dran, wenn sie das Hausgut des Odysseus mit Gewalt verzehren und sagen, daß er nicht mehr wiederkehre. Dem anderen Volke verarge ich es aber, wie ihr allinsgesamt stumm sitzt und die wenigen Freier nicht mit Worten anfaßt und ihnen Einhalt tut, und seid doch viele!"

(Hom. Od. 2, 229-241; Ü.: Wolfgang Schadewaldt)

Die Reaktion der Freier ist scharf. Sie drohen Mentor erneut mit Gewalt. Die Versammlung wird dann von einem der Freier rasch aufgelöst. Die Leute gehen auseinander,

„(...) ein jeglicher zu seinen Häusern. Die Freier aber gingen in die Häuser des göttlichen Odysseus."

(Hom. Od. 2, 258-259; Ü.: Wolfgang Schadewaldt)

An dieser Schilderung läßt sich einiges über die Bedeutung der Volksversammlung in der homerischen Gemeinschaftsordnung ablesen:

- Eine Volksversammlung tritt offenbar immer dann zusammen, wenn es gilt, über Angelegenheiten zu beraten und zu beschließen, die die Gemeinde als ganze angehen. So wird in Il. 1, 54 ff. über die Ursachen der verheerenden Seuche im Heer der Achaier gesprochen, in Il. 2, 207 ff. der Streit zwischen Agamemnon und Achilleus behandelt; in Il. 2, 84 ff. und 9, 9 ff. geht es um die Entscheidung über den Abbruch des Kriegszuges, in Od. 16, 424 ff. um eine außenpolitische

Frage. In jedem Fall ist der *demos* mit diesen Angelegenheiten direkt, ohne die vorherige Einschaltung eines weiteren Gremiums wie etwa eines Rates befaßt. Die Initiative zur Einberufung einer Volksversammlung kann offenbar jedes Gemeindemitglied ergreifen. Weder den Worten des Aigyptios (vgl. Od. 2, 25 ff.) noch irgendeiner anderen Stelle ist zu entnehmen, daß lediglich die *basileis* ein solches Recht gehabt hätten. In unserer Szene besitzt Telemachos noch nicht einen entsprechend hohen Sozialstatus, und es bedarf daher der Hilfe Athenas, daß der junge Sohn des Odysseus auch äußerlich ein Bild abgibt, das es ihm erleichtert, in seiner Auseinandersetzung mit den Freiern vor dem versammelten Volk bestehen zu können.

- Der beschriebene Modus des Zusammentretens der Volksversammlung verrät deren vorstaatlichen Charakter: Sie ist noch kein eigenständiges Gremium, das aus sich heraus handlungsfähig wäre; sie tagt noch nicht regelmäßig, sondern nur, wenn entsprechende Probleme vorliegen. Wenn Aigyptios sagt, daß es seit dem Weggang von Odysseus, also seit zwei Jahrzehnten, keine Volksversammlung mehr gegeben habe, so ist das jedoch vermutlich eine Übertreibung des Dichters, die darauf zielt, die Bedeutung zu unterstreichen, die Odysseus durch sein vorbildliches Verhalten in der Gemeinde besaß, worauf im folgenden mehrfach hingewiesen wird. Sein Fehlen zog demnach auch eine empfindliche Störung des Gemeindelebens nach sich.

- Obgleich noch nicht institutionalisiert, trägt die Volksversammlung dennoch bereits einige formalisierte Züge: Sie wird durch Herolde einberufen; Tagungsort und zum Teil eine Sitzordnung liegen fest; es gibt Ansätze zu einer Verfahrensordnung (Anciennitätsprinzip, Rederecht durch Szepterführung). Man vergleiche auch die Züge einer nicht ordnungsgemäßen Volksversammlung in Od. 3, 137 ff.: Weinseliges Volk wird kurz vor Sonnenuntergang einberufen; die Auseinandersetzung ist nicht von dem Bemühen um Konsens bestimmt, sondern artet beinahe in Handgreiflichkeiten aus; zwei einander ausschließende Beschlüsse führen zur Spaltung der Gemeinschaft.

- Das Motiv des Telemachos, die Volksversammlung einzuberufen, ist ungewöhnlich. Denn er legt ihr keine Sache des Volkes, kein *demion*, zur Besprechung vor, sondern ein allein seinen eigenen *oikos* bedrohendes Problem. Der Grund dafür liegt darin, daß die Freier eine allgemeingültige Norm eklatant verletzen: die Regel der Gegenseitigkeit (Reziprozität) bei Gastmahl und Gelage. Das einzige, worauf sich die Freier im Laufe der Wortgefechte stützen können, ist denn auch ihr Anspruch auf das Recht des Stärkeren. Der Erfolg, den sie bisher mit der Anwendung von Gewalt erzielt haben, bestätigt das in ihren Augen; auch für die Zukunft sehen sie keinen Anlaß, ihr Verhalten zu ändern. Ein *oikos*, der sich nicht selbst schützen konnte, war dem Zugriff von Außen eben schutzlos preisgegeben.

- Das Volk bleibt in dieser Auseinandersetzung stumm und passiv. Indem der Dichter es weder für die eine noch für die andere Seite Partei ergreifen läßt, macht er zunächst deutlich, daß es sich hier um einen objektiven und schwierigen Konflikt handelt. Auf der einen Seite scheinen die Grundgegebenheiten der Sozialstruktur, das heißt vor allem die soziale Position des einzelnen *oikos*, die Haltung der Freier ohne weiteres möglich zu machen. Die Gemeinde hat sich in die inneren Angelegenheiten des *oikos*, für die allein dessen Oberhaupt zuständig ist, nicht einzumischen. Auf der anderen Seite kann keine Gesellschaft fortbestehen, in der sich Gewalt gegen Schwächere letzten Endes immer durchsetzen kann und in der die Sanktionen gegen Verletzungen der Ordnung nicht mehr greifen. Die traditionelle Ordnung ist damit in eine tiefe Krise geraten. Sie kommt in dem Streit zwischen Telemachos und den Freiern sowie in der Ratlosigkeit des *demos* zum Ausdruck.

- Der Dichter hat seinem Publikum jedoch einen deutlichen Hinweis gegeben, was die Gemeinde aus ihren Schwierigkeiten retten kann. Mentor erkennt in seinem leidenschaftlichen Appell zunächst an, daß die üblichen Verhaltensformen der Aristokraten diese zu dem treiben können, was sie nun im Hause des Odysseus praktizieren. Es ist nicht von vornherein zu verhindern, daß Aristokraten sich in *stasis*-Auseinandersetzungen verstricken, und es geht dies die Gemeinde als ganze auch nichts an, sofern die Aristokraten dabei nur ihren eigenen Kopf hinhalten. Der *demos* kann jedoch nicht dulden, daß Gewalt und Unrecht sich in seiner Mitte breit machen, und es entspricht fraglos nicht der *themis*, was dem *oikos* des Odysseus widerfährt. Daher geht das Verhalten der Freier alle etwas an. Die Gemeinde schuldet Odysseus und seinem *oikos* Dank, weil er seine Verantwortung als *basileus* stets vorbildlich erfüllt hat. Solange sein Tod nicht erwiesen ist, verdient dieser Mann daher Schutz und Hilfe für die Bewahrung seines *oikos*, der ja die Voraussetzung für seine Stellung als *basileus* ist. Wenn es sich nicht mehr lohnt, als *basileus* gerecht und verantwortungsvoll zu handeln, dann wird in Zukunft jeder *basileus* sein Eigeninteresse vor das Wohl der Gemeinde stellen. Die *basileis* werden ihren Pflichten nur dann so, wie es sich gehört, nachkommen, wenn der *demos* ihnen dabei entsprechend auf die Finger sieht.
  Es war auch innerhalb der bisherigen Ordnung möglich und üblich, daß der *demos* die *basileis* in dieser Weise kontrollierte. Mehrere Stellen bei Homer belegen das eindeutig. So wird der namenlose Kreter dazu angehalten, seine Aufgaben als militärischer Führer wahrzunehmen.[49] In Od. 16, 376-382 befürchten die den Mord an Telemachos planenden Freier den Zorn des Volkes über ihre offensichtliche Untat. Wenig später erinnert Penelope den Freier Antinoos an die Geschichte seines Vaters: Der hatte einst ein Bündnis der Gemeinde mit einer anderen verletzt. Das Volk ist darüber so erbost, daß er fliehen muß.[50]

[49] Vgl. Hom. Od. 14, 235-239 u. Kap. B, III, 6d.
[50] Vgl. Hom. Od. 16, 424-429.

Alles zielt also darauf, vom *demos* eine kollektive Verantwortlichkeit für die Not im Hause des Telemachos zu fordern. Dahinter steht im Kern die Überzeugung, daß der *demos* aristokratische Verhaltensweisen, die das Gemeindeleben beeinträchtigen können, nicht hinnehmen darf.

Dieser Konflikt zwischen den in der Verfolgung des Aristie-Ideals häufig mit Gewalt vorgebrachten Ansprüchen der Aristokraten und den auf ein störungsfreies Zusammenleben gerichteten Interessen der Gesamtgemeinde war ein den Verlauf der archaischen Geschichte immer wieder bestimmendes Thema. Daß es dem *demos* in vielen Gemeinden im Laufe der Zeit gelungen ist, das Gewaltpotential zu bändigen, ist sicher auch auf die zentrale Stellung zurückzuführen, die der *demos* auf der *agora* bereits in der vorstaatlichen Ordnung besessen hatte.

c. Die Gemeinschaftsaufgaben

Wird jemand von Homer als *basileus* angesprochen, so wird von ihm erwartet, daß er von Fall zu Fall bestimmte Gemeinschaftsaufgaben übernimmt. Daß man solche die Gemeinde als ganze betreffenden Belange von anderen, nur einen einzelnen *oikos* angehenden zu unterscheiden wußte, ist klar belegt.

> „Wer hat jetzt so das Volk versammelt? Über wen ist eine so große Not (*chreio*, auch: Bedürfnis) gekommen, sei es von den jungen Männern oder denen, die früher geboren wurden? Hat er eine Botschaft gehört von einem Heere, das herankommt, die er uns genau ansagen will, nachdem er sie als erster vernommen? Oder will er irgendeine andere gemeinsame Sache *(demion allo)* vorbringen und darüber reden?“
>
> (Hom. Od. 2, 28-32; Ü.: Wolfgang Schadewaldt)

Ähnlich die Worte des Menelaos gegenüber Telemachos, als dieser ihn in Sparta auf der Suche nach seinem Vater aufsucht:

> „Was für ein Begehren *(chreio)* hat dich, Heros Telemachos, hierher geführt in die göttliche Lakedaimon über die breiten Rücken des Meeres? ein öffentliches oder eigenes *(demion e idion)*? (...)“
>
> (Hom. Od. 4, 312-314; Ü.: Wolfgang Schadewaldt)

Es war Sache der *basileis*, sich eines solchen öffentlichen Bedürfnisses *(chreio demion)* anzunehmen. Einer dieser Bereiche von Gemeinschaftsaufgaben war die Kriegführung. Als Aufgabe eines *basileus* ist sie zum Beispiel genannt in den Worten, die Nestor in den Anfängen der Ilias-Handlung an Agamemnon richtet:

> „Du schläfst, Sohn des Atreus, des kampfgesinnten Pferdebändigers?
> Nicht darf die ganze Nacht schlafen ein ratpflegender Mann
> (*boulephoros aner*, synonym für *basileus* gebraucht),
> [dem so viel obliegt.“
> Dem die Völker anvertraut sind (als Oberbefehlshaber des panachäischen Heeres) und
>
> (Hom. Il. 2, 23-25; Ü.: Wolfgang Schadewaldt)

In der wirklichen Welt der Dark Ages, wie sie sich in den homerischen Epen spiegelt, stellten sich die Dimensionen dieser Aufgabe wesentlich bescheidener dar. Keiner der *basileis* dieser Epoche war je mit der mythisch überhöhten Aufgabe eines Agamemnon konfrontiert. Die Hinweise Homers auf die Kriegszüge seiner eigenen Zeit unterscheiden sich denn auch deutlich vom Kampf der Helden um Troja. Nestor berichtet von einem Überfall auf das benachbarte Elis:

> „Wäre ich doch so jung, und mir wäre die Kraft beständig,
> Wie damals, als den Eleiern und uns war Streit entstanden,
> Um einen Rinderraub, als ich den Itymoneus erschlug,
> Den tüchtigen Sohn des Hypeirochos, der in Elis wohnte,
> Als ich mir Entschädigung holte. Doch der, sich wehrend um seine Rinder,
> Wurde unter den ersten getroffen von dem Speer aus meiner Hand,
> Und er fiel nieder, und um ihn flohen die Männer, die Landbewohner.
> Und Beute trieben wir zusammen vom Feld, reichliche, viele:
> Fünfzig Herden von Rindern, ebenso viele Haufen von Schafen,
> Ebenso viele Schweineherden, ebenso viele Herden verstreuter Ziegen,
> Und falbe Pferde hundert und fünfzig,
> Alles weibliche, und unter vielen standen Fohlen.
> Die trieben wir alle hinein in das Neleïsche Pylos
> Während der Nacht zur Burg. Da freute sich im Sinne Neleus,
> Weil mir vieles zugefallen, der ich als Neuling in den Krieg ging.
> (...)
> Der Alte (...)
> Wählte sich unermeßlich viel aus; das andere gab er ins Volk
> Zur Verteilung, daß ihm keiner des gleichen Anteils verlustig ginge."
> (Hom. Il. 11, 670-684 u. 703-705; Ü.: Wolfgang Schadewaldt)

Der junge Nestor unternimmt hier einen kurzen Rache- und Raubzug. Sein Ziel ist Beute, aber nicht nur für sich und sein Haus, das zwar einen stattlichen Teil des Gewonnenen für sich erhält, das übrige jedoch der Gemeinde von Pylos insgesamt zugute kommen läßt. Kriegführung konnte also auch einer weiteren Gemeinschaftsaufgabe dienen: der Verbesserung der Lebensgrundlagen für die eigene Gemeinde.

Eine wichtige Funktion des *basileus* ist die Pflege des Gastrechts. Gastfreundschaft gegenüber dem sich friedlich zeigenden Fremden ist von Zeus geheiligt. Dieser Pflicht hat sich also auch der *basileus* Alkinoos zu unterziehen, als der fremde Odysseus in sein Haus kommt und um Hilfe bittet:

> „Als er (Odysseus) so gesprochen hatte, setzte er sich auf den Herd in den Staub beim Feuer. Die aber (die Phaiaken) waren alle still in Schweigen. Und spät sprach unter ihnen der alte Heros Echeneos, der früher geboren war als die Phaiakenmänner und ausgezeichnet in Reden und viele und alte Dinge wußte. Der sprach zu ihnen wohlmeinend und sagte:
> ‚Alkinoos! Das ist, wahrhaftig, nicht recht noch schickt es sich, daß der Fremde am Boden auf dem Herd im Staube sitze. Und diese warten auf dein Wort und halten an sich. Doch auf, hebe den Fremden auf und setze ihn auf einen Lehnstuhl mit Silbernägeln.

> Und befiehl den Herolden, neu den Wein zu mischen, damit wir auch dem Zeus, dem blitzfrohen, den Weihguß tun, der mit den Schutzsuchenden ist, denen Scheu gebührt. Und es gebe dem Fremden die Beschließerin ein Nachtmahl von dem, was im Haus ist.' Als dies die heilige Kraft *(hieros menos)* des Alkinoos hörte, nahm er Odysseus bei der Hand, den kluggesonnenen, vielfältigen Rates, hob ihn vom Herde auf und setzte ihn auf einen Stuhl, einen schimmernden (...)."
>
> (Hom. Od. 7, 153-169; Ü.: Wolfgang Schadewaldt)

Alkinoos soll also das Gastrecht heiligen, und er ist dazu in besonderem Maße verpflichtet, da er offenbar über eine ungewöhnliche Beziehung zur Sphäre des Göttlichen verfügt. Darauf deutet das Beiwort „heilige Kraft" hin, das seinen Namen begleitet und möglicherweise auf seiner Abkommenschaft vom Gründungsheroen der Gemeinde, Nausithoos, beruht. Alkinoos kommt seiner Verpflichtung denn auch nach. Am folgenden Tag ruft er die anderen *basileis* zu einem Festmahl zusammen, bei dem die Hilfsmaßnahmen für Odysseus besprochen werden. Im folgenden ist es dann seine Aufgabe, die Odysseus' Heimfahrt vorzubereiten und ihm etwa Geleitschutz zu stellen. Auch dies kommt ihm aufgrund bisheriger Gewohnheit zu.[51] Schließlich veranstaltet Alkinoos Wettspiele für Odysseus und ein Abschiedsmahl. Dabei wendet sich der *basileus* an die übrigen Anwesenden:

> „Hört, Führer und Berater der Phaiaken ! Der Fremde scheint mir gar verständig zu sein. Doch auf, geben wir ihm ein Gastgeschenk, wie es sich geziemt! Zwölf angesehene Könige walten als *archoi* im Hinblick auf das Volk, der dreizehnte aber bin ich selber (...)"
>
> (Hom. Od. 8, 387-391; Ü.: Wolfgang Schadewaldt, mit Änderungen durch Verf.)

Zum *archein* des *basileus* gehört also in diesem Fall auch die Beschenkung des Gastes – eine Aufgabe, die hier im übrigen alle *basileis* angeht, obgleich doch zunächst nur Alkinoos mit der Pflege des Gastrechts betraut schien. In diesem Augenblick wird das aber zur Pflicht aller anderen *basileis*. Denn jetzt sind sie alle vonnöten, um die anstehende Aufgabe zu bewältigen: Im Falle des Gastgeschenks kam es auf demonstrative Freigebigkeit an. Je mehr dazu beitrugen, um so besser.

Zum Dank erzählt Odysseus den Phaiaken von seinen Abenteuern. Daraufhin fühlen diese sich verpflichtet, ihn ein weiteres Mal zu beschenken. Alkinoos fordert die *basileis* auf, Odysseus zusätzlich jeder einen großen Dreifuß und ein Becken zu geben.[52] Dafür solle zusätzlich eine Sammlung in der gesamten Gemeinde veranstaltet werden. „Denn hart wäre es, sollte der Einzelne ohne Entgelt die Gunst erweisen."[53] Nichts zeigt deutlicher, daß die Odysseus entgegengebrachte Gastfreundschaft nicht eine ‚Privatangelegenheit' eines oder einiger *basileis* ist, sondern eine Aufgabe der gesamten Gemeinde. Der Dichter hat sie an dieser Stelle in

[51] Vgl. Hom. Od. 8, 31.
[52] Vgl. Hom. Od. 13, 13-15.
[53] Hom. Od. 13, 15; Ü.: Wolfgang Schadewaldt.

eine Größenordnung gesteigert, die die Möglichkeiten selbst aller *basileis* zusammen überstieg. Sie mußte daher von der Gemeinde als ganzer getragen werden. Diese Ausnahmesituation beweist, daß die Erfüllung der Gemeinschaftsaufgaben Sache der dafür in Frage kommenden *basileis* war.

Neben den bisher angesprochenen Funktionen im Gemeinschaftsleben war die Streitschlichtung ein weiterer Aufgabenbereich für die Tätigkeit der *basileis*. Auf diese unerläßliche gemeinschaftserhaltende Funktion wird in einem anderen Zusammenhang zurückzukommen sein.[54]

d. Eine ‚dichte Beschreibung': Der Lebenslauf eines *basileus*

Das methodische Prinzip der Homerauswertung, auf eher beiläufige Bemerkungen zu achten, bringt es mit sich, daß wir unser Bild der homerischen Welt aus einer Vielzahl meist kurzer und aus dem Erzählzusammenhang gelöster Textstellen zusammensetzen müssen. Nur selten gibt es längere Passagen, in denen eine Fülle wichtiger Strukturelemente gebündelt sind. Jedoch existiert eine solche in vielen Hinsichten ergiebige Einzelquelle. Ähnlich dem von der Ethnologie entwickelten methodischen Konzept der ‚dichten Beschreibung' können die Einzelelemente dieser Homererzählung die Funktionsweise der vorstaatlich organisierten Gesellschaft erhellen. Zunächst die aufschlußreichste Passage vom Beginn der Erzählung:

> „Aus dem geräumigen Kreta rühm ich mich herzustammen;
> Sohn eines reichen Mannes; es wurden da auch noch viele
> Andere Söhne geboren und aufgezogen im Hause,
> Echte, von der Gemahlin; doch mich hat eine gekaufte
> Mutter geboren; doch schätzte mich gleich den ehelichen Söhnen
> Kastor, der Hylakide, des Sohn zu sein ich mich rühme,
> Der bei den Kretern im Volke geehrt ward gleich einem Gotte
> Durch sein Glück und den Reichtum und durch die rühmlichen Söhne.
> Doch die Dämonen des Todes kamen und trugen den Vater
> In des Hades Häuser; die übermütigen Söhne
> Teilten sodann seine Habe und warfen darüber die Lose;
> Aber mir gaben sie nur ganz wenig und teilten ein Haus zu.
> Und ich nahm ein Weib von wohlbegüterten Menschen
> Meiner Tüchtigkeit wegen, ich war nämlich keineswegs schwächlich
> Noch auch feige im Kampf; doch nun ist alles vergangen;
> Doch ich glaube, du wirst aus der Stoppel die Ähre erkennen,
> Denn viel Elend hält mich wahrhaftig genugsam umfangen.
> Mut verliehen mir wahrlich und männerdurchbrechende Stärke
> Ares und Pallas, sooft ich zum Hinterhalte die besten

54 Vgl. Kap. B, VI, 3.

Männer wählte, um für die Feinde Verderben zu säen,
Hatte ich nie den Tod vor Augen in mannhaftem Mute,
Sondern ich sprang als erster vor und traf mit der Lanze
Immer den von den Feinden, der vor mir wich mit den Füßen.
Solch einer war ich im Krieg; doch Arbeit liebte ich nicht sehr
Noch die Sorge fürs Haus, die strahlende Kinder heranzieht.
Aber es waren mir immer lieb beruderte Schiffe
Und die Kämpfe und wohlgeglätteten Speere und Pfeile,
Grausige; für die anderen sind sie schaudererregend.
Mir aber war das lieb, ein Gott wohl legt' es ins Herz mir;
Einem Mann gefällt dies Werk, einem anderen jenes.
Ehe noch troisches Land betraten die Söhne Achaias,
Führte ich neunmal Männer auf schnell hinfahrenden Schiffen
Gegen entlegene Völker, und dabei glückte mir vieles.
Davon nahm ich nach Wunsch mir heraus und erloste dann später
Viel dazu; da vermehrte sich rasch das Vermögen im Hause;
Fortan war ich geehrt und gefürchtet unter den Kretern.
Als der weithin donnernde Zeus jedoch den verhaßten
Zug ersann, der vielen Männern löste die Kniee,
Da befahlen sie mir und Idomeneus, dem berühmten,
Führer zu sein in den Schiffen gen Ilion; das zu verweigern,
Gab es kein Mittel; es drückte uns schwer das Gerede im Volke.
Und neun Jahre kämpften wir da, die Söhne Achaias;
Als wir im zehnten Jahr des Priamos Feste zerstörten,
Fuhren wir heim zu Schiff; da zerstreute ein Gott die Achaier.
Aber der waltende Zeus ersann mir Armem noch Böses;
Nur einen Monat blieb ich, mich an den Kindern erfreuend
Und an der Ehegemahlin und an den Gütern; danach dann
Hieß mich der Mut, nach Ägypten hin eine Seefahrt zu machen
In gerüsteten Schiffen mit göttergleichen Gefährten.
Und ich rüstete neun, schnell war die Mannschaft beisammen.
Schon sechs Tage schmausten bei mir die werten Gefährten,
Aber ich selber bot ihnen Opfertiere in Menge,
Um sie den Göttern zu opfern und selbst sich das Mahl zu bereiten."

(Hom. Od. 14, 199-251; Ü.: Roland Hampe)

Diese Geschichte ist Teil des folgenden größeren Erzählzusammenhangs: Odysseus wird nach seiner Rückkehr nach Ithaka von Athena in einen alten, zerlumpten Bettler verwandelt. So kann er unerkannt die Rache an den Freiern seiner Frau Penelope vorbereiten, die sein Haus entehren und ihn in seiner Existenz bedrohen. Als erstes trifft Odysseus auf Eumaios, den alten Schweinehirten, der seinem totgeglaubten Herrn Odysseus weiterhin in Treue ergeben ist. Vorbildlich bewirtet Eumaios den Fremden und erzählt von seinem früheren Verhältnis zu Odysseus, der Fürsorge des Hausherrn und seiner eigenen andauernden Anhänglichkeit. Odysseus kündigt seinem alten Diener daraufhin an, daß sein Herr in Kürze zurückkehren werde. Eumaios aber mag daran nicht glauben, zu oft haben sich in der Vergangenheit ihm und der Hausherrin Penelope falsche Propheten angedient.

Viel lieber möchte er vom Schicksal des Bettlers hören. Um dieser von ihm angenommenen Figur Identität zu verleihen, berichtet Odysseus dem Eumaios im folgenden aus der angeblichen Geschichte seines Lebens (hier beginnt der obige Textausschnitt):

Der Bastardsohn eines reichen Kreters sei er, beim Tode seines Vaters nur mit einem mageren Erbe weggekommen. Durch seine Tüchtigkeit vor allem in Kampf und Krieg habe er sich jedoch hochgearbeitet, eine Frau mit reicher Mitgift geheiratet und sei schließlich unter den Kretern hochgeachtet gewesen. Als solcher habe er erfolgreich am Kriegszug der Griechen gegen Troja teilgenommen. Danach sei er zu einem Zug gegen Ägypten aufgebrochen, seitdem habe sich sein Schicksal abermals gewendet (hier endet das Zitat). In Ägypten, dann in Phönizien und nach einer erneuten Seereise schließlich in Nordwest-Griechenland und seiner Inselwelt erlebt der Kreter im weiteren mehrere, teilweise dramatische Wendungen seines Lebens, bis er schließlich in der Verkleidung des schutzflehenden Fremden zum Haus des Eumaios kommt.

Dieser von Odysseus fingierte Lebenslauf gehört zu einer Reihe von Trugerzählungen, deren große poetische Bedeutung für die Odyssee durch die philologische Analyse herausgearbeitet worden ist. Besonders unsere Geschichte ist markant, da sie am Umschlagpunkt der Gesamthandlung der Odyssee steht. An dieser Stelle durfte der Dichter mit der besonderen Aufmerksamkeit und gespannten Erwartung seines Publikums rechnen. Er hat es nicht enttäuscht.

> „Vieles Gelogene erzählte er und machte es dem Wirklichen gleich."
> (Hom. Od. 19, 203, Ü.: Verf.)

So charakterisiert der Erzähler bei einer anderen Gelegenheit die Lügengeschichten des Odysseus. Das Gelingen seines Trugs verlangte Wirklichkeitstreue im Detail, nicht nur für die Ohren des Eumaios, sondern auch gegenüber den Erwartungen des homerischen Publikums. Nur dichteste Lebensnähe in den Einzelzügen vermochte die Glaubwürdigkeit der von Odysseus gezeichneten Bilder zu verbürgen. Die Größe seiner Erfindungskunst beweist Odysseus gerade dadurch, daß das, was er selbst mit dem Anspruch, wahr zu sein, vorträgt, von Eumaios wie dem zeitgenössischen Publikum durchweg als denkmöglich, also mit den eigenen Lebenserfahrungen übereinstimmend empfunden werden konnte. Ihre vollkommen realistische Grundlage macht die Lügengeschichte des Odysseus deshalb für den Historiker besonders wertvoll. Im folgenden werden aus dem Lebenslauf des namenlosen Kreters nur jene Elemente ausführlich besprochen, aus denen sich die politischen Grundbedingungen der Welt des 8. Jhs. v. Chr. herausarbeiten lassen. Was auf die sozialen, wirtschaftlichen und mentalen Strukturen verweist, soll nur summarisch genannt sein, da diese Aspekte der Geschichte mit den oben herausgearbeiteten Strukturmerkmalen[55] leicht in Beziehung zu bringen sind.

55 Vgl. Kap. A, I-III.

- Die Bedeutung des *oikos*:
  - die Bestandteile des *oikos* (199-204);
  - die innere Struktur des *oikos* (ebd.);
  - der *oikos* als soziale Grundeinheit (204, 208-211);
  - der *oikos* als Wirtschaftseinheit (209, 211, 229-233, 246);
  - Aristokratie und Arbeit (222);
  - die Bedeutung des *oikos*-Oberhauptes (207-209, 232-233).

- Der Aristokrat und die Struktur der Aristokratie:
  - aristokratische Stellung resultierend aus der Zuerkennung von Sozialprestige (205, 234);
  - aristokratische Abkunft wichtig, aber nicht hinreichend (204, 210);
  - Kriterium für aristokratischen Status: individuelle Tüchtigkeit (212 ff.);
  - das zweite Kriterium: Reichtum (206, 233-234);
  - der öffentliche Beweis der aristokratischen Leistungsfähigkeit (249-251);
  - der Zwang zur Bewährung (244-246);
  - soziale Mobilität als Strukturmerkmal der Aristokratie (210-234).

- Werte und Normen:
  - Aristie-Ideal (220);
  - Kampf und Krieg als Feld der Bewährung (216-231);
  - ein Katalog kriegerischer Tugenden: Stärke, Mut, Tapferkeit, List, Wagemut, Führungskraft, Erfahrung (216-231);
  - die *aidos*-Sanktion (235-239).

- Die Bewältigung der Gemeinschaftsaufgaben:

  Die Aufgabe, die unser Erzähler im Dienste der Gesamtgemeinde zu übernehmen hatte, bestand darin, zusammen mit Idomeneus das Schiffskontingent der Kreter auf dem griechischen Heerzug gegen Troja anzuführen. Diese Mitteilung dient zum einen dazu, die Lügengeschichte des Odysseus in den mythischen Handlungsrahmen einzubetten. Zum anderen ist damit eine der Anforderungen genannt, die das Leben der Gemeinde unabweislich sowohl zur Sicherung ihres dauerhaften Fortbestehens wie zur Verbesserung ihrer Lebensgrundlagen stellte. In dieser Hinsicht erinnern die Kriegs- und Raubzüge unseres kretischen Piraten durchaus an die Unternehmungen, wie sie uns Nestor aus seiner Jugendzeit berichtet hat.[56] Und wie bei jenem, so ist auch im Falle des Kreters eine Grenze zwischen privaten und öffentlichen Zwecken seiner Unternehmungen nur schwer

56 Vgl. Kap. B, III, 6c.

zu ziehen. Verständlicherweise prädestinieren die Erfolge den Kreter dann auch für die Übernahme der Kriegführung im Dienste der Gesamtgemeinde.
Neben dem Krieg werden noch andere Felder von Gemeinschaftsaufgaben angesprochen. Der Kreter käme auch für die Pflege der friedlichen Außenbeziehungen der Gemeinde in Betracht, da diese in der Regel auf auswärtigen Gastfreundschaftsbeziehungen beruhen und unser Held seine Qualitäten als Gastgeber so stolz hervorhebt (249-251). In diesem Zusammenhang wird noch ein dritter Bereich berührt: die Pflege der Beziehungen zu den Göttern.

Der Kreter handelt wie ein *basileus.* Dementsprechend wird er als ein solcher von der Gemeinde angesehen. Um zu verdeutlichen, wie dieses auf die Leistungsbereitschaft und den Einsatz einzelner herausragender Gesellschaftsmitglieder bauende politische System funktionierte, ist in der jüngeren Forschung zu Recht ein theoretisches Konzept der Sozialanthropologie herangezogen worden. Einfach strukturierte Gesellschaften ohne Staat – etwa in Melanesien oder Neuguinea – kommen nämlich bei der Lösung ihrer Gemeinschaftsaufgaben mit einem sogenannten big-men-System aus. Dies ist ein häufiges Stadium gesellschaftlicher Entwicklung vor der Etablierung zentraler Häuptlingspositionen. Bezeichnenderweise findet sich das big-men-System in Gesellschaften ohne oder nur mit schwach ausgeprägten Verwandtschaftsordnungen; wo diese hingegen stark sind, ist meist definiert, wer für die Bewältigung der Gemeinschaftsaufgaben verantwortlich ist. Eben dies Fehlen einer über den *oikos* hinausreichenden umfassenden Verwandtschaftsordnung kennzeichnet auch die griechische Sozialstruktur.

Der big man wie der homerische *basileus* sind durch folgende Merkmale charakterisiert:

- Der big man ist kein Amtsinhaber. Die Quelle seiner Autorität in der Gesellschaft ist seine persönliche Machtstellung. Diese ist gleichbedeutend mit einer herausragenden gesellschaftlichen Stellung, die durch persönliche Leistung errungen und durch Reichtum dokumentiert wird. Der *basileus* zeichnet sich durch seine individuelle Tüchtigkeit aus. Es war seine Vortrefflichkeit als Krieger, durch die der Kreter seine Stellung errungen hat.

- Von Fall zu Fall gab es bei der Erfüllung der Gemeinschaftsaufgaben je nach individueller Voraussetzung des *basileus* eine Funktionsspezifizierung. Dennoch blieb jeder *basileus* im Prinzip für alles zuständig. Daher sehen wir den Kreter auch bei der Wahrnehmung religiöser Pflichten.

- Die Gemeinschaftsaufgaben wurden immer dann, wenn es nötig war, von den zu diesem Zeitpunkt individuell geeigneten *basileis* wahrgenommen. Keiner von ihnen besaß aber die Kraft, sich anderen gegenüber, die gleiches leisten konnten und deshalb ebenfalls die Stellung eines *basileus* für sich beanspruchten, ein Monopol für die Ausübung bestimmter Funktionen zu verschaffen. Das Leben eines *basileus* und eines big man bestand in einer unaufhörlichen Kette von Herausforderungen und Bedrohungen, denen er nur durch den immer neuen Ausweis seiner persönlichen Tüchtigkeit begegnen konnte. Indem sie jeweils ihrem Eigennutz gehorchten, befriedigten die *basileis* dadurch zugleich die für das Zusammenleben der Gemeinde wichtigen Bedürfnisse nach politischer Führung.

- Seine persönliche Machtstellung verlieh dem *basileus* gleichwohl keinen Freibrief für sein Handeln. Das drohende ‚Gerede im Volk' hielt ihn dazu an, sich seiner gesellschaftlichen Verantwortung nicht zu entziehen. Immer war er bei der Durchführung seiner Aufgaben daran gebunden, was *themis*, die normative Ordnung, gebot. Dazu gehörte auch, Meinungs- und Willensäußerungen aus der Gemeinde zu berücksichtigen. So nimmt in der sogenannten Gerichtsszene auf dem Schild des Achill[57] das umstehende Volk sehr lebhaft an der schiedsrichterlichen Streitbeilegung durch die *basileis* teil. Mißerfolge oder eigenmächtiges Aufgeben einmal übernommener Verpflichtungen waren mit der *aidos*-Sanktion belegt. So tadelt Odysseus Agamemnon scharf, als dieser in einer bedrängten Lage vor Troja Rückzug und Heimfahrt befehlen will:

> „Schweige! damit kein anderer der Achaier diese Rede
> Hört, die niemals ein Mann im Munde führen sollte,
> Der es in seinem Sinn versteht, das Rechte zu sagen,
> Und den Herrscherstab führt (...)."
>
> (Hom. Il. 14, 90-93; Ü.: Wolfgang Schadewaldt)

Diese feste Verwurzelung in der Gesamtgemeinde und die Bewährung der individuellen Tüchtigkeit gerade durch die Erfüllung der Gemeinschaftsaufgaben unterscheidet im übrigen den homerischen *basileus* in charakteristischer Weise von dem von den Ethnologen beschriebenen big man. Doch beweist der ethnologische Vergleich, daß ein Gemeindeleben auch ohne staatliche Organisation möglich war, indem die Gemeinschaftsaufgaben fallweise und individuell persönlich erledigt wurden. Sowohl die homerischen *basileis* als auch die Aristokraten seit dem 7. Jh. v. Chr. mußten für solches Auftreten bereits über die entsprechenden Handlungsmöglichkeiten aufgrund ihrer sozialen Stellung verfügten.

e. Die Vorstaatlichkeit bei Homer und die Zukunft der griechischen Gemeindeordnung

Aus Homer ist zu rekonstruieren, daß die griechischen Gemeinden noch bis ins 8. Jh. v. Chr. ihre Gemeinschaftsaufgaben in vorstaatlicher Weise bewältigt haben. Die entscheidenden gemeinschaftserhaltenden Funktionen – Kriegführung und Streitschlichtung, Verkehr mit Fremden und mit den Göttern – wurden von den *basileis* als individuell dazu geeigneten Gemeindemitgliedern wahrgenommen. Deswegen

57 Vgl. Hom. Il. 18, 497-508; dazu vgl. Kap. B, VI, 3.

ist Agamemnon in Il. 9, 69 auch als *basileutatos*, am königlichsten, tituliert. Wenn die Eigenschaft, *basileus* zu sein, auf der persönlichen Leistung des so Genannten beruhte, so kann diese Eigenschaft auch mehr oder vollkommen wie bei Agamemnon und natürlich ebenso weniger vorhanden sein. Die fest umrissenen Kompetenzen eines königlichen Amtes wären zwar ebenso gut oder schlecht zu erfüllen. Sie selbst wären aber keine steigerungsfähige Eigenschaft. Dies erweist noch einmal das Fehlen des Königtums und damit der staatlichen Organisation in der homerischen Gemeinde.

Der Seitenblick auf die Ethnologie öffnet den Blick dafür, daß es durchaus Gemeinschaftsordnungen ohne institutionalisierte oder zentralisierte Machtpositionen gegeben hat und gibt und daß die Gemeinschaftsaufgaben auch in solchen Ordnungen in einem hinreichend befriedigenden Maße erledigt werden können. In Gesellschaften ohne Staat herrscht keineswegs Chaos, und in ihrem Gemeinschaftsleben sind sie nicht nur „faktischen, formlosen, fließenden Verhältnissen und Gewohnheiten" unterworfen, wie dies etwa von Fritz Gschnitzer behauptet wurde.[58] Gschnitzer vertritt die traditionelle Anschauung, daß uns schon bei Homer Staat und Recht der griechischen *polis* entgegenträten. Er beruft sich dabei auf sehr ähnliche Textbefunde, wie sie im vorhergehenden dargelegt wurden und betont insbesondere die Kontinuität zwischen den bei Homer vorfindlichen Verhältnissen und der späteren Entwicklung. Die unzutreffende Folgerung, die er daraus zieht, entsteht aus einem methodischen Mangel, auf den schon oben aufmerksam gemacht wurde: Der Staatsbegriff wird als feststehend und selbstverständlich vorausgesetzt und als solcher nicht weiter thematisiert. Hinzu kommt, daß die von der Ethnologie beschriebenen Gemeinschaftsordnungen ohne Staat nicht zur Kenntnis genommen werden.

Die Anwendung des hier zugrunde gelegten funktionalen Staatsbegriffs zerstört noch ein weiteres Element der traditionellen Interpretation der archaischen Geschichte: die Vorstellung des *polis*-Staates als Ergebnis der Konfrontation mit der Aristokratie und ihrer endlichen Niederringung. Für die Rekonstruktion der vorstaatlichen Verhältnisse ist konstitutiv, daß die *basileis* und der *demos* keine Gegenpole gewesen sind. Die *basileis* sind – vergleichsweise viel stärker als die ihnen typologisch verwandten big men – in der vorstaatlichen Ordnung der Epen in ihre Heimatgemeinden fest eingebunden und ihnen gegenüber zu einem Handeln verpflichtet, das sich am gemeinen Nutzen orientiert. Die Ordnung bleibt damit zwar in ihrer Organisationsform noch vorstaatlich, sie ist in ihrer Grundstruktur jedoch bereits von Beginn an ‚politisch'.

Alle von den Ethnologen beobachteten big-men-Gesellschaften entwickelten sich – wenn überhaupt – über eine Zwischenstufe des Häuptlingstums zu einer Mon-

58 Fritz Gschnitzer: Zur homerischen Staats- und Gesellschaftsordnung: Grundcharakter und geschichtliche Stellung. – In: Joachim Latacz (Hrsg.): 200 Jahre Homer-Forschung. Stuttgart/Leipzig 1991, S. 185.

archie als Form der Staatlichkeit. Mit Ausnahme der griechischen sind sämtliche bekannten Hochkulturen so entstanden. Ausgehend von äußerlich durchaus vergleichbaren Zuständen in vorstaatlicher Zeit, sind die Griechen – nicht eingebettet in lineages- und clan-Systeme und dadurch dazu gezwungen, einen gleichsam kommunalistischen Sinn auszubilden – mit der Schaffung des Bürgerstaates der *polis* einen ganz unvergleichlichen Weg gegangen. Das macht im letzten den Reiz und die Herausforderung des Nachdenkens über sie aus.

IV. Zu neuen Ufern: Die Verwandlung der griechischen Welt vom 8. bis 6. Jh. v. Chr.

1. Das Problem: Staatlichkeit als Antwort auf neue Herausforderungen

Staatlichkeit stellt eine spezifische Form der Lösung von Gemeinschaftsaufgaben dar, die in jeder Gesellschaft anstehen. Im Gegensatz zu nicht-staatlichen Lösungswegen kennt die Staatlichkeit die Zentralisierung und Delegierung von Macht und die Institutionalisierung von Rollen und Funktionen, die auf Dauer und ständig bereitstehen und dadurch den Staat repräsentieren und seinen Willen durchsetzen. Dieser wird verkörpert durch die Bürgerschaft oder auch durch die Person eines Monarchen.

Der Staat ist keine universelle Größe, sondern kommt auf bestimmten geschichtlichen Entwicklungsstufen der Gesellschaft vor. Gesellschaften ohne Staat sind durchaus nichts Ungewöhnliches und ohne weiteres überlebensfähig.

Staatlichkeit entsteht mithin aufgrund eines Wandels in der bisher vorstaatlich organisierten Gesellschaft. Diese antwortet mit der Einführung der Staatlichkeit auf Probleme, die hervorgerufen werden, wenn die Gesellschaft durch geschichtliche Veränderungen in eine neuartige Entwicklungsbewegung versetzt wird. Die bisherige Ordnung des Zusammenlebens wird gestört, neue Anforderungen tauchen auf, auf die man mit den bisherigen Bewältigungsstrategien nur unzureichend oder gar nicht reagieren kann. Die Errichtung staatlicher Strukturen ist daher ein echter Qualitätssprung in der gesellschaftlichen Organisation, nicht bloß eine Neuverteilung von Machtverhältnissen.

In der Forschung ist das, was sich zwischen dem 8. und 6. Jh. v. Chr. in den griechischen Gemeinden ereignet hat, bis heute meist als allmähliche oder auch revolutionäre Veränderung innerhalb schon bestehender Staatlichkeit aufgefaßt worden. Diese Interpretation ist wesentlich durch die Anschauungen Eduard Meyers beeinflußt worden. Danach habe es

> „(...) vom 8. Jahrhundert an eine wirtschaftliche Umwälzung gegeben; die handwerkliche Produktion und der Handel hätten sich in bedeutendem Ausmaß entwickelt. Einige (wie Meyer) vertraten die Ansicht, die Kolonisation sei eine Folge dieses Entwicklungsprozesses und beruhe zum Teil auf dem Bemühen, neue Absatzmöglichkeiten für die Überproduktion der griechischen Stadtstaaten zu finden. Andere wiederum (wie Beloch) meinten, die Kolonisation habe letztlich die Fortentwicklung angeregt. In beiden Fällen wurden Parallelen gezogen zwischen der Entwicklung Europas und der archaischen Zeit Griechenlands. Die soziale Folge der wirtschaftlichen Umwälzungen sei die Herausbildung einer neuen Klasse von reichen Industriellen und Händlern gewesen, die in der Folgezeit die Forderung aufgestellt hätten, in ihren politischen Rechten der alten landbesitzenden Aristokratie gleichgestellt zu werden. Die Einführung des Münzgeldes sei ein Zeichen für die Steigerung von Produktion und Handel. Diese Neuerung habe die

Abb. 15 Hera- und Athena-Heiligtümer in Poseidonia (Paestum). Blick aus Süden. Im Vordergrund der älteste Hera-Tempel (~550 v. Chr.), dahinter der etwa 100 Jahre jüngere zweite Hera-Tempel. Zeitlich recht genau dazwischen steht der Tempel für Athena (im Hintergrund).
Der Bau monumentaler Steintempel war nicht nur das Herzstück der Urbanisierung, sondern beförderte als eine vielschichtige Herausforderung auch die Entwicklung der *polis*.

Reichen begünstigt und die Schwierigkeiten der Kleinbauern erhöht, indem sie ihnen das Schuldenmachen erleichterte. Oft wurden die Tyrannen des 7. und 6. Jahrhunderts geschildert als die Vorkämpfer der neuen Gesellschaftsklassen, die mit ihrer Hilfe die politische Gleichstellung mit der alten Aristokratie erreicht hätten."[59]

[59] Michel Austin/Pierre Vidal-Naquet: Gesellschaft und Wirtschaft im alten Griechenland. München 1984, S. 43.

Dieses Interpretationsmuster ist nach unseren bisherigen Befunden nicht aufrechtzuerhalten: Es ist zum einen durch die Quellen nicht gedeckt, etwa was das Ausmaß der handwerklichen Produktion oder die Münzgeldeinführung angeht; zum anderen erfolgt die Verknüpfung der angeblichen Fakten zu sehr entlang der Entwicklungslinie des neuzeitlichen Europa vom 17. bis 19. Jahrhundert.

Gleichwohl werden in dieser Interpretation eine Reihe von Faktoren genannt, die für die Geschichte der archaischen Zeit ohne Zweifel von Bedeutung sind, auch wenn der durch sie ausgelöste Wirkungszusammenhang zum größten Teil anders verstanden werden muß: die Entwicklung von Handel und Gewerbe, die Kolonisation, die Entstehung des Geldes, die Krise des Bauerntums, die Spannungen in der Oberschicht. Diese und einige andere neue Erscheinungen der archaischen Zeit sind daher im Hinblick auf unsere Frage nach der Entstehung von Staatlichkeit zu untersuchen. Sie führen auf das Verständnis des gesellschaftlichen Wandels, der die neue staatliche Ordnung herbeigeführt hat.

2. Die demographische Entwicklung

Ausgangspunkt ist die Situation, wie sie noch im 9. und bis ins 8. Jh. v. Chr. hinein die Grundlage für die vorstaatlichen Verhältnisse abgegeben hat: Die griechischen Gemeinden der früharchaischen Zeit waren klein und ihre Zahl war verglichen mit der Zeit vor etwa 1200 v. Chr. und mit der Zeit vom 8. Jh. v. Chr. an gering. Vor diesem Hintergrund spiegeln die archäologischen Befunde für das 8. Jh. v. Chr. einen dramatischen Wandel. Aus der Zahl datierbarer Grabstätten und den daraus erschließbaren Bestattungszahlen pro Generation hat Anthony Snodgrass ein sprunghaftes Anwachsen der Bevölkerung abgelesen. Snodgrass ging von einer Versiebenfachung zwischen 780 und 720 v. Chr. aus, einer unter den Archäologen allerdings umstrittenen Größenordnung. Daß das 8. Jh. v. Chr. eine erhebliche Bevölkerungszunahme erlebt hat, ist aufgrund der Grabungsergebnisse aber unstrittig.

Einen Anhaltspunkt dafür bietet auch die Beobachtung, daß sich möglicherweise der Schwerpunkt der landwirtschaftlichen Betätigung verlagert hat. Noch die homerischen Epen zeichnen das Bild einer vorwiegend viehzüchtenden Gesellschaft: Vieh als Indikator des Wohlstandes und Fleisch als

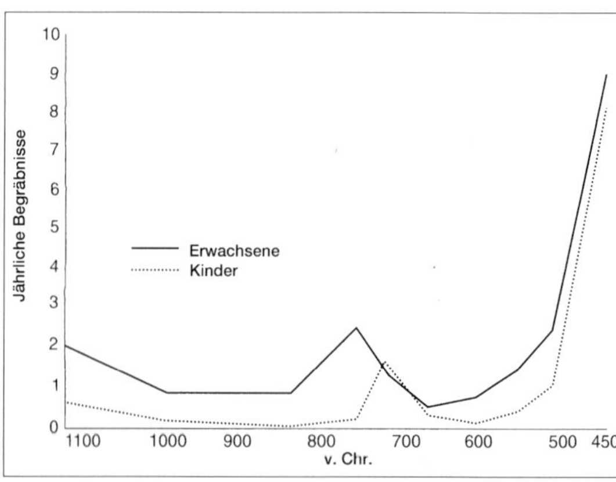

Abb. 16 Entwicklung der Zahl von Gräbern in den Dark Ages und der archaischen Zeit als Indikator für die Bevölkerungsentwicklung

tägliche Kost der Helden. Damit wird gewiß auch eine goldene Vergangenheit geschildert, die den Hunger nicht gekannt hat, vielleicht aber auch eine Wirtschaftsform, die den kleinen Gemeinschaften der Dark Ages durchaus noch angemessen und für die extensive Bodennutzung ausreichend war. Homer bietet indessen zugleich eine dünne Schicht von Erzählgut, aus dem die große Bedeutung des Ackerbaus hervorgeht; wir sehen den pflügenden Odysseus, hören von Hirsebrei als Mahlzeit. Vollends verwandelt haben sich die Zustände dann bei Hesiod (um 700 v. Chr.), in dessen Bauernkalender die Viehzucht nur noch eine untergeordnete Rolle spielt. Diese Verlagerung auf den Ackerbau im 8. Jh. v. Chr. ist mit der genannten Bevölkerungsvermehrung einhergegangen, wobei sich die beiden Vorgänge wohl gegenseitig unterstützt haben. Der intensivere Ackerbau hat den Nahrungsspielraum vergrößert, eine wachsende Bevölkerung forderte dies unabdingbar.

Diese Korrelation liefert noch keine Erklärung für die Bevölkerungsvermehrung, sie verweist nur auf eine solche. Die Ursachen für die Bevölkerungsvermehrung bleiben eines der Rätsel aus den Anfängen der archaischen Zeit. Besser können wir lediglich die Folgen des beschleunigten Wachstums für die betroffenen Gemeinden beschreiben. Neues Land mußte unter den Pflug genommen, das vorhandene intensiver genutzt werden; neue Siedlungen entstanden, die bestehenden dehnten sich aus, oder die Menschen rückten noch dichter zusammen als bisher. In jedem Fall wurde das Land knapp und das Nutzland noch wertvoller. Bei der Dynamik der demographischen Entwicklung werden die Umstellungen in der Landwirtschaft kaum immer ausgereicht haben, um den gewachsenen Nahrungsbedarf zu decken. Dies konnte eine Gemeinde sehr schnell vor zahlreiche innere Schwierigkeiten stellen. Unzufriedenheit und Verzweiflung über die eigene Lage konnten innere Unruhe heraufbeschwören, und häufig hat der einzige Weg, dem zu entgehen, den Schritt über die Gemeindegrenzen hinaus bedeutet. Häufigere Kriege, die Zerstörung benachbarter Siedlungen und die Annexion von Land waren ebenso die Folge wie die organisierte Auswanderung. Je wertvoller das Land wurde, um so größer wurde zugleich der soziale Abstand zwischen denen, die Land besaßen, und denen, die das zu knappe Land nicht mehr ernähren konnte. Der Streit um Land entbrannte daher auch innerhalb der Gemeinden zwischen den Aristokraten wie zwischen ihnen und den Nicht-Aristokraten, deren soziale Existenz durch den Hunger der Aristokraten nach dem reichmachenden Land in vielen Fällen bedroht wurde.

Derartige Probleme hatte es bis dahin nicht gegeben, und in zunehmendem Maße hielten die überkommenen Ordnungsprinzipien des Zusammenlebens für sie keine Lösungen mehr bereit. Man brauchte neue Regelungen.

3. Die Kolonisation

Im Laufe des 8. Jhs. v. Chr. hatte das Bevölkerungswachstum in vielen Gemeinden die Kleinbauern an den Rand des Existenzminimums gebracht; Dürreperioden und Mißernten konnten dann nicht mehr verkraftet werden; infolge der Realerbteilung wurden immer mehr Söhne überzählig, da das Erbe für die Existenzsicherung je-

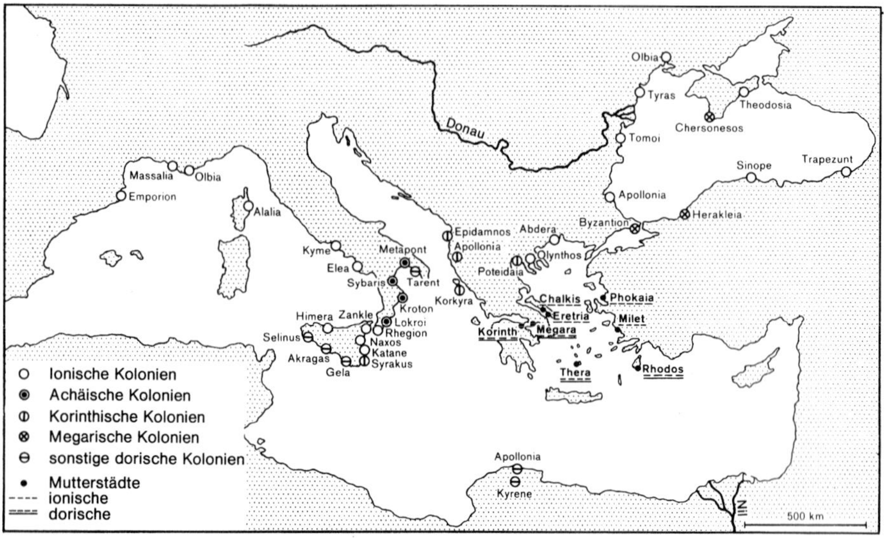

Abb. 17 Die griechische Kolonisation 750-550 v. Chr.

des einzelnen nicht mehr ausreichte – wenn es keinen anderen Weg gab, den Nahrungsspielraum der Gemeinde zu erweitern, dann blieb als letzter Ausweg nur die Trennung von ihr. Wen der Boden nicht mehr ernähren konnte, den trieb die Hoffnungslosigkeit, die Furcht vor dem Unbekannten zu überwinden und den schwankenden Boden der Schiffe zu besteigen, um in der Ferne eine neue Heimat zu suchen. So landeten denn in der zweiten Hälfte des 8. Jhs. v. Chr. an der Ostküste Siziliens erstmals griechische Siedler. Ihnen folgte ein schnell anschwellender Strom von Zehntausenden, die sich im Verlauf der folgenden zwei Jahrhunderte an ihnen bisher fremden Küsten des Mittelmeeres und des Schwarzen Meeres niederließen und damit das Siedlungsgebiet der Griechen bis zur Zeit Alexanders des Großen absteckten. Von einer Handvoll griechischer Häfen rings um die Ägäis starteten die meisten Auswanderungsunternehmen: Chalkis und Eretria, Megara und Korinth, Milet und Rhodos. Manche *apoikie* (wörtlich: Niederlassung, so der Ausdruck für die ‚Kolonien') sah sich nach wenigen Generationen ihrerseits in der Lage, weitere Siedlungsneugründungen vorzunehmen.

Die griechische Kolonisation war eine partielle Wanderung mit dem Ziel, neues Ackerland zu gewinnen. Die schiere Not machte sie zu einer breiten Bewegung, aber es ist auch nicht völlig auszuschließen, daß die Aussicht auf eine neue und bessere Zukunft das Bevölkerungswachstum sekundär noch weiter stimuliert hat. Abenteuerlust mag bei manchem hinzugekommen sein. Auch spielten sicher das Interesse an einer Verbesserung der Handelswege und -beziehungen sowie die Suche nach Rohstoffquellen eine gewisse Rolle. Dagegen gibt es keinen Hinweis, daß die mutterländischen Gemeinden nach einer außenpolitischen Machtstellung gestrebt und daher abhängige Gemeinden gegründet, also im neuzeitlichen Sinne ‚kolonisiert' hätten. Der Begriff Kolonisation, der sich in der Forschung eingebürgert hat, ist deswegen hier in einem spezifischen Sinne gemeint.

Aussicht auf Erfolg konnten die griechischen Siedler nur dort haben, wo das von ihnen zu kultivierende Land nicht unter einer starken politischen Kontrolle stand oder wo die Vorbevölkerung zivilisatorisch weit unterlegen war. Die nordafrikanischen Küsten bis hinüber nach Spanien sowie die Küsten Ägyptens und der Levante waren den Griechen daher weithin verschlossen, denn dort saßen Phöniker, Ägypter und Assyrer. Doch boten die Inseln des westlichen Mittelmeeres, Sizilien und Unteritalien sowie das Schwarzmeergebiet genügend Raum, zumal dort der Grieche eine ihm vertraute Landschaft, ihr Klima und ihre Vegetation wiederfand. Homer beschreibt das Ideal eines solchen Siedlungsplatzes, den einzunehmen und zu kultivieren die wilden Kyklopen nicht imstande sind:

> „Alsdann erstreckt sich dort querab vom Hafen eine flache Insel, weder nah am Lande der Kyklopen noch weitab, eine bewaldete, und darauf leben unendliche wilde Ziegen. Denn kein Pfad der Menschen vertreibt sie, noch betreten die Insel Jäger, die im Walde Schmerzen leiden, wenn sie die Häupter der Berge durchstreifen. Weder von Herden ist sie eingenommen noch von Ackerbau, sondern unbesät und unbepflügt alle Tage ist sie von Menschen leer und nährt nur meckernde Ziegen. Denn den Kyklopen sind keine Schiffe zu Gebote mit mennigfarbenen Wangen, und auch keine Zimmermänner von Schiffen sind unter ihnen, die wohlverdeckteSchiffe bauen könnten, die da jegliches ausrichten, zu den Stätten der Menschen fahrend, so wie vielfach die Männer auf Schiffen zueinander das Meer durchqueren. Diese hätten ihnen wohl auch die Insel zu einer gut bebauten machen können; denn sie ist garnicht schlecht, und sie würde alles tragen nach der Jahreszeit. Denn auf ihr sind Wiesen an den Gestaden der grauen Salzflut, feuchte, weiche: da könnten recht wohl unvergängliche Reben sein. Und ebenes Ackerland ist darauf: dort könnte man recht wohl eine tiefe Saat jeweils zu den Zeiten der Ernte schneiden, denn sehr fett ist der Boden darunter. Und auf ihr ist ein Hafen, gut anzulaufen, wo kein Haltetau nötig ist und auch nicht nötig, Ankersteine auszuwerfen noch Hecktaue anzubinden, sondern man braucht nur aufzulaufen und eine Zeit zu warten, bis der Mut der Schiffer sie treibt und die Winde heranwehen. Doch am Kopf des Hafens fließt helles Wasser, eine Quelle, hervor aus einer Grotte, und Pappeln wachsen darum."
> (Hom. Od. 9, 116-141; Ü.: Wolfgang Schadewaldt)

Ein Bericht Herodots über die Gründung von Kyrene durch Siedler von der Kykladeninsel Thera[60], in der Überlieferung auf 631 v. Chr. datiert, vermittelt eine lebhafte Vorstellung vom konkreten Verlauf eines Kolonisationsunternehmens. Herodot stützt sich auf die mündliche Überlieferung der Bewohner von Thera wie Kyrene. Die beiden Versionen der Geschichte haben eine unterschiedliche Perspektive, doch das ist hier nicht wichtig. Herodots sehr ausführliche Erzählung auf das wesentliche konzentriert:

60 Vgl. Hdt. 4, 150-159.

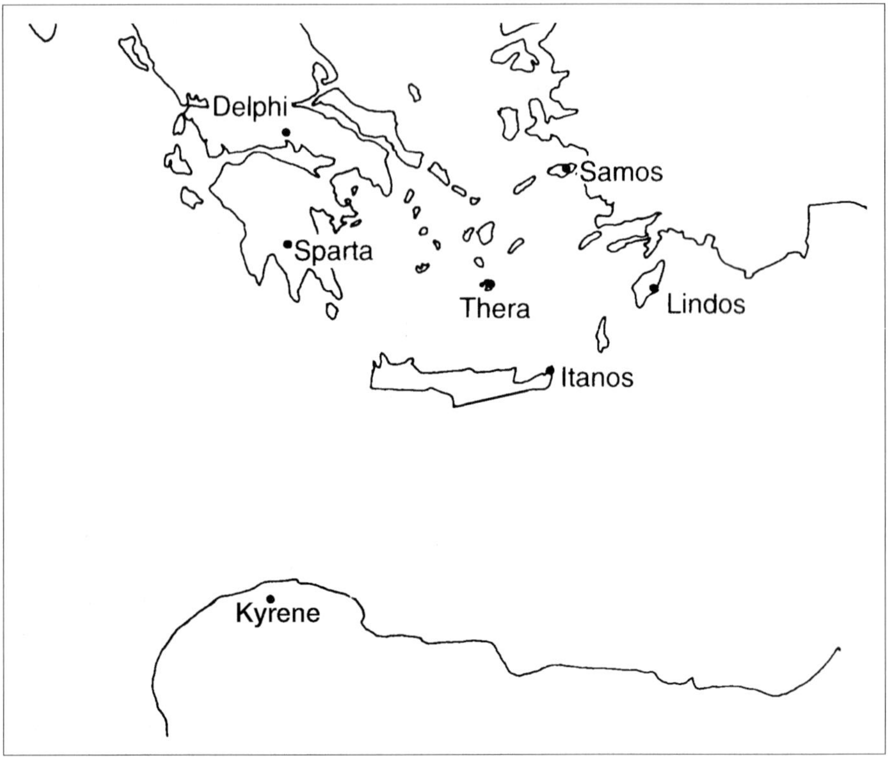

Abb. 18 Thera, Delphi und Kyrene

Bei einer Befragung des Orakels von Delphi erhält eine Delegation aus Thera unter der Führung eines gewissen *basileus* Grinnos den Rat, in Libyen eine Kolonie zu gründen. Sie beachten den Spruch jedoch zunächst nicht, da sich Grinnos aufgrund seines Alters zu einem solchen Wagnis außerstande sieht. Es folgt eine siebenjährige Dürre auf Thera, und Delphi wiederholt seine Aufforderung. Daraufhin wird zunächst ein Erkundungstrupp abgeschickt, der auf einer der libyschen Küste vorgelagerten Insel (Platea) einen Vorposten errichtet. Nun können in Thera Siedler in größerer Zahl ausgewählt und zu dem neuen Siedlungsplatz ausgesandt werden:

> „Die Theraier bestimmten, daß aus allen sieben Gemeinden der Insel immer je einer von zwei Brüdern um die Auswanderung losen sollte. Führer und König *(basileus)* der Auswanderer sollte Battos sein. So schickten sie zwei Fünfzigruderer nach Platea."
>
> (Hdt. 4, 153; Ü.: Josef Feix)

Als die gut einhundert Männer den Vorposten erreichen, verläßt sie jedoch der Mut, sie rudern nach Thera zurück.

> „Die Theraier aber schossen nach ihnen, als sie in den Hafen einfuhren, und ließen sie nicht landen; vielmehr befahlen sie ihnen zurückzusegeln. Notgedrungen fuhren sie also wieder ab und besiedelten jene Insel an der libyschen Küste (...)."
>
> (Hdt. 4, 156; Ü.: Josef Feix)

Obwohl den aus der Heimat Verstoßenen nichts anderes übrig geblieben war, als sich in ihr Geschick zu fügen, scheint sich ihr ursprüngliches Mißtrauen nach zwei Jahren doch noch zu rechtfertigen: Es gelingt ihnen nicht, auf der Insel erfolgreich Fuß zu fassen, und so sprechen sie erneut in Delphi vor, um zu erfahren, was Apollon mit ihnen vorhabe. Sie erhalten Weisung, auf das Festland umzuziehen, wo sie schließlich nach teils friedlichen, teils kriegerischen Auseinandersetzungen mit den Einheimischen Kyrene gründen.

Herodots aus den lokalen Traditionen erarbeitete Erzählung verrät die tiefen Spuren, die die fast 200 Jahre zurückliegenden Ereignisse im kollektiven Gedächtnis der beiden Gemeinden Thera und Kyrene hinterlassen hatten. Mit ein wenig Phantasie können wir uns das Umwälzende der Geschehnisse vorstellen: die quälende Not, die zu bis dahin noch nie geübtem Handeln zwingt, die Härte der Entscheidung, die in das Leben jeder Familie eingreift, die Dramatik der wechselvollen Suche nach neuen Wohnsitzen, die Bitterkeit, die aus dem Überlebenswillen erwächst, mit dem die in der Heimat Verbliebenen an dem Trennungsbeschluß festhalten. Noch ein weiterer Überlieferungssplitter beleuchtet möglicherweise die Krise des Gemeinwesens von Thera. Vielleicht ging die Abstoßung eines Teils der Bevölkerung auch mit inneren Unruhen einher. Eine Notiz des Gelehrten Menekles von Barka (2. Jh. v. Chr.) berichtet

> „(...) daß sich die Theraier in zwei rivalisierende ‚Parteien' gespalten haben, bei denen Battos der Führer der einen war; die beiden aufrührerischen Gruppen wurden handgemein. Die Parteigänger des Battos wurden aus der Stadt gejagt und von dem Stadtgebiet verbannt. Sie verzichteten auf die Rückkehr in ihr Land und suchten nach der Möglichkeit einer Koloniegründung."
>
> (FGrH 270 F 6; Ü.: Paul Faure/Edgar Pack)

Die kleine Insel Thera (ca. 75 km^2) lebte um die Mitte des 7. Jhs. v. Chr. noch ganz in der vorstaatlichen Ordnung. Das macht das Auftreten des *basileus* Grinnos in Delphi deutlich, der sich mit dem Hinweis auf sein persönliches Unvermögen weigert, die an ihn herangetragene neue Gemeinschaftsaufgabe der Kolonisation zu übernehmen. Der jüngere Battos sei dafür wesentlich geeigneter. Nach der zweiten Anfrage in Delphi ergreift denn auch Battos die Initiative. Nichts anderes wird die Gemeinde von ihm erwartet haben, kam es bei dem bevorstehenden Unternehmen doch auf persönliche Ausstrahlung und Tüchtigkeit, auf Erfahrung, Weltkenntnis und Beziehungen nach außen an. In dem zusammen mit Grinnos und einer üppigen Opfergabe in Delphi erscheinenden Battos werden die Theraier deshalb einen geeigneten Führer des Auswanderungszuges *(oikistes)* gesehen haben. Und doch würde Battos wie die meisten Oikisten seiner Zeit das Unternehmen kaum völlig eigenständig ins Werk gesetzt haben können. Besonders in solchen Gemeinden wie Chalkis oder Milet, die über einen längeren Zeitraum hin immer wieder Kolonien aussandten, war es unabdingbar, über die punktuelle Initiative und das zufällige Leistungsvermögen einzelner *basileis* hinauszugehen. Denn da waren risikoreiche Erkundungsexpeditionen auf die Beine zu stellen, hinter denen die Gemeinde als ganze stehen mußte. Der Erfolg bedurfte einer möglichst umfassenden und genauen Vorinformation. Solches Wissen mußte gesammelt und verarbeitet werden, und es wird auch im Falle von Thera klar, daß Delphi dabei eine zentrale Rolle spielte. Das enthob die einzelne Gemeinde nicht der Aufgabe, ein Netz von Außenkontakten aufzubauen und zu pflegen – eine völlig neue Gemeinschaftsaufgabe.

Als die Theraier ihren neuen Siedlungsplatz vor der Küste Libyens gefunden hatten, stellte sich in Thera die Frage: Wer soll gehen? Wenn die Lösung wirksam und gerecht zugleich sein sollte, so konnte man auf bloße Freiwilligkeit nicht bauen. War die Gemeinde als ganze gefordert, den Kolonisationszug mit allem Notwendigen auszurüsten, so konnte es nicht angehen, dessen Zusammensetzung völlig dem Zufall zu überlassen. Jede Familie mit mehreren Söhnen mußte daher einen von ihnen ziehen lassen, alle Bezirke der Insel mußten gleichmäßig berücksichtigt werden. Nur ein solches mechanisch und unparteiisch durchgeführtes Verfahren schuf Gerechtigkeit und bot damit die Gewähr, daß der schwere Entschluß von beiden Seiten durchgehalten und befolgt wurde. Nicht nur sein Inhalt stellte damit einen tiefen Einschnitt im Leben der Gemeinde dar, sondern auch die Art seines Zustandekommens: Der *basileus*, der früher mit den aus eigener Initiative um sich versammelten Gefolgsleuten auf Kaperfahrt ging, konnte das hier anstehende Problem nicht mehr lösen. Und ebenso wenig vermochte der Fleiß im einzelnen *oikos* etwas auszurichten. Das konnte nur eine Aktion der Gemeinde als ganzer. In der Durchführung ihres Kolonisationsunternehmens, in der gewiß kontroversen Willensbildung und Entscheidungsfindung der Volksversammlung, in dem alle gleichmäßig betreffenden, aber schmerzhaften Auswahlverfahren der Neusiedler, in der gemeinsamen Anstrengung zur Ausrüstung der Schiffe und im zähen Festhalten an dem Unabänderlichen konnten die Theraier sich – vielleicht erstmals – als Glieder eines neuen Ganzen, einer als Einheit handelnden Gemeinde erfahren. Leider berichten die Quellen nichts von neuen Einrichtungen, Ämtern oder geschriebenen Gesetzen. Lediglich die Durchsetzungskraft des kollektiven Handelns läßt auf eine neue Qualität der Volksversammlung schließen.

Die Tendenz zu organisatorisch-institutionellen Neuerungen dürfte in den Gemeinden wesentlich ausgeprägter gewesen sein, die wie Chalkis oder Megara eine Vielzahl von Kolonien gegründet haben, ihrerseits aber nur als Ausgangspunkte und Auffangbecken für Kolonisationsunternehmen dienten. In solchen Orten kamen dann Siedler aus einem weiten Umkreis zusammen. Ein solches Gemisch von Auswanderungswilligen aus vielen Gemeinden warf bei der Auswahl der Siedler und ihrer Verteilung auf bestimmte Kolonisationsprojekte viele Schwierigkeiten auf.

Jeder sollte und mußte im neuen Land die gleiche Chance bekommen, keiner durfte zu kurz kommen und keiner sich Sonderbedingungen erschleichen. Spannungen mag es da schon im Vorfeld gegeben haben. Um sie zu vermeiden oder beizulegen, bedurfte es entsprechender organisatorischer Vorkehrungen, die wiederum mit den Mitteln der traditionellen Gemeindeordnung nicht zu treffen waren. Anderes kam hinzu: Normalerweise unterhielten die Mutterstädte mit ihren Kolonien enge, freundschaftliche Beziehungen. Wenn so der Faden zur alten Heimat nie ganz abriß, dann wurde die Trennung leichter und die Bereitschaft zur Eingewöhnung in die neue Umgebung größer, sowohl für die Generation der Gründungsväter einer Kolonie wie insbesondere für später immer wieder nachkommende Neusiedler. Auch dieser dauerhafte Austausch zwischen Mutterstädten und Kolonien erforderte neue Formen und Institutionen.

Ganz entscheidende Wirkungen gingen schließlich von der Einrichtung der neuen kolonialen Gemeinden selbst aus. Was die Gründung einer Kolonie ausmachte, zählt schon Homer im Hinblick auf die Phaiaken auf,

> „(...) die früher einst in der weiträumigen Hypereia wohnten, nahe den Kyklopen, den übermächtigen Männern, die ihnen beständig Schaden taten und an Kräften stärker waren. Von dort hatte sie aufstehen lassen und hinweggeführt Nausithoos, der gottgleiche, und angesiedelt in Scheria, fern von erwerbsamen Menschen. Und er zog eine Mauer um die Stadt und baute Häuser und schuf Tempel der Götter und verteilte die Äcker."
>
> (Hom. Od. 6, 4-10; Ü.: Wolfgang Schadewaldt)

Dieser Text weist wie auch der Fall Kyrenes auf wichtige Elemente der Koloniegründung mit neuartigen Erfahrungen für die Siedler wie Herausforderungen für die neue Gemeinde:

- Die Aufteilung des Landes:

  Der elementare Vorgang der Gründungsphase ist die Aufteilung des Bodens. Die Ankömmlinge haben natürlich zuerst den besten Boden, den das neue Land bot, in Besitz genommen. Alle später Ankommenden mußten sich mit dem übrigen begnügen, ohne freilich in ihrer Rechtsstellung als Bürger der Gemeinde deswegen zurückgesetzt zu sein. Eine größere Zahl aristokratischer Häuser in den Kolonialgemeinden wird jedenfalls auf die Erstsiedler zurückgehen. So nannten sich in Syrakus die Aristokraten *gamoroi*: „die, die den Boden unter sich aufgeteilt haben".

  Die Aufteilung des Ackerlandes führte jedoch nicht nur bald zur sozialen Differenzierung der Neusiedler, sondern brachte auch Anforderungen mit sich, die die Gemeinde als ganze angingen: technische Probleme der Vermessung des Bodens und seiner individuellen, gerechten Zumessung. Erneut dürften diese Aufgaben nicht vom Oikisten allein bewältigt worden sein. Dazu bedurfte es einer ganz neuartigen Systematik von Verwaltung: der Einrichtung regelmäßig arbeitender Amtsstellen der Gemeinde. Ein Kataster des Landes mußte angelegt, Besitztitel mußten festgehalten werden, Grenzstreitigkeiten dürften an der Tagesordnung gewesen sein und bedurften der Beilegung. Zu all dem war eine Konzentration und Zentralisierung von Machtbefugnissen erforderlich – sei es in den Händen des Oikisten, sei es in der Form gemeindlicher Ämter.

- Die Planung der Siedlung:

Zur Koloniegründung, wie sie uns die Odyssee vorstellt, gehört weiterhin die Errichtung einer städtischen beziehungsweise stadtdörflichen Siedlung ‚auf der grünen Wiese'. Das setzt die Planung einer Stadtstruktur voraus, und tatsächlich ist die Gestalt der Kolonialstädte auf einen solchen Plan zurückzuführen. Er orientierte sich weniger an den Gegebenheiten der Topographie – allein: kein kostbares Ackerland wurde bebaut! –, sondern diente in erster Linie den Bedürfnissen des sozialen Zusammenlebens der Menschen. Dieser Zusammenhang wird vor allem an dem erstmals im 5. Jh. v. Chr. belegten rechtwinkligen Straßennetz erkennbar, das es dem einzelnen Bürger kaum erlaubte, sich durch besondere Gestaltung seiner Wohnverhältnisse aus der Gleichheit der Bürger herauszuheben. Die Odyssee erwähnt, daß von vornherein ein öffentlicher Raum eingeplant war. Neben der genannten Anlage eines Tempelbezirks sind die Ausgestaltung einer *agora* und die Errichtung von Amtsgebäuden hinzuzufügen. Eine solche Planung und Gestaltung der Siedlungsstruktur konnte wiederum nicht auf der informellen Grundlage der vorstaatlichen Gemeindeorganisation durchgeführt werden, sondern bedurfte der Schaffung neuer gemeindlicher Organisationsstrukturen.

- Die Beziehungen zur Vorbevölkerung:

Das Modell der Phaiakenkolonie rechnet zum Vorgang der Koloniegründung auch die Errichtung einer Stadtmauer. Es ist eher weniger wahrscheinlich, daß alle neuen Gemeinden einen solchen Schutz brauchten. Ein Problem, das indessen in den meisten Fällen aufgetaucht sein dürfte und das für die griechischen Gemeinden in dieser Form bis dahin nicht existierte, war die Regelung der Beziehungen zu der Vorbevölkerung. Die archäologischen Zeugnisse lassen darauf schließen, daß die griechische Kultur dieser in der Regel überlegen war und sich ein modus vivendi ohne größere Schwierigkeiten finden ließ. Florierte die griechische Stadt erst einmal, so stellte sich meist ein enger Austausch mit den eingeborenen Umwohnern ein, für die die griechische Siedlung eine hohe Anziehungskraft besaß. Ein wichtiger Faktor dabei war von Beginn an die Tatsache, daß viele Kolonisten ledige Männer waren, die sich Frauen aus den Reihen der Eingeborenen nahmen.

Dieser enge Kontakt mit einer fremden Kultur war für die Griechen neu. Er zwang sie, sich ihre eigene Lebensform bewußt zu machen und für ihre Bewahrung Sorge zu tragen. Dafür mußten nach außen deutliche Grenzen gezogen und mußte im Innern zielstrebig die Integration der Gemeindemitglieder betrieben werden. Dieses Zusammenwachsen zu einer neuen Gemeinde konnte wiederum nur jenseits jeder vorgegebenen und herkömmlichen Gemeindeordnung stattfinden.

- Die Ordnung des Gemeinschaftslebens:

  Da sich die neue Ordnung des Gemeinschaftslebens nicht auf die gewachsene Tradition eines Generationen übergreifenden Zusammenlebens stützen konnte, mußte sie in einer neuen, ausdrücklich formulierten Satzung Halt finden. Dies um so mehr, als sich in den Kolonien meist Auswanderer verschiedener Muttergemeinden zusammenfanden. Ihre Gewohnheiten und Gebräuche, Regeln und Erfahrungen, ihre *themistes*, mußten in die neue Ordnung so Eingang finden, daß diese von allen akzeptiert werden konnte. Damit traten die Gesetze des Zusammenlebens erstmals aus der fraglos hingenommenen Tradition heraus und wurden Gegenstand bewußter Gestaltung.

Die Gründung von Kolonien hat den Griechen bis dahin nicht gekannte Erfahrungen gebracht und sie vor Herausforderungen gestellt, die sich in den Rahmen der hergebrachten vorstaatlichen Ordnung zumeist nicht mehr einordnen und in ihr nicht mehr lösen ließen. Sämtliche daraus folgenden Neuerungen wie die Etablierung neuer Institutionen und Verfahren oder die Entwicklung neuer Handlungsformen und Einstellungen bedeuteten einen Schritt über die bisher selbstverständliche Ordnung hinaus in den neuen Raum der *polis*-Gemeinde. Auch wenn man das quantitative Ausmaß der Wanderungsbewegung nicht überschätzen darf, löste doch allein der Vorgang selbst und seine ständige Wiederholung über zwei Jahrhunderte eine nicht zu verkennende Dynamik aus. Herausgerissen aus ihrer bisherigen Welt und ihren fraglos gültigen Koordinaten waren die Neusiedler bei Strafe des Untergangs zur Bildung eines neuen Gemeinschaftsbewußtseins verdammt, mußten sie in ihrer neuen Umwelt zusammenstehen, war kollektives Handeln oberstes Gebot. Der neue Anfang war nicht zu sichern, ohne sich der Grundlagen und Eigentümlichkeiten der Gemeinschaftsordnung bewußt zu werden und sie als die eigene Sache zu begreifen. Zum erstenmal in der Weltgeschichte war damit der Gedanke geboren, daß die Ordnung von Gemeinwesen nicht etwas natürlich Gegebenes, sondern „ein Geschöpf willkürlicher Veranstaltung“ (Alfred Heuß) war.

Die Folgen der griechischen Kolonisation für die Entstehung der bürgerstaatlichen Ordnung bei den Griechen sind gar nicht hoch genug einzuschätzen, auch wenn sie sich nicht überall gleichmäßig und nicht sofort, sondern im Verlauf mehrerer Generationen eingestellt haben. Leider ist das hier gezeichnete Bild weitgehend hypothetisch, da die Quellen uns kaum einmal einen so detaillierten Einblick gewähren wie im Falle von Thera/Kyrene. Dennoch besitzt es einen hohen Grad an Wahrscheinlichkeit, und wir müssen die quellenmäßig zumindest ansatzweise greifbaren Entwicklungen in den mutterländischen Gemeinden wohl auch vor dem Hintergrund der durch die Kolonisationsbewegung gemachten Erfahrungen verstehen. Die Gestaltung des Bürgerstaates, wie er uns dann bei Solon deutlich entgegentritt, dürfte durch sie entscheidende Impulse empfangen haben.

4. Die Urbanisierung

Bei den neugegründeten Kolonialsiedlungen wird die Herausforderung für eine bewußte Strukturierung des Raums in der stadtdörflichen Siedlung wohl am größten gewesen sein. Doch läßt sich zeitgleich im Mutterland dieselbe Entwicklung feststellen. Auch dort, wo die vorhandenen Siedlungen über Generationen hin organisch gewachsen waren, kam es im Laufe der Zeit zu immer deutlicheren Eingriffen in die Siedlungsstrukturen nach einem einheitlichen Muster: Es werden Räume ausgegrenzt und architektonisch gestaltet, die den Aktivitäten der Gesamtgemeinde, ihrer Kommunikation und Repräsentation vorbehalten sind. Die Baulichkeiten, durch die man diesen öffentlichen Raum kennzeichnete, wurden nun in Stein errichtet, bestimmte architektonische Grundformen bildeten sich heraus, zu denen in der Regel eine künstlerische Ausstattung gehörte. Mit der eigentlichen Baulichkeit konnten in einem reichen und differenzierten bildsprachlichen Repertoire weitere Aussagen verbunden werden. Das kennen wir freilich erst für das 6. Jh. v. Chr., die Anfänge seit dem späten 8. Jh. v. Chr. sind hingegen quellenmäßig schwerer zu fassen.

Für welche Aufgaben und Funktionen die Gesamtgemeinde den neuen, ausschließlich diesen vorbehaltenen Raum brauchte, geht aus den beiden bereits zitierten Beschreibungen der Phaiakenstadt Scheria in der Odyssee hervor.[61] Werden in der Gründungsphase neben den Wohnhäusern nur die Tempel der Götter erwähnt, so bewegt sich Odysseus bei seinem Besuch von Scheria bereits in einer typisch urbanen Umgebung: Neben dem erneut genannten Tempel gibt es Hafen und *agora*; hinzuzudenken sind noch jene Straßen, die Odysseus über das ländliche Territorium zur Stadt geführt haben; schließlich erste Formen von Amtsgebäuden.[62] Dabei ist zu betonen, daß die Urbanisierung des Siedlungszentrums der Gemeinde nicht zu einer schärferen Trennung von Stadt und Land geführt hat. Anders als etwa im europäischen Mittelalter bildeten Stadt und Land in den griechischen Gemeinden immer eine rechtlich, sozial und wirtschaftlich untrennbare Einheit.

Der Übergang zur städtischen Siedlungsweise, der in diesem neuen öffentlichen Raum sichtbar wird, ist auch archäologisch nachzuweisen. So erhält zum Beispiel Korinth seit der zweiten Hälfte des 7. Jhs. v. Chr. auf beiden Seiten des Isthmos umfangreiche Hafenanlagen (in Kenchreai und Lechaion), werden Straßen zur Erschließung und Integration des Territoriums sowie der *diolkos* gebaut, ein befestigter Weg für den Warentransport von einem Hafen im Korinthischen zum anderen im Saronischen Golf. In Athen sind Anfänge städtischer Strukturen aus den ersten Jahrzehnten des 6. Jhs. v. Chr. bekannt, seit der Jahrhundertmitte erhält Athen unter der Tyrannenherrschaft endgültig ein urbanes Gepräge.[63]

---

61 Vgl. Hom. Od. 6, 8-10; 6, 262-267.

62 Aus der uns vor allem inschriftlich bekannten Entwicklung der staatlichen Institutionalisierung im 7. Jh. v. Chr. ist das notwendig zu folgern. Vgl. Kap. B, VI, 1.

63 Vgl. Kap. B, VIII, 3.

Sowohl die angeführte literarische Überlieferung wie die archäologische Fundlage bezeugen die zentrale Bedeutung der Tempelbauten. Die Archäologie läßt keinen Zweifel, daß die frühen Gemeinden ihre wichtigste Bauaufgabe in der Errichtung von Tempeln für die jeweiligen Schutzgötter der Stadt gesehen haben. Eine von Anthony Snodgrass zusammengestellte Übersicht[64] zeigt uns die Entwicklung der Größenverhältnisse der frühen Tempel vom 8. bis zum 5. Jh. v. Chr.

Tempel	**Maße**	**Gründungsdatum**
Hera, Samos	33,5 x 6,7 m	ca. 800 v. Chr. (?)
Apollon, Eretira	35,0 x 7,0 m	ca. 750 v. Chr. (?)
Hera (?), Tiryns	20,9 x 6 9 m	8. Jh. v. Chr. (?)
‚Megaron B', Thermon	21,4 x 7,3 m	8. Jh. v. Chr.
Apollon, Korinth	54,0 x 21,5 m	610 v. Chr.
Artemis, Korkyra	47,0 x 22,0 m	590 v. Chr.
Dionysos, Naxos	21,0 x 13,0 m	580 v. Chr.
Apollon, Syrakus	55,0 x 21,5 m	570 v. Chr.
Artemis, Ephesos	109,2 x 55,1 m	550 v. Chr.
‚GT', Selinus	110,1 x 50,0 m	540 v. Chr.
Hera, Samos	111,0 x 54,4 m	530 v. Chr.
Zeus, Akragas	110,0 x 52,7 m	480 v. Chr.

Die Reihe macht deutlich, daß der Impuls zur Entwicklung der neuen Bauform vor allem von den einzelnen Gemeinden ausgegangen ist, während in den gemeingriechischen Heiligtümern wie Delphi oder Olympia zur gleichen Zeit noch ältere Bauformen vorherrschten. Zudem wird klar, daß sich die Entwicklung in Kolonialgebiet und Mutterland parallel vollzog.

Der Übergang zum monumentalen Tempel wird gut veranschaulicht an dem erst 1986 gefundenen Dionysos-Tempel auf Naxos. Sein Vorgänger war ein Tempel aus der Zeit um 700 v. Chr. mit einem einfachen kastenförmigen Baukörper, der teils aus Granitquadern, teil aus Lehmziegeln errichtet war und dessen Innenraum zwei Reihen von Holzstützen gliederten. Mehr als ein Jahrhundert später ummantelten die Naxier ihren alten Tempel durch einen größeren Neubau, der zwar die alte Grundform beibehielt, sie aber gewissermaßen durch eine aufwendige Einkleidung zu einem völlig neuen Baukörper machte. Der Anreiz hierzu war sicher auch der makellose Marmor, für den die Inseln Naxos und vor allem Paros bis heute berühmt sind. Manche Tempel trugen sogar lichtdurchlässige Dächer aus dünn geschnittenen Marmorziegeln. Viele Gemeinden verfügten nicht über solche glücklichen natürlichen Bedingungen wie die Inselgriechen und mußten den kostbaren Marmor importieren oder sich mit Poros, einem marmor-ähnli-

64 Durch Verf. erweiterte Tabelle nach: Anthony Snodgrass: Interaction by Design:The Greek City-State. – In: Colin A. Renfrew/J. F. Cherry (Eds.): Peer Polity Interaction and the Developement of Sociocultural Complexity. Cambridge 1986, S. 55.

chen Kalktuff, begnügen. Als erster aus diesem Material errichteter Tempel im griechischen Mutterland gilt der Ende des 7. Jhs. v. Chr. in Korinth gebaute Apollon-Tempel.

Die Verwendung von Stein eröffnete den griechischen Baumeistern neue architektonische Dimensionen. Die äußere Gestalt des Tempels mit seinen teils gewaltigen Fundamenten, den riesenhaften Säulen und der Dachlandschaft mit Gesimsen, Gebälk, Giebeln und Akroteren konnte auf diese Weise zu einer reichgegliederten, monumentalen Skulptur gestaltet werden. Während anderwärts schon die Ringhallenform mit der die Cella des Tempels umstehenden Säulenhalle gefunden war, haben die Naxier ihrem Tempel lediglich eine neue Vorderfront gegeben. Das Besondere an ihr war aber – und das hob dieses Bauwerk aus der Reihe anderer gleichzeitiger Tempel heraus – die höchst repräsentative Ausführung der gesamten Tempelvorhalle und des Daches ausschließlich aus Marmor. Vier formvollendete Marmorsäulen trugen in 8 m Höhe ein Marmorgebälk und einen Giebel als Raum für bildliche Darstellungen. Auch die Dachbalken, die schmückenden Profile, das Dachgesims und sogar die lichtdurchlässigen Ziegel bestanden aus Marmor. Wir wissen nicht, wie weit der Dionysos-Tempel – trotz mancher baulicher Defizite, die der archäologische Befund aufgewiesen hat – zum Ruhm der Naxier beitrug, von dem mehrere Zeugnisse etwa aus Delos und Delphi aus der gleichen Zeit zeugen. Sicher ist aber, daß die Verwendung des edelsten Baustoffes für den Tempelbau im Laufe des 6. Jhs. v. Chr. immer stärker zunahm. Vollständig aus Marmor ausführen ließ sich freilich keiner der neuen Kolosse, die, wie uns die Tabelle von Snodgrass zeigt, seit der Mitte des 6. Jhs. v. Chr. die Maßstäbe setzten und deren Monumentalität von nun an kein anderes Gebäude der Städte gleichkam.

Die Entwicklung des Tempels seit dem 7. Jh. v. Chr. in seiner von da an gültigen Form war ein treibendes Element beim Übergang zur Staatlichkeit und zugleich deren Ausdruck:

- Als erste monumentale Steinbauten markieren die Tempel den Beginn der neuen urbanen Siedlungsform der griechischen Gemeinden. Diese bauliche Ausgestaltung des städtischen Raumes fügte den herkömmlichen gemeindlichen Aufgaben eine neue hinzu, die in ihrer Komplexität mit den traditionellen vorstaatlichen Mitteln nicht mehr zu meistern war. Bei vielen Bauvorhaben haben sicher einzelne aristokratische Häuser als Stifter eine große Rolle gespielt. Doch das nicht allein beim Tempelbau notwendige Ineinandergreifen von stadträumlicher, architektonischer und bautechnischer Planung mit einer durch Handelsbeziehungen gewährleisteten weiträumigen Logistik der Materialbeschaffung sowie der Feinabstimmung zwischen verschiedenen, manchmal sehr spezialisierten Gewerken zeugt von einem neuen Organisationsvermögen und der kollektiven Leistungsfähigkeit der Gemeinde. Ohne das regelmäßige Zusammentreten und die Willensbildung in der Volksversammlung sowie die Bestellung verantwortlicher Funktionsträger ist solches nicht denkbar.

- Wenn zum anderen die Urbanisierung gerade mit dem Tempelbau begann, so dokumentiert sich hierin die entscheidende Bedeutung, die der religiöse Mittelpunkt für das Leben der Gemeinde besaß. Waren auch bisher schon Religion und Kult die wichtigsten Mittel zur Integration der Gesellschaft, so werden die Heiligtümer jetzt durch ihre neue bauliche Ausgestaltung zu weithin sichtbaren Kristallisationspunkten für ein neues Selbstverständnis der Gemeinden. Der archäologische Befund seit dem 7. Jh. v. Chr. belegt die Hochschätzung, derer sich die heiligen Bezirke in den einzelnen Gemeinden wie an den panhellenischen Verehrungsstätten erfreuten. Was bislang an kostbaren Weihegaben zumeist in die Gräber der verstorbenen Aristokraten sank, wurde jetzt in den heiligen Bezirken aufgestellt, wo es durch deren bauliche Ausgestaltung nicht nur ein beeindruckendes Ambiente fand, sondern auch bei vielen Gelegenheiten den Augen der Öffentlichkeit zugänglich war. Mit diesem „switch of emphasis and loyalty from the individual and the family to the *polis*“[65] ging die Formung einer mythischen Topographie in der einzelnen Siedlungsgemeinde einher. In dem Bemühen um Abgrenzung und Profilierung suchte jede Gemeinde ihre Wurzeln in der Welt des Mythos zu verankern. Wir können dies in einer Reihe von Zeugnissen der archaischen Dichtung ebenso beobachten wie darin, daß bestimmte Orte im städtischen Zusammenhang mit den mythischen Erzählungen von den Anfängen der Gemeinde in Beziehung gesetzt oder traditionelle heilige Stätten mit mythischen Gehalten in Verbindung gebracht werden. So gewinnt etwa die *akropolis* in Athen im Zusammenhang mit einer Neubestimmung der Beziehung der Stadt zu ihrer Göttin Athena seit dem beginnenden 6. Jh. v. Chr.[66] eine neue Qualität als überragender Bezugspunkt für die Identität der Athener; infolgedessen wird sie von da an ausgebaut zu einem Ort der Vergegenwärtigung des Mythos von den Athenern als den Kindern Athenas.[67] Die urbanistische Entwicklung ist also immer Ausdruck der Herausbildung einer neuen Identität der griechischen Gemeinden.

5. Gewerbe, Handel, Geld

Die traditionelle Anschauung vom Wandlungsprozeß in der archaischen Zeit mißt der Entwicklung neuer wirtschaftlicher Kräfte einen erheblichen Stellenwert zu. Tatsächlich hat das griechische Handwerk seit seinen bescheidenen Anfängen in der homerischen Welt im Laufe der archaischen Zeit eine erstaunliche Entwicklung erlebt. Zwei der Ursachen dafür sind Kolonisation und Urbanisierung. Es versteht sich, daß der Aufbau neuer Siedlungen sowie der Ausbau der bestehenden einen bis dahin noch nicht erforderlichen Bedarf an handwerklicher Arbeitsleistung hervorgerufen hat. Gefördert wurde diese Entwicklung noch durch die Revolution in

---

[65] Snodgrass a.a.O. S. 54.
[66] Vgl. Sol. F 3D. 1-4 u. Kap. B, VII, 6.
[67] Vgl. Kap. B, VIII, 3.

der Militärtechnik[68] und durch die Konsum- und Repräsentationsbedürfnisse von Aristokraten, besonders auch der Tyrannen.

Mit der Ausweitung des Handwerks geht die der Handelstätigkeit einher – für die Beschaffung von Rohstoffen für das Gewerbe, den Import von Luxuskonsumartikeln sowie den Absatz eigener gewerblicher Erzeugnisse.

Gegenüber allen modernistischen, zu sehr an der europäischen Entwicklung seit der frühen Neuzeit orientierten Rekonstruktionen etwa im Sinne von Eduard Meyer ist jedoch zu betonen, daß diese neuen wirtschaftlichen Erscheinungen zu merkbaren Komponenten des städtischen Zusammenhangs erst seit der zweiten Hälfte des 7. Jhs. v. Chr. (Handwerk) beziehungsweise erst im Laufe des 6. Jhs. v. Chr. (Handel) geworden sind; und weiterhin, daß der quantitative Umfang dieser wirtschaftlichen Bereiche nicht überschätzt werden darf. Vor allem sind durch sie keine neuen sozialen Schichten entstanden, die das Gefüge der Bevölkerung in den Gemeinden nachhaltig verändert hätten.

Gleichwohl bildeten in lokal gewiß unterschiedlichem Ausmaß Gewerbe und Handel neue Faktoren, die zur inneren Differenzierung des Gemeindelebens beigetragen und dieses auch vor neue Probleme gestellt haben. So bedurften etwa neue Formen von Rechtsstreitigkeiten der Regelung, und es mußte geklärt werden, welchen Status Gemeindemitglieder besitzen sollten, deren Existenz sich nicht mehr primär oder überhaupt nicht mehr auf den Landbau gründete, hing doch bislang die Gemeindezugehörigkeit ganz selbstverständlich am Landbesitz eines *oikos*. Damit war ausdrücklich die Frage nach den Zugehörigkeitskriterien zur Gemeinde, letztlich die nach einem genau definierten Bürgerrecht aufgeworfen. Wir können für Athen beobachten, wie dies seit Solon im Laufe der Entwicklung der Bürgerstaatlichkeit immer wieder zum Problem geworden ist und zu einer Reihe von Lösungen geführt hat, die alle an die Stelle von Gewohnheit und Herkommen neue und explizite Kriterien gesetzt haben.

Nicht ohne Einfluß auf die Beziehungen in der Gesamtgemeinde war auch ein partieller Mentalitätswandel bei den Handeltreibenden. Neben dem Güteraustausch, wie er sich in der homerischen Welt im Rahmen des Gabentauschs abgespielt hat und daher vom Reziprozitätsprinzip beherrscht war, bestand der jetzt entstehende Handel aus Geschäften, die auf Profit und gegebenenfalls auch auf die Übervorteilung des Partners aus waren. Nicht immer einfach sind bei diesen Geschäften die Grenzen zu ziehen zwischen angemessenem und übermäßigem Gewinn, zwischen rechtmäßig und unrechtmäßig erworbenem Reichtum. Das Problem stellte sich seit der zweiten Hälfte des 7. Jhs. v. Chr. im Zuge des allgemeinen Strebens nach Reichtumsvermehrung seitens der Aristokraten auch sonst und bedrohte die innergemeindliche Ordnung ständig.[69]

---

68 Vgl. B, IV, 6.

69 Vgl. die Analysen und Mahnungen Solons u. Kap. B, VII, 2.

Insgesamt freilich sind das aufkommende Gewerbe und der Handel für den Wandel der traditionellen Ordnung nur nachrangige Faktoren gewesen, da die wirtschaftlichen und sozialen Grundstrukturen nur graduelle Veränderungen erfuhren. Das gleiche gilt auch für die allmähliche Einführung des Münzgeldes seit dem späten 7. Jh. v. Chr. Seine wirtschaftlichen Funktionen stehen hier nicht zur Debatte. Festzuhalten ist nur, daß es nicht zu einer sofortigen und durchgreifenden Monetarisierung des Wirtschaftslebens gekommen ist. Ein Faktor im Entstehungsprozeß der staatlichen Ordnung ist das neue Zahlungsmittel nicht in wirtschaftlicher Hinsicht und erst relativ spät, in der zweiten Hälfte des 6. Jhs. v. Chr., geworden. Die Münzbilder, in denen sich die Gemeinden selbst repräsentierten, haben die Verwurzelung des Gemeinschaftsbewußtseins in der *polis* unterstützt. Wer sie an Fremde ausgab oder wem sie in der Fremde begegneten, den konnte die Betrachtung der von seiner Heimatstadt ausgegebenen Münzen mit Stolz erfüllen.

6. Der Übergang zur Hoplitenkampftaktik

Auch die Revolution in der Militärtechnik seit dem Beginn des 7. Jhs. v. Chr. kann hier nicht systematisch und erschöpfend abgehandelt werden. Es kann auch nicht auf die Forschungskontroversen eingegangen werden, die vor allem aufgrund der archäologischen Befunde in jüngerer Zeit im Hinblick auf den zeitlichen Verlauf und die Folgen dieser Entwicklung geführt worden sind. Im Vordergrund stehen muß hier die Frage nach der Bedeutung des Vorgangs als Triebkraft für die Einrichtung der staatlichen Ordnung.

Das Ziel der neuen, von der homerischen verschiedenen Kampftaktik bestand darin, den Gegner niederzurennen und ihn zur Flucht und zur Preisgabe des Geländes zu bewegen. Die militärischen Kräfte wurden dazu in einer Schlachtreihe (Phalanx) aufgestellt. Sie formierte sich aus dicht nebeneinander gestellten und in mehreren Reihen tief gestaffelten Kämpfern. Bewaffnet waren diese mit einem Speer als Stoßwaffe und einem Kurzschwert für den Nahkampf. Angesichts der Taktik des Anrennens und Standhaltenkönnens wichtiger war die passive Bewaffnung aus schweren Bronzerüstungen mit Helm, Brustpanzer und Beinschienen sowie einem großen Rundschild *(hoplon)*. Ausschlaggebend für den militärischen Erfolg des Phalanxkampfes waren die Geschlossenheit der Schlachtreihe, die Gleichheit der Ausrüstung und des individuellen, auf Training und Disziplin beruhenden Kampfvermögens.

Voraussetzung für den Hoplitenkampf war, daß ausreichend viele Gemeindemitglieder materiell in der Lage waren, sich in die Phalanx einzureihen. Sie mußten dazu die entsprechenden Ausrüstungsgegenstände erwerben und sich Zeit für ein militärisches Training nehmen können. Und es ist schließlich auch nicht ohne weiteres vorauszusetzen, daß sie dies alles auch wollten. Vor allem darin bedeutet das neue Militärwesen eine grundsätzliche Abkehr von der bisherigen Praxis des militärischen Aufgebots in der vorstaatlichen Struktur, wo einzelne Aristokraten mit ad hoc mobilisierten Anhängerschaften Raub- oder Kriegszüge unternahmen, um ihre eigenen oder die Interessen der Gesamtgemeinde zu wahren. Die Hoplitenphalanx bedeutete, daß Seite an Seite mit den Aristokraten und militärisch gleichberechtigt und gleich wichtig wie sie ein größerer Kreis von Gemeindemitgliedern für die Kriegführung verantwortlich wurde; und weiterhin: daß diese Formationen, wenn sie funktionstüchtig sein sollten, ein jederzeit mobilisierbares Milizheer bilden mußten.

Welche Folgen zeitigte dieser militärische Wandel nun für die innere Verfaßtheit der griechischen Gemeinden? In der Forschung wird dieses Problem bislang zumeist mit der politischen Krise in Verbindung gebracht, in die der angebliche Adelsstaat gegen Ende des 7. Jhs. v. Chr. und im Laufe des 6. Jhs. v. Chr. geraten sein soll. Die Hopliten hätten sich aus einer bäuerlichen ‚Mittelschicht' rekrutiert. Dafür, daß sie teure Rüstungen kauften, Taktik und Disziplin übten und schließlich im Kampf für ihre Heimat ihr Leben aufs Spiel setzten, hätten sie in der Gemeinde mehr Mitsprache gefordert und damit die Herrschaft der Aristokratie in Frage gestellt. Schließlich hätte sich die sogenannte ‚Hopliten-*polis*' mit einer durch Zensus bestimmten, abgestuften politischen Beteiligung durchgesetzt.

Freilich bieten die Quellen für diesen Zusammenhang von Teilhabe am Krieg und Mitentscheidung in der Gemeinde keinen Anhaltspunkt. Zudem krankt die eben skizzierte Rekonstruktion daran, daß sie die bereits als unhaltbar skizzierte Vorstellung vom aristokratischen Geschlechterstaat sowie die ebenfalls nicht nachweisbare Existenz einer Schicht von politisch Minderberechtigten, gleichwohl aber über beträchtlichen Besitz verfügenden Gemeindemitgliedern voraussetzt. Die Folgen der militärischen Umwälzung werden auch hier also wieder nur als ein Verfassungswandel innerhalb bereits bestehender staatlicher Strukturen aufgefaßt.

Indessen ist die Phalanx sicher nicht gegen die Aristokratie eingeführt worden. Vielmehr ist es gar nicht anders vorstellbar, als daß dieser Wandlungsprozeß vorangetrieben und getragen wurde von den Aristokraten als denjenigen, deren Sache auch bislang das Kriegführen gewesen war. Die neue militärische Organisation besitzt denn auch keinen von vornherein unaristokratischen Charakter. Grundlage der Hoplitenkampftaktik waren nämlich gerade jene aristokratischen Tugenden wie Mut, Stärke, Standhaftigkeit und kämpferische Tüchtigkeit, die der einzelne Aristokrat auch in der neuen kollektiven Kampfweise unter Beweis stellen konnte. Die Aristie konnte sich nunmehr auch im militärischen Dienst für die *polis* erfüllen. Schließlich bot auch die Hopliten-Armee dem Aristokraten noch Möglichkeiten distinguierten Auftretens: so, wenn er zu Pferd auf das Schlachtfeld ritt, wenn er kostbare Rüstungen anlegte oder wenn er – wie auf Vasenbildern zu sehen – seinen Schild mit einem besonderen Emblem schmückte, um mit alldem seine Vornehmheit zu zeigen. Mit der Hoplitenphalanx fanden somit aristokratischer Stil und aristokratische Ideale Eingang in den neuen Kampfverband der Gesamtgemeinde. Nur weil auch die Aristokraten sich in ihm wiederfinden konnten, ist es im übrigen erklärlich, daß diese für die geographischen und topographischen Bedingungen Griechenlands an sich ungeeignete Kampfesweise, die sich nur in freiem und ebenem Gelände anwenden ließ, sich überhaupt durchsetzen konnte. Die Ausbildung eines militärischen Spezialistentums, wie es der Sache nach an sich näher lag und seit dem 4. Jh. v. Chr. dann auch den Krieg prägte, widersprach dem Interesse der Aristokraten.

Die Folgen der neuen Militärorganisation sind mithin nicht auf dem Felde sozialpolitischer Gegensätze und Krisen zu suchen, sondern auf einer ganz anderen Ebene. Drei Bereiche von erheblicher Erklärungskraft zeichnen sich im Rahmen der Frage ab, was den Übergang zur Staatlichkeit bewirkt hat:

- Die Praxis der militärischen Organisation:

  Die Hoplitenwehr erforderte die Schaffung einer Organisation mit regulären Amtsinstanzen. Das Amt des *polemarchos* entstand.[70] Zur Mobilisierung der Miliz mußten Listen geführt werden mit den für den Militärdienst in Frage kommenden Gemeindemitgliedern; ferner war es notwendig, die einheitliche Bewaffnung der Soldaten zu kontrollieren, für das Kampftraining zu sorgen und das Aufgebot im Ernstfall zusammenzurufen.

- Die Definition militärischer Pflichten und bürgerlicher Rechte:

  Zur Erfassung der größtmöglichen Zahl waffenfähiger Gemeindemitglieder mußte man die materielle Leistungsfähigkeit jedes einzelnen einschätzen. Auch hierfür bedurfte es amtsmäßiger Einrichtungen, die von allen anerkannt und in periodischen Abständen tätig wurden. Doch war es nicht mit der Feststellung getan, daß jemand zum Hoplitendienst in der Lage war und taugte; die in Frage Kommenden mußten auch bereit dazu und von ihrer Aufgabe überzeugt sein. Die Kostspieligkeit der Ausrüstung und das Risiko des Einsatzes konnten für die breitere Masse der Hopliten nur dann aufgewogen sein, wenn der Soldat nicht mehr zufälligen einzelnen Aristokraten, sondern der Gemeinschaft als ganzer diente. Hoplit sein hieß also: dem Staat zu dienen, über das Ziel des eigenen Einsatzes aber auch mit zu entscheiden. Nur unter der Voraussetzung eines einheitlichen, auf die Gemeinschaft orientierten Willens und Bewußtseins konnte die Hoplitenphalanx ihre militärische Effektivität entfalten.

- Die Eröffnung neuer Handlungspotentiale:

  Die Hopliten-Phalanx war ein militärisches Instrument von bis dahin nicht gekannter Schlagkraft. Die Gemeinden hatten mit ihr ein Aggressionspotential in Händen, das sie gezielt zur Verbesserung ihrer ökonomischen Grundlagen und zu ihrer ideologischen Selbstverständigung einsetzen konnten. Kriegerische Konflikte, vor allem Grenzkriege, werden seit dem 7. Jh. v. Chr. daher zahlreicher. Über die organisatorische Handhabung des rein Militärtechnischen hinaus führte diese Entwicklung auch zur Etablierung einer neuen, ständigen Gemeinschafts-

[70] Vgl. Kap. B, VI, 1.

aufgabe, der Außenpolitik, die von Beginn an Sache der Volksversammlung war und deshalb zu deren Institutionalisierung wesentlich beitrug. Dennoch waren noch bis ins 5. Jh. v. Chr. hinein für die Außenpolitik zugleich auch einzelne Aristokraten verantwortlich – sei es als Funktionsträger der Gemeinde, sei es, wie noch in vorstaatlicher Zeit, als Individuen mit persönlichem Ehrgeiz.
Ein neues Machtpotential stellten die Hopliten aber auch im Inneren der Gemeinde dar. Trotz ihrer prinzipiellen und idealiter geforderten Orientierung auf die Gemeinde hin kam es immer wieder vor, daß sie in die Kämpfe zwischen Aristokraten um Vormachtstellungen in einer Gemeinde hineingezogen wurden.

7. Die Intensivierung der *stasis*

Die *stasis* wurzelt in dem bereits in den vorstaatlichen Verhältnissen bekannten Ringen der Aristokraten einer Gemeinde um Sozialprestige, die Anerkennung ihrer Höherstellung. Die *stasis* ist daher ein wesentliches Strukturelement der aristokratischen Sozialordnung.[71] Seit der Mitte des 7. Jhs. v. Chr. haben sich in allen fortgeschrittenen Gemeinden die *stasis*-Auseinandersetzungen erheblich verschärft. Die Ursache dafür liegt in den Faktoren des Wandels selbst: in der Kolonisation, deren Durchführung einzelnen Aristokraten neue Chancen des Machtgewinns eröffneten; im wirtschaftlichen Aufschwung wie in außenpolitischen Unternehmungen, durch die Aristokraten ihren Reichtum vermehren konnten; schließlich in der Existenz neuer militärischer Machtpotentiale. Über die Erringung eines ständig prekären Sozialprestiges hinaus lockte viele Aristokraten jetzt die Möglichkeit, die neuen Entwicklungen (einschließlich der bereits erfolgten Schritte in den neuen Zustand der Staatlichkeit) zu nutzen, um eine dauerhafte persönliche Vormachtstellung in einer Gemeinde zu erringen.

Diese Perspektive steigerte die *stasis*-Auseinandersetzungen und führte nicht selten zu bürgerkriegsartigen Zuständen. In ihnen wurde der Zusammenbruch der herkömmlichen Ordnung für jeden spürbar, fand der Ruf nach Wiederherstellung von Ordnung breiten Widerhall. Besondere Dringlichkeit erhielt diese Forderung dort, wo sich die innere Unruhe auch aus einer verbreiteten sozialen Unzufriedenheit speiste. Diese erwuchs im späten 7. Jh. v. Chr. daraus, daß viele Aristokraten die traditionellen Prinzipien des sozialen Zusammenlebens in der Gemeinde radikal in Frage stellten und Teile der bäuerlichen Bevölkerung in eine neuartige Abhängigkeit von sich brachten.[72] Nach Lage der Dinge konnte Abhilfe und Erneuerung der Ordnung nur durch ein konsequentes Voranschreiten auf dem Wege der Staatlichkeit erreicht werden.

71 Vgl. Kap. A, IV, 2.
72 Vgl. Kap. B, V, 5c.

8. Der geistige Aufbruch

Entscheidenden Anteil an der Lösung der sozialen Krise, der Eindämmung gewaltsamer Konflikte oder der Bewältigung anderer anstehender praktischer Fragen hatten in vielen Gemeinden einzelne herausragende Persönlichkeiten, die durch ihr Wirken als Gesetzgeber, Schlichter oder Versöhner die neuen Formen staatlicher Organisation zu finden und einzurichten halfen. Was sie dazu instand setzte, war ihre Fähigkeit, die Krisen im Gemeinschaftsleben zu analysieren, die Grundlagen der politischen Ordnung zu benennen und Möglichkeiten zu deren Errichtung aufzuzeigen. Wir kennen seit dem 7. Jh. v. Chr. eine ganze Reihe solcher Denker, Dichter und weisen Männer, die über die Natur der Götter und den Aufbau des Kosmos ebenso nachdachten wie über die Wohlordnung *(eunomia)* im menschlichen Zusammenleben. Die Herausbildung der Bürgerstaatlichkeit war demnach von einer geistigen Bewegung begleitet. Die Denker standen über und außerhalb der einzelnen Gemeinde und vermochten so, deren Probleme mit denen anderer Gemeinden zu verbinden und zu vergleichen. Zu Zentren des neuen Wissens und Erkennens wurden die panhellenischen Heiligtümer, insbesondere Delphi, dessen Rolle etwa bei der Kolonisation bereits hervorgehoben wurde. Die Griechen erschlossen sich durch diesen geistigen Aufbruch eine ganz neue Welt des Denkens jenseits des traditionellen Mythos.

Die Forschung hat den Zusammenhang dieses neuen Denkens, das in der hergebrachten Terminologie unter das Stichwort ‚vorsokratische Philosophie' subsumiert wird, mit dem sich herausbildenden Bürgerstaat bislang noch kaum untersucht. Auch hier muß auf eine ausführliche Erörterung verzichtet werden. Vermutlich aber hat sich beides, der Wandel der geistigen Kultur und der der Gemeindeordnung, in einem wechselseitig fruchtbaren Austausch vollzogen. Die Herausbildung des Bürgerstaates und die Entwicklung des griechischen Denkens standen in einem inneren Zusammenhang.

Die Entwicklung des Bürgerstaates bei den Griechen bietet deswegen auch einen eindrücklichen historischen Anschauungsunterricht für die Macht des Geistes und der Ideale in der Geschichte.

9. Die Dynamik des Wandels

Die Bevölkerungsvermehrung und die Kolonisation, die Urbanisierung und der wirtschaftliche Aufschwung, die Revolution im Militärwesen, die *stasis*-Kämpfe und die soziale Krise und nicht zuletzt die Geburt neuer gedanklicher Entwürfe haben das Zusammenleben in den griechischen Gemeinden während der archaischen Zeit tiefgreifend verändert. Verglichen mit den noch bis ins 8. Jh. v. Chr. hinein herrschenden Zuständen lief dieser Wandel insgesamt auf eine stärkere Differenzierung und eine Steigerung der Komplexität im Zusammenleben der Gemeinden hinaus. Diese waren vor neue Situationen, Anforderungen und Probleme gestellt, die eine Lösung und Bewältigung jenseits der bisher praktizierten Mechanismen in der vorstaatlichen Gemeindeordnung verlangten. Vor diesem Hintergrund wird die Entstehung staatlicher Organisationsformen zur Bewältigung der Gemeinschaftsaufgaben verständlich sowie die Herausbildung der Staatlichkeit, der *polis* als einer alle Gemeindemitglieder umgreifenden und für ihr Handeln bestimmenden Kraft.

Die Veränderung hat sich in einem Prozeß von Wechselwirkungen vollzogen. Einzelne Faktoren haben aufeinander eingewirkt und sich dabei gegenseitig verstärkt: so etwa Kolonisation und Bevölkerungswachstum oder die Ausweitung des Handwerks und der Bedarf nach neuer militärischer Ausrüstung. Außerdem hat jeder Schritt in Richtung Bürgerstaatlichkeit seinerseits den Veränderungsprozeß beschleunigt, da er eine Herausforderung für den Wandel in anderen Bereichen darstellte. Und schließlich kommt in den meisten Faktoren, die auf Veränderung drängten, zugleich auch ein Stück schon vollzogenen Wandels zum Ausdruck. Wie häufig in der Geschichte haben wir es also mit einer Entwicklung zu tun, die sich nicht auf eine Ursache zurückführen läßt, sondern die ein Bündel gegenseitig aufeinander einwirkender Elemente enthält. Der Prozeß, einmal in Gang gebracht, entfaltete schnell seine Eigendynamik, ohne daß die an ihm Beteiligten das Ziel, auf das sie mit ihren je einzelnen Entscheidungen zusteuerten, zu jeder Zeit als ganzes hätten erkennen können.

Vielfach bezog die Bewegung nämlich noch aus einem anderen Moment ihre Kraft. Wir können das etwa im Falle der Kolonisation, der Veränderung der Militärtechnik oder beim Tempelbau beobachten. Von einer allgemeinen Entwicklung in der griechischen Welt ist nämlich nicht nur deswegen zu sprechen, weil sich das Gleiche in vielen Gemeinden in derselben Epoche abgespielt hat, sondern vor allem auch deshalb, weil dem Prozeß ein reger Austausch zwischen den einzelnen und autonomen Gemeinden zugrunde lag. So hat jedes Kolonisationsunternehmen beispielsweise von anderwärts zuvor gemachten Erfahrungen profitiert, über die man sich etwa in Delphi informieren konnte. Ein anderes Beispiel ist die Entwicklung der Hopliten-Ausrüstung, für die es aus den verschiedensten Gemeinden archäologische Belege gibt, die auf eine allmähliche Akkumulation zweckdienlicher Verbesserungen, hervorgerufen durch das Bestreben, den Gegner zu übertrumpfen, schließen lassen. Die einzelnen Gemeinden beobachteten sich also gegenseitig sehr genau, Neuerungen wurden rasch nachgeahmt und nach Möglichkeit verbessert oder in größerem Stile umgesetzt. Man betrachte noch einmal die Auflistung einiger früher Tempelbauten[73], deren Maßverhältnisse nur aus dem Wettbewerb zwischen einzelnen Gemeinden zu erklären ist: So drückt sich in den nur geringfügig differierenden Maßen des Zeustempels von Akragas und des Tempels GT in Selinous die traditionell feindliche Beziehung zwischen diesen beiden sizilischen Städten aus. Das gleiche gilt für die Tempel in Samos und Ephesos. Wettbewerb liegt auch anderen Erscheinungen zugrunde, den mannigfaltigen Gesetzgebungen ebenso wie der Verbreitung von Kunstgattungen und Kunststilen. So waren etwa

73 Vgl. Kap. B, IV, 4.

an der Herausarbeitung der nackten männliche Gestalt in der Großplastik in der Form des sogenannten *kouros* Künstler aus dem gesamten Ägäisbereich beteiligt.

Die jeweils selbständigen Gemeinden haben sich in einem einheitlichen Kulturraum gegenseitig befruchtet und angetrieben. Alle Beteiligten durchliefen den gleichen Entwicklungsprozeß und unterlagen der gleichen Dynamik. So wurde in der polyzentrischen Welt der griechischen Gemeinden ohne jede Einwirkung von außen im Laufe der archaischen Zeit die historisch neue und völlig einzigartige Ordnung des Bürgerstaates gefunden.

V. „... die schwarze Erde, die ich einst enthob der Schuldenmale“: Die soziale Krise um 600 v. Chr. und ihre Lösung durch Solon

1. Die Quellen und ihre Problematik

a. Solon

Unsere unmittelbarste und wertvollste Quelle für die politische und soziale Lage in Athen um 600 v. Chr. sind die Fragmente der solonischen Gedichte. Sie richten sich an ein konkretes, zeitgenössisches Publikum und sind aus der jeweiligen Situation heraus verfaßt, in der sich Solon als politisch Handelnder gerade befand.[74] Mit seiner Dichtung wollte Solon auf die politischen Auseinandersetzungen und Probleme seiner Zeit Einfluß nehmen. Er dichtete daher für den mündlichen Vortrag in der Öffentlichkeit Athens und nicht für Außenstehende oder für spätere Leser. Das gilt im übrigen für die gesamte Lyrik der archaischen Zeit.

Abb. 19 Bildnis Solons. Spätklassisch, ~330 v. Chr., Kopie aus der römischen Kaiserzeit (69-96 n. Chr.) (Privatbesitz)
Dieses Bildnis des politischen Reformers und Gesetzgebers betont die Züge des von den Musen inspirierten Dichters und Weisen (vgl. Kap. B, VII, 1).

Benutzen wir die solonischen Gedichte als historische Quelle, müssen wir beachten, was wir von ihnen zu erwarten haben: In einer mündlichen, auf eine bestimmte historische Situation bezogenen Dichtung sind die Mitteilungen häufig sehr allgemeiner Art. Solon genügte es, ein Stichwort (zum Beispiel *horoi*) oder einen allgemeinen Begriff (zum Beispiel *douleia*) oder ein für die Zeitgenossen eindrückliches, für uns aber nicht ohne weiteres verständliches Bild (zum Beispiel *ge melaina ... eleuthera*, alles aus F 24D.) zu benutzen, um seine Zuhörer auf den jewei-

[74] Vgl. zum Beispiel F 2D.; F 5D.; F 23D.

ligen Bezugshintergrund zu verweisen. Für uns ergeben sich daraus Viel- und Mehrdeutigkeiten oder Unklarheiten, die oft nicht mehr konkret aufzuhellen sind.

Dennoch bilden die Gedichte Solons aufgrund ihres nicht zu übertreffenden Grades an Authentizität die entscheidende Quellengrundlage. Das für unser Thema wichtigste Gedichtfragment ist F 24D.

> „... ich also hätte das, weswegen ich vereint
> das Volk *(demos)*, tatsächlich, ehe ich's erreicht, gestoppt?
> Dagegen zeugt mir wohl vor dem Gericht der Zeit
> die Mutter (keine größre gibt's!) der Götter vom Olymp
> am besten: sie, die schwarze Erde *(ge melaina)*, die ich einst
> enthob der Schuldenmale *(horoi)*, vielfach eingerammt:
> zuvor ins Sklavenjoch gebeugt, ist sie jetzt frei *(eleuthera)*!
> Und viele hab' ich nach Athen, ins Land der Väter *(patris)* gottgeschenkt,
> zurückgeführt, die man verkauft (den einen wider's Recht,
> den andern rechtens), ferner die, die – unterm harten Zwang
> der Schuldenlast geflüchtet – gar nicht Attisch mehr
> beherrschten, weil sie vielerorts weit weg umhergeirrt.
> Und die, die hier am Ort schmachvolle Sklaverei *(doulie)*
> ertrugen, zitternd vor den Launen ihrer Herrn *(despotes)*,
> die hab' ich frei *(eleutheros)* gemacht! – Bis dahin war es Kraft,
> mit der ich – Zwang und Recht *(bia kai dike)* vereinend zum Verbund –
> gehandelt und den Plan erfüllt, so wie ich es versprach.
> Doch dann hab' Satzungen *(thesmoi)* für niedrig und für hoch,
> indem ich jedem Tatbestand sein striktes Recht *(dike)* zumaß,
> ich festgesetzt. Ein andrer, hätt' die Geißel er wie ich
> im Griff gehabt, ein Ränkeschmied und geldverseßner Mann,
> hätt' nicht gehemmt das Volk! Denn: hätte ich gewollt,
> was den verfeindeten Partei'n gefiel zu jener Zeit –
> und erst, was ihnen die je andern zugedacht! –:
> von vielen Männern hätte dann sich diese Stadt *(polis)* entblößt!
> Darum (die Kraft zum Widerstand holt' ich mir überall)
> hab' unter vielen Hunden ich gedreht mich wie der Wolf!"
>
> (Sol. F 24D.; Ü.: Joachim Latacz)

Alles, was von anderen zusätzlichen und späteren Quellen herangetragen wird, darf dem, was aus Solon zu gewinnen ist, zumindest nicht widersprechen. Es gilt daher primär, den Tenor der Aussagen Solons zu rekonstruieren. Im Zweifel an späteren Quellen gilt der Grundsatz, das Interesse an konkreten Details lieber zurückzustellen, wenn diese mit den Grundlinien der solonischen Aussagen nicht ohne weiteres in Übereinstimmung gebracht werden können. Alle für unser Thema in Frage kommenden späteren Quellen sind wenigstens 250 Jahre jünger.

b. Herodot

Lediglich Herodot steht der solonischen Zeit noch etwas näher. Bei ihm taucht Solon als Besucher und Gesprächspartner des Lyderkönigs Kroisos im ersten Buch auf. Für Herodot ist Solon eine wichtige Figur in einem Teil seiner Geschichtserzählung; freilich handelt dieser nicht direkt von der athenischen Geschichte, sondern vom Schicksal des Lyderkönigs Kroisos. Herodot hat sich in seiner Schilderung des Auftretens und der Ansichten Solons vermutlich auf Geschichten gestützt, die in die bis dahin mündliche Überlieferung zu den sogenannten Sieben Weisen gehören. Zu ihnen wurde Solon gezählt, und als weiser Ratgeber begegnet er dem Kroisos. Nirgendwo kommt dabei Solons politisches Wirken in Athen zur Sprache. Als Ergänzung zu den solonischen Gedichten in dieser Hinsicht fällt Herodot also aus. In einem weiteren Sinne ist es jedoch von Interesse zu beobachten, wie die Solon von Herodot in den Mund gelegten Einsichten und Lehren, die er dem Kroisos nahe zu bringen sucht, sich mit den Maximen in seinen Gedichten treffen.

c. Die Athenaion Politeia

Diese Schrift stammt möglicherweise von Aristoteles, sicher aber aus seiner Schule und ist zwischen 329/28 und 322 v. Chr. entstanden. Sie beschreibt die Entwicklung der athenischen Verfassung bis zur vollen Ausprägung der Demokratie im 5. Jh. v. Chr. (bis zu den Ereignissen von 404/3 v. Chr.). Der zweite Teil gibt einen Überblick über die Verfassungsordnung, die seitdem bis auf die Entstehungszeit der Schrift existiert.[75] Problematisch an der Darstellung ist, daß man im 4. Jh. v. Chr. – vor allem aus Mangel an zuverlässiger Überlieferung – vieles aus der Frühzeit des eigenen Staates nicht mehr recht verstanden hat. Ferner gehört die Schrift in die politischen Auseinandersetzungen des 4. Jhs. v. Chr. und nimmt zu diesen Stellung. Vor allem lehnt der Verfasser die zeitgenössische, sehr weitgehende Demokratie ab und sieht demzufolge auch in seinem Rückblick auf die Vergangenheit Athens die Entwicklung immer unter dem Vorzeichen einer Auseinandersetzung zwischen Aristokratie und Volk, das heißt zwischen Demokratie und Oligarchie oder gemäßigter Demokratie.

Das zeigt sich in den für unser Problem einschlägigen Kapiteln. Solon und seinem Wirken sind große Teile am Beginn der Schrift gewidmet.[76] Aufschlußreich ist zunächst Kapitel 2:

> „Danach geschah es, daß die Adligen *(gnorimoi)* und das gemeine Volk *(plethos)* lange Zeit in Zwietracht lebten *(stasiazein)*. Denn ihre Verfassung *(politeia)* war in allem oligarchisch, und außerdem waren die Armen *(penetes)* von den Reichen abhängig, sie selbst, ihre Kinder und ihre Frauen. Sie hießen Hörige *(pelatai)* und Sechstellöhner *(hektemoroi)*, denn für diese Pacht bearbeiteten sie die Felder der Reichen. Das ganze Land war in der Hand weniger Leute; und bezahlten sie (die Pächter) nicht ihre Pacht, wurden sie selbst und ihre Kinder pfändbar *(agogimoi)*. Die Darlehen wurden von allen bis zur Zeit Solons durch leibliche Haftung gesichert; dieser wurde als erster Fürsprecher des Volkes *(tou demou prostates)*. Das härteste und bitterste Los war es nun also für die Massen unter dieser Verfassung *(politeia)*, sich in Abhängigkeit zu befinden *(douleuein)*. Selbstverständlich waren sie auch über alle anderen Lebensbedingungen empört, denn sie hatten sozusagen an nichts Anteil."
>
> (Aristot. Ath. pol. 2; Ü.: Mortimer Chambers)

[75] Vgl. Kap. B, I, 1a.
[76] Vgl. Aristot. Ath. pol. 5-12.

Im konzeptionellen Gerüst dieses Textes ist zunächst einmal die Perspektive des 4. Jhs. v. Chr. deutlich zu erkennen. Sie zeigt sich in gedanklichen Figuren und in der Wortwahl:

- Die *stasis* zwischen Aristokraten *(gnorimoi)* und Volk *(plethos)*: Diese Konstellation ist eine anachronistische Projektion, da sie erst mit dem Aufkommen einer alternativen Verfassungsvorstellung (dem Gegensatz zwischen Demokratie und Oligarchie) möglich wurde, also erst ab der Mitte des 5. Jhs. v. Chr.[77]

- Für den Begriff ‚oligarchisch' gilt das gleiche.

- Kredite mit leiblicher Haftung: Im 4. Jh. v. Chr. war solches möglich. In der vorsolonischen Zeit handelt es sich hingegen um das Zugriffsrecht des Gläubigers auf den säumigen Darlehensschuldner im Rahmen der Selbsthilfe.

- Anführer der Volkspartei: auch dieser Begriff gehört in das Arsenal der Auseinandersetzungen um die Demokratie seit der zweiten Hälfte des 5. Jhs. v. Chr.

Weiterhin enthält die Athenaion Politeia eine Reihe innerer Probleme und Widersprüche:

- Zwei Ursachenkomplexe für die Unzufriedenheit des Volkes werden genannt: ein ökonomischer (Verschuldungsproblem) und ein politischer (sklavische Untertänigkeit, mangelnde politische Mitsprache). Nicht erklärt wird, ob beziehungsweise wie beide Begründungen zusammenhängen.

- „Das ganze Land war in den Händen weniger?" Was soll das heißen: Ist das eine Übertreibung? Hat es tatsächlich keine freien Bauern mehr gegeben? Wie ist es dann zu verstehen, daß Athen in solonischer Zeit durchaus über eine Schicht von Bauern verfügte, die zur Selbstausrüstung als Hopliten imstande waren?

- Wodurch unterscheiden sich die Armen *(penetes)*, die in der Knechtschaft der Reichen sind, von den *hektemoroi*, die ja ebenfalls zu den Armen zählen?

- Wie können sich eigentlich *hektemoroi*, die ja arm sind und fast schon in Knechtschaft leben, noch eine Pacht erwirtschaften?

- Wie war es für die Armen, die angeblich schon in *douleia* von den Reichen lebten, möglich, Schulden mit leiblicher Haftung zu machen?

[77] Vgl. unsere erste Quelle dazu Hdt. 3, 80-82.

- Schuldner und *hektemoroi* werden implizit gleichgesetzt. Das verdeckt ihren unterschiedlichen Status: In der agrarischen Wirtschaft hat es Schuldner schon immer gegeben, *hektemoroi* sind jedoch ein spezifisches Phänomen der solonischen Zeit.

- Bei der Wertung der Probleme der Bauern liegt der Akzent auf der *douleia*. Wie ist das mit den ebenfalls genannten konkreten ökonomischen Schwierigkeiten (Verschuldung) zu vereinbaren?

- Was definiert den *hektemoros* überhaupt? Aus dem Begriff selbst ist nicht zu ersehen, in welchem Verhältnis der *hektemoros* etwas abgeben mußte beziehungsweise behalten durfte. Wie kommt es zu diesem Status? Im 4. Jh. v. Chr. war er längst verschwunden. Hatte der Verfasser der Athenaion Politeia vielleicht darüber keine konkreten Informationen mehr?

- Wo bleiben in der Gliederung der Bevölkerung Handwerker, Händler und freie Bauern?

- Warum wird im Kontext der Darstellung der Krise beziehungsweise im Kapitel 6 bei der Schilderung der solonischen Maßnahmen nicht das berühmte Gedicht Solons F 24D. zitiert? Es wird statt dessen in Kapitel 12, 4 angehängt. Als Quelle in unserem Sinne hat es der Verfasser jedenfalls nicht benutzt.

Das Kapitel 2 der Athenaion Politeia vermittelt also weder eine klare Vorstellung von der Zusammensetzung der athenischen Bevölkerung im späten 7. Jh. v. Chr. noch von ihrem jeweiligen sozialen und rechtlichen Status oder von den die Krise ausmachenden Zusammenhängen. Daher bleiben nur wenige eindeutige Informationsteile, die aus der Athenaion Politeia zu gewinnen sind und zu einem neuen Gesamtbild zusammengesetzt werden müssen:

- ein verbreitetes Verschuldungsproblem, das harte persönliche Folgen für die Bauern hatte. Sie wurden *agogimoi* und konnten damit versklavt werden;

- die Existenz von *hektemoroi* neben den Schuldsklaven als eine Schicht von Bauern mit einem einheitlichen und spezifischen Rechtsstatus;

- der Begriff *hektemoroi* als Indiz dafür, daß die Bedingungen, unter denen sie arbeiteten, sich aus einer Aufteilung des von ihnen Erwirtschafteten ergaben;

- eine weit verbreitete Unzufriedenheit, Verbitterung, soziale Deklassierung im *demos* und daraus folgend: *stasis*. Das Schwerwiegendste war der Zustand der *douleia*, der sklavischen Abhängigkeit.

d. Plutarch

Der Quellenwert der zu Beginn des 2. Jhs. n. Chr. entstandenen Solon-Biographie Plutarchs ist allgemein kaum zu charakterisieren. In Rechnung zu stellen ist in jedem Fall die moralisierende und aristokratische Sichtweise des Autors und seiner Zeit. Im einzelnen sind die Informationen sehr von den Quellen, die Plutarch benutzt hat, abhängig. Sie müssen in jedem Fall an dem Bild gemessen werden, das aus unserer Primärquelle, Solon selbst, gewonnen werden kann. Für unsere Frage einschlägig ist das folgende Kapitel:

> „Da nun damals die Ungleichheit zwischen arm und reich gleichsam den Gipfel erreichte, so befand sich die Stadt in einer höchst kritischen Lage, und es sah so aus, als ob sie allein durch Errichtung einer Tyrannis würde aus den Wirren heraus und zur Ruhe kommen können. Denn das ganze niedere Volk war den Reichen verschuldet. Entweder bearbeiteten sie das Land für sie und lieferten den Sechsten der Erträge ab, wonach sie *hektemoroi* und Fronbauern *(thetes)* hießen, oder wenn sie unter Verpfändung ihres Leibes Schulden aufgenommen hatten, so wurden sie von den Gläubigern abgeführt und dienten teils im Lande als Sklaven, teils wurden sie in die Fremde verkauft. Viele waren auch genötigt, ihre eigenen Kinder zu verkaufen – denn kein Gesetz verbot das – und vor der Hartherzigkeit der Gläubiger das Land zu verlassen. Die meisten und Kräftigsten jedoch taten sich zusammen und ermahnten einander, nicht länger ruhig zuzusehen, sondern einen zuverlässigen Mann zum Führer zu wählen, die Ausgepfändeten aus der Schuldhaft zu befreien, das Land aufzuteilen und überhaupt die Verfassung umzustürzen."
>
> (Plut. Sol. 13, 3-6; Ü.: Konrat Ziegler)

Auffällig ist zunächst, daß Plutarchs Schilderung eng an der Vorlage der Athenaion Politeia beziehungsweise an deren Quelle hängt. Eine Reihe von Problemen, die der Text der Athenaion Politeia aufwirft, betreffen daher auch Plutarch. Das gilt insbesondere für die Auffassung, die wirtschaftlichen Probleme seien mit verfassungspolitischen Auseinandersetzungen verquickt gewesen.[78] Darüber hinaus nimmt Plutarch stillschweigend einige Angaben aus Solons Dichtung mit auf:

- Verkauf von Schuldsklaven in die Fremde[79]
- Flucht der von der Schuldsklaverei Bedrohten[80]
- Forderung nach Landaufteilung[81]

Über das von der Athenaion Politeia Gebotene hinaus ist vor allem interessant, daß Plutarch die *hektemoroi* deutlich von den Schuldsklaven trennt. Beide Gruppen seien zwar den Reichen gegenüber verschuldet gewesen, es habe aber zwei alter-

[78] Vgl. die Bemerkung am Ende, es sei um den Umsturz der Verfassung gegangen; außerdem die dem Zitat unmittelbar vorausgehende Passage.
[79] Vgl. Sol. F 24D. 9 f.
[80] Vgl. Sol. F 24D. 11 f.
[81] Vgl. Sol. F 23D. 20-21.

native Formen dieser Verschuldung gegeben. Die Gruppe der *hektemoroi* sei außerdem dadurch charakterisiert gewesen, daß sie ein Sechstel ihrer Erträge an die Eigentümer des Landes abgeliefert hätten. Man könnte das als eine Klarstellung der verworrenen Angaben in der Athenaion Politeia ansehen, wüßte dann aber gerne, ob sie der eigenen Kombination Plutarchs oder einer anderen Quelle – einer gemeinsamen Vorlage von Athenaion Politeia und Plutarch? – entspringt. Wieweit man sich darauf einlassen kann, hängt davon ab, ob diese Vorstellungen im Rahmen eines neuen Gesamtbildes einen Sinn ergeben. Das unterstreicht noch einmal, daß es erforderlich ist, das Problem der *hektemoroi* wie auch die krisenhafte Situation der Bauern insgesamt in einem weiter gespannten Fragerahmen zu erörtern. Bei Solon selbst ist auf diesen Hintergrund nur angespielt. Dafür werden bei ihm *horoi*, Grenzsteine, genannt[82], die von der Athenaion Politeia und von Plutarch nicht erwähnt werden.

Angesichts der Quellenlage ist deutlich, daß jede Rekonstruktion, die über die allgemeine Beschreibung der Lage bei Solon hinausgeht, in hohem Maße hypothetisch bleiben muß.

2. Reziprozität als Prinzip der bäuerlichen Sozialbeziehungen bei Hesiod

Um verstehen zu können, wie die Bauern Attikas in der Zeit vor Solon in eine Krise geraten konnten, ist es notwendig, die normale Lage des bäuerlichen *oikos* und seine Beziehungen zu anderen in der Frühzeit kennenzulernen. Unsere einzige Quelle hierfür ist Hesiod. Für Hesiod ist der einzelne *oikos* die Grundlage und der wichtigste Bezugspunkt des Bauern:

> „Erst einmal ein Gehöft *(oikos)*, eine Frau, einen Ochsen zum Pflügen“,
> (Hes. erg. 404; Ü.: Walter Marg)

so Hesiod zu seinem Bruder Perses. Das ganze Denken in Hesiods bäuerlicher Dichtung kreist darum, den *oikos* in seinem Wohlstand zu erhalten, ja diesen möglichst noch zu steigern. Der Schlüssel hierzu ist harte Arbeit:

> „Arbeite, Perses (...), auf daß dich der Hunger
> Meidet voll Haß (...)“.
> „Arbeit, *die* ist nicht Schande, das Nichtstun jedoch, das ist Schande.
> Bist du fleißig am Werk, wird rasch dich der Träge beneiden,
> Wenn du dann reich. Den Reichtum begleitet Würde *(arete)* und Ansehen.“
> (Hes. erg. 299-300, 311-313; Ü.: Walter Marg)

In diesem Zitat wird ein elementarer Antrieb zur Arbeit sichtbar: der Neid des Nachbarn. Die Rivalität zwischen den *oikoi*, eine Konsequenz ihrer sozialen Vereinzel-

[82] Vgl. Sol. F 24D. 6.

ung und Unabhängigkeit, wird von Hesiod als eine positiv empfundene Bedingung des bäuerlichen Lebens beschrieben:

[auf der Erde
„Falsch wars, daß eins nur des Streites *(eris)* Geschlecht sei (der Krieg, d. Verf.); nein,
[ihn gewahr wird,
Gibt es zwei. Den einen (den dem Krieg entgegengesetzten, d. Verf.) wird loben, wer
Tadelnswert ist der andre. (...)"

(Hes. erg. 11-13; Ü.: Walter Marg)

„Auch einen hilflosen Mann, wie die andern, weckt er (der Streit, *eris*) zur Arbeit;
Denn auf den Nächsten blickt einer hin und drängt nun zum Wirken,
Auf einen Reichen, der emsig sich rührt beim Pflügen und Pflanzen
Und beim Bestellen des Hauses. Den Nachbarn stachelt der Nachbar,
Wenn er nach Wohlstand strebt. Der Streit ist gut für die Menschen!
Und zwischen Töpfer und Töpfer ist Groll, zwischen Zimmrer und Zimmrer,
Und zwischen Bettler und Bettler ist Neid, zwischen Sänger und Sänger."

(Hes. erg. 20-26; Ü.: Walter Marg)

Man darf aus dieser Passage allerdings keine Anklänge an modernen Wirtschaftsliberalismus herauslesen. Dahinter steht keine gesamtwirtschaftliche Wachstumsphilosophie, sondern der Kampf um eine begrenzte Ressource, das Land. Deswegen der Zwang zu harter Arbeit. Sie ist die einzige Gewähr dafür, daß man in dem Kampf um die Mehrung des eigenen Wohlstands siegt und ein anderer das Nachsehen hat. Sieh zu, so resümiert Hesiod eine längere Passage über den Wert der Arbeit,

„daß du das Land von anderen erwirbst, nicht ein anderer deines."

(Hes. erg. 340; Ü.: Verf.)

Nur so gelingt es, einen ausreichenden Vorrat anzulegen, der Bedürftigkeit und dem Hunger zu entgehen:

„Dann erreichst du reichlich versorgt den klaren Frühling. Und du brauchst dich nicht nach anderen umzuschauen; vielmehr wird es ein anderer sein, der deine Hilfe benötigt."

(Hes. erg. 477-478; Ü.: Verf.)

Extreme Selbstbezogenheit und das wirtschaftliche Ideal der Autarkie sind ist typisch für bäuerliche Gesellschaften (peasant societies) aus freien Eigentümern, die nicht in dauerhafter sozialer Abhängigkeit zu wirtschaftlich Stärkeren stehen. Dennoch ist Kooperation mit anderen unvermeidbar, muß aber auf ein Minimum begrenzt werden.

„Was im Hause gesammelt, das schafft einem Mann keinen Kummer. Besser im *oikos* das Gut; denn leicht bringt Schaden das Draußen. Ansehen und Stolz *(esthlon)* bringt es zwar, aus Vorhandenem wählen zu können, doch quälendes Herzeleid, wenn man nicht Vorhandenes braucht. Das heiße ich dich zu bedenken."

(Hes. erg. 364-367; Ü.: Verf.)

Es gilt daher immer Vorsorge zu treffen, damit man im Zweifelsfall nicht in die Position des Abhängigen, ja Unterlegenen kommt, dem leicht Hilfe verweigert werden kann:

„Ist es leicht doch gesagt: ein paar Rinder leih mir und Wagen.
Leicht aber lehnt sichs auch ab: meine Rinder sind leider beschäftigt."
(Hes. erg. 453-454; Ü.: Walter Marg)

In der Praxis ist das Autarkie-Ideal nicht zu erreichen. In der bäuerlichen Gesellschaft müssen sich die Bauern daher gegenseitig aushelfen. Das Ausleihen von Saatgut, Tieren, Futter, Holz, Arbeitsgeräten oder Lebensmitteln ist ein normaler Vorgang. Nach den Beobachtungen der Sozialanthropologen sind die Leihevorgänge in bäuerlichen Gesellschaften von folgenden Merkmalen gekennzeichnet:

- sie unterliegen keiner Zinsforderung;
- sie finden häufig statt;
- sie sind nur kurzfristiger Natur;
- sie spielen sich zwischen den gleichen Personenkreisen ab;
- langfristig gleichen sie sich gegeneinander aus;
- sie beruhen auf dem Prinzip der Gegenseitigkeit.

Als Ergänzung zum Autarkie-Ideal sind Gegenseitigkeitsbeziehungen in der bäuerlichen Gesellschaft elementar. Auch für Hesiod spielen sie eine große Rolle:

„Wer dein Freund, den lade zum Mahl, unterlaß es beim Feinde.
Den aber lade vor allem, der nah dem deinen sein Haus hat;
Sollte sich nämlich bei dir auf dem Hof einmal Schlimmes ereignen,
Kommen die Nachbarn im Hemd, beim Anziehn säumen die Vettern.
Schlechter Nachbar ein Kreuz, so sehr wie ein guter ein Segen.
Dem ward Geltung zuteil, dem ein wackerer Nachbar zuteil ward.
Und kein Rind kommt abhanden, wenn nicht dein Nachbar ein Schelm ist."
(Hes. erg. 342-348; Ü.: Walter Marg)

Wenn völlige Autarkie unmöglich ist, so ist es wichtig, die Beziehungen zum Nachbarn so zu gestalten, daß sie sich für einen selbst vorteilhaft auswirken. An der eben zitierten Stelle fährt Hesiod wie folgt fort:

„Gutes Maß laß dir geben vom Nachbarn, gutes gib wieder. Und mit demselben Gemäß, auch reichlicher, wenn du es kannst, damit du, wenn du selbst einmal Bedarf hast, ihn (den Nachbarn, d. Verf.) gefällig findest."
(Hes. erg. 349-351; Ü.: Verf.)

Das Ziel ist also, den Austausch immer so zu gestalten, daß eine Gegen-Verpflichtung zurückbleibt, der bisherige Gläubiger wieder zum Schuldner wird. Grundprinzip der Sozialbeziehungen in der bäuerlichen Gesellschaft Hesiods ist demnach die Reziprozität. Geben und Nehmen gehören unabdingbar zusammen:

„Zeig dich dem Freunde als Freund, und dem, der dir beisteht, steh du bei.
Gib, wenn einer dir gab, gib nicht, wenn einer dir nicht gab."
(Hes. erg. 353-354; Ü.: Walter Marg)

Es ist daher schlecht, wenn die Reziprozität durchbrochen wird, wenigstens für den auf der Seite des nehmenden Teils. Nur der, der gibt, bleibt in einer Position der Überlegenheit:

> „Denn so ists: gibt willig ein Mensch – und ist es auch Großes –,
> Freut ihn die eigene Gabe, und froh ist er innen im Herzen".
>
> (Hes. erg. 357-358; Ü.: Walter Marg)

Wird freilich die Gabe nicht erwidert, dann kommt sie einem Raub durch den Nehmer gleich:

> „Wer immer der Schamlosigkeit gehorcht und etwas für sich selbst nimmt (ohne zu erwidern, d. Verf.), und sei es auch etwas noch so Kleines, der läßt sein Herz gefrieren. Wenn du so zu Geringem auch nur ein Geringes zulegst, und wenn du dies häufiger tust, wird bald ein Großes auch daraus."
>
> (Hes. erg. 359-362; Ü.: Verf.)

Aus der Häufung noch so kleiner Gaben, die unerwidert bleiben, wird also schnell eine große Schuld.

Die Unterbrechung des Kreislaufs von Geben und Nehmen hat eine ernsthafte Störung des sozialen Gleichgewichts zur Folge. Sie bringt Gebende und Nehmende in einen Gegensatz, wobei die, die gegeben haben und weiterhin geben können, in eine Position dauerhafter sozialer Überlegenheit gelangen, während diejenigen, die ihre Verpflichtung nicht erfüllen können, in eine sozial unterlegene Position schuldhafter Abhängigkeit geraten. In der Welt Hesiods scheint diese Gefahr nur für einzelne – wie seinen Bruder Perses – bestanden zu haben. Sie konnte, so Hesiods Botschaft, abgewendet werden durch korrektes Verhalten nach außen und harte Arbeit im Innern des eigenen *oikos*. Was aber, wenn ein sozialer und wirtschaftlicher Wandel größeren Gruppen der bäuerlichen Bevölkerung das Einhalten der Reziprozitätsregeln nicht länger ermöglichte und wenn dazu die andere Seite, die Gebenden, diese Situation systematisch ausnutzte und ihrerseits das bisherige gesellschaftliche Gleichgewicht zerstörte? Eben dahin scheint es in Athen in vorsolonischer Zeit gekommen zu sein.

3. Der Weg in die Verschuldungskrise

Dem von Hesiod gezeichneten Bild ist noch ein Gesichtspunkt hinzuzufügen: Das Wirken des Reziprozitätsprinzips bedeutet nicht, daß die an dem Austausch von Geben und Nehmen Beteiligten sozial gleichgestellt wären oder sein müßten. Vielmehr bezeugt bereits Hesiod (wie Homer und die übrigen Quellen zur früharchaischen Zeit) die soziale Differenzierung zwischen Aristokraten und Nicht-Aristokraten, reicheren und ärmeren Bauern. Aber auch zwischen diesen bestimmte die Reziprozitätsregel die gesellschaftlichen Beziehungen: Der besser gestellte Grundbesitzer, der seinem ärmeren Nachbarn etwas leiht, darf erwarten, daß dieser es ihm zurückerstattet – nach Möglichkeit noch mit einem Aufschlag, um seinen Gläubiger auch für die Zukunft zu weiteren Hilfen zu bewegen.[83] Nur so be-

---

[83] Vgl. Hes. erg. 349-350.

wahrte der Bauer ungeachtet der bestehenden sozialen Ungleichheit seine Unabhängigkeit.

Was sie gefährden konnte, hat schon Hesiod angedeutet[84]: Die Unterbrechung des Kreislaufs von Geben und Nehmen, das Verbleiben in der Verpflichtungsposition, da nicht zurückgegeben werden kann. Der Weg ist dann vorgegeben: der Versuch, die erste Schuld zu begleichen, führt zur Notwendigkeit, erneut Hilfe in Anspruch zu nehmen. Hesiod selbst hat deutlich erkannt, daß aus der Kumulation auch geringfügiger Darlehen schnell eine größere Schuld wird. Eine Spirale der Verschuldung setzt ein, an deren Ende der wirtschaftliche Ruin des Bauern steht. Seine gesamte zu erwartende Ernte müßte er schließlich hingeben, um seine Verpflichtung gegenüber dem Gläubiger zu erfüllen. Damit aber hat er seine wirtschaftliche Unabhängigkeit, die Existenzgrundlage seines *oikos*, gänzlich verloren. Er besitzt keinen eigenen *oikos* mehr, sobald er in die Abhängigkeit von einem anderen *oikos* geraten ist.

4. Erscheinungsformen der sozialen Krise

Konnte der Bauer auf Dauer nicht mehr ohne fremde Hilfe auskommen, so brachte ihn das nicht nur moralisch gegenüber seinem Gläubiger und in den Augen der Gesellschaft in eine verachtete Position und zerstörte dies nicht nur seinen bisherigen sozialen Status als *oikos*-Besitzer und Mitglied der Gemeinde. Vielmehr kam die Nichterstattung eines Darlehens im Rechtsempfinden der Frühzeit einem Eigentumsentzug, also einem Diebstahl gleich. Unter den Bedingungen der Selbsthilfe als Mittel zur Wiederherstellung des Rechts war der Schuldner beziehungsweise dessen Eigentum dann dem Zugriff des geschädigten Gläubigers preisgegeben. Dabei stand es selbstverständlich im Belieben des Gläubigers, wann und in welchem Ausmaß er zu diesem Mittel griff. War der Schuldner nicht leistungswillig oder leistungsfähig, gab es bei ihm also nichts mehr zu holen, was dem Gläubiger Genugtuung verschaffen konnte, so war dessen ultima ratio, daß er sich an die Person den Schuldners halten konnte. Von dieser Möglichkeit der Personalexekution war jeder Schuldner also bedroht. Sie ist die Grundlage für die verschiedenen Formen von wirtschaftlicher Not und sozialer Abhängigkeit, in die viele Bauern in der vorsolonischen Zeit gerieten. In dieses Bild müssen die von der Athenaion Politeia und Plutarch gegebenen Informationen eingeordnet werden, ergänzt durch Solons eigene Angaben in F 24D. Die Stichworte: Schuldsklaverei, *hektemoroi*, Verkauf und Flucht in die Fremde, *horoi*. Versuchen wir diese Erscheinungen als Konsequenzen des Instituts der Personalexekution zu verstehen, dann verweisen sie auf verschiedene Optionen, die dem Gläubiger offen standen.

[84] Vgl. Hes. erg. 361-362.

- Verkauf des Landes:

Der erste Schritt, zu dem sich ein verschuldeter Bauer gezwungen sehen konnte, war, seinen Landbesitz an den Gläubiger zu verkaufen, um seine Schulden zu tilgen. Sicher wäre dies in der Regel möglich gewesen. Ein Verbot der Landveräußerung, wie man es in der Forschung vielfach angenommen hatte, existierte wohl nicht. Die auch aus Solon herauszulesende Forderung nach Neuaufteilung des Landes[85] wäre sonst nicht verständlich. Dennoch werden die meisten Bauern trotz drohender Personalexekution vor diesem Schritt zurückgeschreckt sein. Denn er bedeutete die völlige soziale Entwurzelung, das Absinken in die unterste soziale Schicht der landlosen Wanderarbeiter und meist das offene Elend.

- Schuldsklaverei auf dem ehemalig eigenen Besitz:

Auch wenn der Bauer nicht freiwillig verkaufen wollte, am Ende ging er durch den Gläubiger doch de facto seines Landes verlustig. Das Druckmittel hierfür war allemal die Drohung der Freiheitsberaubung und des Verkaufs als Sklave. Dadurch konnte der Gläubiger den Schuldner etwa dazu bewegen, ihn zum Erben einzusetzen oder ihm Arbeitsdienste anzubieten[86]. Der Bauer konnte auf diese Weise versuchen, seinen Hof weiter zu bewirtschaften, auch wenn über diesen bereits ein anderer der Herr war.

- Verkauf in die Schuldsklaverei:

Nicht immer dürften die Gläubiger mit der eben skizzierten Lösung zufrieden gewesen sein, schloß sie doch theoretisch die Möglichkeit immer noch ein, daß es dem Bauern noch einmal gelingen könnte, sich aus seinem Schuldsklavenstatus wieder auszulösen, etwa wenn ein Sohn des Bauern sein Glück zum Beispiel als Söldner in der Fremde machte. Vor allem aber lag vielen größeren Grundbesitzern daran, den Landbau auf Wein- und Oliven-Kulturen umzustellen, da sich dafür allmählich ein überregionaler Markt herauszubilden begann. Dafür waren Arbeitskräfte jedoch nicht mehr im bisherigen Umfang erforderlich. Darüber hinaus waren viele Aristokraten zunehmend darauf aus, Tauschmittel zu erhalten, um teure Luxusartikel erwerben zu können. Kurzum: Nicht wenige Schuldner werden auf dem Weg der Personalexekution auch als Sklaven verkauft worden sein.

- Flucht:

Wie Solon selbst bezeugt[87], war eine der bedrückendsten Konsequenzen der bäuerlichen Not, daß viele Bauern diesem äußersten Schicksal, in die Sklaverei ver-

[85] Vgl. Sol. F 23D. 20-21.
[86] Vgl. den von Plutarch erwähnten Verkauf von Kindern.
[87] Vgl. Sol. F 24D. 10-12.

kauft zu werden, durch Flucht zu entgehen suchten. Sie werden gehofft haben, anderswo neu beginnen zu können. Tatsächlich wird die Lage vieler Geflüchteter eher schlechter als die aller anderen Gruppen gewesen sein.

- Die *hektemoroi*:

Gehäufte Flucht beziehungsweise vermehrter Verkauf von Schuldsklaven kann freilich zugleich auch eine unerwünschte Konsequenz für die Gläubiger gehabt haben. Zu sehr durften die benötigten Arbeitskräfte nicht reduziert werden. Außerdem noch wichtiger: Die Aristokraten brauchten für ihre Auseinandersetzungen untereinander um eine Vormachtstellung in der Gemeinde Anhängerschaften, die in der Volksversammlung oder auch bei gewaltsamen Kämpfen mobilisiert werden konnten. Geflüchtete oder verkaufte Schuldsklaven schieden dafür jedoch von vornherein aus. Deshalb wurden Schuldsklaven gerne in der dauerhaften Institution wirtschaftlicher und sozialer Abhängigkeit gebunden. Dies war der Status des *hektemoros*.
Die *hektemoroi* sind die in der Forschung am ausgiebigsten diskutierte Erscheinung der vorsolonischen Krise. Die Meinungen darüber, welchen Status sie genau hatten und wie dieser sich herausgebildet hat, gehen weit auseinander. Das ist hier nicht im einzelnen aufzurollen.[88] Insbesondere ist jede Spekulation über die konkrete Bedeutung des Begriffs müßig, etwa ob die *hektemoroi* ein Sechstel oder fünf Sechstel ihres Ertrages abliefern mußten. *hektemoros* bedeutet einfach Sechstteiler. Das bezieht sich auf das attische Maßsystem, das mit Sechsteln arbeitet. Der *hektemoros* hatte demgemäß einen festen, im Einzelfall vermutlich auch verschieden hohen Anteil seines Erwirtschafteten regelmäßig und auf Dauer an seinen Gläubiger abzuliefern. So konnte er sich das Zugriffsrecht auf seine Person ständig abkaufen, blieb von der Personalexekution verschont, jedenfalls solange er seine Leistungen erfüllte.
Möglicherweise hatte diese Regelung bereits ein Vorbild in einer schon länger bestehenden Einrichtung, die sich im Zusammenhang der attischen Binnenkolonisation im 8./7. Jh. v. Chr. entwickelt hatte. Als Antwort auf die erhebliche Bevölkerungsvermehrung haben die leistungsfähigeren Grundbesitzer damals noch nicht bebautes Land kultiviert. Sie benötigten dafür besonders in den Zeiten von Aussaat und Ernte Arbeitskräfte. Es könnte nun sein, daß hierfür Bauern zur Verfügung standen, die durch Arbeit auf dem Grundbesitz der Aristokraten sich einen Anteil von dem dabei Erwirtschafteten zu ihren eigenen bescheidenen Erträgen hinzuverdienten. Sie blieben freie Bauern, arbeiteten jedoch schon teilweise für einen anderen. Auch sie konnten natürlich in Schuldabhängigkeit geraten und bei ihnen lag es besonders nahe, das System der festen Abgaben-

[88] Vgl. Peter J. Rhodes: A Commentary of the Aristotelian Athenaion Politeia. Oxford 1981. S. 92-97.

leistung auf ihren eigenen Besitz auszuweiten. Ob dieser Weg allerdings für alle *hektemoroi* zutrifft, wie in der Forschung zuweilen behauptet wird, ist nicht zu klären.

Entscheidend für die Beurteilung des Status eines *hektemoros* ist die dauerhafte Abhängigkeit des Bauern zu seinem Gläubiger. *hektemoros* sein hieß, nicht mehr zu versuchen, eine aufgelaufene Schuld mit der Zeit wieder abzutragen. Vielmehr veränderte sich der soziale Status des Betreffenden grundlegend: Die *hektemoroi* bildeten eine ganz neue Schicht von fest abhängigen Bauern. Die Grundbesitzer ihrerseits konnten sich einen mehr oder weniger großen Stamm von Bauern heranzüchten, die ihrem Zugriff ausgeliefert, aber auch ihrer Fürsorge anheim gegeben waren. Eine solche Mischung aus feudalen und klientelen Strukturen bedeutete indessen nichts weniger als einen Umsturz der traditionellen gesellschaftlichen Beziehungen, die auf den unabhängigen, wenngleich sozial abgeschichteten *oikoi* basiert hatten. Klientele Bindungen zwischen den sozialen Schichten gab es bis in die vorsolonische Zeit nicht. Daß Aristokraten hier erstmals versucht haben, diesen der bisherigen Gesellschaft fremden Typ von Sozialbeziehungen aufzubauen, macht das eigentliche und tiefste Krisenelement der Zeit aus.

> „Am bedrückendsten und bittersten (...) war für die Masse, daß sie sich in sklavischer Abhängigkeit befand *(douleuein)*."
>
> (Aristot. Ath. pol. 2, 3; Ü.: Verf.)

So die abschließende Wertung der Athenaion Politeia. Wir werden dies auch auf die *hektemoroi* beziehen dürfen, so wie auf die übrigen Schuldsklaven. Die Schuldsklaverei als solche war im Prinzip gewiß nichts neues. Dennoch: In dem Maße, in dem die Personalexekution nicht mehr nur ein Phänomen von Einzelfällen war, sondern größere Teile der bäuerlichen Bevölkerung betraf, wurde Schuldsklaverei kennzeichnend für die Lage einer ganzen sozialen Schicht. Und da für sie keine Aussicht auf Besserung bestand, war auch dadurch das bisherige soziale Gefüge grundlegend in Frage gestellt.

- Die *horoi*:

Sie werden von der Athenaion Politeia und Plutarch nicht erwähnt. Es ist daher schwierig, sie eindeutig auf das bisher gezeichnete Bild zu beziehen. Solons Worte sind sehr ausdrucksstark und poetisch:

> „Dagegen zeugt mir wohl vor dem Gericht der Zeit
> die Mutter (keine größre gibt's!) der Götter vom Olymp
> am besten: sie, die schwarze Erde, die ich einst
> enthob der Schuldenmale *(horoi)*, vielfach eingerammt:
> zuvor ins Sklavenjoch gebeugt, ist sie jetzt frei!"
>
> (Sol. F 24D. 3-7; Ü. : Joachim Latacz)

Dies ist weder die Sprache des Rechts noch die der Soziologie. Man wird daher hieraus nur einen allgemeinen Zusammenhang entnehmen dürfen: Die *horoi* zeigten an, daß das betreffende Land und mit ihm sein Besitzer belastet war, daß auf ihm die Hand des Gläubigers lag. Das galt in jedem Falle für die *hektemoroi*. Inwiefern auch die übrigen Facetten des Verlustes der bäuerlichen Existenz und die verschiedenen Formen des Zugriffs auf den Boden durch solche Tafeln und Steine markiert waren, ist nicht zu sagen. Möglich ist es, ohne Zweifel aber waren diese *horoi* ein Symbol für die Krise, in die viele Bauern Attikas geraten waren. Als solches Symbol eigneten sich die *horoi* für das, was Solon an der zitierten Stelle ausdrücken wollte.

Die Erscheinungsformen der sozialen Krise in vorsolonischer Zeit waren vielgestaltig. Die konkrete soziale und wirtschaftliche Lage der Bauern dürfte sehr unterschiedlich gewesen sein, wie sich aus den geschilderten Möglichkeiten ergibt, die die Gläubiger für den Zugriff auf die Schuldner besaßen. Gemeinsam war all diesen Veränderungen zum Schlechten für die Bauern, daß sie im Effekt auf eine Umwälzung der traditionellen Sozialordnung in der Gemeinde hinausliefen. Eine Gemeinde, in der es zwar schon immer sozial hoch und niedrig Stehende gab, die aber nie durch dauernde Bande aufeinander bezogen waren, war im späten 7. Jh. v. Chr. auf dem Weg zu einer Gesellschaft, in der Aristokraten über eine Masse von Abhängigen, an ihr Land gebundenen Bauern herrschte.

Es dürfte dieser Bruch mit dem Herkommen gewesen sein, der den tiefsten Stachel für die aufkommende Empörung bildete und der vor allem auch jene trieb, die bisher noch als freie Bauern auf ihrem Hof saßen, potentiell freilich ebenfalls bedroht waren, und schließlich jene, die als Aristokraten diese Entwicklung nicht hinnehmen wollten. Denn viele hatten guten Grund zu der Furcht, selbst von dieser Dynamik erfaßt zu werden oder auch bei der Sammlung von Klienten den kürzeren zu ziehen; nicht wenige werden die Selbstzerstörung der Gemeinde im sozialen Aufstand oder die Heraufkunft eines Tyrannen und damit das Ende eigener Ambitionen haben kommen sehen. Die äußersten Konsequenzen bedrohten schließlich bereits das Gemeinwesen der Athener. Solon selbst bezeugt es:

„Dies kommt gleich über die ganze Stadt *(polis)* als unentrinnbare Wunde,
und schnell gerät sie in schlimme Knechtschaft *(doulosyne)*,
die inneren Streit *(stasis)* und schlafenden Krieg aufweckt,
der Vieler liebliche Jugendblüte vernichtet.
Denn von feindlichen Kräften wird schnell die geliebte Stadt
innerlich zersetzt in Zusammenschlüssen, wie sie Ungerechten lieb sind.
Dieses macht sich breit im Volke *(demos)* als Unglück (...)“

(Sol. F 3D. 17-23; Ü.: Verf.)

„Viele kamen beutelüstern, voller Hoffnung auf Gewinn,
Jeder einzelne von ihnen auf Bereicherung erpicht,
Sah'n in meinen sanften Reden künftigen Tyrannensinn.“

(Sol. F 23D. 13-15; Ü.: Zoltan Franyó/Peter Gan)

„Ich erkenn' es – und Gram nagt mir am Herzen, wenn ich sehe, wie Ioniens ältestes Land niedergebeugt ist.“

(Sol. F 4D. 1-3; Ü.: Verf.)

Aus unterschiedlichen Motiven fand sich angesichts dieser Situation eine Koalition der Vernunft zusammen und betraute Solon mit der Vollmacht, einen Ausweg aus der Krise zu finden. Worin aber liegen die Ursachen, die zu der Krise des Bauerntums geführt hatten?

5. Die Ursachen der Verschuldungskrise

Da die Quellen hierüber keine direkten Auskünfte geben, sind wir auf allgemeine Kombinationen aus uns bekannten anderen Tatsachen angewiesen. In beiden sozialen Lagern der an der Krise Beteiligten haben sich Veränderungen im sozialen Status und dem Verhalten vollzogen. Es ist daher wichtig, nach Ursachen auch auf beiden Seiten zu suchen. Häufig wird zu Unrecht allein danach gefragt, was die bäuerlichen Schuldner in ihre Lage gebracht hat.

a. Bevölkerungsdruck und Erbteilung

Der weitere Hintergrund der Krise besteht in dem starken Anstieg der Bevölkerung seit dem 8. Jh. v. Chr. Anderwärts führte dies sehr schnell zur Suche nach neuem Lebensraum außerhalb der bisherigen griechischen Siedlungsgebiete, also zur Kolonisationsbewegung. Athen hat als Gemeinde daran nicht teilgenommen, was nicht ausschließt, daß einzelne Athener sich Kolonisationsunternehmen anderer Gemeinden angeschlossen haben. Eine Zeit lang wird ein Teil des Bevölkerungsdrucks auch durch die attische Binnenkolonisation, von der schon im Hinblick auf die Entstehung des *hektemoros*-Status die Rede war, aufgefangen worden sein. Die wachsenden Schwierigkeiten, in die die bäuerlichen *oikoi* dennoch mit der Zeit gerieten, resultierten im wesentlichen aus dem geltenden Erbrecht. Dieses sah in jedem Fall eine reale Aufteilung des Bodens unter die Erben vor. Bei wachsender Bevölkerung konnten die Grundstücke auf diese Weise schon nach wenigen Generationen so aufgesplittert sein, daß sie ihren Besitzern kaum noch das Existenzminimum garantierten. Die Mittel, mit denen man sich gegen diese Entwicklung stemmen wollte, nennt schon Hesiod: die Propagierung von Ein-Kind-Ehe und Spätehe:

> „Ein Sohn, aber nur einer sei da, daß des Vaters Besitztum *(oikos)*
> Sicher besteht. So wird in den Kammern wachsen der Wohlstand."
> (Hes. erg. 376-377; Ü.: Walter Marg)

> „Und im richtigen Alter ein Weib ins Haus *(oikos)* dir geleiten:
> Laß an dem dreißigsten Jahr nicht allzu viele dir fehlen
> Noch gib viele dazu; dann paßt das Alter zur Hochzeit.
> Aber das Weib sei vier Jahre mannbar, freie im fünften."
> (Hes. erg. 695-698; Ü.: Walter Marg)

Ebenso Solon, der in seinem Gedicht über die Lebensstufen das menschliche Leben in Perioden zu sieben Jahren unterteilt:

„Während der fünften gebührt es dem Mann, an die Ehe zu denken,
Daß er für künftige Zeit zeuge der Kinder Geschlecht.“
(Sol. F 19D. 9-10; Ü.: Zoltan Franyó/Peter Gan)

Hinzu kommen kulturelle Erscheinungen wie die Ausweitung der Prostitution[89] und der Päderastie[90]. Doch dies waren Abhilfen, die sich im wesentlichen auf die Oberschicht beschränkten. Für die Masse der Bevölkerung galt es, sich auf jede nur mögliche Weise überzähliger Esser zu entledigen oder solche gar nicht erst entstehen zu lassen. Die Folge war in vielen Fällen das offene soziale Elend: so wenn Schwestern und Töchter in Bordelle verkauft werden oder den altersschwachen Eltern der Unterhalt verweigert wird. Wir können die Reflexe auf diese Zustände den solonischen Gesetzen entnehmen.[91]

Festzuhalten ist, daß durch Bevölkerungsdruck und das traditionelle Erbrecht viele Bauern im Laufe des 7. Jhs. v. Chr. an den Rand des Existenzminimums getrieben wurden. Da genügte eine schlechte Ernte oder eine begrenzte Naturkatastrophe, um die Spirale der Verschuldung unwiderruflich in Gang zu setzen.

b. Andere äußere Faktoren

Nicht selten werden in der Forschung noch andere exogene Faktoren genannt, die jedoch heute als obsolet außer acht gelassen werden dürfen oder deren tatsächliche Stichhaltigkeit mangels Quellen nicht zu verifizieren ist. Zur ersten Kategorie gehört vor allem die Annahme, in solonischer Zeit sei die Münzgeldwirtschaft in Athen eingeführt worden und habe eine umfassende Umstrukturierung der Wirtschaft ausgelöst. Dies stimmt allerdings weder für den Zeitpunkt noch den unterstellten Effekt: der Beginn der Prägung athenischer Münzen wird heute übereinstimmend erst in die Zeit der *tyrannis*, also in die zweite Hälfte des 6. Jhs. v. Chr. datiert. Und selbst als danach der Umgang mit Münzgeld in Athen allmählich selbstverständlich geworden war, hat dies nicht – vor allem nicht für den kleinen Bauern – zu einer durchgreifenden Monetarisierung des Wirtschaftens geführt.

In die Irre führt auch eine andere Auffassung: Bevölkerungsdruck und Binnenkolonisation in Attika hätten schnell zu einer Überwirtschaftung der Böden, also Auslaugung oder Erosion geführt. Die Quellen liefern hierfür keine Anhaltspunkte. Im Einzelfall mag die Not einen Bauern dazu verleitet haben, entgegen seinem Wissen von der traditionellen Anbaumethode (in ein- bis zweijährigem Turnus Wechsel von Anbau und Brache oder Wechsel von Anbau, Futtermittel und Kurzbrache) den Boden über Gebühr zu belasten. Wahrscheinlich ist das aber für die Mehrheit der Bauern nicht.

---

89 Vgl. F 29/30 Rusch.
90 Vgl. Sol. F 12D.; 13D. ; F 74 Rusch.
91 Vgl. Kap. B, V, 6.

c. ‚Bauernlegen' und die Gier nach Reichtum

Sehen wir auf die andere Seite, die der aristokratischen Gläubiger: Die Entwicklung der Aristokratie im 7. Jh. v. Chr. ist gekennzeichnet von einer zunehmenden Konkurrenz um die Vorherrschaft in der Gemeinde. Immer häufiger kommt es zur *stasis*, zum Kampf einzelner herausragender Aristokraten mit wechselnden Anhängerschaften gegeneinander. Die *stasis* konnte mehr oder weniger gewaltsam ausgetragen werden und unterschiedlich große Kreise der Gesamtbevölkerung einbeziehen. Motor für die Intensivierung der *stasis* im 7. Jh. v. Chr. waren die wachsenden Möglichkeiten für einzelne, mehr Reichtum zu erwerben oder überhaupt plötzlich reich zu werden wie andererseits das Risiko, ebenso plötzlich durch Schicksalsschläge aus dem Kreis der Aristokraten herauszufallen (vgl. etwa die Klagen des Aristokraten Theognis nach seiner Vertreibung aus seiner Heimatstadt Megara). Solche neuen Möglichkeiten für die Aristokraten steckten insbesondere in der Kolonisationsbewegung und der stärkeren Öffnung der griechischen Kultur gegenüber der östlichen Mittelmeerwelt.

Die Folge davon war, daß sich der Abstand zwischen arm und reich in der Gemeinde immer mehr vergrößerte, daß die Schicht der Aristokraten sich stärker differenzierte sowie die Errichtung von Alleinherrschaft *(tyrannis)* in den Bereich des Möglichen rückte. Damit einhergehend geriet das politische Leben in der Gemeinde in eine bis dahin nicht gekannte Bewegung, in die nun die aus den geschilderten Gründen (Bevölkerungsdruck, Realerbteilung) entstandenen Probleme der kleinen Bauern hineingezogen wurden. Da deren soziale Beziehungen zu den größeren Grundbesitzern nicht durch angestammte klientele Bindungen reguliert und sie deshalb nicht durch einen patriarchalischen Verhaltenskodex geschützt waren, konnten die von der aristokratischen Sozialdynamik ausgehenden Wirkungen die Bauern ungebremst treffen.

Konkret bestanden diese Wirkungen in zweierlei Bestrebungen der Aristokraten: in ökonomischer Hinsicht im Bemühen, den eigenen Reichtum zu steigern, weil er die Voraussetzung und Grundlage der aristokratischen Existenz bildete. Zusätzliches Land der gelegten Bauern, auf dem sich künftig spezialisierter Anbau betreiben ließ, oder der Verkauf der Schuldsklaven gegen mobile Tauschmittel mußten in dieser Situation hochwillkommen sein. Das andere Motiv der Aristokraten war sozialer Natur: die Schaffung einer Schicht dauerhaft abhängiger Klienten bedeutete für die Aristokraten, die dabei Erfolg hatten, eine ebenfalls dauerhaftere Festigung ihrer eigenen sozialen Position und damit bessere Voraussetzungen, sich im *stasis*-Kampf zu behaupten.

Die Überschuldung der Bauern kam diesen Bestrebungen der Aristokraten sehr entgegen. Ja man wird behaupten können: Sie wäre in dieser Form ohne Zutun der Aristokraten nicht möglich gewesen. Ohne das bewußte Vorgehen der Gläubiger, lange Zeit bereitwillig zu geben und sich dadurch selbst in eine überlegene Position zu bringen[92], hätten die Kleinbauern nicht auf den Weg in die Abhängig-

---

92 Vgl. Hes. erg. 357-358.

keit der Schuldsklaverei und des *hektemoros*-Status geraten können. Die Verschuldung der Bauern ist von der Aristokratie also nicht nur ausgenutzt, sondern wenigstens zu einem Teil selbst herbeigeführt worden.

Möglicherweise paßt hierzu auch die Bemerkung Solons, die Reichen machten auch vor dem Gemeineigentum *(demosia)* nicht halt[93] und würden es sich einverleiben. Gemeint sein könnten etwa noch bestehende Gemeindeweiden oder andere Ländereien, die den Bauern bislang eine dringend notwendige zusätzliche Lebensgrundlage waren und ihnen nun entzogen wurden. Man kann deshalb insgesamt mit Recht von ‚Bauernlegen' sprechen.

Daß das Verhalten der Reichen, der Aristokraten, eine, wenn nicht die ausschlaggebende Ursache für die Krise der vorsolonischen Zeit gewesen ist, bezeugt Solon selbst. Die Gier der Aristokraten nach Reichtum, die keine Schranke und kein Maß kennt, die Respektlosigkeit gegenüber Tradition und Recht, die Auswüchse des Machtstrebens, die rücksichtslose Behandlung der eigenen Gemeindegenossen als Schuldsklaven – das sind für Solon die zentralen Ursachen für den schlimmen Zustand, in den die Gemeinde geraten ist.

> „Und der Volksführer ungerechter Sinn, denen schon bereitet ist,
> wegen ihrer großen *hybris* viel Schmerzen zu leiden.
> Denn nicht verstehen sie es, das Zuviel zu zügeln und nicht,
> sich in Ruhe an dem zu erfreuen, was beim Mahle vor ihnen liegt."
>
> (Sol. F 3D. 7-10; Ü.: Verf.)

Was hat Solon selbst in seinem umfassenden Neuerungswerk gegen die von ihm erkannte Krise unternommen?

6. Die Lösung der sozialen Krise durch Solon

Die Athenaion Politeia und Plutarch sprechen recht allgemein und mißverständlich über die Maßnahmen, durch die Solon die soziale Krise beigelegt hat.

> „Nachdem Solon die Macht über die Staatsangelegenheiten erhalten hatte, befreite er das Volk *(demos)* für die Gegenwart und die Zukunft, indem er verbot, Darlehen gegen leibliche Haftung zu gewähren. Er erließ auch Gesetze *(nomoi)* und verkündete die Tilgung der Schulden, sowohl der privaten als auch der öffentlichen. Diese (Tilgung) nennt man Lastenabschüttelung *(seisachtheia)*, da man buchstäblich seine Schuldenlast abschüttelte."
>
> (Aristot. Ath. pol. 6, 1; Ü.: Mortimer Chambers)

Die andere einschlägige Stelle Plut. Sol. 15, 2 bringt demgegenüber nichts Neues. Auch in diesem Falle bleiben also Solons eigene Äußerungen entscheidend. In F 24D. wird gesagt:

> „Dagegen zeugt mir wohl vor dem Gericht der Zeit
> die Mutter (keine größre gibt's!) der Götter vom Olymp
> am besten: sie, die schwarze Erde, die ich einst

[93] Vgl. F 3D. 12.

enthob der Schuldenmale, vielfach eingerammt:
zuvor ins Sklavenjoch gebeugt, ist sie jetzt frei!
Und viele hab' ich nach Athen, ins Land der Väter gottgeschenkt,
zurückgeführt, die man verkauft (den einen wider's Recht,
den andern rechtens), ferner die, die – unterm harten Zwang
der Schuldenlast geflüchtet – gar nicht Attisch mehr
beherrschten, weil sie vielerorts weit weg umhergeirrt.
Und die, die hier am Ort schmachvolle Sklaverei
ertrugen, zitternd vor den Launen ihrer Herrn,
die hab' ich freigemacht! (...)"

(Sol. F 24D. 3-15; Ü.: Joachim Latacz)

Von Solon sind hier einige wichtige Gesichtspunkte genannt, die gegenüber dem von der Athenaion Politeia Erwähnten eine andere Akzentuierung erkennen lassen. Schließlich sind uns eine Reihe von Gesetzen Solons überliefert, die man als Antworten auf bestimmte Teilerscheinungen der Krise beziehen kann. Aus diesen Informationen läßt sich ein ganzes Bündel von Maßnahmen erschließen, die zum Teil ineinandergriffen, um insbesondere einer Wiederholung der Krisenzustände vorzubeugen.

- Schuldentilgung:

Der von der Athenaion Politeia und Plutarch gebrauchte zusammenfassende Begriff für die Entlastung der Bauern lautet *seisachtheia*, wörtlich: Lastenabschüttelung. Der Ausdruck erscheint bei Solon selbst nicht, seine Herkunft ist nicht zu klären. Die Beschreibung des Vorgangs in der Athenaion Politeia ist ferner anachronistisch, da das Problem dort als personale Haftung bezeichnet wird, die jedoch erst im 4. Jh. v. Chr. möglich gewesen ist. Wie schon ausgeführt, bestand die Sorge der Bauern hingegen in der vorsolonischen Zeit in der Möglichkeit der Personalexekution. Auch der Begriff ‚Schuldentilgung' dürfte eher einen konkreten Anschauungshintergrund aus späterer Zeit haben. Wir wissen nicht, ob in der Zeit Solons präzise festgehalten wurde und werden konnte, in welcher Höhe und in Bezug auf welches Gut ein Bauer in Verschuldung geraten war. Hypothekarische oder katastermäßige Eintragungen können wir kaum schon erwarten. Ebenfalls unbekannt ist, was genau auf den *horoi* stand. Aus all diesen Gründen scheint es sinnvoller, von Solons eigener Mitteilung, der Beseitigung der *horoi*, auszugehen und darunter weniger die Löschung konkreter Schuldbeträge (unter den von der Athenaion Politeia genannten öffentlichen Schulden kann man sich ohnehin nur schwer etwas vorstellen) zu verstehen als einen Akt allgemeiner Befreiung von der Last drückender Abhängigkeit. Eben dies steht am besten mit dem Tenor von Solons Gedicht in Einklang.
Die solonische Befreiungstat war einschneidend und hat eine jahrzehntelange Entwicklung mit einem Schlag rückgängig gemacht. Alle von der Verschuldung Betroffenen oder Bedrohten waren fortan wieder freie Eigentümer ihres Landes, soweit sie es als *hektemoroi* oder Schuldsklaven in Abhängigkeit von ihrem Herrn

bearbeitet hatten. In Erinnerung daran pflegten die Athener später laut Plutarch[94] ein sogenanntes *seisachtheia*-Fest zu begehen.

- Verbot der Personalexekution:

Die Zukunft der Bauernschaft konnte nur gesichert werden, wenn man den Weg versperrte, der sie in die Schuldsklaverei führen konnte: das Recht des Gläubigers zum Zugriff auf die Person des Schuldners. Nur in Bezug auf den säumigen Darlehensnehmer hat Solon dieses Recht aufgehoben, in anderen Bereichen, etwa bei den Tötungsdelikten, blieb es bestehen. Und nur so wird man die Formulierung in der Athenaion Politeia verstehen dürfen. Freilich wird dies zugleich nicht ohne Folgen für die Bauern gewesen sein: Mancher wird sich künftig schwer getan haben, einen Reicheren zu finden, der bereit war, ihm in der Not auszuhelfen, und säumige Schuldner wird es natürlich auch in Zukunft gegeben haben. Das einzige, was ihnen blieb, war die Veräußerung ihres Landes und die Suche nach einer neuen Existenzgrundlage. Verhindert wurde mit der solonischen Maßnahme vor allem, daß wieder eine Schicht abhängiger Bauern die Grundlagen des Gemeinwesens unterminierte.

- Rückkauf Versklavter und Rückführung Geflohener:

Solon rühmt sich nachdrücklich, das Schicksal selbst schon ins Ausland verkaufter Schuldsklaven sowie der Geflüchteten rückgängig gemacht zu haben. Wir müssen diese Angabe aufgrund der Quelle, aus der sie stammt, glauben, wiewohl nicht so recht zu sehen ist, wie diese Maßnahmen praktisch bewerkstelligt wurden: Wie waren die Sklaven und Flüchtlinge überhaupt ausfindig zu machen; wie konnte man auswärtige Besitzer dieser Leute dazu bringen, sie herzugeben; woher kamen die Mittel hierfür; was geschah mit diesen Personengruppen danach; konnten sie wieder ihre ehemaligen Höfe übernehmen; oder überschritt das nicht bereits die Grenze zu einer partiellen Neuaufteilung des Landes, die Solon selbst ausdrücklich abgelehnt hat? Spekulationen über diese Fragen erscheinen angesichts unseres Kenntnisstandes wenig aussichtsreich.

- Beschränkung des Bodenerwerbs:

In Aristoteles' Politik 1266 b 8 wird allgemein über Gesetze Solons berichtet, die verboten hätten, „Land zu erwerben, soviel man will"[95]. Für die Echtheit eines solchen Gesetzes spricht, daß es im Rahmen der *seisachtheia* durchaus Sinn macht. Es flankiert die Vorkehrungen für die Stabilisierung der Bauernschaft, indem es im

[94] Vgl. Sol. 16, 5.
[95] F 66 Rusch.; Ü. : Olof Gigon.

Falle ihrer Leistungsunfähigkeit gegenüber einem Gläubiger allzu hemmungslosem Druck zum Landverkauf eine gewisse Schranke setzte. (Man erinnere sich an die entfernte Analogie in der Agrargesetzgebung des Tiberius Gracchus in Rom!)

- ‚Wirtschaftspolitische' Maßnahmen:

Die mit den bisher geschilderten Maßnahmen einhergehende Tendenz zur Freisetzung eines gewissen Teils der attischen Landbevölkerung im Laufe der Zeit hat Solon durch weitere Verfügungen abzufangen versucht, die den landlos Gewordenen eine neue Existenz im städtischen Kontext verheißen sollten. Einiges deutet jedenfalls in diese Richtung: F 75 Rusch. (= Plut. Sol. 24) bestimmt, daß nach Athen zuziehenden Handwerkern das Bürgerrecht verliehen werden konnte. Dadurch sollte das athenische Handwerk einen Aufschwung nehmen und neue Beschäftigungsmöglichkeiten eröffnen. Das fand im Laufe des 6. Jhs. v. Chr. dann tatsächlich statt. Es ist allerdings schwer zu beurteilen, ob damit eine Zunahme der Existenzen in einer wirklich relevanten Größenordnung verbunden war. Zudem klingt eine solche wirtschaftspolitische Planung zu modern. Es ist daher zu bezweifeln, ob die genannte Bestimmung, die zunächst einmal auf die Modalitäten der Aufnahme neuer Bürger zielt, wirklich wie meist angenommen mit ökonomischen Hintergedanken formuliert war.
Aus F 56 Rusch. (= Plut. Sol. 22, 1) geht hervor, daß der, der nicht genügend Grundbesitz hat, um mehrere Söhne mit einem ausreichenden Erbe zu versorgen, den ‚zu kurz gekommenen' Sohn ein Handwerk lernen lassen muß, wenn dieser den Unterhaltsverpflichtungen gegenüber seinen alten Eltern nachkommen soll. Hier ist der Versuch, überschüssige Landbevölkerung in den städtischen Lebenskreis zu integrieren, eindeutig. Die Getreideversorgung dieser neuen und wachsenden nicht-agrarischen Bevölkerung hat Solon durch ein Ausfuhrverbot[96] und durch die Erleichterung und Ankurbelung des Handels[97] zu sichern gesucht.

- Beseitigung sozialer Mißstände und Bekämpfung der Landaufteilung im Erbgang:

In einigen solonischen Gesetzen spiegeln sich die persönlichen Katastrophen, die sich in der allgemeinen Not der Bauern abgespielt hatten. Solon versucht hier Abhilfe zu schaffen:

- F 56 Rusch. zeigt, daß es nötig geworden war, die Pflicht des Elternunterhaltes gesetzlich zu normieren.

[96] Vgl. F 65 Rusch. = Plut. Sol. 24, 1-2.
[97] Vgl. F 65 Rusch.: Ölausfuhr erlaubt; Aristot. Ath. pol. 10, 1-2 und Plut. Sol. 15, 3-4: Maß- und Gewichtsreform.

- F 47 Rusch. („Der Athener Solon gestattete die Verbindung mit Schwestern von demselben Vater und untersagte sie mit Schwestern von derselben Mutter.") setzt voraus, daß gegebenenfalls sogar die eigene Schwester geheiratet wurde, um die Zersplitterung des *oikos*-Besitzes zu vermeiden. Solon beschränkte diese Praxis auf Geschwister vom selben Vater, das heißt auf Halbgeschwister.
- F 31a Rusch. verbot, Töchter oder Schwestern zu verkaufen (ins Bordell), es sei denn, sie hatten sich unverheiratet mit einem Mann eingelassen.
- Statt eine Ehe einzugehen, konnte man sich mit einer Sklavin als Konkubine verbinden, die man im Falle der Not verkaufen konnte (vgl. F 20 Rusch.).
- F 49 Rusch. dokumentiert die Existenz eines Testamentsgesetzes. Die Einführung der Testierfreiheit konnte dazu führen, daß die Aufsplitterung des Grundbesitzes im Erbgang unterblieb, durch die sonst wiederum Landbevölkerung freigesetzt wurde. Künftig konnte der Vater einen Sohn zum Erben bestimmen und die übrigen vielleicht mit einer Abfindung in die Stadt oder – etwa als Söldner – in die Fremde ziehen lassen.
- Die peinlich genauen Regelungen des Nachbarschaftsrechts (vgl. F 60 Rusch.) lassen darauf schließen, wie erbittert im Einzelfall um jeden Quadratmeter Anbaufläche gerungen wurde und wie sehr man sich um ihre Nutzung sorgte.

7. Wirtschaftliche Stabilität und soziale Freiheit als Voraussetzungen für den Bürgerstaat

Solons Konzept zur Beilegung der Krise, in die weite Teile der Bauernschaft geraten waren, hatte durchschlagenden Erfolg. Wir hören in späterer Zeit nichts mehr von Schuldsklaven oder *hektemoroi.* Solons Maßnahmen haben das traditionelle soziale Gefüge wiederhergestellt: Die wirtschaftliche und soziale Grundlage der Gemeinde bildete die große Zahl von kleinen und mittleren Bauern-*oikoi* in dem großen Landgebiet Attikas. Deren Existenz war durch Solon für mehr als eineinhalb Jahrhunderte so gesichert worden, daß sie erst aufgrund der Folgen des Peloponnesischen Krieges am Ende des 5. Jhs. v. Chr. und im 4. Jh. v. Chr. wieder in Schwierigkeiten gerieten.

Mit seiner umfassenden Rekonstruktion der Bauernschaft hat Solon zugleich die Voraussetzung geschaffen für die erstmalige Formung einer *polis*-Bürgerschaft. Denn die Befreiung der abhängigen Bauern überführte diese wieder in den Stand eines vollwertigen Gemeindemitglieds. So bildeten die Bauern denn das Rückgrat der athenischen Bürgerschaft. Es waren die Bauernhopliten, die zwei Generationen später zuerst der *tyrannis*, dann einer athenischen Adelsfraktion und ihren spartanischen Verbündeten den Garaus machten, um dem Reformprogramm des Kleisthenes die Bahn zu brechen. Es waren abermals die Bauernhopliten, die schon bald danach Athens ehrgeizige außenpolitische Ambitionen trugen und schließlich bei Marathon 490 und Plataiai 479 v. Chr. die Perser schlugen. Und es waren schließlich die athenischen Bauern, die seit Kleisthenes in den Demen Attikas das Bürgersein lernten und täglich einübten, um sich in beträchtlicher Zahl immer wieder zur Versammlung des Gesamtvolkes in die Stadt aufzumachen und dort über die Geschicke der Bürgerschaft als Ganze zu bestimmen.

Ohne Solon wäre all dies nicht möglich gewesen. Hier wird aber auch ein elementarer Zusammenhang erkennbar zwischen der Entwicklung zur Demokratie und ihrer Verwirklichung einerseits und der Herstellung von sozialer Gerechtigkeit und wirtschaftlichem Wohlergehen andererseits. Letzteres bildete offenbar eine unabdingbare Voraussetzung der Demokratie, wie sich im Vergleich mit anderen *poleis* zeigt. Dort gelang die volle Ausschöpfung des mit der Bürgerstaatlichkeit gegebenen Entwicklungspotentials nur selten und kurzzeitig, da die Lösung der sozialen Probleme nur unvollkommen oder gar nicht angepackt wurde. Diese waren dadurch immer wieder der Nährboden, auf dem die aristokratischen Machtkämpfe gediehen, auch wenn deren Wurzeln nicht primär in sozialen Krisenzuständen lagen. Zur Austrocknung der *stasis* in Athen hat Solon mit seinen Maßnahmen einen wichtigen Beitrag geleistet.

Daß Solons Reformwerk auf diesem Sektor Bestand hatte, liegt an dem einmaligen Aufschwung, den Athen im 6. und 5. Jh. v. Chr. genommen hat: Von der Herrschaft der Tyrannen an führt eine gerade Linie bis in die Zeit nach den Perserkriegen; auf ihr ist Athen zur ersten Stadt des Gewerbes und Handels in der griechischen Welt geworden. Dies hat verhindert, daß aus dem auf dem Land freigesetzten Arbeitskräftepotential erneut sozialer Sprengstoff werden konnte. Seit den Perserkriegen hat dann insbesondere der Aufbau der athenischen Flotte, auf der die Landlosen als Rudersoldaten benötigt wurden, zur Befriedigung sozialpolitischer Ansprüche geführt. Denn der Dienst bei der Flotte bot nicht nur ein Auskommen, sondern sie war das Instrument für Athens weit ausgreifende Politik im 5. Jh. v. Chr., die seit der Tyrannenzeit ebenfalls vorgezeichnet war. Athens Herrschaft nach außen brachte den Athenern Beute und neues Land und auch seinen Bauern einen beispiellosen Wohlstand. Daß dieser am Ende des 5. Jhs. v. Chr. sich wieder in nichts auflöste, war eine Folge der extremen Übersteigerung und der inneren Beschränktheit eben dieser Politik.

Die Bedeutung der Lösung der sozialen Krise durch Solon zeigt sich schließlich noch in einem anderen Zusammenhang: Die Krise der vorsolonischen Zeit hatte in dieser Form nur entstehen können, weil die Beziehungen zwischen den großen und kleinen Grundbesitzern, zwischen Aristokratie und Bauern keinen patronal-patriarchalischen Charakter hatten. Auch Solon hat die mögliche Herausbildung von Klientelbeziehungen aus den Abhängigkeiten der Schuldsklaverei als unvereinbar mit der Tradition der Gemeinde empfunden und deshalb das freie Bauerntum wiederhergestellt. Soziale Sicherheit für die breite Masse der Bevölkerung sollte und konnte nicht im Rahmen dauerhafter sozialer Abhängigkeitsbeziehungen gewährleistet werden. An ihre Stelle mußte daher etwas anderes treten: die Bürgerschaft als ganze und das von ihr gebildete Gemeinwesen. Statt patriarchalischer Fürsorge für seinen Klienten verlangte dies vom Aristokraten die Hingabe im Dienst an der *polis* und die Sorge für die Bewahrung ihrer inneren Wohlordnung (Solon:

eunomia). Vom Bauern wurde nicht Unterordnung unter einen Patron, sondern die Einordnung in die Bürgergemeinschaft und der gemeinsame Gehorsam gegenüber dem für alle gleichen Gesetz erwartet.

Dieses neue Konzept der Bürger-*polis* kompensierte das Fehlen der Klientelstrukturen auf einer anderen Ebene. Solons Lösung der sozialen Krise verlangte deshalb notwendig die Einbettung in ein umfassendes Konzept politischer Neuordnung.[98]

[98] Vgl. Kap. B, VII.

VI. Kristallisationspunkte der Staatsentwicklung: Ämter, Kollektivgremien, Gerichtsverfassung

Der seit dem 8. Jh. v. Chr. auf Wachstum und Komplexitätssteigerung gerichtete Prozeß des Wandels hat in vielen griechischen Gemeinden dazu geführt, daß ihre Gemeinschaftsaufgaben nicht mehr auf die traditionelle vorstaatliche Weise bewältigt werden konnten. Es bedurfte neuer Formen der Ordnung des Gemeinschaftslebens. Sie zielten allesamt auf die Institutionalisierung von Staatlichkeit und bestanden in der Schaffung von Amtspositionen, der Herausbildung von Kollektivgremien und neuer Verfahren der Rechtspflege. Hierin manifestiert sich – das ist noch einmal zu betonen – nicht eine angeblicher Verfassungswandel von der Monarchie zum aristokratischen Staat, sondern ein neu aufgekommenes Bedürfnis nach staatlicher Ordnung überhaupt.

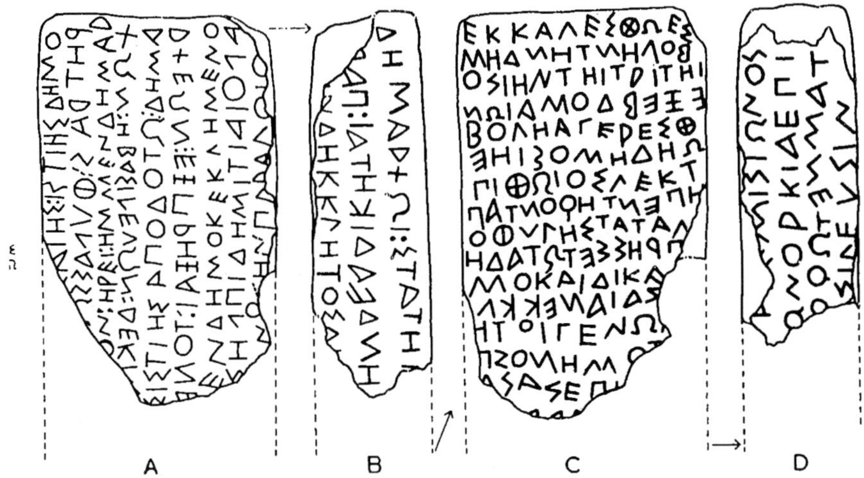

Abb. 20 Die Inschrift von Chios über die Rechte des *demos*. (Nachzeichnung) (Vgl. Kap. B, VI, 2)

1. Die Konstitution staatlicher Ämter

Ein auffälliges Merkmal für den Schritt zur Staatlichkeit ist, daß Gemeinschaftsaufgaben jetzt durch Amtsträger wahrgenommen werden. Aus unseren authentischen Quellenbelegen – meist Inschriften – für die frühen Ämter kennen wir eine Reihe von Namen für offenbar gleichartige Positionen in verschiedenen Gemeinwesen.

Das zeigt, wie eigenständig diese bereits in vorstaatlicher Zeit waren und daß der jeweilige Weg zur Staatlichkeit in seiner Form durch bestehende Lokaltraditionen mitbestimmt war. Die Bezeichnungen in den Quellen verweisen auf drei Kategorien:

- Es werden einfach solche Begriffe weitergeführt, mit denen in der vorstaatlichen Zeit diejenigen benannt wurden, die sich der Gemeinschaftsaufgaben annahmen. So der *basileus*, der im letzten Drittel des 7. Jhs. v. Chr. in Athen als Beamter erscheint[99] oder der *prytanis*, als Oberamt in Korinth aus der Mitte des 7. Jhs. v. Chr. bekannt, in der Zeit um 600 v. Chr. aus Milet und Mytilene[100].

- Der Name der neuen Beamten geht auf Bezeichnungen zurück, die in vorstaatlicher Zeit für die Erfüllung von Gemeinschaftsaufgaben verwendet wurden: So der *timouchos*, der uns im 6. Jh. v. Chr. aus Teos bekannt ist[101]. Der Name rührt von dem homerischen Ausdruck *timen echein* her, was soviel bedeutet wie: die Funktion des *basileus* ausüben und dadurch über *time*, Ehre, Ansehen zu verfügen. Deutlich ist die Herleitung auch beim *archon*, wie die Beamten in Athen seit dem 7. Jh. v. Chr. heißen. Ein *archon* war in früherer Zeit der, der sich einer bestimmten Gemeinschaftsaufgabe aufgrund seiner persönlichen Voraussetzungen annahm. Wie *timouchos* ist auch *archon* sprachlich eine Partizipialform (von *archein*). Das weist darauf hin, daß der Begriff nicht einen persönlichen Ehrentitel, das Prädikat einer Person, meint, sondern eine Funktion beschreibt (der ein *archein* Ausübende).

- Inhaltlich auf ihre Aufgabe bezogen sind solche Begriffe, die die Tatsache der Gemeinschaftsdienlichkeit des jeweiligen Amtes herausstellen: etwa die *damiourgoi* oder *demiourgoi* auf Inschriften aus Mantineia und Argos aus dem 7. und 6. Jh. v. Chr.[102] Das sind wörtlich genommen diejenigen, die für den *demos*, für die Gemeinde, Dienste erbringen. Von Homer werden alle nicht *oikos*-gebundenen Handwerker und Dienstleistenden, vom Schmied und Zimmermann bis zum Herold, Arzt und Seher als *damiourgoi* bezeichnet.
  Im kretischen Dreros ist der *kosmos* ein Beamter. Auch dies ein sprechender Titel: Den *kosmoi* obliegt es, für das Funktionieren der Ordnung Sorge zu tragen.

Die Namen all dieser Ämter verraten, daß es bei ihrer Einrichtung um die Erfüllung einer oder mehrerer Gemeinschaftsaufgaben ging. Funktionale Spezifikationen, wie sie in späterer Zeit anderen Amtsbezeichnungen eigen waren (zum Bei-

---

99 Vgl. Meiggs/ Lewis Nr. 86 u. Kap. B, VI, 4.
100 Vgl. Fritz Gschnitzer: s. v. *prytanis*. – In: RE. Suppl. XIII. Stuttgart 1973, Sp 738 ff.
101 Vgl. Gunther Gottlieb: Timuchen, ein Beitrag zum griechischen Staatsrecht. Heidelberg 1967. S. 22.
102 Vgl. IG V 2, 261, 9; IV 614; SEG XI, 314.

spiel *polemarchos* oder *thesmothetes*), enthalten diese Begriffe nicht. Daraus ist freilich nicht zu schließen, daß diese ersten Ämter „die Nachfolger des alten lebenslänglichen Gemeindevorstehers, des *basileus*"[103] gewesen wären. Diese Annahme geht von der fälschlichen Voraussetzung eines frühgriechischen Königtums aus. Indessen ist gut möglich, daß es in vielen Gemeinden anfänglich zunächst einmal nur einen Amtsinhaber, Sachwalter oder Vorsteher der Gemeinde schlechthin gegeben hat. Aus dem Kreis der Aristokraten sollte sich also immer einer als ständig verfügbare Instanz um die Erledigung der die Gesamtgemeinde betreffenden Angelegenheiten kümmern.

Diese ersten Schritte vom *basileus* zum Amt mögen ein tastendes Suchen und Ausprobieren gewesen sein. Gewiß haben in einer Übergangsphase die *basileis* auch weiterhin in der herkömmlichen Weise gewirkt, und gewiß haben sie nicht freiwillig und bewußt einem der Ihren eine, wenn auch zeitlich begrenzte Oberhoheit eingeräumt. Der neue Amtsinhaber stand vielmehr zunächst neben den *basileis*. Er entlastete sie und konnte sich auch qualitativ neuen Aufgaben widmen.

Damit war die bisherige Gemeindeordnung mit einem neuen Prinzip konfrontiert, das nicht folgenlos bleiben konnte. Denn die institutionalisierte Bewältigung von Gemeinschaftsaufgaben und die allgemeine Akzeptanz der Zuständigkeit der Amtsträger mußte diesen, sobald sie sich in der Praxis bewährten und ihre Unentbehrlichkeit unter Beweis gestellt hatten, einen Kompetenz-Vorsprung vor den *basileis* verschaffen, die ja lediglich auf der Basis persönlicher Voraussetzungen handelten. Mit der Amtsautorität im Rücken konnte sich ein Amtsträger insbesondere auch Vorteile im *stasis*-Wettbewerb mit anderen Aristokraten verschaffen. Aristoteles[104] bemerkt, daß in früheren Zeiten Tyrannenherrschaften oft aus der Bekleidung des höchsten Amtes hervorgegangen seien. Das ist in dieser Eindeutigkeit nicht aus den Quellen zu belegen, doch ist noch bei der Entstehung von Tyrannenherrschaften im späten 7. und im 6. Jh. v. Chr. zu beobachten, welche Bedeutung die Bekleidung von Ämtern für den *tyrannis*-Aspiranten hatte: Peisistratos war „Stratege"[105]; Kypselos von Korinth angeblich *polemarchos*[106]; die Tyrannen von Milet gingen aus dem Amt des *prytanis*[107] hervor. Auch wenn sich in keinem dieser Fälle ein direkter ursächlicher Zusammenhang mit dem Machtgewinn dieser Aristokraten erweisen läßt, so stellt das Engagement in Ämtern und dabei vor allem offenbar die militärische Bewährung doch eine wichtige Voraussetzung dafür dar, daß diese Leute die Errichtung einer *tyrannis* überhaupt ins Auge fassen konnten. Ein direkter Einsatz der Amtsmacht war hingegen kaum möglich, da die Ämter inzwischen, das heißt seit ihrer erstmaligen Einrichtung, wesentlich präzisere Umgrenzungen erhalten hatten.

---

[103] Gschnitzer a.a.O. Sp. 738.
[104] Vgl. Aristot. pol. 1305a 7-8; 1310b 20, 28-29.
[105] Hdt. 1, 59, 4.
[106] Vgl. Nikolaos v. Damaskos FGrH 90, F 57, 5.
[107] Vgl. Aristot. pol. 1305a 16-18.

Frühzeitig scheint nämlich die Gefahr des Mißbrauchs der Amtsgewalt durch den einzelnen Beamten von der Gemeinschaft der *basileis* erkannt worden zu sein. Das ist daraus zu schließen, daß die Konstitution der Ämter sich schon bald verändert und zwar nach den auch noch später gültigen Prinzipien. Deren Herausbildung ist nicht mehr nachzuzeichnen, aber die Namen der Beamten, *basileus, prytanis* oder *archon,* die wohl auf ursprünglich einstellige Magistraturen hindeuten, vertragen sich eigentlich nicht mit der späteren, eingeschränkten Konstitution und Wirkungsmöglichkeit der Ämter. Deren Rechtsstellung, wie sie sich allmählich herausgebildet hat, beruht auf mehreren Faktoren; ihre Entstehung bedeutet einen wichtigen Schritt in der Frühgeschichte der staatlichen Entwicklung:

- die Verteilung der Aufgaben auf mehrere Amtsträger, das heißt die Schaffung von zusätzlichen, gleichberechtigten Ämtern, damit also von Ämterkollegien;
- einschränkende Bestimmungen für die Bekleidung der Ämter.

Beides soll anhand einer in mehreren Hinsichten wichtigen Inschrift veranschaulicht werden. Sie ist um 600 v. Chr. entstanden und stammt aus dem Ort Dreros auf Kreta:

> „Dies hat die Polis beschlossen. Wenn jemand Kosmos gewesen ist, dann soll derselbe Mann innerhalb der nächsten zehn Jahre nicht wieder Kosmos sein. (...) Wenn er aber doch wieder Kosmos wird, soll er selbst zu einer Geldstrafe in der doppelten Höhe von dem, was er als Richter auferlegt hat, verurteilt werden, und er selbst soll auf Lebenszeit unbrauchbar (*achrestos,* wohl: nicht mehr amtsfähig) sein; und seine Handlungen als Kosmos sollen null und nichtig sein. Der Eid soll abgelegt werden von dem Kosmos und den Damioi und den Zwanzig der Polis."
>
> (Meiggs/Lewis Nr. 2; Ü.: Victor Ehrenberg)

Der Hauptinhalt dieses Beschlusses ist eine Bestimmung über die Wählbarkeit zum Amt des *kosmos.* Sie soll eine wiederholte Amtsführung in ununterbrochener Folge verhindern. Dazu wird festgelegt, daß zwischen zwei Amtszeiten eines *kosmos* ein zehnjähriges Intervall liegen muß (Iterationsregelung). Daraus ergibt sich: Dieses Amt in Dreros war mittlerweile zeitlich befristet (wohl auf ein Jahr). Offenbar gab es aber Bestrebungen, dies zu unterlaufen, indem man sich mehrmals hintereinander das Amt übertragen ließ. Eben dies wird durch die vorliegende Regelung künftig verboten. Der Mechanismus der Amtsbestellung soll so gesichert werden, daß die Amtsführung nicht zu persönlicher Machtakkumulation benutzt werden kann.

Diese in Dreros schon früh gefundene Maßnahme zur Eingrenzung der Macht von Amtsträgern ist zu einem Wesenszug der Ämter in den griechischen Gemeinden geworden. Noch ein weiteres Mittel ist in dem vorliegenden Dokument indirekt genannt: In den *damioi* (wörtlich: den ‚Öffentlichen') müssen wir offenbar eine zweite Amtsinstanz erblicken, ohne daß wir über deren Aufgaben näher unterrichtet wären. Es zeigt sich hierin nur die bereits erwähnte Funktionsspezifizierung der Ämter sowie vor allem die Existenz eines Amtskollegiums mit mehreren gleichberechtigten Amtsinhabern. Möglicherweise bildete auch der *kosmos* – wie anderswo in Kreta – ein Kollegium.

Erkennbar ist ferner, daß eine wichtige Aufgabe der frühen Ämter die Gerichtsbarkeit gewesen ist. Das ist der in der Inschrift aufgeführten Strafsanktion zu entnehmen, deren Funktionsweise im einzelnen jedoch nicht völlig klar ist. Ehrenbergs ansonsten verdienstvoller Kommentierung und Vorlage der Inschrift ist in diesem Punkt zu widersprechen. Daß die Strafsanktion für die Übertretung des Iterationsverbots eine Geldstrafe in der doppelten Höhe von dem sein soll, was der widerrechtlich amtierende Beamte in seiner Eigenschaft als Richter an Geldbußen verhängt hat, ist aus mehreren Gründen unglaubhaft: Erstens ist von Geld im Text nicht die Rede und wird dieser daher besser wie folgt übersetzt: „Was auch immer für Urteile er gibt, er soll doppelt Buße schulden". Überdies wäre in der Zeit um 600 v. Chr. auch keinesfalls an Münzgeld zu denken, sondern allenfalls an andere Geldformen. Schließlich kennt das frühe Strafrecht auch gar keine durch staatliche Organe verhängten Geldstrafen im heutigen Sinne; wenn überhaupt, so kennt der frühgriechische Rechtsgang nur im Falle der außergerichtlichen Einigung Ablösezahlungen, mit denen ein Verurteilter sich von dem Selbsthilferecht der Geschädigten loskaufen konnte. Damit jedoch kann das Strafmaß für einen Amtsusurpator keinesfalls in Verbindung gebracht werden. Vielleicht ließe sich aber daran denken, daß der *kosmos* ein Einzelschiedsrichter gewesen ist, der für seine Sprüche bezahlt wurde.[108] Die Buße umfaßte dann das doppelte von dem, was er auf diese Weise eingenommen hat. Während ohne weiteres verständlich ist, daß auch die Amtshandlungen des so Bestraften keinen Bestand haben können, hat das Urteil für den Bestraften noch eine weitere, persönliche Folge: Er soll *achrestos* sein. Dies kann entweder den Verlust der Amtsfähigkeit für die Zukunft oder weitergehend die Aberkennung der Zugehörigkeit zur Bürgerschaft insgesamt bedeuten. Auch in diesem Punkt ist Klarheit nicht möglich, wir stoßen hier jedoch eindeutig auf ein geschärftes Bewußtsein davon, daß auch die Zugehörigkeit zur Gemeinde einer genauen rechtlichen Definition unterliegen muß. Auf diesem Wege entsteht im Laufe der Zeit das Bürgerrecht.

Auch weitere Elemente der Inschrift bezeugen, daß die Gemeinde Dreros schon in einem erstaunlichen Maße ihrer selbst als einer gemeinschaftlich handelnden Bürgerschaft bewußt geworden ist. Das belegt einmal das zu Beginn der Inschrift erscheinende Wort *polis*. Es taucht hier zum ersten Mal in einer Inschrift auf und bezeichnet die Gemeinde als ganze in ihrer Eigenschaft als Autorität für den Beschluß. Es ist nicht sicher, ob man hieraus auch auf eine Institutionalisierung der Volksversammlung als Beschlußgremium schließen darf, zumindest jedoch erscheint die *polis* als eigenständige Größe. Das läßt sich auch an dem zuletzt genannten Gremium, den „Zwanzig der *polis*" ablesen, da auch in dieser Bezeichnung die *polis* als übergeordneter Bezugspunkt zum Ausdruck kommt. Sicher

---

108 Vgl. Kap. B, VI, 3.

müssen wir in diesem Gremium ein weiteres staatliches Organ der Gemeinde erkennen, vielleicht den institutionalisierten Adelsrat. In welchem Verhältnis er zu den anderen Institutionen steht, geht aus der Inschrift nicht hervor. Offenbar sind die Amtspositionen aber in einen größeren Zusammenhang anderer Institutionen eingebunden, und alle zusammen sind durch einen Amtseid zur Einhaltung der für das Gemeinwesen geltenden Regeln verpflichtet, wie sie etwa in dem vorliegenden Beschluß niedergelegt sind.

Es ist damit zugleich gegeben, daß die entscheidenden staatlichen Organe die Kollektivgremien Adelsrat und/oder Volksversammlung sind und nicht die einzelnen Beamten. Nur unter dieser Voraussetzung wird der Zweck der Inschrift aus Dreros verständlich. Wie stark die Beamten daher in ihrer Amtsführung von den Kollektivgremien abhängig sind, zeigt beispielsweise ein dem Tyrannen Pittakos von Mytilene zugeschriebenes Gesetz (nur wenig jünger als die Inschrift aus Dreros), wonach bei Grundstückserwerb die *basileis* und der *prytanis* zuständig sind.[109] Der *prytanis* hat hierbei also die Funktion eines Geschäftsführers; seine Amtsautorität kann nur durch ein Zusammenwirken mit den übrigen Aristokraten und durch ihre Zustimmung wirksam werden. Die *basileis* bilden dabei den möglicherweise noch informellen Adelsrat.

Die ersten Beamten sind in allen gesamtgemeindlichen Aufgabenbereichen tätig gewesen. Keiner von ihnen war dabei für alle wichtigen Aufgaben alleine verantwortlich. Es gab immer mehrere Zuständige, und es haben sich im Laufe der Zeit Schwerpunkte in den Funktionen herausgebildet:

- Krieg:

  Für den Krieg und die Organisation des Waffendienstes war hauptsächlich der *polemarchos* verantwortlich. Er führte den Oberbefehl über die Hoplitenarmee und die Oberaufsicht über den Waffendienst in Friedenszeiten. Hier mußte er seinen konkreten Einfluß jedoch mit anderen Funktionären teilen: So wirkten in Athen etwa auch die Vorsteher der Phylen und Naukrarien bei der Mobilisierung des Aufgebots wie bei dem Kampftraining und der Kontrolle der Bewaffnung mit. Im Krieg beschränkte sich die Führungsaufgabe des *polemarchos* in einer Hoplitenschlacht darauf, den Kampfplatz auszuwählen und darüber zu wachen, daß die Kämpfer korrekt aufgestellt waren und ihr Zusammenhalt gesichert blieb. Vor allem letzteres hing aber entscheidend ab vom gemeinsamen Willen der Hopliten; strategische oder taktische Aufgaben während der Schlacht ergaben sich schon wegen der kaum zu gewährleistenden Befehlsübermittlung nicht.
  Zwei weitere Bedingungen beschnitten die im Amt des *polemarchos* liegenden Handlungsmöglichkeiten von vornherein: Im Gegensatz etwa zu Rom fehlte der

[109] Vgl. bei Gschnitzer a.a.O. Sp. 742.

griechischen Hoplitenarmee ein vorgängiger sozialer Unterbau klienteler Abhängigkeit, auf den sich ein Heerführer hätte stützen können. Darüber hinaus war die griechische Außenpolitik im 7. und 6. Jh. v. Chr. – wiederum verglichen mit dem Rom der frühen Republik – von geringerer Dynamik und Reichweite. Mit Ausnahme von Sparta konnte keine Gemeinde in der archaischen Zeit entscheidende außenpolitische Machtgewinne verzeichnen. Außerdem stand keine durch eine äußere Bedrohung vor der Existenzfrage, wie dies dann später in der Perserkriegszeit geschehen sollte. Im Gegensatz zu Rom, wo sich die zivile und militärische staatliche Gewalt in den Händen von Heerführern, den Konsuln, konzentrierte, gab es in den archaischen griechischen Gemeinden bei dem *polemarchos* als militärischem Beamten keinen Ansatzpunkt für eine vergleichbare Machtakkumulation.

- Kult:

Den meisten *polis*-Beamten oblag auch die Sorge um den Kult und die Pflege der Beziehungen zu den Göttern. Opfer mußten dargebracht, rituelle Handlungen vollzogen und Kultfeste der Gesamtgemeinde oder einzelner Gliederungen organisiert und geleitet werden. Zwar gab es etwa unter den neun wichtigsten Beamten Athens, den Archonten, einen, unter dessen Aufgaben der Bereich von Kult und Religion besonders hervortrat, den *archon basileus*. Aber er spielte auch zum Beispiel in der Rechtspflege eine Rolle. Gravierender für die Bedeutung der religiösen Funktionen im Dienste der Gesamtgemeinde ist aber, daß sich für diese der Verkehr mit den Göttern nicht in einem einzigen oder in wenigen Ritualen konzentrierte, von deren Vollzug das Gemeindeleben dann elementar abhängig gewesen wäre. Erneut bilden Rom und sein Auspikalwesen das Gegenbeispiel: Vor jeder staatlichen Handlung mußten dort die Götter befragt werden, und wer das besorgte, besaß im gesamten staatlichen Gefüge eine Schlüsselstellung. Das *auspicium* stellt deswegen den Kern der frühen römischen Amtsgewalt dar und lag in der Hand der beiden Oberbeamten. Eine vergleichbare Monopolisierung des Verkehrs mit den Göttern kannte keine griechische Gemeinde. Auch die Griechen erkundeten privat wie als Gemeinde den göttlichen Willen. Sie taten das aber hauptsächlich an ihren übergemeindlichen Orakelstätten wie Delphi, Dodona, Didyma oder Olympia. Diese gewannen daher eine Autorität, wie sie den Kultbeamten in den einzelnen Gemeinden abging. Es war jedoch eine Autorität aus eigener religiöser und moralischer Kompetenz, die ihre große Wirksamkeit gerade daraus bezog, daß sie sich von jeder einzelstaatlichen Inanspruchnahme freihielt.

- Eponymität:

Auch aus der Eponymität ist nicht zu schließen, daß der Beamte, der sie innehatte, so etwas wie eine ‚oberste Regierungsgewalt' besaß. Sie stellte lediglich eine neuartige Zeitrechnung dar. Die Jahre wurden fortan nach dem eponymen, dem namengebenden Beamten benannt. Dies verrät das Bedürfnis nach einer exakteren Jahrzählung, wie es sich mit der Komplizierung des sozialen Lebens und der Notwendigkeit staatlicher Regelungen zwangsläufig einstellt. Wie man sich zuvor beholfen hatte, wissen wir nicht.

- Rechtspflege:

  Eine weitere grundlegende Gemeinschaftsaufgabe ist schließlich die innergemeindliche Streitbeilegung. Im Zuge des Wandlungsprozesses quantitativ ausgeweitet und qualitativ verändert, forderte sie energisch neue Formen der Bewältigung. Nicht zufällig wird in der Dreros-Inschrift auf die richterliche Aufgabe des *kosmos* Bezug genommen. Auch die Mehrzahl der übrigen Zeugnisse für die frühe Beamtentätigkeit weist darauf hin, daß im Bereich der Rechtspflege das stärkste Motiv für den Übergang zur Staatlichkeit lag. Die Entstehung staatlicher Rechtsprechungsinstitutionen sowie einer staatlichen Rechtsordnung und Gerichtsverfassung bilden somit den Kernbereich der Staatlichkeitsentwicklung.[110]

Dennoch hat auch dieser letzte Bereich der Gemeinschaftsaufgaben keine machtvollen Amtspositionen hervorgebracht. Die Magistratur als staatliche Institution in den griechischen Gemeinden ist von Beginn an keine Position gewesen ist, die staatlichen Machtanspruch und staatliche Machtausübung allein auf sich vereinigen konnte. Der griechische *Polis*-Beamte war vielmehr von Anfang an in seiner Wirkungsmöglichkeit auf den Rückhalt in den Kollektivgremien von Adel und Gesamtvolk angewiesen. Diese Feststellung läuft auf eine Korrektur der bisher überwiegenden Forschungsmeinung hinaus, die vor dem Hintergrund des angeblichen starken Adelsstaates auch den ersten Beamten als dessen Exponenten eine starke Stellung zugesprochen hatte. Erst im Laufe der Krise des Adelsstaates und des Übergangs zur Demokratie sei die Position des Beamten immer mehr geschwächt und schließlich fast unbedeutend geworden. Demgegenüber sollte hier deutlich geworden sein, daß eine solche Anschauung der Grundlagen (Adelsstaat) und der Voraussetzungen (Sozialstruktur, Außenpolitik) entbehrt und ihr überdies die konkreten Quellenhinweise über die Konstitution der Ämter entgegenstehen.

2. Der *demos* als Kollektivgremium

Ein berühmtes und viel zitiertes Dokument für die Frühgeschichte der Staatlichkeit ist eine Inschrift von der Insel Chios. Sie wird aus paläographischen Gründen in das zweite Viertel des 6. Jhs. v. Chr. datiert und hält vermutlich einen Volksbeschluß fest:

---

110 Vgl. Kap. B, VI, 4 u. 5.

„*(A)* [Betreffs dessen, das geweiht ist] der Hestia, soll des Volkes | Satzungen *(demo rhetrai)* (der Beamte) beachte[n – | –], das (dies) besagt (?). Wenn ein (amtierender) Dema-r | chos oder Basileus sich beste[chen läßt (?), soll er – | ⁵–] der Hestia zahlen als Dema | r-chos. Eintreiben soll der [– | –] wenn der Demos einberufen ist *(demo keklemeno).* | (Bei) Verurteilungen durch Überführen (?) doppelte Buße [– | –] so hoch wie von [–]
(B) –] das Berufungsverfahren | [–] wenn er Unrecht erleidet *(adiketai)*, beim | Demarchos | Stater[e –]
(C) Berufung einlegen soll er vor | dem Rat des Vol | kes *(bole demosie).* Am dritten (Tag) | nach den Hebdomaia (= dem 7. jedes Monats) | ⁵ soll der Rat sich versammel | n, der des Volkes, d | er Buße auferlegen darf {*oder:* (bei Nichtversammlung) Buße zahlen muß}, der auserlesen is | t aus fünfzig (Männern) vo | n (jeder) Phyle. Und das and | ¹⁰ere soll verhandelt werden, was das Vo | lk betrifft, und Prozesse, so | weit sie Gegenstand einer Ber | ufung geworden sin | d im (jeweiligen) Monat, alle | ¹⁵samt [– | – | –]
(D) [–] (im Monat) Artemision | [–] soll Eidesopfer schlachten und sch[wören (?) – | – den B]asileis. *vacat.*"

(Meiggs/Lewis Nr. 8; Ü.: Brodersen/Günther/Schmitt)

Trotz ihres fragmentarischen Erhaltungszustandes läßt die Inschrift eine Reihe von Faktoren deutlich erkennen, die den Übergang zu einer staatlichen Ordnung im Gemeinwesen von Chios bedeuten:

- Gemeindeangelegenheiten wurden durch „Bescheide des Volkes", *demo rhetrai*, geregelt, die verbindliche Geltung beanspruchten (A 2[111]). Solche Beschlüsse wurden sehr wahrscheinlich vom versammelten *demos* (*demo keklemeno*, A 6) gefaßt. Für das Handeln des *demos* spielte die Herdgottheit Hestia offenbar eine besondere Rolle.

- Es tauchen Beamte mit dem Titel *demarchos* und *basileus* auf (A 3-4, B 3, D 3), letztere auch als Kollegium im Plural. Wie das Gesetz von Dreros, so zielt auch die vorliegende Regelung darauf ab, die Beamten bei einem Fehlverhalten zur Rechenschaft zu ziehen, und wie dort sind auch hier materielle Bußleistungen vorgesehen (A 7-8, B, C 7).

- Auf eine weitere Absicht der Regelungen ist aus den Andeutungen in B zu schließen: Das einzelne Gemeindemitglied soll sich vor Willkürakten des Beamten schützen können und sich dazu an eine Appellationsinstanz, den nachfolgend genannten Volksrat, wenden.

- Die wichtigsten und ausführlichsten Aussagen der Inschrift gelten in Teil C dem Volksrat, der *bole demosie.* Es handelt sich um ein durch Wahl zustande kommendes (C 7-9) Repräsentativgremium, in das jede *phyle* 50 Mitglieder entsendet. Es tritt jeden Monat einmal an einem bestimmten Tag zusammen. Vielleicht

[111] Die Zählung bezieht sich auf die Zeilenzählung der obigen Übersetzung.

> umfaßte es 200 Köpfe, rekrutiert aus den auch sonst bekannten vier ionischen Phylen. Wer es einberief und wie lange es tagte, ist nicht zu sagen. Deutlich ist aber die Stellung dieses Rates in der staatlichen Ordnung von Chios. Er fungierte als Appellationsinstanz gegen Beamtenentscheidungen. Daß es dabei vor allem um einzelrichterliche Entscheide ging, macht die letzte Klausel deutlich (C 11-13). In diesen Fällen war die *bole* also eine Gerichtsinstanz. Daß sie darüber hinaus auch bei der Kontrolle der Beamten mitwirkte, geht aus A in Kombination mit C 7 hervor. Sie kann daher auch Bußzahlungen verhängen. Von großer Tragweite ist schließlich die Generalklausel, daß in der *bole* alle Angelegenheiten des Volkes (*ta demo*, C 10-11) verhandelt werden sollen.

Die zentrale Stellung, die der *demos* in diesem Dokument einnimmt und die sich auch etwa darin bemerkbar macht, daß das Wort oder ein Teil von ihm in dem Text insgesamt achtmal erscheint, ist in der Forschung zu Recht betont worden. Freilich hat man die Regelungen meist als einen Schritt in Richtung Demokratie verstanden, als Zeugnis für die Emanzipation des Volkes von seinen adligen Herren. Dem als selbstverständlich vorausgesetzten Adelsrat sei in Chios eine *bole demosie* als Vertretung des Volkes gegenüber gestellt worden. Dies ist jedoch schon aus sprachlichen Gründen nicht haltbar: Die *bole demosie* ist nicht ein ‚Rat des Volkes', der streng genommen *bole demotike* heißen müßte, im Gegensatz zu einem Rat des Adels, sondern ein Rat in Angelegenheiten der Gemeinde (im Gegensatz etwa zu einem Rat in religiösen Belangen, *bole hiera*). Die *bole demosie* ist also ein die gesamte Gemeinde repräsentierendes Gremium, dem deswegen sowohl Aristokraten wie Nicht-Aristokraten angehören. Die Bestimmungen der Inschrift lassen keinen Raum für ein weiteres, ausschließlich von Aristokraten besetztes Ratsgremium. In späteren epigraphischen Zeugnissen wird die *bole demosie* einfach nur noch *bole* genannt.

In der von der Inschrift gespiegelten Frühphase der Staatlichkeit des chiotischen Gemeinwesens kam es hingegen darauf an, das neue Gremium durch das Beiwort *demosie* als von der Gesamtgemeinde bestellt besonders herauszuheben. Hierdurch kommt ein neues Verständnis des *demos* als zentraler politischer und rechtlich ausschlaggebender Entscheidungsinstanz zum Ausdruck. Zwar beruhte auch die vorstaatliche Ordnung auf dem Zusammenspiel zwischen der Willensäußerung des *demos* und dem persönlichen Handeln der *basileis* in dessen Dienst. Demgegenüber liegt dem Beschluß von Chios deutlich greifbar ein neues Verständnis vom Wesen des *demos* zugrunde. Allein er entschied, und er wird deshalb als Handelnder so emphatisch herausgestellt.

Drei Voraussetzungen hierfür lassen sich aus unseren Textfragmenten extrapolieren: Erstens bildet der *demos* keine weitgehend amorphe Masse von Individuen mehr, wie das bei Homer noch für den vorstaatlichen Zustand erscheint. Die Gemeinde der Chioten ist vielmehr zu einer nach außen deutlich konturierten und nach innen integrierten Einheit geworden. Eine große Rolle spielt dabei offenbar die innere Gliederung der Bürgerschaft in Personenverbände, von denen in unserem Text lediglich die *phylai* erscheinen, zu denen wir aber ohne weiteres – in Analogie etwa zu Athen – noch andere gleichartige Vereinigungen zählen dürfen. Die *phylai* haben als konstituierende Instanzen für die *bole demosie* eine wichtige Funktion für das Ganze der Gemeinde, durch sie erfährt jedes einzelne Gemeindemitglied auf verschiedene Weise seine Zugehörigkeit zu ihr. Dieses hochwichtige Element der Infrastruktur des sich entwickelnden Bürgerstaates wird im Kontext der Reformen des Kleisthenes ausführlich zu würdigen sein. Daraus, daß jede *phyle* 50 Ratsmitglieder stellte, ist im übrigen auf etwa gleichgroße *phylai* zu schließen, was nur durch eine ebenfalls den Übergang zur Staatlichkeit anzeigende künstliche Einteilung der Bürgerschaft erreicht werden konnte.

Dieser nach außen einheitliche und nach innen vielfältig gegliederte *demos* erhielt nun, zweitens, seine Handlungsfähigkeit dadurch, daß er institutionalisiert (Volksversammlung) und durch ein zusätzliches kompetenzstarkes Gremium repräsentiert wurde. Die Inschrift bietet keinen Anhaltspunkt, das konkrete Verhältnis zwischen Volksversammlung und *bole demosie* zu rekonstruieren. Aus dem Tenor der Inschrift ist jedoch zweifellos zu folgern, daß erst durch dieses neue Kollektivgremium der Wille des *demos* wirksam umgesetzt, seine Handlungen schlagkräftig werden konnten.

Dazu war es, drittens, schließlich notwendig, daß die Gemeinde dem eigenständigen Handlungsspielraum ihrer Exekutivorgane, der Beamten, enge Grenzen zog. Erneut wird aus der Inschrift deren Tätigkeit in der Rechtspflege als ein Schwerpunkt ihrer Aufgaben erkennbar. Auch hierbei sind sie selbstverständlich die Nachfolger der *basileis* aus vorstaatlicher Zeit. Das Handeln der Magistrate hatte sich nunmehr an festen, aufgrund ihrer schriftlichen Fassung für jedermann nachprüfbaren Regeln zu orientieren. Es unterlag der regelmäßigen und ausdrücklichen, nicht mehr bloß informellen Kontrolle durch den *demos*; jedes Fehlverhalten war als solches klar zu benennen und gegebenenfalls zu ahnden. Die Regelungen aus Chios untermauern damit, was bereits für Dreros über die von Anfang an schwache Stellung der griechischen Beamten ausgeführt wurde.

Im Falle von Chios lassen sich einige konkrete Vermutungen darüber formulieren, welche Herausforderungen die Chioten zu dieser Integration ihrer Bürgerschaft und der Neuordnung ihres Zusammenlebens gedrängt haben mögen. Zum einen gibt es eine relativ zuverlässige Überlieferung, daß die Chioten die ersten waren, die in großem Stile Kaufsklaven einsetzten[112]. Angesichts so vieler unfreier und nicht zugehöriger Mitbewohner bildeten die Chioten das Bewußtsein der Zugehörigkeit zu ihrem eigenen *demos* schärfer als bisher aus. Der einzelne freie Bürger empfand sich viel stärker als Mitglied der politischen Gemeinschaft der Freien, und diese mußten sich zusammen als handlungsfähiges Kollektiv konstituieren, um ihre Herrschaft über die

[112] Vgl. Theopomp, FGrH 115 F122. Übers. in.: Michel Austin/Pierre Vidal-Naquet: Gesellschaft und Wirtschaft im alten Griechenland. München 1984. S. 215; vgl. a. Thuk. 8, 40, 2.

ihnen zahlenmäßig möglicherweise überlegene Menge von Fremden und Sklaven sicherzustellen. Zur freien und alle Macht im chiotischen Gemeinwesen auf sich konzentrierenden Bürgerschaft zu gehören hieß also, etwas Besonderes zu sein.

Gefördert wurde dieses Bewußtsein ferner durch die energische Hinwendung der Chioten zur Welt des östlichen Mittelmeeres. Sie nutzten die verkehrstechnisch günstige Lage der Insel zu lebhaften Handelsbeziehungen, die ihnen nicht nur den genannten Sklavenimport aus der nichtgriechischen Umwelt, sondern auch einen weitreichenden Export der eigenen Erzeugnisse ermöglichten, vor allem Wein, Mastix-Öl und Keramik. So sehen wir die Gemeinde Chios als Beteiligte am Hellenion im ägyptischen Naukratis, das eine Handvoll griechischer Gemeinden als Heiligtum für ihre Kaufleute mit Genehmigung des Pharao errichten durfte. Chios verfügte außerdem über Territorien auf dem der Insel gegenüberliegenden Festland und stand dadurch in ständigem Kontakt mit den nicht-griechischen Mächten Kleinasiens wie den Lydern und später den Persern. All das konfrontierte die Gemeinde Chios auch in ihren Außenbeziehungen mit dem Anderen und Fremden und zwang dazu, die eigene Identität bewußter zu gestalten, zu pflegen und nach außen hin zu dokumentieren.

Dazu gehört nicht zuletzt die schon relativ früh auf ein konstantes Münzbild festgelegte Prägung chiotischer Elektron-Statere und Silber-Didrachmen, auf denen seit etwa 550 v. Chr. eine Sphinx und ein Weinkrug die *polis* Chios symbolisch repräsentierten. Wie stolz sich die Bürger draußen in der Welt zu ihrer Heimatstadt bekannten, verkündet die Weihinschrift eines Bildhauers auf einer Nike-Statue aus Delos, die zwischen 550 und 530 v. Chr. zu datieren ist:

> „Mikkiades hat dieses schöne Götterbild gefertigt mit
> [(Artemis, d. Verf.) gewidmet,
> seinem Sohn Archermos, mit trefflicher Kunst, und der ferntreffenden Pfeilschützin
> die Chioten, die Stadt ihres Vaters Melas bewohnend."
>
> (P. A. Hansen (Hrsg.): Carmina Epigraphica Graeca Saec. VIII-V. a.Chr.n., Berlin, New York 1983, 425; Ü.: Uwe Walter/Verf.).

Von der inneren Wohlordnung *(eunomia)*, die durch den in Chios gelungenen Übergang zur Bürgerstaatlichkeit hergestellt wurde und in die die Informationssplitter unseres Inschriftenfragments einen vielsagenden Einblick erlauben, zeugt schließlich die weitere gedeihliche Entwicklung des chiotischen Gemeinwesens in archaischer und klassischer Zeit. Es konnte nach außen hin eine dauerhafte maritime Machtstellung erringen und nahm etwa an der Seeschlacht bei Lade im Jahre 494 v. Chr. mit 100 Trieren teil.[113] Im 5. Jh. v. Chr. gehörte Chios zu den wenigen Mitgliedern des Attischen Seebundes mit eigener militärischer Macht. Im Inneren blieb die politische Ordnung nach allem, was wir wissen, stabil und – ähnlich wie Athen in der Epoche nach Kleisthenes – von der *stasis* verschont.

113 Vgl. Hdt 6, 15.

3. Der vorstaatliche Rechtsgang

Eine der wichtigsten Aufgaben der ersten staatlichen Einrichtungen bestand darin, eine neue Verfahrensweise bei der innergesellschaftlichen Streitbeilegung durchzusetzen. Richterliche Funktionen von Beamten oder bürgerlichen Kollektivgremien werden in den Zeugnissen, die im Vorhergehenden besprochen wurden, immer wieder erwähnt. Zwei aussagekräftige Quellenzeugnisse erlauben es, den Übergang zur Staatlichkeit im Bereich dieser wichtigen Gemeinschaftsaufgabe mit einiger Genauigkeit nachzuzeichnen. Aus einer Szene in der Ilias läßt sich der vorstaatliche Rechtsgang rekonstruieren; demgegenüber markiert ein athenisches Gesetz aus dem letzten Drittel des 7. Jhs. v. Chr., das die Überlieferung mit einem Gesetzgeber namens Drakon in Verbindung bringt, den Sprung zur staatlichen Rechtspflege. Zunächst also ein Rückblick auf das Verfahren zur Streitbeilegung in der vorstaatlichen Ordnung.

Gerieten in vorstaatlicher Zeit zwei Gemeindemitglieder in Streit, so war der Weg, diesen beizulegen, in der weitaus größten Zahl der Fälle durch die Mechanismen der Selbsthilfe vorgegeben. Dies bedeutete, daß sich der Geschädigte durch Blutrache, Eigentumsentzug oder andere direkte Möglichkeiten des Zugriffs auf den Täter Genugtuung verschaffte. Die Streitparteien konnten sich indessen auch auf eine Kompensationsleistung einigen, um ihren Konflikt beizulegen. Im Falle einer Tötung konnte sich so der Täter durch die Zahlung einer Entschädigung (im germanischen Recht Wergeld genannt) an die Angehörigen des Toten von deren Zugriffsmöglichkeit auf ihn freikaufen.

Es muß eigens betont werden, daß auch die Selbsthilfe von dem Willen diktiert ist, den innergemeindlichen Frieden zu erhalten beziehungsweise wieder herzustellen. Dieses Ziel ist durch die Selbsthilfe auch durchaus zu erreichen. Auch dort, wo keine unabhängige Instanz wie der Staat in die Streitigkeiten von Gesellschaftsmitgliedern eingreift, herrschen nicht einfach Chaos oder das Recht des Stärkeren. Vielmehr unterliegen auch die Akte der Selbsthilfe strengen Vorschriften und rituellen Festlegungen, durch die ihre Wirksamkeit gewährleistet wird. In diesem Sinne spielt die Selbsthilfe im übrigen auch im späteren griechischen Recht eine bedeutende Rolle, da dies weder eine staatliche Strafverfolgung noch bei bestimmten Delikten eine staatliche Strafvollstreckung kennt.

Eine wichtige Voraussetzung für die Wirksamkeit der Selbsthilfe zur Streitbeilegung ist, daß dieses Mittel in den Augen der Gesellschaft nur dann zur Anwendung kommen konnte, wenn die Tatfrage eindeutig war und der Täter zweifelsfrei feststand. Das dürfte unter den Bedingungen der kleinen Gemeinschaften der vorstaatlichen Zeit das Normale gewesen sein. Dennoch konnte es auch dort vorkommen, daß der Beschuldigte die Tat bestritt. Er hatte dann die Möglichkeit, seine Unschuld in einem Reinigungseid zu beschwören. Die geschädigte Partei konnte daraufhin mit einem Überführungseid antworten. Beide Eide gab es auch im späteren athenischen Recht noch als Einleitungszeremonie für das Gerichtsverfahren. Sie wurden vor dem *archon basileus* abgelegt. In diesem Ritual wurde festgestellt, daß die Tatfrage offen war. Seit dem 6. Jh. v. Chr. setzte dieser Zustand automatisch ein Gerichtsverfahren zur Klärung der Tatfrage in Gang. Unter vorstaatlichen Bedingungen boten sich hingegen zwei andere Wege:

- die Einholung eines Gottesurteils durch ein Ordal, das heißt einen Zweikampf oder eine andere Probe, wie man sie ebenfalls aus dem germanischen und mittelalterlichen Recht kennt;
- die Anrufung eines Schiedsrichters oder eines Schiedsgerichts. Auch dieser Weg läuft gewissermaßen auf ein Gottesurteil hinaus, da der Richterspruch als von Gott eingegeben vorgestellt wurde und dadurch sanktioniert war.

Ein Beispiel für dies letztere bietet Homers Ilias. An ihr läßt sich für ein bislang noch nicht betrachtetes Feld der Gemeinschaftsaufgaben beobachten, wie die vorstaatlichen Organisationsprinzipien funktionierten.

> „Das Volk *(laos)* aber war auf dem Markt *(agore)* versammelt. Dort hatte ein Streit
> Sich erhoben: zwei Männer stritten um das Wergeld
> Für einen erschlagenen Mann. Der eine gelobte, daß er alles erstattet habe,
> Und tat es dem Volke *(demos)* dar, der andere leugnete: nichts habe er empfangen.
> Und beide begehrten, beim Schiedsmann einen Entscheid zu erlangen,
> Und das Volk schrie beiden zu, hüben und drüben als Helfer.
> Und Herolde hielten das Volk zurück, die Ältesten *(gerontes)* aber
> Saßen auf geglätteten Steinen im heiligen Ring.
> [Händen;
> Und sie hielten die Stäbe *(skeptra)* von den Herolden, den luftdurchrufenden, in den
> Mit denen sprangen sie dann auf und taten abwechselnd ihren Spruch *(dikazein)*.
> In ihrer Mitte aber lagen zwei Pfunde Goldes,
> Um sie dem zu geben, der unter ihnen das Recht *(dike)* am geradesten spräche."
> (Hom. Il. 18, 497-508; Ü.: Wolfgang Schadewaldt)

Die Szene ist Teil einer größeren Passage, in der die Dekoration des Schildes beschrieben wird, den Achill von Hephaistos erhält, damit er wieder am Kampf gegen Troja teilnehmen kann. Die Bilder des Schildes stellen eine Reihe von Situationen des alltäglichen Lebens dar: Landwirtschaft, Krieg, religiöse Feste. Sie nehmen alle auf Belange Bezug, die den gesamten *demos* angehen und diesen mehrfach in Aktion zeigen. In allen Bilderzählungen sollen die vorgestellten Situationen als typische gekennzeichnet werden. Sie besitzen dadurch einen engen Bezug zur historischen Realität.

Um den von Homer geschilderten Handlungsablauf zu verstehen, ist als erstes nach seinen Voraussetzungen zu fragen. Die dem Streit zugrunde liegende Tatfrage lautet: Ist die Entschädigungszahlung für den Getöteten geleistet worden oder nicht? Der Fall ist offen und auch im weiteren allem Anschein nach nicht zu klären, da keine der beiden Streitparteien Beweise für ihre sich gegenseitig ausschließenden Behauptungen vorlegen kann. Wie konnte es dazu kommen? Offenbar wurde versäumt, für die Bezahlung des Wergeldes einen Modus zu vereinbaren, der beiden Seiten durch Bezeugungen Sicherheit geben konnte, eine Art notarielle Beurkundung also. Mithin lügt einer der beiden Kontrahenten und versucht, den anderen zu übervorteilen mit dem Ziel, entweder nicht zu zahlen oder doppelt zu kassieren.

Der Streit hat inzwischen die gesamte Gemeinde alarmiert. Homer weist nachdrücklich darauf hin, daß der *demos* gespalten ist und auf der einen oder anderen Seite Partei ergriffen hat. Das ist in einer Gemeinde, in der jeder jeden kennt, verständlich; es führt aber dazu, daß solche Streitigkeiten den Frieden in der Gemeinde insgesamt bedrohen und daher nicht hingenommen werden können. Der Streit muß also beigelegt werden, und der erste Schritt hierzu ist ein formaler Beweisgang, der oben bereits beschriebene Eidaustausch, den wir zum Verständnis ebenfalls notwendig voraussetzen müssen. Damit war freilich das Problem erst definiert und noch keineswegs gelöst.

Wir finden eine Parallele hierzu in Il. 23, 539-611, die deswegen sehr aufschlußreich ist, weil dort die Eidzeremonie selbst bereits zur Beilegung des Streits führt. Dieser war im Anschluß an das Wagenrennen anläßlich der Leichenspiele für Patroklos ausgebrochen. Man konnte sich über die Rangfolge der Sieger nicht einig werden. So machte Menelaos, der Drittplazierte, dem Zweitplazierten, Antilochos, den Rang streitig, indem er ihn bezichtigte, ihn während des Rennens absichtlich behindert zu haben. Menelaos zwingt schließlich Antilochos zu einer Schwur-Zeremonie, also dazu, seinerseits den Reinigungseid abzulegen. Er beruft sich dabei auf die übliche Ordnung: *themis estin* (Il. 23, 581). Vor dieser Forderung weicht Antilochos zurück und gibt nach, wodurch der Konflikt beendet wird. Man erkennt hieraus, daß von dem Eidaustausch eine abschreckende Wirkung ausgehen konnte (da Eide immer durch Selbstverfluchungsformeln sanktioniert waren), daß also auch diese Zeremonie im Dienste der Wiederherstellung des Friedens stand und durchaus effektiv sein konnte.

Nach der durch den Eidaustausch festgestellten Offenheit der Tatfrage waren Selbsthilfemaßnahmen der Beteiligten in keinem Fall mehr erlaubt. Vielmehr mußte ein Modus der Schlichtung gefunden werden, im Interesse des *demos* ebenso wie in dem der beiden Streitenden: Der, der die Unwahrheit gesagt hatte, konnte so hoffen, noch halbwegs sein Ziel zu erreichen, der andere, wenigstens zum Teil zu seinem Recht zu kommen.

Unbedingtes Ziel des Verfahrens mußte es also sein, die von beiden und dem gesamten *demos* gewünschte endgültige Beilegung des Streits zu erreichen. Jede Lösung mußte deshalb so aussehen, daß beide Teile mit ihr leben und sie akzeptieren konnten. Die Aufgabe der Ältesten, der *gerontes*, bestand folglich darin, einen für beide Seiten tragbaren Kompromiß zu finden. Einer der Sprüche, die die Geronten abgaben, mußte demnach von beiden Kontrahenten als Einigungsformel anerkannt werden können. Daraus ist zu folgern, daß die Debatte der Geronten und die Begründungen, die sie für ihre Sprüche vortragen mußten, sich nicht um den Tatvorwurf der Vorenthaltung des Wergelds drehen konnten, sondern in einer eingehenden Würdigung der Umstände des Falls, der Personen der Beteiligten, ihrer sozialen Stellungen, ihres bisherigen Verhaltens, ihrer früheren Beziehungen sowie der Bedeutung einer Einigung für die Gemeinde insgesamt bestehen mußten. Der „geradeste Spruch“, der den Frieden stiftet, liegt deshalb nicht notwendig in der Mitte zwischen den Ansprüchen. Sonst bedürfte es nicht eines so aufwendigen Verfahrens, und es wären nicht mehrere unterschiedliche Sprüche möglich, zwischen denen die Streitenden den für sie passenden auswählen müssen.

Die Richtigkeit dieser Deutung der homerischen Szene wird durch einen Blick in die Rechtsethnologie bestätigt. So gibt es zum Beispiel nomadische Viehzüchter in Somalia, die ihre Streitigkeiten ebenfalls an Männer verweisen, die wegen ihrer Unparteilichkeit und Weisheit von den Streitenden ausgewählt werden. Ob die Entscheidungen ihr Ziel erreichen, hängt davon ab, ob sich die beiden Parteien fair behandelt fühlen, auch von dem Grad des Interesses, das sie an einer Schlichtung haben und das seinerseits auch von dem Druck beeinflußt wird, den ihre Verwandten und Freunde auf sie ausüben. Dieses Verfahren und das Wesen der gefundenen Übereinkunft kann wie folgt beschrieben werden:

> „Eine solche Vereinbarung ist nicht nur das Ergebnis von Überlegungen zu Normen, Regeln und Verhaltensmustern und ihrer Anwendung. In der Tat gibt es in dieser Situation niemanden, der bestimmen kann, welche Norm anzuwenden ist, und wie. Es kann auch sein, daß es darüber gar keine endgültige Einigkeit gibt. Jedoch gibt es den zusätzlichen und entscheidenden Faktor der relativen Stärke der beiden Parteien, im Hinblick auf ihre Zahl und Schlagkraft, ihre politische Macht und ihre übernatürlichen Fähigkeiten und im Hinblick auf verschiedene gesellschaftliche Vor- und Nachteile, die man dabei gewinnt oder verliert, die angeboten oder vorenthalten werden.“[114]

Von hier her ist auch die Rolle des umstehenden Volkes in unserer Homerszene zu verstehen. Es bildet ein Forum, das durch Zustimmungs- und Mißfallenskundgebungen auf die Entscheidungsfindung der *gerontes* wie auf die Meinungsbildung der Kontrahenten einwirkt. Gerade die kontroverse Parteinahme des Volkes ist es, die zu einer einvernehmlichen Lösung des Konflikts drängt, ohne die es – das macht die Spaltung des *demos* offensichtlich – zu einer weitergehenden Gefährdung des innergemeindlichen Friedens käme.

> „Im Bereich der engen Gemeinschaft ist es der moralische Druck, der die Bereitschaft zur Einigung erzeugt, nicht die drohende Gewalt, sondern die drohende Störung des allgemeinen sozialen Gleichgewichts, die durch Feindschaften entsteht.“[115]

Das Forum der Gesamtgemeinde ist es, das den Spruch des Schiedsrichters gesellschaftlich sanktioniert, nachdem die Streitenden sich vor der Öffentlichkeit der Gemeinde zur Einhaltung der Vereinbarung verpflichtet haben.

---

[114] Uwe Wesel: Frühformen des Rechts in vorstaatlichen Gesellschaften. Frankfurt a.M. 1985. S. 332.

[115] Wesel a.a.O. S. 271.

Bezeichnend ist schließlich das Auftreten der *gerontes.* Sie tagen im heiligen Kreis und halten bei Abgabe ihres Spruches ein Szepter in Händen. Dieses verleiht seinem jeweiligen Träger die Kraft, mit göttlicher Hilfe und Eingebung das Recht zu weisen. Die Grundlagen für die Fähigkeit, zu praktikablen Regelungen zu kommen, sind allerdings soziales Ansehen, Erfahrung (die Alten!), Einfallsreichtum *(metis)* und Überredungskunst *(peitho).*

metis und *peitho* der Geronten bilden das eigentliche Zentrum des Verfahrens, und es ist im wesentlichen diesen Kräften zu verdanken, wenn das Schiedsgericht zu einem guten Ende kommt. Wir besitzen eine eindrucksvolle Charakterisierung dieser Fähigkeiten aus dem Munde Hesiods, der sie als Gaben der Musen auffaßt:

> „Und wem Ehre erweisen *(timan)* die Töchter des großen Zeus (sc. die Musen)
> Und wen sie anschauen bei seiner Geburt
> Von den zeusgehegten Königen *(basileis),*
> Dem träufeln sie auf die Zunge süßen Tau,
> Und ihm fließen mild die Worte aus dem Mund.
> Und die Leute alle schauen auf ihn,
> Wie er die Satzungen abwägt *(diakrinonta themistas)*
> Und auslegt mit geraden Urteilen *(itheiesi dikesin).*
> Er spricht *(agoreuein)* ohne Straucheln,
> Und rasch vermag er auch einen großen Streit
> Mit kundigem Wissen zu beenden.
> Denn darin besteht die Klugheit der Könige,
> Daß sie den Leuten, die Schaden erlitten,
> Auf dem Gerichtsplatz *(agore)* Geschehenes zur Umkehr bringen,
> Ganz leicht, mit freundlichen Worten überredend *(paraiphamenoi epeessin,* von: *peitho).*"
>
> (Hes. theog. 81-90; Ü.: Walter Marg)

Auch für die von Homer und Hesiod herausgestellten Qualitäten eines Schiedsrichters in der vorstaatlichen Ordnung liefert die ethnologische Beobachtung Parallelen. Die Amba sind nach einem Bericht von 1958 Ackerbauern in Uganda, ein Stamm von etwa 30000 Menschen. Für die Beilegung ihrer Konflikte spielt die Vermittlung durch Dorfälteste eine große Rolle.

> „Der Vermittler hat dabei nichts weiter einzusetzen als ein persönliches Geschick und die Autorität seiner Stellung. Im übrigen ist er auf den guten Willen der Beteiligten angewiesen, den Konflikt beizulegen. Die Autorität seiner Stellung beruht im wesentlichen auf seinem Alter und seiner Erfahrung. Er hat keine Möglichkeit, ein ‚Urteil' zu fällen. Er kann nur Vorschläge machen, die von den Parteien angenommen werden müssen. Oft sind das lange Verhandlungen, an denen sich manchmal noch andere Dorfbewohner beteiligen. Der Vermittler kann natürlich auch nicht, wie ein europäischer Richter, die Durchsetzung einer Entscheidung erzwingen. Am Ende seiner Verhandlung steht eine Einigung, der Konsens der Beteiligten."[116]

[116] Wesel a.a.O. S. 26 f.

Der von Homer geschilderte Fall überrascht bei der Ermittlung des Spruchs durch eine ‚typisch griechische' Variante: Der streitschlichtende Spruch geht aus einem Wettbewerb der *gerontes* hervor, einem aristokratischen *agon*. Das entspricht ganz den Bedingungen der aristokratischen Sozialstruktur. So gibt es am Ende also doch einen Sieger, nämlich einen der *gerontes*, und er erhält auch einen Preis: die zwei Talente Gold, die die beiden Streitenden als Preis für die schiedsrichterliche Leistung entrichten mußten.

Homer schildert uns für den Fall, daß die Selbsthilfe blockiert war, ein Streitbeilegungsverfahren, das auf einem – mit dem heutigen Rechtsbegriff gesprochen – Vergleich der Streitparteien durch die Vermittlung eines Schiedsrichters beruht. Dieses Verfahren trägt die schon bekannten Merkmale der Vorstaatlichkeit: Das Schiedsgericht konstituiert sich für den jeweiligen Einzelfall; es ist eingebettet in Regulationsmechanismen, die im sozialen Bereich wirksam sind; nur solche Gemeindemitglieder sind für die Aufgabe des Schiedsrichters geeignet, die soziales Ansehen, Lebenserfahrung sowie vor allem die Gabe der Rede mitbringen. Verschiedene Einzelzüge des vorstaatlichen Rechtsgangs bei Homer zeigen diesen aber zugleich in einem bereits hochentwickelten Stadium, das gewisse Ansatzpunkte für den Übergang zum staatlichen Verfahren schon erkennen läßt:

- Der Ablauf des Verfahrens ist stark formalisiert: Auf der *agora* ist eigens eine abgegrenzte Tagungsstätte für das Schiedsgericht eingerichtet. Dessen Vorgehen ist offenbar nicht beliebig, sondern richtet sich nach festliegenden Grundsätzen:

  - Eideszeremonie vor einem *basileus*, Opferhandlungen, Selbstverfluchungsformeln
  - Streitdarlegung
  - Debatte
  - Spruch
  - Bezahlung.

  Abstrakte Symbole begleiten die Rechtsfindung, etwa der ‚heilige Kreis' als Tagungsstätte und das herumgereichte Szepter.

- Die Bilder vom Schild des Achill suchen ein repräsentatives Bild der Welt zu vermitteln. In den Augen des Dichters wie seines Publikums gelten also als repräsentative Streitbeilegungsformen weder die Ausübung der Blutrache noch ein Ordal im eigentlichen Sinne, sondern eine Kompensationsleistung (Wergeld). Aus dem als typisch angesehenen Verfahren spricht ein großes Vertrauen in die friedenstiftende Kraft des Verhandelns und (Über-)Redens. Man möchte sein Schicksal nicht blind an eine vermeintliche göttliche Offenbarung binden, es ist vielmehr der Mensch, der durch seine besonderen Fähigkeiten der Rede und praktischen Intelligenz eine gewaltfreie und gütliche Einigung herbeiführt. Homers Odysseus, der einfallsreiche, vielbewanderte und redegewaltige Held, ist die bleibende Vorbildfigur für diese Überzeugung.

Daß Schiedsgerichte durch einzelne oder eine Mehrzahl von Richtern eine normale und vielgeübte Prozedur waren, belegt etwa eine beiläufige Bemerkung in der Odyssee, in der eine bestimmte Uhrzeit des Tages mit Verweis auf die schiedsrichterliche Tätigkeit des *basileus* charakterisiert wird:

> „Und zu der Zeit erst, wo ein Mann zum Nachtmahl von der Versammlung aufsteht, der viele Streitfälle entscheidet, wenn die jungen Männer ihr Recht einholen."
> (Hom. Od. 12, 439-440; Ü.: Wolfgang Schadewaldt)

Im vorstaatlichen Rechtsgang bei Homer ist bereits ein charakteristischer Zug der Rechtsordnung des späteren Bürgerstaates vorgebildet. Auch in ihm war es der in Rede und Gegenrede herbeigeführte Konsens der Bürger, der allein die Staatsmacht verkörperte, aufgrund derer sich Gerichtsurteile in der Praxis durchsetzen ließen.

- Die Eigentümlichkeit der späteren Bürgerstaatlichkeit ist insbesondere auch in der großen Bedeutung erkennbar, die dem Volk in der homerischen Gerichtsszene zukommt. Der *demos* ist ganz unmittelbar an dem Vorgang beteiligt, er drängt im direkten Sinne des Wortes in die Szene hinein. Den homerischen *basileis*, sozialanthropologisch gesprochen: big men, obliegt es in der vorstaatlichen Struktur zwar, Schiedsrichter zu sein; sie sind dabei aber nicht nur auf die Konsensbildung der Streitparteien angewiesen, sondern müssen zugleich auf die sie umgebende Gemeindeöffentlichkeit einwirken, sie von innen heraus mit der Macht von *peitho* überzeugen und gewinnen, nicht von oben herab mit der des Schwertes regieren. Dies ist der wesentliche Unterschied zu den von der Ethnologie beobachteten vorstaatlichen Gesellschaften: Im Gegensatz zu dem big-men-System hat sich die griechische Ordnung der *basileis* nicht in ein monarchisches Staatswesen transformiert, ist der staatliche Richter nicht der Einzelherrscher oder sein Beauftragter, sondern ein Kollektivgremium von Bürgern.

4. Drakon und der Übergang zu einer staatlichen Gerichtsordnung

Wie kommt es zu einer Änderung der geschilderten Praxis des vorstaatlichen Rechtsgangs? Voraussetzung für dessen Funktionieren war die Kleinheit und Einfachheit der frühen Gemeinden, ihre Überschaubarkeit und die geringe Zahl der auftretenden Konflikte. Allein schon aufgrund der geringeren Bevölkerungszahl blieben die Reibungsflächen zwischen den Gemeindemitgliedern gering. Noch bis ins 8./7. Jh. v. Chr. bildeten die informellen Sanktionen in einer face-to-face-Gesellschaft außerdem ein wirksames Mittel gegen abweichendes Verhalten.

Diese Situation hat sich mit jenen Wandlungsprozessen verändert, die in Kapitel IV bereits besprochen wurden: die Zunahme der Bevölkerung, das dichtere Zusammenleben in den Gemeinden, die intensivere Nutzung des Bodens, die Landnot, die Schuldknechtschaft, die Ausweitung der Wirtschaftstätigkeit, die Neuansiedlung bisher Gemeindefremder – all das hat die Zahl der Rechtsstreitigkeiten merkbar anwachsen lassen.

In besonderem Maße gilt das für Gewaltdelikte. Die Gründe hierfür können aus den Faktoren des Wandels abgeleitet werden. So brachte etwa die Einführung der Hoplitenkampftaktik breite Bevölkerungsschichten in den dauernden Besitz schwerer Waffen. Das schuf nicht nur ein ständig latentes Gewaltpotential. Mit diesen Waffen mußte auch geübt werden. Dabei konnte es zu mancherlei unbeabsichtigten Unfällen, aber auch fahrlässigen und gelegentlich sogar heimtückischen Verletzungen oder Tötungen kommen. Weitere neue Risiken barg der nicht immer ungefährliche Übungsbetrieb bestimmter Sportarten wie Speerwurf, Allkampf, Boxen oder Waffentanz.

Gewaltausbrüche begleiteten jedoch vor allem zwei soziale Entwicklungen: einmal die in Kapitel B, V beschriebene soziale Krise mit ihren Konflikten zwischen den Groß- und Kleinbauern, Gläubigern und Schuldnern, neidischen Nachbarn, Aristokratie und Volk. Wie sehr sich mit der inneren Zerrissenheit der Gemeinde Haß und Gewalt unter ihren Bürgern breitgemacht hatten, bezeugen die lebhaften Klagen Solons wie zum Beispiel F 3D. 18-22. Solon nennt auch die andere Quelle ständig drohender Gewalt: die Auseinandersetzungen und Kämpfe zwischen den *stasis*-Gruppierungen der Aristokraten (F 3D. 37). Bedenkt man das Wechselspiel der Konstellationen in Bündnis und Opposition, die vielen kleinen Scharmützel und die Feindschaften, die plötzlich hinter jeder Ecke lauern konnten, den allgegenwärtigen Geist des Neides und der Rache, dann kann man sich leicht ausmalen, daß es immer offene Rechnungen gab, die zu begleichen waren, nicht nur zwischen den Großen, den Aristokraten, sondern auch zwischen kleinen Leuten, die in die Händel der Großen mit verstrickt waren.

Ein weiterer Grund liegt in der Zunahme des lokalen wie überregionalen Verkehrs aufgrund der Intensivierung der Wirtschaftstätigkeit und der Zunahme der aristokratischen Außenkontakte im Zusammenhang mit der sich intensivierenden *stasis* und nicht zuletzt mit dem Anschwellen der Pilgerströme zu den überregionalen Heiligtümern, das sich aus der sozialen Not der einen wie den Zukunftshoffnungen der anderen speiste. Ein solcher zu Wasser wie zu Lande gewachsener Verkehr brachte neue Unsicherheiten und Risiken für den Reisenden mit sich. Ein solonisches Gesetz (Vgl. F 20 Rusch.) bestimmt, daß demjenigen der Schutz der Allgemeinheit versprochen wird, der einen anderen in Notwehr auf der Landstraße tötet. Dürfen wir hierin den Reflex auf ein Räuber- und Bandenunwesen erkennen, wie es überall verstärkt in Erscheinung trat, wo in vorindustriellen Gesellschaften soziale Not herrschte?

Im Laufe des 7. Jhs. v. Chr. haben sich in vielen Gemeinden die Möglichkeiten vervielfacht, aus denen heraus sich Gewaltdelikte ereignen konnten. Die Zahl der Tötungen dürfte erheblich gestiegen sein. Gerade die aber – das hatte die homerische Gerichtsszene veranschaulicht – bargen das größte Störungspotential für die Gemeinde insgesamt. Der Zunahme der daraus entstehenden Konflikte war mit dem vorstaatlichen Streitbeilegungsverfahren nicht mehr beizukommen. Die neue Situation überstieg quantitativ dessen Kapazität, und sie barg qualitativ neue Anforderungen. Beides läßt sich am ersten Zeugnis der Rechtsgeschichte Athens ablesen, dem Gesetz Drakons.

Die athenische Überlieferung verbindet diesen Einschnitt mit dem Namen Drakon, jedoch sind wir über seine geschichtliche Persönlichkeit nicht weiter unterrichtet. Wir besitzen lediglich einen Auszug aus dem von ihm geschaffenen neuen Verfahrensrecht zur Streitbeilegung. Das entsprechende Gesetz datiert aus dem letzten Drittel des 7. Jhs. v. Chr.. Es hat den Rechtsgang in allen Blutdelikten fortan auf eine staatliche Grundlage gestellt und blieb in der Folgezeit unverändert in Kraft. Als die Athener im Jahre 409/8 v. Chr. ihre Gesetze neu aufzeichneten, haben sie das Recht Drakons wieder aufgenommen. In dem auf der athenischen *agora* gefundenen Inschriftenfragment über den diesbezüglichen Beschluß der Volksversammlung wird das Gesetz Drakons zitiert:

> „Und wenn einer einen ohne Vorsatz tötet, soll er in die Verbannung gehen. Das Urteil über ihn im Hinblick darauf, ob er an einer Tötung schuld sei, soll verkündet werden von den basileis (...); und die *ephetai* sollen die Verhandlung führen. Verzeihung *(aidesis)* kann gewährt werden, wenn Vater oder Brüder oder Söhne (des Getöteten) am Leben sind, von allen zusammen. Anderenfalls soll der eine, der dagegen ist, maßgebend sein. Wenn keiner von diesen Männern am Leben ist, dann kann Verzeihung gewährt werden von den männlichen Angehörigen bis zum Grad des Sohnes des Vetters und des Vetters (des Getöteten), wenn alle Verzeihung geben wollen. Einer, der dagegen ist, soll maßgebend sein. Wenn auch von diesen keiner lebt, und wenn die Tötung unvorsätzlich war und ein Urteil von den 51, den *ephetai*, gefällt worden ist, daß sie unvorsätzlich war, dann kann der Täter wieder in das Land gelassen werden mit Zustimmung von 10 Mitgliedern der *phratrie* des Getöteten. Diese, die 51, sind zu wählen nach ihrer Würdigkeit *(aristinden)*. (...) Auf der agora soll die Anzeige gegen den Täter erstattet werden, und zwar von den Verwandten des Getöteten bis zum Grad des Sohnes des Vetters und des Vetters. Die Verfolgung des Täters soll gemeinsam geschehen durch die Vettern, deren Söhne, die Schwiegersöhne und Schwiegerväter und die Mitglieder der *phratrie*. (...) Wenn jemand den Täter tötet oder für seinen Tod verantwortlich ist, solange dieser sich von der agora an der Grenze und von den Spielen und den Riten der *amphiktyonie* fernhält, soll er nach denselben Bedingungen behandelt werden wie einer, der einen Athener getötet hat. Die *ephetai* sollen nach einer Verhandlung das Urteil fällen. (...) Wenn jemand in Selbstverteidigung auf der Stelle einen tötet, der sein Eigentum unberechtigt und mit Gewalt wegbringt, dann soll diese Tötung bußlos sein."
>
> (Meiggs/Lewis Nr. 86, 11-29; Ü.: Verf.)[117]

Das Blutrecht Drakons enthält im wesentlichen fünf Bestimmungen:

- Bei unvorsätzlicher Tötung soll der Täter ins Exil gehen. Die 51 Epheten, die aus dem Kreis der Aristokraten gewählt werden, ermitteln die Natur der Tötung; der jeweilige *archon basileus* soll das Urteil verkünden.

[117] Um den Text lesbar zu halten, sind die Ergänzungen der Herausgeber der Inschrift sowie Lücken im Text nicht kenntlich gemacht. Die im Text bezeichneten Auslassungen betreffen sowohl meine eigenen Kürzungen als auch textliche Lücken.

- Dem Täter kann *aidesis*, Verzeihung, gewährt werden von den nächsten Verwandten des Getöteten: Vater, Brüder, Söhnen oder von den Verwandten bis einschließlich der Vettern oder von zehn Mitgliedern der Phratrie des Getöteten.

- Die Verwandten bis einschließlich der Vettern des Getöteten sind berechtigt, die Anklage gegen einen mutmaßlichen Mörder auf der *agora* vorzubringen. An der Verfolgung des Mörders können sich Vettern, Schwiegersöhne und Schwiegerväter sowie die Phratrie-Mitglieder beteiligen.

- Wer einen ins Exil gegangenen Täter, solange dieser sich von den Grenzen und den geweihten Stätten der Gemeinde fernhält, dennoch tötet, soll selbst wie ein Mörder behandelt werden. Auch hierüber entscheiden die Epheten.

- Wer aus Notwehr unvorsätzlich tötet oder wer sich gegen einen Dieb verteidigt und ihn in flagranti tötet, soll bußlos bleiben.

Das Gesetz Drakons zeigt, daß die bisherigen Selbsthilfe-Mechanismen und Schiedsverfahren ihre gesellschaftliche Befriedungsaufgabe nicht mehr in allen Fällen erfüllen konnten. Die gestiegene Zahl und die Komplexität der Gewaltkonflikte zwang zu einem neuen Verfahren ihrer Beilegung. Kennzeichnend dafür ist einmal die Einrichtung amtlicher Instanzen, die sich mit allen Tötungsdelikten zu befassen hatten; zum zweiten die Abkehr vom Prinzip der bloßen Erfolgshaftung, daß also jeder Täter für seine Tat einzustehen und die aus der Selbsthilfe resultierenden Folgen zu tragen hatte, ganz ungeachtet der näheren Umstände seiner Tat.

In allen Tötungsfällen gibt es nun erst einmal den Gerichtszwang. Die geschädigten Hinterbliebenen – die Inschrift umschreibt präzise den Kreis der berechtigten Verwandten – müssen den Fall öffentlich anzeigen. Wenn man aus dem Verfahrensrecht der klassischen Zeit rückschließen darf, findet dann ein formaler Beweisgang vor dem *basileus* statt, dem hierfür zuständigen Beamten. Dieses formale Verfahren besteht in einem Überführungseid der Geschädigten. Danach gab es zwei Möglichkeiten: Antwortete der Beschuldigte nicht mit einem dagegen gerichteten Reinigungseid, so konnte die Tatfrage als geklärt angesehen werden, der Täter war des Mordes überführt. Der *basileus* bestätigte daraufhin die Berechtigung der Selbsthilfe. Alles weitere war Sache der beiden Konfliktparteien. Entweder betrieben die Geschädigten die Blutrache, oder man einigte sich auf eine materielle Kompensationsleistung durch den Täter.

Als zweite Möglichkeit dürfte sich der Täter immer häufiger gegen die an ihn gerichtete Mordanschuldigung mit einem Reinigungseid gewehrt haben, sei es, daß er die Tat ganz abstritt, oder wichtiger noch, daß er sie zwar zugab, aber nicht als Mord qualifiziert sehen wollte. In diesem Falle fand ein Prozeß vor dem Gericht der 51 Epheten statt. Diese hatten dann in freier Würdigung der von den Parteien vorgebrachten Beweise über die Tatfrage oder über die Qualifizierung der Tat, also die Willensrichtung des Täters zu befinden. Erkannten die Epheten auf unvorsätzliche Tötung, so stand dem Täter frei, ins Exil zu gehen. Für diesen Fall garantierte ihm die Gemeinde Schutz vor weiteren gegen ihn gerichteten Selbsthilfeakten. Davon blieb unberührt, daß sich beide Parteien natürlich auch wie im Falle des Mordes über einen Ausgleich einigen konnten. Erst ein solcher war nämlich dazu geeignet, den Frieden tatsächlich wiederherzustellen. Das Exil des Täters sollte die Streitenden zwar auseinanderhalten, die Neigung zu unkontrollierten Selbsthilfeakten bestand aber weiter. Solange der Staat noch nicht selbst die Bestrafung des Mörders oder Totschlägers übernehmen konnte, mußte deshalb alles Bemühen darauf zielen, den Streitenden eine gütliche Einigung, Verzeihung und Versöhnung, zu ermöglichen. Das ist der Sinn der Passage über die *aidesis* im drakontischen Gesetz. Es sieht vor, daß im Gegensatz zum Mord, der eine so schwere Tabuverletzung darstellte, daß er nur durch enge Blutsverwandte verziehen werden konnte, bei unvorsätzlicher Tötung noch ein weiterer Kreis von Verwandten, ja sogar wenn kein Blutsverwandter des Opfers mehr lebte, nicht-verwandte Phratrie-Mitglieder Verzeihung gewähren konnten. Folgerichtig waren sie im Zweifel auch zur Verfolgung des Täters berechtigt, sofern dieser keine Anstalten machte, ins Exil zu entweichen oder auf gütliche Einigungsangebote der Geschädigten einzugehen.

Schließlich wird bestimmt, daß Tötungen in Notwehr noch anders zu bewerten seien als unvorsätzliche Tötungen und in bestimmten Fällen sogar eine weitere Verfolgung oder Belangung des Täters von vornherein untersagt wird.

Diese wie alle anderen Bestimmungen des Gesetzes zeugen vom Willen und der Einsicht des Gesetzgebers Drakon sowie einer Mehrheit der Gemeinde Athen, daß es am Ende des 7. Jhs. v. Chr. nicht mehr anders ging, als die Möglichkeit von Blutrachefehden auf die eindeutigen Mordfälle zu begrenzen und ansonsten die Streitparteien auseinanderzuhalten. Ziel der neuen Regelung war, ein unkontrolliertes Umsichgreifen gewaltsamer Konflikte zu unterbinden. Das Mittel dazu war eine generelle gerichtliche Überprüfung der Zulässigkeit von Selbsthilfemaßnahmen sowie die Entdeckung, daß man Fälle unvorsätzlicher Tötung sinnvollerweise von Mordfällen zu unterscheiden und dementsprechend anders zu behandeln habe.

Ein Gesetz Solons illustriert von der Seite des materiellen Rechts, also der Rechtsnormen her (im Unterschied zum Verfahrensrecht, um das es bei Drakon ja vorwiegend geht), welche Fälle man von gemeinem Mord zu unterscheiden dachte:

> „Wenn jemand einen in einem athletischen Wettbewerb unabsichtlich tötet oder wenn er ihn in einem Kampf auf einer Landstraße niederstreckt (gedacht ist wohl an die Abwehr von Raubüberfällen) oder in einer Kampfhandlung unwissentlich tötet oder ihn tötet, wenn er ihn in flagranti mit seiner Ehefrau, Mutter, Schwester, Tochter oder der für die Hervorbringung legitimen Nachwuchses gedachten Konkubine erwischt, so soll er nicht als Totschläger oder Mörder ins Exil gehen müssen."
>
> (Sol. F 20 Rusch.; Ü.: Verf.)

Von dem einmal gefundenen Grundgedanken bei Drakon ausgehend ist die Entwicklung hier bereits weiter fortgeschritten. Der Staat soll nach Auffassung Solons so stark sein, einen, den keine Schuld trifft und der daher von den 51 Epheten freigesprochen worden ist, auch zu schützen. Das aber blieb auch zu Solons Zeit wenigstens teilweise noch Wunschdenken.

Dennoch greifen wir in dem durch Drakon eingerichteten Ephetengericht eine staatliche Institution, der die Autorität zuerkannt wurde, über die ihr vorgelegte Frage: Mord, Totschlag oder bußlose Tötung? mit Aussicht auf tatsächliche Streitbeilegung zu urteilen und eben nicht schiedsrichterlich zu entscheiden wie noch das homerische Gerontengericht. Im Ephetengericht mit seinen 51 Mitgliedern saß vermutlich ein Großteil der athenischen Aristokratie. Dieses Gremium konnte daher aus der Summe des Sozialprestiges der in ihm vertretenen Aristokraten eine überpersönliche Autorität ableiten. Sie allein war im Prinzip in der Lage, die Geltung der verhängten Sprüche und gegebenenfalls die Sicherheit der Beschuldigten zu garantieren, jedenfalls bis sie das Land verlassen hatten.

Der von Drakon eingeführte Gerichtszwang sowie die Zuweisung der richterlichen Aufgabe an das Kollektivorgan des Ephetengerichts müssen als die Keimzelle der Staatlichkeitsentwicklung in Athen betrachtet werden. Die Funktionen des *archon basileus* sind demgegenüber zwar organisatorisch und kultisch notwendig, aber im Hinblick auf die staatliche Machtentfaltung von untergeordneter Bedeutung.

Den Athenern selbst war diese historische Wendemarke in späterer Zeit durchaus bewußt. In einem für das athenische Selbstverständnis des 5. Jhs. v. Chr. zentralen Text, in den 458 v. Chr. aufgeführten *Eumeniden* des Aischylos, wird die Einsetzung eines Blutgerichtshofs und die Unterwerfung der Parteien unter den Gerichtszwang als Kernstück der athenischen Staatsordnung vorgestellt. Die Stadtgöttin Athena äußert sich angesichts des Streits zwischen Orestes, der seine Mutter Klytaimnestra umgebracht hat, und deren Rachegöttinnen, den Erinyen, wie folgt:

> „Die Sache (der Muttermord des Orestes, d. Verf.) ist zu schwierig,
> als daß ein Sterblicher allein es wagen könnte, hier zu richten *(dikazein).*
> nicht einmal mir ist es erlaubt *(themis),*
> einen Mordfall *(phonos)* zu entscheiden,
> der solche Befleckung bedeutet
> und scharfen Zorn erwecken muß.
> zumal du (Orestes, d. Verf.) zwar
> wohl vorbereitet
> und gereinigt *(katharos)*
> als Schutzflehender *(hiketes)* hierher kommst,
> so daß nichts die Stadt *(polis)* hindern kann,
> dich mitleidig aufzunehmen,
> andererseits diese hier (die Erinyen Klytaimnestras, d. Verf.)
> Rechte und Pflichten besitzen,
> die nicht leicht abzuweisen sind.
> Denn wenn sie in dieser Sache
> nicht den Sieg erlangen,
> so entsteht aus ihrem Groll

> ein unerträgliches Gift,
> das überfließt und dieses Land befällt:
> grauenhafte Seuchen.
> so steht der Fall.
> ob ich ihnen stattgebe und dich abweise,
> ob ich sie abweise und dir stattgebe,
> beides bringt mir schweres,
> ratlos machendes Leid.
> Doch da die Sache *(pragma)* auf uns gekommen ist,
> wähle ich geschworene Richter *(dikastai horkioi)* aus
> für dieses Blutgericht
> und gebe damit eine Satzung *(thesmos)*, die für alle Zeiten gelten soll.
> Ihr aber bringt Zeugen und Beweise *(martyria te kai tekmeria)* bei,
> die euch vor diesem Schwurgericht
> unterstützen können.
> Sobald ich die Besten meiner Bürger
> ausgewählt habe,
> komme ich wieder,
> und diese Sache
> wird sorgfältig entschieden,
> und kein Eid
> und kein Recht wird gebrochen werden."
>
> (Aischyl. Eum. 470-488; Ü.: Peter Stein.)

Der durch das Gesetz Drakons geforderte neue Rechtsgang erstreckte sich allerdings nur auf die Tötungsdelikte. Ob das Verfahren in allen übrigen Streitfällen bereits in vorsolonischer Zeit ebenfalls schon verändert wurde, ist nicht ganz klar, aber wenig wahrscheinlich. Hier blieben vermutlich die traditionellen Selbsthilfemechanismen ohne Dazwischentreten einer höheren Instanz weiterhin bestehen. Nicht eindeutig zu verstehen ist eine Bemerkung in der Athenaion Politeia, wo es in Bezug auf die vorsolonische Zeit heißt:

> „Sie (die Archonten, d. Verf.) hatten sogar die Macht, selbständig gerichtliche Urteile zu fällen und nicht nur, wie jetzt, die Voruntersuchung durchzuführen."
>
> (Aristot. Ath. pol. 3, 5; Ü.: Mortimer Chambers)

Ein Wirken der Archonten als Einzelrichter setzte in der Tat die Übertragung der von Drakon festgelegten Prinzipien auf alle Deliktarten voraus. Das könnte dann freilich erst für die Zeit seit Drakon gelten und keinesfalls für den gesamten Zeitraum vor Solon seit Einrichtung der Ämter. Sollten die Archonten in vorsolonischer Zeit tatsächlich als Einzelrichter fungiert haben, so hat sich diese Regelung jedenfalls als nicht effektiv erwiesen, da bereits Solon sie wieder beseitigt hat. Eine andere Möglichkeit, die Nachricht zu verstehen, bietet sich im Hinblick auf das traditionelle Schiedsverfahren. Möglicherweise hat der *archon* in vorsolonischer Zeit eine institutionalisierte Form von Schiedsgerichtsbarkeit ausgeübt und sich dadurch angesichts der immer zahlreicher anfallenden Rechtshändel als ständig ansprechbarer und verfügbarer Schiedsrichter angeboten. Eine vorstaatliche Verfahrensweise, die vermittelnde Funktion des Schiedsrichters, hätte sich dann mit deren permanenter Institutionalisierung, also einem staatlichen Merkmal verquickt. Das Problem ist letztlich nicht zu entscheiden, und die Notiz der Athenaion Politeia rührt möglicherweise einfach von der dort vertretenen, im Ganzen unrichtigen Anschauung über die starke Stellung der frühen Magistrate her.

5. Ausblick und Abschluß: Die solonische Gerichtsverfassung

Solon von Athen ist nur eine Generation nach Drakon (zwischen 600 und 570 v. Chr.) auf dem von diesem beschrittenen Weg konsequent weitergegangen. Offenbar hatte sich das im Hinblick auf die Tötungsdelikte gefundene Verfahren in den Jahrzehnten nach Drakon als zweckmäßig erwiesen. Auch Solon hat es daher in seine Ordnung weitgehend unverändert übernommen. Die Neuordnung des Rechtsgangs ist die Keimzelle der Staatwerdung des athenischen Gemeinwesens, und Solon hat daher aus ihr heraus und um sie herum seinen Entwurf der Bürgerstaatlichkeit entwickelt. Als Kernbestand athenischer Staatlichkeit blieben daher die Regelungen Drakons und die Satzungen Solons auch in der Folgezeit in Geltung, wie die genannte Inschrift von 409/8 v. Chr. belegt.

Solons nach Drakons Vorbild folgerichtiger Schritt war, den Gerichtszwang auf alle Rechtsstreitigkeiten auszudehnen. Das Prinzip der Selbsthilfe blieb als solches zwar bestehen. Es wurde aber einer institutionalisierten Kontrolle unterworfen. Alle Streitfälle mußten beim *archon* angezeigt werden. Dieser gab nur bei unzweifelhaftem Recht zur Selbsthilfe, also wenn die Tatfrage und die Willensrichtung des Täters unstrittig waren, unmittelbar die Erlaubnis zum Vollzug von Selbsthilfeakten.

Alle anderen Fälle – und das werden in zunehmendem Maße mehr gewesen sein – mußten vom *archon* an ein von Solon neu geschaffenes Gerichtsgremium weitergeleitet werden: an die *heliaia*, das Volksgericht. Wir wissen nicht, wie dieses Volksgericht im einzelnen konstituiert wurde, ob es tatsächlich die gesamte Volksversammlung als richterliche Instanz darstellte oder ob es bereits dem späteren Dikasteriensystem (also Ausschüssen der Volksversammlung) ähnelte. Die Quellen stimmen allerdings darin überein, daß jeder athenische Bürger im Prinzip Richter sein konnte[118]. Deutlich ist weiterhin, daß das neue Gericht alle strittigen Fälle in freier Beweiswürdigung zu entscheiden hatte, analog dem Verfahren vor dem Ephetengericht. In einem solonischen Gesetz heißt es:

> „Die Archonten sollen alle Fälle an das Gericht überweisen für jeden, der das wünscht. Die *heliaia* verhandelt und entscheidet dann darüber."
>
> (Sol. F 16 Rusch.; Ü.: Verf.)

Der *archon* hatte also zunächst eine Voruntersuchung anzustellen, um zu klären, ob das angezeigte Delikt, was Täter und Tatbestand betraf, zwischen den Parteien

[118] Vgl. Aristot. pol. 1274a 2-3 ; Plut. Sol. 18, 2.

unstrittig und damit die Selbsthilfe gestattet war. Anderenfalls mußte wenigstens eine der Streitparteien daran interessiert sein, eine Klärung des Falls herbeizuführen, und dann war der *archon* gehalten, den Vorgang samt seiner eigenen Voruntersuchungen zur Beratung und Entscheidung an das Volksgericht weiterzuleiten. Er selbst führte dort den Vorsitz, verkündete das Urteil und trug gegebenenfalls Sorge für dessen Durchsetzung. Die zur Ausübung seiner Amtshandlungen notwendige Autorität konnte der Beamte jedoch nur in engem Einvernehmen mit der Mehrheit der Gemeindemitglieder zur Geltung bringen. Diese mußten gewillt sein, die Handlungen ihres Exekutivbeamten zu akzeptieren und zu unterstützen. Worauf anders hätte er seine Macht stützen sollen? Die Rechtsprechung selbst lag folglich in der Hand der Kollektivgremien: der *heliaia* beziehungsweise im Falle der Blutgerichtsbarkeit dem Ephetengericht (das seit solonischer Zeit vermutlich zum Areopag geworden ist).

Hieran schließt noch eine grundsätzliche Feststellung: Es macht die Eigentümlichkeit der Bürgerstaatlichkeit aus, daß sich staatliche Macht von Beginn an allein in den Kollektivgremien der Bürgerschaft konzentriert hat. Das konnte auch gar nicht anders sein, da es an anderen institutionellen Anknüpfungspunkten fehlte. Weder gab es einen König, den man beerben konnte, noch eine geschlossene und mächtige Aristokratie, die es zu stürzen galt. Vielmehr stellte sich die Aufgabe, Staatlichkeit direkt aus einem vorstaatlichen Zustand breiter und wechselhafter Machtlagerung heraus zu schaffen. Dabei konnte allein das Gesamtvolk beziehungsweise die Versammlung der Aristokraten einen Faktor der Kontinuität bilden, an den sich anknüpfen ließ. Denn aus der vorstaatlichen Gemeindeordnung mit den einzelnen *basileis* als den Leistungsträgern hatte sich weder eine Monarchie noch eine in sich geschlossene, politisch herrschende Aristokratie herausgebildet. Bestand hatte nur die Versammlung der Gemeinde insgesamt, die letztlich bereits das *basileus*-System durch entsprechende Bekundungen oder Verweigerungen von Loyalität getragen hatte.

VII. Das Wagnis denken: Solon von Athen und die Entdeckung des bürgerstaatlichen Ideals

1. Solon von Athen

Der Athener Solon ist für uns die bedeutendste Persönlichkeit der archaischen griechischen Geschichte. Die Voraussetzung für dieses Urteil ist die recht umfangreiche und gute Quellenlage.[119] Vor allem die dichterischen Selbstzeugnisse Solons verleihen dem Bild dieses Mannes vergleichsweise deutliche Konturen. Von ihnen ist in jedem Falle auszugehen, alle weiteren Informationen können dann ergänzend herangezogen werden.

Abb. 21 Krater, dem Brygosmaler zugeschrieben, (Höhe 52,5 cm) aus Agrigent, ~470 v. Chr. (München, Antikensammlungen, Inv. 2416)
Das ungewöhnliche Gefäß, das einen geflochtenen Korb für Wolle nachbildet, zeigt die Dichterin Sappho mit ihrem Dichterkollegen Alkaios, die beide um 630 bis nach 590 v. Chr. gelebt haben. Schmuck und reiche Gewänder weisen sie als Aristokraten aus. Mit ihren Saiteninstrumenten begleiten sie den Vortrag ihrer Gedichte, die zu jener Zeit immer gesungen wurden. Die beiden Dichter von der Insel Lesbos galten weit über die Antike hinaus als Vorbilder der europäischen Lyrik. Wie die Dichtung des Staatsmannes Solon, der im Mittelpunkt dieses Kapitels steht und ein Zeitgenosse der beiden Dichter war, stand auch die Lyrik der Sappho und des Alkaios wie die aller Dichter der archaischen Zeit mitten in den politischen und geistigen Auseinandersetzungen, in denen die Prinzipien der bürgerstaatlichen Ordnung gefunden wurden.

In der Rückschau aus dem 5. und 4. Jh. v. Chr. verdichten sich Solons einzelne Maßnahmen und Regelungen, Initiativen und Aufrufe in den verschiedensten Bereichen (‚Sozialpolitik', Gerichtsverfassung, Rechtsordnung, Bürgerrecht, Außenpolitik, politische Erziehung) zu dem großartigen Entwurf einer neuen Gesamtordnung für die Gemeinde. Die Jahre nach 600 v. Chr. bilden damit einen epochalen Einschnitt für die Geschichte Athens, ja der griechischen Welt insgesamt, da von der Zeit Solons aus eine gerade Linie zum klassischen Bürgerstaat des 5. und 4. Jhs.v. Chr. führt, dessen historische Bedeutung im Zusammenhang der griechischen

[119] Vgl. Kap. B, V, 1.

Geschichte alles andere in den Schatten stellt. Den Athenern den Weg in diese Zukunft gewiesen zu haben, ist Solons persönliches Verdienst. Wir haben daher als erstes nach den in seiner Person liegenden Voraussetzungen für sein politisches Wirken zu fragen.

- Lebenszeit:

Einen sicheren Anhaltspunkt zur Lebenszeit bietet einzig das in der späteren Überlieferung genannte Jahr 594/93 v. Chr., in dem Solon das Archontat bekleidet haben soll.[120] Nun gab es für die Ausübung dieses Amtes kein Mindestalter. Da es im beginnenden staatlichen Rahmen eine primär dienende Rolle spielte und keine eigenen überragenden Machtkompetenzen besaß, ist es wahrscheinlich, daß die Archonten noch verhältnismäßig junge Männer waren. Es kann daher durchaus sein, daß Solon zwischen 630 und 620 v. Chr. geboren wurde. Dann gewinnen auch andere Angaben an Glaubwürdigkeit, etwa daß Solon noch die *tyrannis* des Peisistratos beziehungsweise dessen erste Anläufe dazu seit 560 v. Chr. erlebt habe oder auch die Erzählung Herodots vom Zusammentreffen Solons mit dem Lyderkönig Kroisos. Terminus ante hierfür ist die Eroberung des Lyderreiches durch den Perserkönig Kyros 546 v. Chr.

- Soziale Stellung:

In mehreren Fragmenten seiner Gedichte gibt Solon eindeutig zu erkennen, daß aristokratische Lebensformen ihm vertraut und liebenswert gewesen sind.[121] Er preist in diesen Äußerungen Gastfreundschaft, *symposion* und Knabenliebe, Pferdezucht und Jagd als erstrebenswerte irdische Glücksgüter. Man wird Solon demnach ohne Einschränkung als einen Aristokraten ansehen dürfen – freilich als einen, der sich gegen falsche Verhaltensweisen anderer Angehöriger seiner sozialen Schicht absetzt. Nirgendwo findet sich hingegen ein Hinweis dafür, daß Solon der Exponent irgendwelcher neuer sozialer Schichten gewesen sei, wie dies in der Forschung im Kontext der Anschauung von der Krise des aristokratischen Staates zuweilen behauptet wird.[122]

- Der Reformer:

Selbst also Aristokrat, ist Solon von der Mehrheit seiner Standesgenossen und selbstverständlich mit Zustimmung des Volkes dazu bestellt worden, die entstandene soziale Krise beizulegen. Sein Wirken entbehrt somit jedes revolutionären Beigeschmacks, obschon er das Gemeinwesen am Ende auf eine neue Grundla-

---

[120] Vgl. Diog. Laert. 1, 62.
[121] Vgl. F 12D.; 13D. 20D.
[122] Vgl. Kap. B, III, 4.

ge gestellt hatte. Solon spielte die Rolle eines gesamtgemeindlichen Schiedsrichters. Ein *diallaktes*, Versöhner, Wieder-ins-Lot-Bringer wird er in der Athenaion Politeia 5, 2 genannt. Daß er im gleichen Zusammenhang auch als *archon* erscheint, ist der falschen Konzeption des frühen Archontats durch Aristoteles zuzuschreiben. Demgegenüber – und auch im Gegensatz zur Forschungsmehrheit – hat man Solons Archontat von seiner eigentlichen politischen Aufgabe als *diallaktes* zu trennen und diese daher wohl auch zeitlich später anzusetzen. Ausschlaggebend dafür ist, daß das Archontat qua Amt keinen Ansatzpunkt für Solons weitreichendes Neuordnungsprogramm bot und daß dieses ferner auch niemals Sache einer einjährigen Amtsdauer sein konnte. Vielmehr wird man Solons Wirken als *diallaktes* über einen Zeitraum von etlichen Jahren hin ansetzen müssen.

- Reisen und geistige Einflüsse:

Solon ist nach eigenen Aussagen weit im östlichen Mittelmeerraum herumgekommen. Aus F 6D. und 7D. sind Reisen nach Ägypten und Zypern zu schließen. Vielleicht dürfen wir auch der Herodot-Geschichte über die Begegnung mit Kroisos glauben und Solon zu Besuch in den Zentren des kleinasiatischen Griechentums sehen. Sicher zu unterstellen ist eine enge Verbindung mit Delphi. Wenn man sich nicht auf das Jahr 594/93 v. Chr. als das Schlüsseljahr für Solons Tätigkeit fixiert, so ist die Datierung seiner Reisen, bei der sich ohnehin keine Sicherheit gewinnen läßt, völlig sekundär. Entscheidend ist, daß man die Bedeutung von Solons Weltläufigkeit, die ja unter den Aristokraten seiner Zeit keine Ausnahme war, erkennt: In der Begegnung mit der orientalischen Welt und ihrem für griechische Augen fremden gesellschaftlichen und politischen Aufbau muß sich dem Reisenden die Eigentümlichkeit der eigenen Ordnung eingeschärft haben. Hieraus mußte Solon den Schluß ziehen, daß die ihm übertragene Aufgabe des Versöhnens nur zu bewältigen war, wenn man sich auf die Grundlagen des gemeindlichen Zusammenlebens besann, sie wieder stärker zum Tragen kommen ließ und befestigte sowie die darauf aufbauenden politischen Formen weiter entwickelte. Genau das war es, was Solon auch getan hat. Anregungen für diese Suche nach neuen und zugleich der Tradition verpflichteten Lösungen mag Solon im geistigen Klima Delphis ebenso empfangen haben wie im intellektuellen Austausch mit den Denkern in Ionien. In diese Perspektive ist Solons überlieferte Zurechnung zu den ‚Sieben WeIsen' zu rücken.

- Die Tradition des Epos:

An Solons Dichtung ist unschwer abzulesen, daß er bewußt auf die Tradition des homerischen Epos zurückgegriffen hat. Wie hätte es angesichts der großen lebenspraktischen Bedeutung, die Homer für die Griechen besaß, auch anders sein können? Nicht nur in Sprache und Stil reflektiert Solon die Epen, sondern es ist einer ihrer großen Helden, Odysseus, mit dessen Vorbild er sich vielfach geradezu identifiziert. Es ist für Solons Selbstauffassung in hohem Maße kennzeichnend, wenn er sich gerade Odysseus, den Listenreichen, den Vielgewandten, der auf die Kraft seines Verstandes und seiner Rede mehr als auf die seines Schwertes vertraut, zur Leitfigur wählt. Wenn Odysseus das Urbild des europäischen Menschen[123] verkörpert, so dürfen wir Solon, der sich an diesem Bild bereits orientiert hat und der sich letztlich nur auf die Überzeugungskraft seiner – auch dichterischen – Rede verlassen kann, als das Urbild des europäischen Staatsmannes bezeichnen.

2. Das zerrüttete Gemeinwesen und die Aufgabe des Schiedsrichters

Teilbereiche der umfangreichen Tätigkeit, die Solon von Athen seit dem Beginn des 6. Jhs. v. Chr. über lange Jahre hin für sein Gemeinwesen wahrgenommen hat, sind bereits behandelt worden, etwa seine Weiterentwicklung des Verfahrens der innergesellschaftlichen Streitbeilegung zu einer Gerichtsverfassung unter staatlicher Aufsicht.[124] Bevor im weiteren das Werk Solons insgesamt gewürdigt wird, muß zunächst noch der Ausgangspunkt seiner Tätigkeit sowie der Charakter seiner politischen Stellung bestimmt werden. Der Anlaß dafür, daß Solon ein so weitreichender Einfluß auf die Geschicke seiner Vaterstadt zuwuchs, lag in der tiefgreifenden sozialen Krise, in die Athen in den letzten Jahrzehnten des 7. Jhs. v. Chr. geraten war und für deren Lösung Solon sich einsetzte. Auch hiervon war bereits ausführlich die Rede.[125]

Solon hat von der inneren Zerrüttung des Zusammenlebens in der Gemeinde ohne Beschönigung gesprochen, am eindringlichsten in F 3D. Seine Mitbürger werden das unmittelbar verstanden haben, da sie die Krise häufig genug am eigenen Leib verspüren konnten. Die ganze Gemeinde war aufgewühlt, bürgerkriegsartige Zustände herrschten, die Errichtung einer *tyrannis* drohte und damit etwas, das den existenziellen Kern des Gemeindelebens berührte, da es ihm fremd und mit seiner Tradition prinzipiell unvereinbar war. Solon hat seinen Mitbürgern diese Gefahr vor Augen gestellt:

„... aus Wolkenballung kommt hervor die Kraft des Schnees, des Hagels,
und Donnerschlag pflegt zu entstehn aus gleißend hellem Blitz:
an großen Männern stirbt die Stadt *(polis)* – am Schluß ist dem Monarchen *(monarchos)*
das Volk *(demos)* unwissentlich direkt ins Sklavenjoch *(doulosyne)* gestürzt!

---

123 Vgl. Bernard Andreae: Odysseus. Archäologie des europäischen Menschenbildes. Frankfurt a.M. 1982, S. 18.

124 Vgl. Kap. B, VI, 5.

125 Vgl. Kap. B, V, 6.

Wer allzu hoch heraus sich hob, der ist nicht leicht zu hemmen
im nachhinein, nein – *gleich* muß man das Ganze klar durchschaun!"

(Sol. F 10D.; Ü.: Joachim Latacz)

„Viele (...)
Sah'n in meinen sanften Reden künftigen Tyrannensinn."

(Sol. F 23D. 13, 15; Ü.: Zoltan Franyó/Peter Gan)

Solon selbst war freilich alles andere als ein Tyrann. Er wurde vielmehr von der Gemeinde insgesamt mit der Aufgabe betraut, die Verhältnisse wieder ins Lot zu bringen. Damit unternahmen die Gemeinde und ihre sich bekämpfenden und verfeindeten Parteien den verzweifelten Versuch, sich mit einem traditionell probaten Mittel selbst aus dem Sumpf zu ziehen. Wo Selbsthilfe und Einigung versagten, wo zwei Ansprüche unversöhnlich gegeneinander standen und dadurch die Gemeinschaft polarisierten, blieb als letzter Ausweg der Gang zum Schiedsrichter. Nicht anders werden wir Solons Bestallung verstehen dürfen: Es war ein von der Not getriebener gemeinsamer Gang der Streitparteien zu einem Schiedsrichter. Als Vermittler und Schlichter, also in einer ganz traditionellen, wenn auch ins Überdimensionale vergrößerten Rolle hat Solon sich denn auch selbst gesehen:

„Ich aber stellte zwischen beide Lager mich,
Ein Grenzstein *(horos)*, hin."

(Sol. F 25D. 8-9; Ü.: Zoltan Franyó/Peter Gan)

„Stand hielt ich so – mit starkem Schild gewappnet – beiden,
und siegen ließ ich beide nicht auf ungerechte Art *(adikos)*!"

(Sol. F 5D. 5-6; Ü.: Joachim Latacz)

Solons geschichtliche Bedeutung, der zündende Impuls, den er der Herausbildung des Bürgerstaates in Athen zu geben vermochte, resultierte vor allem aus der Befolgung von drei Maximen:

- Solon hat die von ihm übernommene schiedsrichterliche Funktion von Anfang an als umfassende Ordnungsaufgabe verstanden.
- Er hat sich dabei an den traditionellen Prinzipien der Gemeindeverfassung, also der breiten Machtlagerung, der Bedeutung der Volksversammlung und des genossenschaftlichen Elements sowie der öffentlichen Rede als wichtigster Kommunikationsform orientiert.
- Er hat gleichwohl erkannt, daß die Mittel, mit denen allein den entstandenen Schwierigkeiten beizukommen war, nur in der Fortentwicklung und Stärkung der neuen staatlichen Organisationsformen bestehen konnten.

Es war daher nach Solons Überzeugung nicht möglich, das sozialpolitische Problem isoliert zu behandeln und das schreiende soziale Unrecht, Sklaverei und Schuldknechtschaft zu beseitigen. Bestand konnten diese Maßnahmen nämlich nur dann haben, wenn sie in ein Bündel weiterer Neuordnungen eingebettet wurden, die den Bedingungen und Notwendigkeiten, wie sie aufgrund des Wandels im Laufe des 7. Jhs. v. Chr. entstanden waren, Rechnung trugen. Das hieß vor allem: die Mechanismen zur Bewältigung der Gemeinschaftsaufgaben insgesamt wieder funktionsfähig zu machen.

Dazu mußte die Ordnung als ganze in den Blick genommen werden. Denn eine zentrale Macht, von der Lösungen hätten ausgehen und die auch Teilkorrekturen hätte tragen können, war nicht vorhanden. Auch Solon selbst repräsentierte daher keine Staatsgewalt, die Reformen von oben hätte durchsetzen können. Der Tradition gemeindlicher Selbstregulierung, der akephalen Ordnung in vorstaatlicher Zeit mit ihren auf Unabhängigkeit und Mitsprache gerichteten Einstellungen der Gemeindemitglieder, die wiederum in den Grundlagen der Sozialstruktur, der Unabhängigkeit des Oikos, verankert waren, entsprach es vielmehr, daß nur ein Schiedsrichter und Vermittler die Probleme lösen, den Streit beilegen, den Haß versöhnen konnte. Die Wirksamkeit Solons und sein Erfolg hingen daher ganz von seiner persönlichen Überzeugungskraft ab.

3. Die Gesetzgebung

Die von Solon *dysnomia* genannte Krise des athenischen Gemeinwesens um 600 v. Chr., das gehäufte Fehlverhalten einer großen Zahl von Athenern, besagte nichts anderes, als daß die bisher ungeschriebenen Regeln des Zusammenlebens zunehmend nicht mehr eingehalten wurden. Nicht nur griffen die bisherigen Sanktionsmechanismen nicht mehr, sondern auch die Regeln entsprachen nicht mehr oder genügten nicht mehr den neuen Gegebenheiten. Eine der wichtigsten Aufgaben Solons bestand also darin, nach einem Mittel zu suchen, durch das die sozialen Normen den Erfordernissen der neuen Zeit angepaßt werden konnten und das die Geltung der Normen sichern helfen konnte. Solon hat diese Aufgabe gelöst, indem er den Athenern Gesetze gab, sie schriftlich aufzeichnete und öffentlich aufstellte.

Die Gesetze Solons sind uns nicht authentisch überliefert. Wir können sie lediglich als spätere wörtliche oder referierende Zitate zu rekonstruieren versuchen. Immerhin ist es gelungen, die Fragmente von fast einhundert Gesetzen zusammenzutragen. Die maßgebliche Sammlung, nach deren Zählung die solonischen Gesetze heute zitiert werden, stammt von Eberhard Ruschenbusch[126]. Doch stehen wir damit freilich erst am Anfang. Eine über Ruschenbusch hinausgehende historische Authentizitätsprüfung und Kommentierung der einzelnen Gesetze ist ein dringendes Desiderat der Forschung.

Dennoch zeigt bereits ein flüchtiger Blick, daß wir in den solonischen Gesetzen nicht ein Gesetzbuch in dem uns geläufigen Sinne vor uns haben. Solon hat we-

126 ΣΟΛΩΝΟΣ ΝΟΜΟΙ. Die Fragmente des solonischen Gesetzeswerkes mit einer Text- und Überlieferungsgeschichte. Wiesbaden 1966.

der ein verfassungsgebendes Grundgesetz erlassen noch einen systematischen Straf- oder Privatrechtskodex erarbeitet. Vielmehr steht höchst Vielfältiges nebeneinander, denn Solons regelnder Zugriff hat das gesamte Normensystem umfaßt. Allein in den Fragmenten werden folgende Lebensbereiche durch rechtliche Normierungen berührt:

- Strafrecht:

  In Tötungsfällen hat Solon das Blutrecht Drakons übernommen und durch weitere Detailbestimmungen wohl präzisiert und weiterentwickelt (vgl. F 1-22). Auch zu anderen Delikten, die nun ja allesamt dem Gerichtszwang unterlagen, finden sich Bestimmungen, die Tatbestände und Strafen beschreiben, so für Diebstahl (vgl. F 23-25) oder Sittlichkeitsdelikte (vgl. F 26-31). Auffallend ist schließlich, daß Solon neben den rein privatstrafrechtlichen Streitfällen nunmehr auch öffentliche Straftatbestände benennt wie etwa die Errichtung einer *tyrannis* (vgl. F 37) oder Wehrvergehen (etwa Fahnenflucht oder Entziehung vom Kriegsdienst; zu erschließen aus F 74 a).

- Prozeßrecht:

  Neben Bestimmungen über die Zeugenschaft (vgl. F 41-44) und Abstimmungsmodalitäten der Richter (vgl. F 45) gehört hierher vor allem die Einführung einer Popularklage als einschneidende Neuerung (vgl. F 40). Erst durch sie wurden sowohl der neu benannte öffentliche Straftatbestand wie auch solche Privatdelikte justiziabel, in denen der Geschädigte selbst zu einer Klage nicht imstande war (zum Beispiel Waisen oder altersschwache Eltern). In all diesen Fällen konnte und sollte sich nunmehr irgendein Bürger finden, der das gegebenenfalls große persönliche Risiko in Kauf nahm und die Straftat beim *archon* anzeigte sowie diesen bei seinen Vorermittlungen zur Beweissicherung unterstützte. Sehr deutlich zeigt sich in diesem Einzelzug der solonischen Ordnung das Grundprinzip, auf dem diese beruhte.

- Familien- und Erbrecht:

  Die Sorge für die Erhaltung der *oikoi* sowie die Neugestaltung des Erbgangs durch die Einführung der Testierfreiheit sind die hinter den uns vorliegenden Einzelregelungen zu erkennenden Intentionen des Gesetzgebers (vgl. F 47-59).

- Nachbarrecht:

  Konkrete und genaue Festlegungen der gegenseitig zu beachtenden Pflichten und Rücksichtnahmen von Grundstücksnachbarn spiegeln den Regelungsbedarf angesichts von knappem Land und wachsender Bevölkerung (vgl. F 60-64).

- Wirtschaftsgesetze:

  Sie betreffen vor allem die Lösung der sozialen Krise sowie die Sicherung des Bauernstandes (vgl. F 65-70).

- Luxusgesetze:

  Vorschriften zur Beschränkung des aristokratischen Aufwands bei Hochzeit und Begräbnis zielten auf eine Reglementierung des Auftretens der Aristokraten in der Gemeindeöffentlichkeit – ein Teil des allgemeinen Problems der Einordnung der Aristokraten in die Gemeinde (vgl. F 71-74).

- Kultbestimmungen:

  Die in Kultfest und Opfer sich manifestierende Pflege der Beziehung zu den Göttern war eine wichtige Gemeinschaftsaufgabe und gehörte somit auch in den Aufgabenbereich der staatlichen Gesetzgebung (vgl. F 81-89).

- Bürgerrecht und Bürgerschaft:

  Kern dieser Regelungen, auf die im einzelnen noch einzugehen ist, ist die Konstituierung und innere Gliederung der Bürgerschaft (vgl. F 75-80).

Manche der solonischen Gesetze werden bisher gebräuchliche Regeln aufgenommen und in präziser Form festgeschrieben haben. In vielem wird Solon aber auch neue Normen gefunden haben, um der Krise Herr zu werden und die Normen des Zusammenlebens mit dem sozialen und politischen Wandel wieder in Übereinstimmung zu bringen. Ebenso wichtig wie der materielle Inhalt der einzelnen Gesetze war dabei freilich der Akt der Rechtssetzung als solcher.

Die solonische Gesetzgebung bedeutet einen bewußten und gezielten Eingriff in die herkömmliche Ordnung. Diese wurde dadurch mit einem Schlage wenigstens teilweise abgeschafft und durch ein neues Normensystem ersetzt. Ein solch einschneidender Schritt ist normalerweise nur von einer zentralen Machtinstanz her möglich (man vergleiche etwa das Gesetzbuch des babylonischen Königs Hammurabi). Da sie fehlte, mußten die Gesetze als ganze dafür stehen, mußten sie die Macht bilden: *nomos basileus* („das Gesetz ist König"). In den Gesetzen repräsentierte sich somit die alle Gemeindemitglieder umgreifende höhere Einheit. Solon war sich dieser Bedeutung seiner Gesetzgebung durchaus bewußt:

> „Gewalt *(bie)* und Recht *(dike)* habe ich in eins gefügt".
>
> (Sol. F 24D. 16; Ü.: Verf.)

Mit seiner Rechtsetzung hat Solon als erster einen Weg beschritten, der im 5. Jh. v. Chr. in die Vorstellung mündete, die Ordnung des Zusammenlebens stehe gänzlich unabhängig von allen Vorgaben der Vergangenheit in der menschlichen Verfügungsgewalt.

Ein entscheidendes Merkmal der solonischen Rechtssetzung war die erstmalige schriftliche Aufzeichnung der Normen. Die außerordentliche Wirkung dieser Maßnahme wird vor dem Hintergrund der Tatsache begreiflich, daß die Welt Solons noch ganz der mündlichen Kultur angehört. Solons Gedichte, zum Vortrag, nicht zum Lesen bestimmt, legen davon selbst Zeugnis ab. Die Verständigung in der Gemeinde erfolgte noch bis weit ins 5. Jh. v. Chr. hinein praktisch ausnahmslos mündlich. Wie erstaunlich und staunenswert müssen da die umfangreichen Gesetzesvorschriften auf die Athener gewirkt haben. Sie mußten ihnen als etwas ganz Besonderes, aus dem alltäglichen Umgang Herausgehobenes erschienen sein. Den Gesetzen verlieh das von vornherein eine einzigartige Stellung im Gemeindeleben und förderte ihre Akzeptanz und Geltung.

Überdies wurden durch die schriftliche Aufzeichnung die Normen ein für allemal festgelegt. Sie waren dadurch jeder situationsbezogenen Auslegung und Anwendung entzogen, wie sie in rein mündlicher Kommunikation üblicherweise vorkommt, was aber dann nur funktionieren kann, wenn über das Verständnis der jeweiligen Normen weitgehend Konsens herrscht. Der war jedoch verloren gegangen. Kontinuierliche Orientierung, Rechtssicherheit und Gerechtigkeit konnten deshalb erst wiederhergestellt werden, indem die Normen durch ihre schriftliche Niederlegung einen neuen Status der Objektivierung erlangten. Auch dies ließ die solonischen Gesetze zu einer eigenständigen Kraft werden, zu einer zentralen Institution der neuen Staatlichkeit.

Solon ist nicht bei der Niederschrift stehengeblieben. Er hat die Gesetze zugleich öffentlich aufstellen lassen, und zwar so, daß jeder sie ungehindert und leicht lesen konnte. Dafür hat er eine sinnreiche Konstruktion erdacht, die sogenannten *axones* und *kyrbeis*. Die *axones* waren lange Holzbalken, die drehbar aufgehängt und auf deren vier Flächen die Gesetze aufgeschrieben waren. Die *kyrbeis* waren bronzene Stelen. Beide befanden sich auf dem zentralen öffentlichen Platz Athens, der *agora*. Jedermann hatte zu ihnen Zutritt und konnte sie einsehen.[127]

Die Ordnung des Zusammenlebens in der Gemeinde hatte so einen sichtbaren und unverrückbaren Bezugspunkt bekommen. Von ihm ging eine stark integrative Wirkung auf die Gemeinde aus. Die Gesetze steckten einen Rechtsraum ab, innerhalb dessen jeder, der sich zur Gemeinschaft der athenischen Bürger zählen durfte, diese Gesetze als die seinen anerkennen mußte. So kommt der sich herausbildende Bürgerstaat in seinem Recht zu einem ersten Bewußtsein seiner selbst. Solon selbst hat seine Tätigkeit als Gesetzgeber rückblickend beurteilt:

[127] Trotz der vorwiegend mündlichen Kommunikationsformen basierte das sich entwickelnde Leben in der Gemeinde zunehmend auf der Schriftlichkeit. Das zeigt sich auch an der steigenden Zahl von privaten und öffentlichen Inschriften im Laufe des 6. Jhs. v. Chr., die auf eine sich verbreitende Lesefähigkeit schließen lassen.

„Doch dann hab' Satzungen *(thesmoi)* für niedrig und für hoch,
indem ich jedem Tatbestand sein striktes Recht *(dike)* zumaß,
ich festgesetzt (*graphein*, wörtlich: geschrieben). (...)"

(Sol. F 24D. 18-20; Ü.: Joachim Latacz)

Die wesentlichen Elemente seines Werks sind hier genannt:

- Das Recht wird bewußt und gezielt gestaltet mit Hilfe der Schrift.
- Das Recht ist für alle gleich, wobei jeder das ihm Gebührende erhält. Nicht in der Mitte liegt normalerweise der schiedsrichterliche Spruch, sondern im den Umständen angepaßten Ausgleich liegt das Gerechte.
- Die Rechtsordnung ist von objektiver, Gerechtigkeit schaffender Wirkkraft.

War der Gerichtszwang, den Drakon eingeführt hatte, die Keimzelle der Staatlichkeit in Athen, so war diese mit der solonischen Rechtsordnung ins helle Licht der Geschichte eingetreten und zu einer Größe geworden, hinter die man nicht mehr zurück konnte. Solons Recht blieb denn auch in der Geschichte Athens fast unverändert in Geltung.

4. Die Konstituierung der Bürgerschaft

Die Geltung der solonischen Gesetze im Leben der Gemeinde blieb letztlich immer darauf angewiesen, daß die Bürger sie annahmen und sich nach ihnen richteten. Eine Instanz außerhalb dieses Verhaltens der Bürger selbst, die hätte erzwingen können, daß die Gesetze befolgt wurden, gab es nicht. Auch in Solons Gesetzgebung manifestiert sich mithin der eigentümliche Charakter der Bürgerstaatlichkeit, die vollkommen und ausschließlich im Willen der Bürger selbst gründete. Darin lag zugleich das grundsätzliche Dilemma, vor dem Solon stand und das seine Neugründung des athenischen Gemeinwesens denn auch nur zu einem Teil sofort und auf Dauer historische Realität werden, im ganzen jedoch noch für Jahrzehnte eher wegweisender Entwurf bleiben ließ.

Solon hat die Schwierigkeit erkannt und ihr nach Kräften entgegengewirkt, indem er erstmals die Bürgerschaft der Gemeinde als eigenständige Größe aufgefaßt und sie durch den Rechtstitel des Bürgerrechts nach außen präzise umgrenzt und nach innen in ihren Wesensmerkmalen gestaltet hat. Der erste Schritt hierzu war die Befriedung der sozialen Konflikte und die Befreiung der in soziale Abhängigkeiten geratenen Bauern. Der von Solon hergestellte Zusammenhang zwischen sozialer und politischer Freiheit und der Qualität des Bürger-Seins läßt sich wie folgt treffend herausgearbeiten:

„By preventing the Athenian enslavement of Athenians, Solon's law recognized the sanctity of their persons, a tangible guarantee of freedom that thereafter non-Athenians explicitly lacked. After Solon, an Athenian could not be sold as property, or sent into exile on the decision of a creditor; his freedom became institutionalized as a public and standard right. The development of such public and standard rights helped to distinguish the citizen from the non-citizen; the privileges now starkly separated an ‚in-group' from the ‚out-group'. "[128]

Die logische Konsequenz dieser neuen deutlichen Scheidungen zwischen den Bevölkerungsteilen der Gemeinde war einerseits die schärfere Abgrenzung des freien Bürgers zum unfreien Sklaven – eine Beziehung, die wir bereits im Falle von Chios unterstellen durften und in Athen nun in einem solonischen Gesetzesfragment deutlich greifen können:

> „Solon hat in den Gesetzen klar gemacht, in wieviel Ellen Abstand der Liebhaber dem Geliebten folgen muß und diese Handlungsweise für die Freien reserviert, und er hat verboten, daß ein Sklave Liebhaber ist und (sich) salbt (...)."
>
> (Sol. F 74 a Rusch.; Ü.: Verf.)

Eine weitere Folge ist die Trennung des Bürgers von in der Gemeinde mit ihm lebenden anderen freien Fremden. Vor Solon konnte jeder, dem es gelang, sich in Athen niederzulassen, eine Existenz aufzubauen und Aufnahme in die örtlichen Vergesellschaftungen, etwa die Phratrien oder Kultverbände, zu finden, faktisch Athener werden. Solon formulierte erstmals ein Einbürgerungsgesetz, nach dem es nur denen erlaubt war, Bürger zu werden,

> „(...) die für immer aus ihrem Vaterlande verbannt sind oder mit ihrem ganzen Hause nach Athen übersiedeln wollen, um ein Gewerbe zu betreiben."
>
> (Sol. F 75 Rusch.; Ü.: Konrat Ziegler)

Eine solche Regelung setzt voraus, daß die Bürgerschaft als eine im Prinzip abgeschlossene Körperschaft betrachtet wird, in die aufgenommen zu werden es ganz spezifischer Voraussetzungen bedarf. Solons Kriterien zielten darauf, keine Unruhestifter in die athenische Bürgerschaft aufzunehmen, etwa Aristokraten, die sich hier von einer *stasis*-Niederlage erholen und dann in ihre Heimatgemeinden zurückkehren wollten. Vielmehr sollten Geflohene oder Vertriebene willkommen sein, die auf Dauer in Athen ansässig werden wollten oder mußten, ebenso wie Handwerker, da diese den städtischen Lebenszusammenhang stärkten und keine zusätzliche Belastung für den Bevölkerungsdruck auf dem Lande darstellten.

Solons Einbürgerungsgesetz markiert einen wichtigen Schritt in der Herausbildung der Bürgerstaatlichkeit: Indem die Bürger in ihrer Volksversammlung zusammentraten, um über die Aufnahme neuer Mitglieder zu entscheiden – kein anderes Procedere ist angesichts der solonischen Gesamtkonzeption wie der späteren Praxis der Bürgerrechtsverleihung seit dem Ende der *tyrannis* vorstellbar –, konnten sie sich ihres eigenen Bürger-Seins und der aus ihm erwachsenden Rechte und Pflichten ebenso innewerden wie der grundlegenden Tatsache, daß dieser Bürgerverband keine naturgegebene Größe war oder ethnische und kulturelle Schranken be-

[128] Philipp B. Manville: The Origins of Citizenship in Ancient Athens. Princeton 1990, S. 132 f.

saß, sondern das Resultat bewußt getroffener Entscheidung und als solcher grundsätzlich zur Disposition seiner Mitglieder stand.

In seiner Eigenschaft als Bürger und nur in dieser besaß jeder Athener hinfort die gleichen Rechte und Pflichten wie alle übrigen Mitglieder dieses Verbandes, zu allererst das Recht der persönlichen Freiheit. Soziale, politische oder rechtliche Abhängigkeiten sollte es unter den Gemeindegenossen künftig nicht mehr geben. Weiterhin definierte das Bürgerrecht die Teilhabe an der durch die solonische Gesetzgebung manifest gewordenen Rechtsgemeinschaft sowie an den staatlichen Kulthandlungen aller Art, durch die der Bürgerverband seine Identität und seinen inneren Zusammenhalt verwirklichte und bewahrte. Schließlich fand im Bürgerrecht die Zugehörigkeit zur politischen Gemeinde ihren Ausdruck. Sie brachte für jeden einzelnen das Recht zur Mitwirkung in den Belangen der Gesamtgemeinde, das aber nur durch die Erfüllung der zugleich geforderten Pflichten einzulösen war. Diese Pflichten wurden jedem Bürger entsprechend seiner persönlichen Leistungsfähigkeit auferlegt. Solon hat die Bürgerschaft dazu in Vermögensklassen eingeteilt, wobei er sich an drei Bevölkerungsgruppen orientieren konnte, die durch eindeutige Merkmale auseinanderzuhalten waren: solche, die sich ein Pferd leisten konnten und eine Hoplitenrüstung besaßen, jene, die nur eine solche Rüstung ihr eigen nannten, und solche, die weder Rüstung noch Pferd hatten. Aus der ersten Gruppe wurde dann noch einmal eine Kategorie besonders Vermögender herausgehoben. Dies sind die aus den späteren Quellen bekannten solonischen Zensusklassen[129]:

– die *pentakosiomedimnoi*	←	500 Scheffel
– die *hippeis* (Reiter)	←	300 Scheffel
– die Zeugiten (Bauern)	←	200 Scheffel
– die Theten	←	< 200 Scheffel

Wir können nicht sicher sein, ob bereits zur Zeit Solons ein präziser Vermögenszensus erhoben und amtlich festgestellt werden konnte, da dies einen technisch-bürokratischen Vorgang impliziert, der eine schon gefestigte und weiterentwickelte Staatlichkeit voraussetzt. Mit der Benennung der ersten Gruppe, der *pentakosiomedimnoi*, hat Solon ein solches Verfahren zumindest in Gang gesetzt.

Die ersten drei Klassen waren voll militärpflichtig und kämpften als Hopliten in der Phalanx. Dem entsprach ihre politische Gleichberechtigung, allerdings mit einer Ausnahme: Archonten konnten nur Mitglieder der ersten Klasse werden, da die Ämter nicht besoldet waren und die Amtsinhaber daher wirtschaftlich abkömmlich und vermögend sein mußten. Ansonsten durften alle Bürger an der Volksversammlung teilnehmen, über deren Kompetenzen und politische Handlungsfähigkeit in solonischer Zeit wir jedoch im einzelnen nicht unterrichtet sind. Die

129 Vgl. Aristot. Ath. pol. 7, 3-4; Plut. Sol. 18, 1-2.

Tätigkeit im Volksgericht war möglicherweise den ersten drei Klassen vorbehalten.

Mit dieser Einteilung war für jeden einzelnen die Zugehörigkeit zum Bürgerverband konkret definiert. Hoplit war künftig, wer ein bestimmtes Mindestvermögen als Voraussetzung für die Selbstausrüstung besaß. Damit war die bürgerliche Teilhabe eine an objektiven Gegebenheiten überprüfbare Größe geworden. Das Bürgerrecht mit seinen Rechten und Pflichten kann als institutioneller Ausdruck für die Gegenwärtigkeit des neuen staatlichen Ganzen in jedem einzelnen aufgefaßt werden.

5. Äußere Machtentfaltung und innere Integration

Die Kriegführung und die Pflege der Außenbeziehungen gehörten in der vorstaatlichen Ordnung zu den Aufgaben der einzelnen *basileis.* In der Zeit Solons können wir beobachten, wie die Gemeinde Athen als ganze ihre ersten außenpolitischen Gehversuche unternimmt. Mit dem neuen Hoplitenheer aus Bürgern und in geringem Umfang wohl auch schon mit dem Besitz von Kriegsschiffen verfügte man dafür jetzt über die nötigen Voraussetzungen. Die Quellen lassen die Rekonstruktion von wenigstens drei Vorgängen als Beginn der athenischen Außenpolitik um 600 v. Chr. zu: Neben intensiven Streitigkeiten mit der nahegelegenen Insel Aegina[130] sowie der Teilnahme an einem Krieg um den Zugang zu der Orakelstätte von Delphi[131] sind insbesondere die seit dem 7. Jh. v. Chr. anhaltenden langen kriegerischen Auseinandersetzungen zwischen Athen und Megara für die Frage nach der Staatwerdung Athens aufschlußreich. In den Jahren um 630/20 v. Chr. behielten zunächst die Megarer unter ihrem Tyrannen Theagenes die Oberhand. Die Athener, verstrickt in ihre innere Krise, mußten sich damit zunächst zufrieden geben und konnten erst eine Generation später erneut gegen die Nachbarstadt im Westen vorgehen. Die Initiative ging von Solon aus, Zankapfel und Kampfpreis war die Athen vorgelagerte Insel Salamis. Schiedsrichterliche Vermittlung der Spartaner konnte den Streit vorläufig beilegen[132], jedoch erst ein weiterer Feldzug des nachmaligen Tyrannen Peisistratos hat im zweiten Viertel des 6. Jhs. v. Chr. Athen dann endgültig in den Besitz von Salamis[133] gebracht. Die Insel wird auf Dauer von athenischen Siedlern besetzt.[134]

Indessen ging es bei der Eroberung von Salamis für die Athener nicht in erster Linie um den Gewinn von Land. Die Quellen lassen an keiner Stelle darauf schließen, Athen hätte diesen neuen Lebensraum existenziell benötigt. Immerhin konn-

130 Vgl. Hdt. 5, 82-88.
131 Sogenannter ‚Erster heiliger Krieg', vgl. Plut. Sol. 11, 1.
132 Vgl. den ausführlichen Bericht der Vorgänge bei Plut. Sol. 8-10.
133 Vgl. Hdt. 1, 59, 4; Aristot. Ath. pol. 14, 1; 17, 2.
134 Vgl. Meiggs/Lewis Nr. 14.

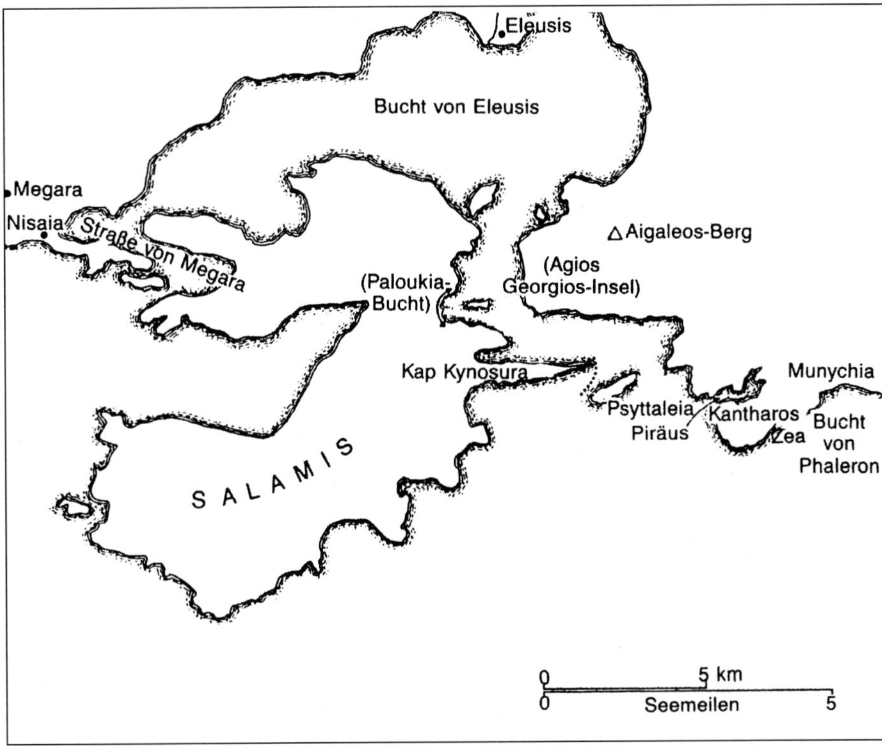

Abb. 22 Die Lage der Insel Salamis

te man die Kämpfe nach der ersten Niederlage ohne Schwierigkeiten viele Jahre einstellen, und es bedurfte erst des Ansporns von Solon, sich zu neuen Anstrengungen aufzuraffen. Eher schon war die geographische Lage von Salamis für Athen von Interesse: Im Besitz der Insel ließen sich die Bucht von Eleusis, der Sund von Salamis und damit der eigene Hafen entschieden leichter kontrollieren und abschirmen. In der andauernden Rivalität mit dem seebeherrschenden Aegina war das durchaus vorteilhaft.

Für diese Schlüsse gibt es zwar keine direkten Quellenbelege. Deutlich ist aber, daß die Athener zu diesem ersten Schritt über ihre Grenzen hinaus nicht durch eine äußere Zwangslage genötigt waren, sondern daß diese Perspektive, von einzelnen Aristokraten wie Solon und Peisistratos aufgezeigt und anvisiert, sich gegen innere Widerstände in der athenischen Aristokratie selbst erst durchsetzen mußte. Ausschlaggebend dafür war letztlich das Interesse der neuen Hoplitenschicht, deren militärische Schlagkraft nach Gelegenheiten zur Erprobung verlangte und bei der Solon schließlich offene Ohren fand. Vor diesem aus Plutarch zu rekonstruierenden Hintergrund wiegt nun das Selbstzeugnis Solons schwer, dem sich die tieferen Antriebe für das Salamis-Unternehmen ablesen lassen:

> „Ich selbst kam als Bote vom lieblichen Salamis,
> statt einer Rede in Prosa *(agoreuein)* habe ich ein Lied *(ode)* komponiert, einen Kosmos von Versen *(kosmos epeon)*. (...)
> (Würde Athen Salamis aufgeben,)
> Dann wäre ich lieber Pholegandrier oder Sikinite,
> anstatt Athener zu sein, auch wenn ich damit mein Vaterland verlassen würde.
> Rasch nämlich entstünde ein solches Gerede unter den Menschen:
> ‚Dieser da, ein attischer Mann, einer von denen, die Salamis aufgeben.'(...)
> Auf denn, laßt uns nach Salamis ziehen, zu kämpfen um die verlockende Insel, um von uns abzuwehren die schwere Schande."
>
> (Sol. F 2D.; Ü.: Verf.)

Solon stellt sich in dem Fragment dieser ursprünglich sehr viel umfangreicheren Elegie als Bote vor, der dem Volk ein ihn selbst bewegendes Anliegen vorzubringen hat. Es geht um die Insel Salamis, die durch das Beiwort ‚lieblich' als ein erstrebenswertes Ziel gekennzeichnet wird und deren Verlust ein alle Athener betreffendes und daher in einer Volksversammlung auf der *agora* zu verhandelndes Problem darstellt. Solon hebt die Wichtigkeit der Angelegenheit hervor, indem er sie entgegen der sonst üblichen Verständigungsform in einer sehr persönlichen und zugleich auf die Beeindruckung seiner Hörer zielenden Weise vorträgt: in einem Gedicht. Wie besonders die beiden letzten erhaltenen Verse zeigen, schließt Solon sein Gedicht an die Tradition der poetischen Kampfaufrufe seit Homer an. So hatten vor ihm auch schon andere Dichter gesprochen.

> „Wie lange noch wollt ihr liegen? Wann faßt ihr wohl Mut *(thymos)*, euch zu wehren, Jünglinge? (...)"
>
> (Kallinos F 1D. 1-2, Ü.: Joachim Latacz)

> „mit Wut *(thymos)* laßt uns um dieses Land dann kämpfen! für die Kinder
> sterben wir hin! (...)"
>
> (Tyrtaios F 6D. 13-14, Ü.: Joachim Latacz)

Solon spitzt die gängigen Topoi, das Vaterland zu verteidigen, *arete* zu beweisen und Schande zu vermeiden, zu, indem er die Athener ganz unmittelbar anredet und sie mit den Bewohnern von zwei winzigen, vollkommen unbedeutenden Kykladeninseln vergleicht. Dadurch will Solon seine Hörer veranlassen darüber nachzudenken, was es für sie selbst bedeutet, Athener zu sein. Sie sollen sich darüber klar werden, ob sie den Verlust von Salamis hinnehmen und dennoch Athener bleiben können. Muß, wer sich auch nach außen hin Athener nennen will, nicht der Bedeutung innewerden, die seine Heimatstadt in der griechischen Welt besitzt, und entsprechend handeln?

Im öffentlichen Disput über Salamis sollte sich nach Solon die Bürgerschaft darüber klar werden, daß ein bestimmtes Selbstverständnis und eine innere Bereitschaft zum Handeln die Voraussetzung für die Zugehörigkeit jedes einzelnen zu ihr darstellte. Durch den Kampf um Salamis sollten sich die Bürger in diese Richtung bewegen, im militärischen Erfolg sich als Teil der Bürgergemeinschaft erleben.

An dieser Stelle ist eine weiterführende Anmerkung erforderlich. Denn im drängenden Appell Solons an seine Mitbürger, den Kampf um Salamis wiederaufzunehmen und für sich zu entscheiden, offenbart sich eine Konstellation politischen Handelns, der wir in der Geschichte nicht nur Athens und nicht nur der antiken Griechen, sondern vieler Staaten in der Geschichte immer wieder begegnen. Das Bestreben, einen höheren Grad von innerer Integration dadurch zu erreichen, daß man die Energien und das Engagement der Bürger bündelt und auf ein äußeres, in der Regel militärisches Ziel lenkt, findet sich sowohl in Staaten mit einer zentralisierten Herrschaftsstruktur wie auch und gerade in solchen, deren politische Willensbildung auf einer breiten Teilhabe ihrer Bürgerschaft beruht. Auch in dieser Hinsicht markiert Solons Wirken also den Beginn der bürgerstaatlichen Entwicklung in Athen, das in der zweiten Hälfte des 6. Jhs. v. Chr. unter den Tyrannen ein weiträumiges Netz außenpolitischer Beziehungen und Interessen aufzubauen begann und nach dem Ende der *tyrannis* sofort zur Errichtung einer außenpolitischen Machtstellung überging, die dann nach den Perserkriegen mit der Begründung des Attischen Seebundes in einer unter den griechischen Staaten bis dahin nicht gekannten außenpolitischen Herrschaftsstellung gipfelte. Jeder Auflehnung gegen diese Position sind die Athener im Laufe des 5. Jhs. v. Chr. mit zum Teil äußerster Härte und Brutalität begegnet.

Es ist dies eine Kehrseite der für den Bürgerstaat lebensnotwendigen Suche nach innerer Einheit und der Verpflichtung seiner Bürger auf die Belange der Gemeinschaft. Diese Beobachtung unterstützt die schon mehrfach angesprochene Vorstellung, daß die Entwicklungsgeschichte des Bürgerstaates von der archaischen zur klassischen Zeit Kontinuitätslinien folgt, für deren Begründung gerade das Wirken Solons maßgeblich gewesen ist. Wie ein präzises Echo der solonischen Verse zu Salamis klingen denn auch jene fast eineinhalb Jahrhunderte später formulierten Mahnworte, die Athena in Aischylos' Eumeniden in Jahre 458 v. Chr. ihren Bürgern ins Stammbuch schreibt:

> „Doch du (sie wendet sich an die Erinyen, d. Verf.) wirf nicht
> diese blutigen Wetzsteine in mein Gebiet,
> an denen sich die Herzen junger Männer *(neoi)*
> zum eigenen Schaden gerne reiben
> in weinlos trunkener Wutraserei,
> reize sie nicht wie die Hähne zum Kampf,
> laß unter meinen Bürgern *(astoi)*
> den Bürgerkrieg *(Ares emphylios)* nicht seßhaft werden,
> der innerhalb eines Volks
> den einen gegen den anderen hetzt.
> Der Krieg *(polemos)* soll vor den Grenzen bleiben,

Krieg mit dem Ausland gibt's genug,
man braucht nicht lange auf ihn zu warten.
Dort soll die Ruhmsucht *(eukleias eros)* schrecklich wüten.
Doch Kampf zwischen Vögeln eines Nestes *(enoikios)*
billige ich nicht."

(Aischyl. Eum. 858-866; Ü.: Peter Stein)

Obschon er Gewaltanwendung, Unterdrückung, *hybris* und hemmungslose Besitzgier im Hinblick auf das Verhalten der Bürgerschaft im Inneren scharf kritisiert, hat sich Solon der Versuchung nicht enthalten können, wie andere Staatsmänner vor und nach ihm dieses höchst wirksame Integrationsmittel einzusetzen. Da man sich trotz aller positiven Anknüpfungsmöglichkeiten im Hinblick auf das bürgerstaatliche Konzept im historischen Urteil vor jeder Glorifizierung hüten sollte, darf aus heutiger Sicht der Schatten, der auf Solons Bild aufgrund seiner Kriegstreiberei geworfen wird, keinesfalls ausgespart werden. Dennoch: So unabdingbar die Forderung nach Engagement und Identifikation mit den Gemeinwesen für die Angehörigen einer bürgerstaatlichen Ordnung auch ist: wer diesen Zustand durch den Aufbau von äußeren Feindbildern und machtpolitischen Zielsetzungen herbeizwingen will, mag damit zwar kurzfristige Erfolge erzielen, läuft jedoch das hohe Risiko, im Falle des Scheiterns größere innere Verwerfungen und Konflikte zu ernten als er sie durch seine außenpolitischen Abenteuer zu überwinden hoffte. Eine tragfähige Grundlage für die dauerhafte Identifizierung der Bürger mit ihrem Staat kann daher nur mit dem langen Atem einer geduldigen Überzeugungs- und Überredungsarbeit im politischen Diskurs der Bürger untereinander erreicht werden – mit dem Ziel, daß diese allmählich ein politisches Ethos ausbilden. Es macht die überragende geschichtliche Bedeutung Solons aus, daß er nach Ausweis seiner überlieferten Gedichtfragmente eben dieses Ziel ins Zentrum seines politischen Konzeptes gestellt hat.

6. Politische Ethik: Das Herz der bürgerstaatlichen Ordnung

Ein Wesenszug griechischer Bürgerstaatlichkeit ist, daß staatliche Macht nur das Ergebnis einer Konsensbildung zwischen den Bürgern sein kann. Diese vollzog sich in den entscheidungsbefugten Kollektivorganen. Eine solche Struktur von Staatlichkeit schließt notwendig die Forderung an jeden einzelnen ein, sich in politicis verantwortlich zu fühlen. Das ist der Hintergrund für Solons nimmermüde Appelle an seine Mitbürger, wie wir sie in seinen Gedichtfragmenten immer wieder vernehmen können. Eines der eindrucksvollsten Dokumente stellt das sogenannte *eunomia*-Gedicht dar:

„Unsere Stadt *(polis)* aber wird nach Zeus' Willen niemals
zugrunde gehen und nach der Absicht der seligen unsterblichen Götter;
denn so hält die hochherzige Beschützerin, Tochter des starken Vaters,
Pallas Athene, ihre Hände von oben darüber.

Sie selbst aber wollen die mächtige Stadt durch ihre Torheit verderben,
die Bürger *(astoi)*, verlockt vom Reichtum *(chremata)*,
und der Volksführer ungerechter Sinn, denen schon bereitet ist,
wegen ihrer großen Hybris *(hybris)* viel Schmerzen zu leiden.
Denn nicht verstehen sie es, das Zuviel zu zügeln, und nicht,
sich in Ruhe an dem zu erfreuen, was beim Mahle vor ihnen liegt.
*
Sie sind aber nur deshalb reich, weil sie zu unrechtem Tun verleitet sind,
*
und weder heiliges Gut noch etwa auch der Gemeinde gehöriges *(demosios)*
schonend stehlen sie räuberisch, der eine von hier, der andere von dort,
und hüten sich nicht vor den heiligen Grundfesten der Dike,
die schweigend weiß, was geschieht und was vorher war,
und die mit der Zeit ganz sicher kommt und Rache nehmen wird.
Dies kommt gleich über die ganze Stadt *(polis)* als unentrinnbare Wunde,
und schnell gerät sie in schlimme Knechtschaft *(doulosyne)* ,
die inneren Streit *(stasis)* und schlafenden Krieg aufweckt,
der Vieler liebliche Jugendblüte vernichtet.
Denn von feindlichen Kräften wird schnell die geliebte Stadt *(asty)*
innerlich zersetzt in Zusammenschlüssen, wie sie Ungerechten lieb sind.
Dieses macht sich breit im Volke *(demos)* als Unglück, – und von den Armen
kommen viele in fremdes Land,
verkauft und mit entehrenden Fesseln gebunden.
*
So kommt das Unglück der gesamten Gemeinde (*demosion kakon*) jedem einzelnen ins Haus *(oikos)*;
und die Türen am Hofe vermögen es nicht mehr aufzuhalten,
sondern über den hohen Zaun springt es hinüber, und wird gewiß fündig,
auch wenn einer flieht und sich im Winkel des Gemachs versteckt.
Dies die Athener zu lehren, befiehlt mir mein Herz,
daß *dysnomia* der Stadt sehr viel Unglück bereitet,
eunomia aber alles wohlgeordnet und wie es sein soll hervorbringt
und scharenweise den Ungerechten Fesseln umlegt.
Rauhes glättet sie, beendet Übersättigung, erniedrigt die *hybris*
und läßt vertrocknen der Verblendung wachsende Blüte,
richtet gerade die krummen Rechtssprüche *(dikai skoliai)*, und hochmütiges Tun
mildert sie, beendet die Taten der Zwietracht *(dichostasie)*,
beendet den Zorn schlimmen Streites; und es ist unter ihr
alles im menschlichen Bezirk wie es sein soll und vernünftig."

(Sol. F 3D.; Ü.: nach Ernst Siegmann mit Veränderungen durch Verf.)

Zunächst stellt Solon einen ursächlichen Zusammenhang her zwischen den krisenhaften Erscheinungen im Gemeindeleben und dem fehlerhaften Verhalten der Gemeindemitglieder. Nach Solons Überzeugung würde die Stadt, wenn es nach dem Willen der Götter ginge, nicht verderben. So sind auch diese für ihre Zerstörung nicht verantwortlich zu machen, da das, was sich zwischen den Bürgern einer Stadt vollzieht, ausschließlich der menschlichen Selbstorganisation obliegt. Da Solon sich die Gemeinde als ein einheitliches Ganzes denkt, das gegenüber der Einzelexistenz jedes Bürgers eine eigenständige und unabhängige Größe bildet, können die im Handlungsbereich des einzelnen Bürgers, dem *oikos*, geltenden Regeln nicht einfach auf den Handlungsraum der Stadt als ganzer übertragen werden. So kann beispielsweise das individuell ohne weiteres gerechtfertigte Streben nach Reichtum im Rahmen der Gesamtgemeinde schnell zerstörerische Wirkungen entfalten. In diesem von Solon erstmals definierten politischen Raum, der durch die Kommunikation der Bürger eben als Bürger gebildet wird, muß jeder eine spezifische innere Einstellung ausbilden und sein Verhalten an Normen orientieren, die die Bewältigung der politischen Aufgaben zu gewährleisten vermögen.

In einem sehr eindrücklichen Bild (vgl. 26-29) hat Solon eine zweite elementare Einsicht ausgedrückt: Alle Gemeindemitglieder sind gleichermaßen davon betroffen, wenn das Ganze in einen krisenhaften Zustand gerät; keiner kann sich vor solchen Mißständen letztlich schützen. Das folgt notwendig daraus, daß in einem Gemeinwesen, welches nur durch die politische Beteiligung seiner Bürger Bestand haben kann, sich niemand aus dieser Gemeinschaft auszuklammern vermag. Wer dies tut, ist an den gemeinsamen Übeln ebenso mitschuldig, wie der, der die Gemeinschaft durch sein Verhalten aktiv schädigt. Durch solches Fehlverhalten „wollen" die Bürger ihre Stadt ins Verderben stürzen, wie Solon gleich zu Beginn bemerkt (vgl. 5). Es ist deshalb notwendig, daß sich die innere Einstellung der Bürger verändert: Statt sich ausschließlich auf den eigenen *oikos* zu konzentrieren, steht *eunomia* für die Tugend, das Verhalten in erster Linie an den Belangen des Gemeinwesens zu orientieren. Jeder einzelne muß sich mit verantwortlich dafür fühlen, was in und mit der *polis* als ganzer geschieht. Die eine Seite der von Solon geforderten neuen, auf die *polis* bezogenen, daher politischen Ethik ist mithin die Bürgerverantwortlichkeit.

Das Korrelat hierzu zielt auf eine Korrektur des Verhaltens vor allem der Aristokraten. Ihre maßlose Gier nach Reichtum ist Ausdruck mangelnder Selbstbeherrschung. Die neue Bürgermoral enthält deswegen als zweite Grundorientierung das Ideal der Vernunft, Mäßigung und Selbstbeherrschung, griechisch: *sophrosyne.*

Das von Solon anvisierte neue Gemeinwesen der Bürger und die in ihm herrschende politische Ethik setzen folglich nichts weniger voraus als eine Revolution der Werte. Daß sie sich im Laufe der folgenden eineinhalb Jahrhunderte tatsächlich vollzogen hat, belegen die berühmten Worte des Perikles:

> „Bei uns allein nämlich heißt einer, der dem (Politischen) gänzlich fernsteht, nicht ‚ungeschäftig', sondern ‚unnütz' (...)".
>
> (Thuk. 2, 40; Ü.: Wolfgang Schadewaldt)

Den Weg, auf dem dieses Ziel, die Einwurzelung der politischen Ethik in den Bürgern, erreicht werden sollte, beschreibt der dritte Hauptgedanke von F 3D. Zu ihm führt eine Auslegung von 30:

> „Dies die Athener zu lehren, befiehlt mir mein Herz *(thymos me keleuei).*"

In dieser Wendung, die am Umschlagpunkt der poetischen Darlegung von Solon sehr bewußt gewählt ist, spiegelt sich das Verständnis seines eigenen Tuns in diesem Gedicht wie in seinen übrigen Mahnungen an die Bürgerschaft. Unser heutiges Äquivalent für den Begriff *thymos* ist ‚Herz' oder ‚Seele', denn für die Griechen war der *thymos* Sitz von Emotion, Wille, Handlungsantrieben, Moralität, also: der innerste Kern der menschlichen Existenz. Solon versteht sein Lehren demnach nicht nur als Ausfluß seiner rationalen Analyse und verständigen Einsicht. Seine Formulierung will deutlich machen, daß es auch in seelischen Tiefenschichten wurzelt und aus ihnen seinen Antrieb schöpft. Auch für die Ausbildung der politischen Ethik seiner Mitbürger spielt folglich der *thymos* eine bedeutende Rolle. Wie für Solons eigene Überzeugungen Verstand und Emotionen gleichermaßen bestimmend sind, so müssen auch die Bürger ein politisches Verantwortungsgefühl entwickeln, muß die Hinwendung zum Politischen habituell werden und nicht nur durch die Tätigkeit des Verstandes gelenkt sein. Politisches Engagement, wenn es denn durchschlagend sein soll, muß elementaren Antrieben der menschlichen Existenz entspringen, die Bürgermoral muß in der Psyche des einzelnen verankert sein.

Wenn wir Solons Worte so verstehen dürfen, dann steckt in ihnen die fundamentale und bis heute gültige Erkenntnis, daß politische Aufklärung nur dann erfolgreich und dauerhaft sein kann, wenn sie den Menschen in seiner Ganzheit anzusprechen vermag. Solons Dichtung und politisches Wirken zeigen zwei Wege dahin: Der eine besteht in der Anbindung der politischen Ethik an die traditionellen religiösen Kräfte. In den Eingangsversen von F 3D. bekundet Solon einen festen religiösen Glauben in das wohlwollende Wirken der Stadtgöttin Athena. Auch aus F 24D. 4 ff., wo Solon seine soziale Befreiungstat als Neugründung der Stadt stilisiert und damit auch auf den Gründungsmythos Athens anspielt, in dem Athena gleichsam als Mutter der Athener erscheint, geht die herausragende Bedeutung hervor, die Solon der Schutzpatronin der Stadt zugedacht hat. Ihr Mythos und ihr Kult sollten fortan den entscheidenden Bezugspunkt bilden, in dem sich das neue *polis*-Bewußtsein der Athener konkret darstellen konnte. Die politische Ethik hat so in der sich im 6. und 5. Jh. v. Chr. entwickelnden *polis*-Religion einen sicheren Rückhalt gefunden.

Jede Ethik und jede Religion braucht jedoch auch Vergegenständlichungen handgreiflicher und ständig sichtbarer Art. Das beweist die christliche Bau- und Bildkunst ebenso wie etwa die monarchische Repräsentation eines Augustus oder die großartige Ausschmückung der Stadt Athen seit der Tyrannenzeit und dann vor allem seit der Mitte des 5. Jhs. v. Chr. In der Zeit Solons fehlten die hierfür notwendigen materiellen Voraussetzungen noch weitgehend. Sobald sich dies geändert hatte, fand die von Solon inaugurierte moralisch-religiöse Grundlegung des Bürgerstaates ihren sicht- und erlebbaren Ausdruck in der baulichen und visuellen Gestaltung des Stadtraumes sowie in den sich in ihm vollziehenden kollektiven Praktiken der Bürger.

Aufgrund seiner persönlichen Begabung eröffnete sich Solon noch ein zweiter Weg, seine Mitbürger auch gefühlsmäßig anzusprechen und ihre unbewußten Einstellungen zu beeinflussen:

> „Ich selbst kam als Bote vom lieblichen Salamis,
> statt einer Rede in Prosa habe ich ein Lied komponiert, einen Kosmos von Versen."
> (Sol. F 2D. 1-2; Ü.: Verf.)

So kündigt Solon in der Salamis-Elegie programmatisch die politische Überzeugungsarbeit als Ziel seines Dichtens an. Die Rolle als Schiedsrichter und Vermittler ohne institutionelle Macht verlangte, sich der Macht von Peitho zu bedienen. Die philologische Analyse konnte zeigen, daß sie durch die Mittel der Poesie wirkt, die auf die Hörgewohnheiten eines Publikums in einer ausschließlich mündlichen Kommunikationssituation abgestellt sind. Dies bedeutet vor allem, daß sich die eigentliche Wirkung der für uns heute nur noch lesbaren Verse erst durch deren Darbietung in der Öffentlichkeit der *agora* entfaltet. Solon gehört als Dichter zu der großen Zahl archaischer Lyriker, die ihre Kunst sehr häufig in den Dienst des politischen Kampfes wie des Diskurses um die Gestaltung der Bürgerstaatlichkeit gestellt haben. Für Athen steht Solon in dieser Hinsicht wiederum am Beginn einer Entwicklungslinie, die bis zum Drama des 5. Jhs. v. Chr. reicht. Dichtung blieb von Solon an ein sehr wichtiges, weil den Bedürfnissen der Bürgerstaatlichkeit angemessenes Kommunikationsmedium. In ihm konnte sich aufklärende Belehrung mit psychischer Aufrüttelung und emotionaler Identifikation verbinden.

Wenn der Bürgerstaat auf der Bildung eines gemeinsamen Willens und auf gemeinsamem Handeln der Bürger beruht, so wird politische Ethik als handlungssteuernde Kraft unerläßlich:

> „Von euch stelzt jeder einzelne pfiffig auf Fuchses Spuren,
> doch als Gesamtheit steckt in euch ein löchriger Verstand *(chaunos noos)*!"
> (Sol. F 8D. 5-6; Ü.: Joachim Latacz)

Dem Einzelnen mag es wohl gelingen, vernünftig und zielgerecht zu handeln. In der Masse hat die Vernunft aber nur eine geringe Chance, herrschen irrationale und gefühlsmäßige Reaktionen vor. Zur Bürgerschaft kann die Masse nur werden durch die Ausbildung der politischen Ethik, durch die die politische Aufklärung dauerhaften Halt gewinnt, weil sie in tieferen Schichten der menschlichen Psyche verankert wird.

Solons Analyse und programmatische Konzeption besitzen eine aufschlußreiche und bedeutende Parallele bei einem der wichtigsten Denker der Neuzeit: Jean-Jacques Rousseau hat in der Mitte des 18. Jhs. die lediglich auf Verstand und Vernunft zielende Strategie der Aufklärung weitergedacht und aufgehoben, indem er forderte, die Republik müsse in den Herzen der Bürger verankert sein. Sitten, Gebräuche, Moral, ja Religion hätten daher auch in den neu zu schaffenden republikanischen Staatswesen eine grundlegende Funktion, da erst durch sie die Mitglieder

der Gesellschaft ihre – auch staatsbürgerliche – Tugend erlangen könnten. Rousseau rekurriert nicht auf Solon, obwohl er ihn über Plutarch gewiß gekannt hat. Dafür war das Athen der klassischen Zeit aufgrund seiner Rezeption durch Fürsten und Adel des Anciên Régime zu diskreditiert. Als Vorbild bürgerlicher Tugend gelten Rousseau vielmehr die Spartaner. Unbeschadet dessen bleibt es faszinierend zu beobachten, daß in der Geburtsstunde des antiken Bürgerstaates wie in der des modernen – Rousseau war zweifellos einer der geistigen Ahnherrn der Französischen Revolution – sich sehr eng berührende Vorstellungen darüber entwickelt worden sind, daß das Gemeinwesen der Bürger eines politischen Ethos bedarf, das als individuelle Tugend habituell werden muß.

Von hier aus öffnet sich ein entscheidender Durchblick auf ein Kernproblem der heutigen liberalen und sozialen Demokratien. Nach dem Ende des sozialistisch-kommunistischen Gegenpols sowie dem sich ebenfalls abzeichnenden Ende eines vermeintlich unbegrenzten wirtschaftlichen Wachstums, über dessen Verteilung in der Vergangenheit die innere Integration der demokratischen Gesellschaften größtenteils bewerkstelligt worden ist, stehen wir heute vor einem epochalen Einschnitt: Der liberale Bürgerstaat wird für seinen dauerhaften Bestand in ungleich höherem Maße als früher darauf angewiesen sein, daß seine Bürger ihn von innen heraus mittragen und bejahen. Jenseits der in den westlichen Gesellschaften heute gewiß leicht mobilisierbaren Abwehr gegen alle totalitaristischen Zwänge und jenseits auch allen hedonistischen Individualismus' muß der spezifische geschichtliche Wert der bürgerstaatlichen Ordnung für jeden einzelnen wieder sinnfällig werden. Keine Antwort auf dieses Problem wird an der Notwendigkeit einer politischen Ethik und deren symbolischen Repräsentationsformen vorbeigehen können.

Wie auch der heutigen Herausforderung nur zu begegnen ist, wenn der ins Beliebige abtriftende Wertepluralismus, wie er sich in diesem Jahrhundert in den westlichen Gesellschaften verbreitet hat, kritisch reflektiert wird, so hat sich auch Solon mit dem Teil des überkommenen Wertekanons leidenschaftlich auseinandergesetzt, der die Gemeinschaft der bürgerlichen Selbstverantwortung zu ersticken drohte: mit dem aristokratischen Aristie-Ideal und dem aus ihm folgenden Streben nach der *tyrannis*. Einem, der diesem bislang herrschenden Ideal verpflichtet war, hat er folgende Worte in den Mund gelegt:

> „Solon ist kein tiefer Denker, ist kein wohlbedachter Mann *(bouleeis aner)*:
> Als ihm Gott das Höchste gönnte, griff er selber nicht danach,
> Und obschon der Fang im Garn war, stutzte er; das große Netz
> Riß er nicht an sich: es fehlte ihm an Mut *(thymos)* und an Verstand.
> Hätte ich die Macht besessen *(kratein)*, hätte Schätze mir gerafft,
> Wär' Athens Tyrann *(tyrannos)* gewesen nur für einen kurzen Tag:
> Willig ließe ich mich häuten, ließe morden mein Geschlecht *(genos)*."
> (Sol. F 23D. 1-7; Ü.: Zoltan Franyó/Peter Gan)

Auf diesen Vorwurf antwortet Solon:

> „(...) Wenn ich die heimatliche Erde geschont und zur *tyrannis* und erbarmungslosen Gewalt *(bie)* nicht gegriffen habe und wenn ich dadurch auch meinen Ruf (als Aristo-

krat, *kleos*) geschändet und beschmutzt habe, so schäme ich mich dessen dennoch nicht. Denn ich behaupte, daß ich dadurch viel eher die andern Menschen überrage."

(Sol. F 23D. 8-12; Ü.: Verf.)

Solon hat es also selbst vorgemacht, wie der *noos artios*[135], das Ideal rechten Handelns, aussehen soll. So wie er sollen alle Menschen künftig umdenken und Egoismus und Machtgier eindämmen. Im Zweifel muß das eigene Partikularinteresse hinter dem Wohl der Gesamtgemeinde zurückstehen. Von dieser bürgerlichen Grundnorm her werden die Auswüchse des aristokratischen Machtstrebens kritisiert:

„Beim Reichtum gibt es für die Menschen keine klare Grenze,
und wer von uns am meisten jetzt zum Leben hat,
der hetzt sich doppelt ab! (...)"

(Sol. F 1D. 71-73; Ü.: Joachim Latacz)

„Denn nicht verstehen sie (sc. die Aristokraten) es, das Zuviel zu zügeln, und nicht, sich in Ruhe an dem zu erfreuen, was beim Mahle vor ihnen liegt."

(Sol. F 3D. 9-10; Ü.: Verf.)

„Viele Schlechte *(kakoi)* sind nämlich reich, die Guten *(agathoi)* aber müssen entbehren."

(Sol. F 4D. 9; Ü.: Verf.)

Gerade der zuletzt zitierte Vers macht durch seine Wortwahl bei der Kritik die von Solon vorgenommene Umwertung der Werte sichtbar: Mit dem moralisch abwertenden Begriff *kakos* haben die Aristokraten sozial unter ihnen Stehende bezeichnet, während sie sich selbst *agathoi* genannt haben. Indem Solon die Bezeichnungen gerade vertauscht, macht er klar, daß im Rahmen der Bürgermoral Reichtum nicht länger als hinreichender Ausweis von Tugend gelten könne, wobei er in seinem eigenen Selbstverständnis als Aristokrat ein maßvolles Streben nach Reichtum für durchaus gerechtfertigt hielt.[136]

Jedes Bestreben, gegenüber diesen Maximen dennoch das Einzelinteresse voranzustellen und durchzusetzen, mußte demnach zu *stasis* und *tyrannis* führen, so der Umkehrschluß aus Sol. F 3D. 37. Wir besitzen die Überlieferung über ein merkwürdiges solonisches Gesetz[137], das ein Teil der Forschung mit durchaus diskutablen Gründen für unecht hält. Es lautet in der Überlieferung der Athenaion Politeia:

„(...) wer nicht für eine der beiden Parteien zu den Waffen (*hopla*, davon Hoplit) greife, wenn der Staat im Bürgerkrieg sei *(stasiazein)*, der solle sein Bürgerrecht verlieren *(atimon einai)* und kein Mitglied des Staates mehr sein."

(Aristot. Ath. pol. 8, 5; Ü.: Mortimer Chambers)

135 Sol. F 5D. 10.
136 Vgl. Sol. F 1D. 7-8.
137 Vgl. F 38 Rusch.

In diesem auch von der übrigen Überlieferung verbreiteten Wortlaut klingt das Gesetz höchst rätselhaft, ja absurd, wenn man Solons unermüdlichen Kampf gerade gegen die *stasis* dagegen hält. Nimmt man jedoch die Worte „für eine der beiden Parteien" aus dem Satz und erklärt sie für einen später in die Überlieferung gelangten Zusatz[138], dann macht diese Vorschrift durchaus einen Sinn: Denn gerade, wenn die Bürgerschaft von innerem Zerfall bedroht war, mußte sich das bürgerliche Ethos dagegen durchsetzen und behaupten, mußte sich jeder einzelne in seiner Eigenschaft als Bürger bewähren und gegebenenfalls zu den Waffen greifen, um partikularen Machtinteressen von *tyrannis*-Aspiranten entgegenzutreten.

Freilich ist es so nicht gekommen, jedenfalls nicht sofort. Die Zeit nach Solon sah wiederholt tiefgreifende *stasis*-Auseinandersetzungen. Schließlich hat sich einer der Aristokraten, Peisistratos, zum Tyrannen aufschwingen können. Doch schmälert all dies weder die weitreichende historische Bedeutung noch die kurz- und mittelfristige Wirkung des von Solon formulierten Konzepts eines Bürgerstaates. Dessen Grundprinzipien und Lebensbedingungen sind von Solon zum erstenmal erkannt und durchdacht worden. Seitdem existiert die aus der europäischen Geschichte nicht mehr wegzudenkende und bis heute wegweisende Leitvorstellung: Daß die von Menschen ausgeübte Macht über andere nur dann erträglich sein könne, wenn sie aus der Mitte einer Bürgerschaft heraus entsteht und von ihrer Gesamtheit getragen und bestimmt wird, wenn Staat nichts mehr ist als das zwischen den Bürgern Auszumachende und sie zugleich Verbindende und Einigende.

138 Vgl. Chambers' Kommentar zur Stelle.

VIII. Reifezeit: Die *tyrannis* in Athen und ihr Beitrag zur Entwicklung des Bürgerstaates

1. Solons Programm und das Wiederaufflammen der stasis in der Zeit bis zur *tyrannis*

Solons sozialpolitische Maßnahmen hatten die soziale Freiheit des nicht-aristokratischen Volkes wiederhergestellt. Mit dieser Bewahrung der überkommenen Sozi-

Abb. 23 Tetradrachmon aus Athen, 527/520 v. Chr.
Vorderseite: Kopf der Athena Rückseite: Eule
Die aus der Tyrannenzeit stammende Münze ist mit ihren auf die Gemeinde als ganze bezogenen Bildern charakteristisch für die der *polis*-Bildung förderliche Politik der Tyrannen.

alstruktur blieben auch die sozialen Voraussetzungen für die traditionellen Handlungsmuster der Aristokraten unangetastet. Jeder konnte weiterhin sein Ideal der Aristie bis zu dem Anspruch hin verfolgen, die Vorherrschaft in der Gemeinde zu erringen. Geändert hatte sich seit Solon nur, daß die Aristokraten künftig die Mittel zur Erringung von Vorherrschaft nicht mehr durch die wirtschaftliche und soziale Ausbeutung der eigenen Gemeindegenossen gewinnen sollten. Man orientierte sich daher verstärkt nach außen und verstand es immer wieder erfolgreich, Ressourcen für den inneren Kampf zu mobilisieren. Unsere Nachrichten über die Zeit zwischen Solon und der endgültigen Etablierung des Peisistratos als Tyrann, also über die Jahre zwischen 580/70 und 560/50 v. Chr., deuten darauf hin, daß nach der Stabilisierung des Verhältnisses zwischen den sozialen Schichten in Athen durch Solon der alte Mechanismus der *stasis*-Kämpfe in vollem Umfang wieder in Gang gekommen war. Da ist zunächst einmal das Zeugnis Solons selbst:

> „Das Volk *(demos)* muß ich heute offen tadeln. Nie hätten sie sich träumen lassen, was sie jetzt haben. (...) die Großen und Mächtigen andererseits sollten mich loben und mich sich zum Freund machen."
>
> (Sol. F 25D. 1-5; Ü.: Verf.)

Das Volk also, dessen soziale Existenz Solon gesichert hatte, war trotz allem und zuweilen vielleicht gerade deswegen wieder bereit, sich vor den Karren der *stasis*-Führer spannen zu lassen, weil es in irgendeiner Weise am Machtgewinn teilzuhaben hoffte.

> „Viele kamen beutelüstern, voller Hoffung auf Gewinn,
> Jeder einzelne von ihnen auf Bereicherung erpicht,
> Sah'n in meinen sanften Reden künftigen Tyrannensinn.
> Weil sie damals Eitles hofften, sind sie heut auf mich erbost,
> Sehen alle mich mit scheelen Augen an als ihren Feind".
>
> (Sol. F 23D. 13-17; Ü.: Zoltan Franyó/Peter Gan)

So analysiert Solon an anderer Stelle die entstandene Situation, die den Fortgang der *stasis* provozieren konnte. Die *stasis* mußte jedoch im Machtgewinn einzelner enden. Immer wieder konnten einzelne Aristokraten die Macht an sich reißen, vorübergehend zwar immer noch, aber mit der Folge des Verlustes der bürgerlichen Selbstverantwortung:

> „(...) und leidet Jammervolles ihr durch eigene Verderbtheit *(kakotes)*,
> so schiebt doch nur den Göttern nicht daran ein Teilstück zu!
> Ihr selbst habt diese Leute doch erhöht durch Schutzgewährung,
> und dadurch habt ihr nun erlangt die schlimme Sklaverei *(doulosyne)*!
> Von euch stelzt jeder einzelne pfiffig auf Fuchses Spuren,
> doch als Gesamtheit steckt in euch ein löchriger Verstand!
> Denn auf die Rede schaut ihr hin, aufs Wort des schlauen Mannes –
> auf's Werk jedoch, das da entsteht, da werft ihr keinen Blick!"
>
> (Sol. F 8D.; Ü.: Joachim Latacz)

Das Hauptproblem hat Solon hier im Blick: Die von ihm entworfene Staatlichkeit konnte solange nicht funktionieren, wie die, die den Staat tragen mußten, die Bürger insgesamt also, noch nicht mehrheitlich von der neuen politischen Ethik geprägt waren. Die Schwierigkeiten des athenischen Gemeinwesens in der nachsolonischen Zeit resultierten mithin daraus, daß die neue Ethik nicht sofort und nicht durchschlagend Fuß gefaßt hatte. Solons Angebot zur Aufklärung mußte von den Bürgern erst innerlich akzeptiert werden. Dazu bedurfte es eines längerfristigen Lernprozesses, der sich unter Beteiligung weiterer Dichter und Denker das ganze 6. Jh. v. Chr. über hinzog und von entsprechenden Entwicklungen in Städtebau, Architektur, Kunst und Ritual begleitet wurde.

Eine andere Voraussetzung für den Erfolg der ethischen Umorientierung bestand darin, daß die Bürger das neue System bürgerstaatlicher Ordnung in seiner vollen

Funktionsfähigkeit erst einmal erfahren und erleben mußten. Die praktische Bewährung einer Neuerung trägt immer viel dazu bei, daß sie auch dauerhaft akzeptiert wird. Eben davon konnte jedoch einstweilen keine Rede sein, da die *stasis* das Funktionieren der staatlichen Ordnung immer wieder blockierte.

So berichtet die Athenaion Politeia, daß nach Solon zweimal keine Archonten eingesetzt werden konnten „wegen einer *stasis*" *(dia ten stasin)*.[139] Umgekehrt sei es einem gewissen Damasias gelungen, das Archontenamt länger als ein Jahr auszuüben. Das ordnungsgemäße Bestallungsverfahren für das Archontat war infolge akuter *stasis* also paralysiert. Erst als sich dies wieder geändert hatte und man sich *dia to stasiazein* auf einen Kompromiß geeinigt hatte, wurde Damasias gewaltsam seines Amtes enthoben. Schließlich ist an die langwierigen *stasis*-Auseinandersetzungen zu erinnern, die der Etablierung des Peisistratos als Tyrann vorausgingen.[140]

Die Folgen für das Funktionieren der bürgerstaatlichen Ordnung sind unschwer zu erkennen: *stasis* mußte notwendig auf die Beratung der Kollektivgremien durchschlagen und deren Willensbildung beeinträchtigen oder eine Entscheidungsfindung überhaupt verhindern. Der staatliche Schutz etwa für einen unvorsätzlichen Totschläger oder gar dessen Freispruch war nur zu garantieren, wenn das dafür zuständige Gremium eine weitgehend geschlossene Autorität ausstrahlte. Wa es aber von *stasis*-Auseinandersetzungen zerrissen, konnten solche von Drakon und Solon vorgesehenen Verbesserungen der Rechtspflege weitgehend hinfällig werden. Auch im Hinblick auf die Wirkungsmöglichkeiten der Beamten ist die Rückkoppelung zu den sozialen Gegebenheiten ganz deutlich. So konnte es zu Jahren ohne Archonten ebenso kommen wie dazu, daß aufgrund der zeitweiligen Überlegenheit eines *stasis*-Führers alle Archontatspositionen unter seinem Einfluß besetzt wurden. Beides war mit der bürgerstaatlichen Ordnung nicht vereinbar, und doch konnte sich das Archontat als Amt dagegen nicht wehren, weil ihm ja jegliche polizeilichen Machtmittel fehlten, mit deren Hilfe es gegen *stasis*-Kämpfe hätte einschreiten können. Dieses Fehlen jeder staatlichen Ordnungskräfte, wie es uns die Quellen dokumentieren, ist bei allen *staseis* auffallend. Die staatlichen Institutionen wurden im raschen und wechselvollen Hin und Her der *staseis* nicht selten mehr zum Spielball der Auseinandersetzungen, als daß sie selbständig ordnend und befriedend auf das soziale Geschehen hätten einwirken können. Denn ohne daß die an der Sache Beteiligten von der Sinnfälligkeit der Anordnungen eines Amtsträgers überzeugt waren, ohne daß sich in Areopag oder Volksversammlung eine überwiegende Mehrheit fand, konnten die Exekutivbeamten nicht erfolgreich operieren.

Unter diesen Umständen konnte insbesondere auch gegen öffentliche Straftatbestände, zu denen Solon ja ausdrücklich die Errichtung einer *tyrannis* gezählt hatte und die nur durch die Anwendung der Popularklage zu verfolgen waren, kaum vorgegangen werden. Schwäche und Stärke des Bürgerstaates lagen eben darin:

---

[139] Vgl. Aristot. Ath. pol. 13, 1-2.
[140] Vgl. Kap. A, IV, 2.

daß die staatlichen Institutionen in ihrer Wirkungsmöglichkeit elementar auf die aktive Mithilfe der Bürger angewiesen waren.

2. Die Macht des Tyrannen und die Konsolidierung der Staatlichkeit

Es gilt nicht nur für Athen: Die Errichtung einer *tyrannis* bedeutete, daß es einem der Aristokraten gelang, eine dauerhafte persönliche Vorherrschaft im Gemeinwesen zu erlangen. Das hatte unmittelbar zur Folge, daß die bisherigen *stasis*-Auseinandersetzungen auf eine lange, in Athen mehrere Jahrzehnte währende Zeit stillgelegt wurden. Die bisher rasch wechselnden Machtkonstellationen mündeten jetzt in eine bis dahin nicht erlebte dauerhafte und stabile Machtkonzentration beim Tyrannen. Die *tyrannis* in Athen bestand seit 546 v. Chr., nachdem seit etwa 560 v. Chr. Peisistratos bereits zwei Mal gescheitert war. Bis 528/7 v. Chr. regierte er dann unangefochten, bis 514 v. Chr. seine Söhne Hippias und Hipparchos gemeinsam. Nach der Ermordung des Hipparchos konnte sich Hippias noch bis 510 v. Chr. als Tyrann halten. Es fragt sich nun, welche Auswirkung die *tyrannis* auf die bis dahin immer wieder gefährdete, von Solon gewollte bürgerstaatliche Ordnung hatte.

Herodot, unsere wichtigste literarische Quelle für die Tyrannenzeit, beschreibt die innere Ordnung des Gemeinwesens, nachdem Peisistratos zum erstenmal eine Vormachtstellung errungen hatte:

> „Aber er (Peisistratos, d. Verf.) schaffte die bestehenden Ämter *(timai)* nicht ab, änderte auch die Gesetze *(thesmia)* nicht, sondern regierte die Stadt *(polis)* nach der bestehenden Verfassung in trefflicher und guter Ordnung *(kosmos)*."
>
> (Hdt. 1, 59, 6; Ü.: Josef Feix)

Wir haben keinen Anlaß, diese Feststellung nur für die erste Phase der *tyrannis*, die noch von relativ kurzer Dauer war, als gültig anzusehen, denn auch als Herodot am Ende seiner Erzählung die Machtmittel des Tyrannen Peisistratos aufzählt, ist von einer veränderten Haltung in Bezug auf die von Solon gegebene Ordnung nicht die Rede. An der Abschaffung von Ämtern und Gesetzen hätte dem Tyrannen auch gar nicht gelegen sein können. Denn die Ursachen, die den Ausbau der Staatlichkeit durch Solon nötig gemacht hatten, bestanden nach wie vor. Der in Kapitel B, IV beschriebene Wandlungsprozeß, durch den sich das Leben in den Gemeinden seit dem 7. Jh. v. Chr. verändert hatte, setzte sich auch im 6. Jh. v. Chr. fort, und es war gerade die Politik der Tyrannen, die in Athen dem Wachstum der Gemeinde noch einmal einen kräftigen Schub gegeben und damit die Komplexität der Lebensverhältnisse noch einmal gesteigert hat. Das Bedürfnis nach den neuen staatlichen Regelungsformen mußte daher auch während der *tyrannis* eher zu- als abnehmen.

So sehen wir, daß etwa die Rechtspflege, wie sie seit Solon entstanden war, in ihren Strukturen beibehalten und in ihrem staatlichen Charakter noch ausgebaut wurde. Eine Notiz in der Athenaion Politeia veranschaulicht die Haltung, die der Tyrann dazu eingenommen hat:

> „(...) und als er (Peisistratos, d. Verf.) einmal in einem Mordprozeß vor den Areopag geladen wurde, erschien er selbst, um sich zu verteidigen, aber der (Mann), der ihn vorgeladen hatte, blieb aus Angst fern."
>
> (Aristot. Ath. pol. 16, 8; Ü.: Mortimer Chambers)

Trotz der Furcht des Klägers vor der Macht des Tyrannen ist dessen Verhalten, sich dem vorgeschriebenen Rechtsgang demonstrativ zu unterwerfen, bemerkenswert. Es zeigt, daß der Tyrann daran interessiert war, die Geltung des staatlichen Prinzips in den Augen der Bürger zu verstärken.

Das ist von den Tyrannen auch auf andere Weise erreicht worden. Eine Notiz bei Thukydides unterstreicht den eben skizzierten Gesamteindruck und erwähnt in diesem Zusammenhang, daß die Tyrannen immer darauf geachtet haben, daß sie selbst oder Personen aus ihrer Anhängerschaft die Archontatspositionen bekleideten:

> „Wie er (Peisistratos, d. Verf.) ja überhaupt in seiner Herrschaft *(arche)* die Menge nicht bedrückte und Ärgernis vermied; weit mehr als andere Tyrannen pflegten diese (Peisistratos und seine Söhne Hippias und Hipparchos, d. Verf.) Rechttun und Vernunft; (...). Im übrigen lebte die Stadt selbst nach den geltenden Gesetzen *(nomoi)*, nur sorgten sie dafür, daß immer einer von ihnen in den Jahresämtern *(archai)* war."
>
> (Thuk. 6, 54, 5-6; Ü.: Georg Peter Landmann)

Aufgrund ihrer Macht haben die Tyrannen also zunächst einmal sicherstellen können, daß das Archontat kontinuierlich besetzt wurde. Gegenüber den bisher mitunter auftretenden archontenlosen Zeiten ist dies von den Bürgern sicher als Fortschritt empfunden worden. Darüber hinaus wurden die Ämter nunmehr von den Wechselfällen der *stasis* abgekoppelt und gewannen damit eine neue Freiheit von den jeweiligen sozialen Beeinflussungen. Gewiß wurden sie dadurch jetzt nicht zu Exponenten des Bürgerwillens. Doch schuf ihre dauerhafte Bindung an die eine Macht des Tyrannen die Grundlage für eine weitere Objektivierung ihrer Funktionen. Denn mit der Macht des Tyrannen im Rücken konnte der *archon* nun seine Aufgaben etwa als Exekutivbeamter im Prozeßverfahren effektiver erfüllen. Die Rechtspflege arbeitete dadurch reibungsloser, die Rechtssicherheit für den Bürger wurde verbessert. Erfolge haben aber immer affirmative Wirkung – in diesem Falle nicht nur für die persönliche Herrschaft des Tyrannen, sondern auch für die Einwurzelung der staatlichen Institutionen. Schließlich wirkte sich die Kontrolle des Archontats durch die Tyrannen auch auf den Areopag aus, in dem die gewesenen Archonten saßen. Je mehr dieses Gremium sich mit Männern füllte, die zu den loyalen Anhängern der *tyrannis* gehörten, um so größer wurde seine innere Geschlossenheit und damit seine Wirksamkeit als wichtige Rechtsprechungsinstanz.

Der Tyrann hat also die seit Solon bestehenden staatlichen Instrumente zu nutzen verstanden und sie gefördert, ja er hat die staatliche Organisation des Gemeindelebens durch eigene Schöpfungen sogar noch ausgeweitet. Das berühmteste Beispiel hierfür ist die Bestellung sogenannten Demenrichter, die in der Athenaion Politeia erwähnt werden:

> „Daher setzte er auch die Demenrichter ein und reiste oft selbst aufs Land, um Aufsicht zu führen und Streitende auszusöhnen (...)."
>
> (Aristot. Ath. pol. 16, 5; Ü.: Mortimer Chambers)

Über Einzelheiten der Institution, ihren Umfang und ihre Funktionsweise sind wir nicht unterrichtet. Deutlich ist nur, daß diese Demenrichter Einzelrichter, nicht Schiedsrichter gewesen sind. Sie wurden von Peisistratos in das große ländliche Gebiet Attikas geschickt, um dort Rechtsstreitigkeiten, für die ein regulärer Prozeß vor dem Volksgericht zu aufwendig gewesen wäre, zu schlichten. Freilich ist diese Institution des Einzelrichters der Rechtspflege in der Bürgergemeinde traditionell fremd. Sie setzt die zentrale Macht des Tyrannen voraus, von dem der Einzelrichter seine Autorität ableitet. Zusammen mit dem Tyrannen ist der Demenrichter am Ende des Jahrhunderts denn auch wieder verschwunden. Und dennoch hat die *tyrannis* auch mit dieser Maßnahme einen Beitrag zur Entwicklung der Staatlichkeit geleistet. Denn mit der Tätigkeit der Demenrichter verfolgte sie das Ziel, die noch sehr ungleiche Rechtsdichte in dem großen attischen Bürgergebiet zu erhöhen. Viele Bauern, die etwa im Osten Attikas weitab vom städtischen Zentrum lebten, hatten in der Praxis kaum Zugang zu den neuen staatlichen Rechtsprechungsinstitutionen. Sie blieben damit noch lange im Bannkreis aristokratischer Schiedsgerichtsbarkeit. Demgegenüber brachte der Demenrichter das staatliche Prinzip, insbesondere den Gerichtszwang, auch im hintersten Winkel des Landes zur Geltung.

Gestärkt wurde unter der *tyrannis* auch die Rechtsordnung. Das solonische Recht wurde ja nicht nur beibehalten, es konnte seine Ordnungskraft wohl erstmals überhaupt richtig entfalten. Denn auch hier hat die Macht des Tyrannen für die nötige Rechtssicherheit und praktische Durchsetzung der Normen gesorgt. Darüber hinaus hat der Tyrann die Rechtsordnung durch eigene Gesetze erweitert. Zwei seiner Maßnahmen sind aufschlußreich: zum einen die Erhebung einer Bodenertragssteuer von zehn Prozent. Die Besteuerung der bäuerlichen Erträge ist typisch für eine persönliche Herrschaft, wie sie der Tyrann ausgeübt hat, und sie ist daher zusammen mit der *tyrannis* auch wieder abgeschafft worden. Gleichwohl stellt diese Steuer nur die Spielart einer wichtigen Voraussetzung jedes staatlichen Lebens dar. Denn für die staatliche Bewältigung von Gemeinschaftsaufgaben werden auch entsprechende materielle Mittel benötigt für Kult und Opfer, für Bauten, für die Entlohnung von Söldnern, den Bau von Kriegsschiffen etc. Hieraus erwachsen regelmäßige materielle Ansprüche des Staates an jeden einzelnen. Ihnen begegneten die Athener erstmals in jener von allen proportional gleich erhobenen Steuer der Tyrannen. Auch wenn man diese Form der Besteuerung im späteren Bürgerstaat durch das System der Liturgien ersetzt hat, so bedeutete dies nur eine den neuen Verhältnissen angepaßte Veränderung in der Methode. Die Sache selbst, also die Notwendigkeit der Finanzierung staatlicher Aufgaben, war über das Ende der *tyrannis* hinaus als unverzichtbares Element staatlicher Ordnung erkannt und daher beibehalten worden. Im übrigen hat man nach außen hin, gegenüber den im Attischen Seebund Beherrschten, ungeniert auf ein direktes Besteuerungssystem zurückgegriffen.

Weniger eine Neuerung als eine kräftige Fortführung bedeutete die Politik der Tyrannen in einem anderen Bereich. Peisistratos hat die von Solon initiierte Möglichkeit der Bürgerrechtsverleihung energisch weiterverfolgt. Er hat Gewerbetreibende, aber auch Teile seiner Söldner in die Bürgerschaft aufgenommen und damit deren Zahl weiter erhöht. Immer wieder wurde dadurch der Gemeinde zu Bewußtsein gebracht, daß ihre Zusammensetzung und ihr Umfang nichts natürlich Gegebenes darstellten, sondern daß die Bürgerschaft als Verkörperung des Staates ein künstliches Gebilde war, über dessen Gestaltung sich verfügen ließ. Peisistratos hat damit vorgemacht, was die autonom gewordene Bürgerschaft nach seinem Sturz ihrerseits weiter praktiziert hat. In den Auseinandersetzungen der Jahre nach 510 v. Chr., bei denen sich schließlich Kleisthenes durchsetzen konnte, ging es auch um eine Revision der Bürgerliste. Erst nach längeren Wirren gelang es Kleisthenes und der Mehrheit der Bürgerschaft, den willkürlichen Manipulationen mit der An- und Aberkennung des Bürgerrechts ein Ende zu bereiten. So wird auch hier ganz

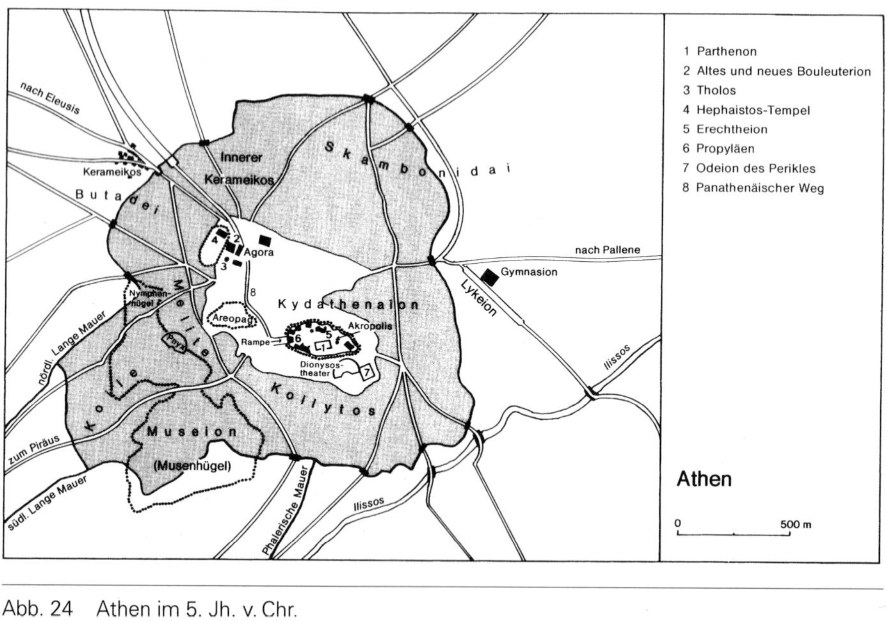

Abb. 24 Athen im 5. Jh. v. Chr.

deutlich, wie sehr die jahrzehntelange Bürgerrechtspolitik der Tyrannen dazu beigetragen hatte, die von Solon gestaltete Institution des Bürgerrechts als individuellen Ausweis der Zugehörigkeit zur Bürgerschaft in deren Bewußtsein einzuschärfen.

3. Staatliche Integration: *agora* und *akropolis* als symbolische Zentren des Staates

Nach dem Verlauf der athenischen Geschichte in den vorangehenden zwei Generationen, nach den unruhigen Jahren der nachsolonischen Zeit also sowie der Unterbindung jedes freien und selbständigen Gemeindelebens in den Jahrzehnten der *tyrannis*, muß die im Jahre 508 v. Chr. plötzlich sichtbar werdende Bereitschaft der Bürger wie ein Wunder erscheinen, sich massiv für das Programm des Kleisthenes, also für die endgültige Realisierung der bürgerstaatlichen Ordnung, einzusetzen. Dennoch konnte bereits im vorangehenden Kapitel aufgezeigt werden, daß die von Solon geschaffenen Strukturen trotz der *tyrannis* im Prinzip intakt blieben, ja daß diese sogar in ihrem eigenen Interesse auf eine Stärkung der Staatlichkeit hingewirkt hat. Dies gilt nun in besonderem Maße auch für den zentralen Faktor des solonischen Konzepts: die politische Ethik. Um ihrer eigenen Herrschaft die notwendige Akzeptanz bei den Bürgern zu verleihen, bemühten sich die Tyrannen nämlich intensiv um die Schaffung entsprechender symbolischer Repräsentationsformen. Da sie jedoch auch hier nicht auf ein eigenständiges und völlig neues Ausdrucksrepertoire zurückgreifen konnten, blieben sie auf die in der Tradition bereits vorhandenen Anknüpfungspunkte angewiesen, so beispielsweise bei der Förderung bestimmter Kulte wie des Dionysoskults oder bei der Pflege der Dichtungstradition wie etwa des Homertextes beziehungsweise der Unterstützung zeitgenössischer Poeten. Die sehr ausgedehnten Aktivitäten der Tyrannen im Hinblick auf die bauliche Ausgestaltung der Stadt, die Anregung verschiedenster künstlerischer Tätigkeiten sowie die Intensivierung und Neugestaltung der religiösen Verehrungsformen haben Athen in der Epoche vor Kleisthenes einen außerordentlichen kulturellen Aufschwung gebracht, ohne den wir die Geschehnisse um Kleisthenes nicht verstehen könnten. Denn erst die von den Tyrannen auf den verschiedensten Gebieten der Kultur aufgerichteten Zeichen boten dem in der Stille keimenden Bürgerbewußtsein den Halt, an dem es sich empor ranken konnte, um sich dann nach dem Ende der *tyrannis* blühend zu bewähren.

Der Zusammenhang soll anhand der erstmaligen Gestaltung eines staatlichen Zentrums veranschaulicht werden: *agora* und *akropolis*. Ursprünglich war das Gebiet der *agora*[141] eine Begräbnisstätte, also ein geheiligter Platz, an dem sich das Volk

[141] Vgl. die Übersichtskarte (Abb. 23).

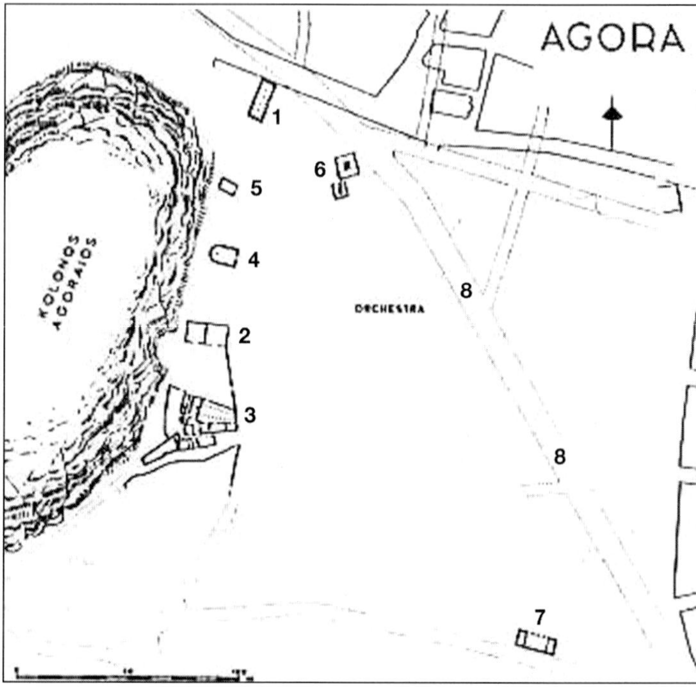

Abb. 25
Die *agora* der Peisistratiden

auch zu anderen Kulthandlungen sowie vermutlich anläßlich von Schiedsgerichten versammelt hat. Eine mögliche bauliche Ausgestaltung des noch in dieser Form bis ins 7. Jh. v. Chr. hinein bestehenden Platzes hat keine bleibenden Spuren hinterlassen.

Seit dem Übergang zu staatlichen Strukturen und insbesondere seit der solonischen Neuordnung dürfte sich immer dringlicher das Bedürfnis eingestellt haben, den neuen Institutionen, das heißt den Beamten wie den verschiedenen Kollektivgremien, eigene Amtslokale und Tagungsstätten im Bereich des angestammten Platzes einzurichten, an dem sich auch früher schon das Volk versammelt hatte. Doch erst aus der Zeit der *tyrannis* besitzen wir konkrete archäologische Befunde, aus denen sich das Bild einer einem einheitlichen Konzept folgenden baulichen Ausgestaltung der *agora* gewinnen läßt. Im einzelnen können wir folgende Gebäude identifizieren.

- Die Stoa Basileios (1): In diesem Amtslokal des *archon basileus* fanden die prozeßeinleitenden Riten und Voruntersuchungen statt, es wurden an einem heiligen Stein die Eide, auch die Amtseide der Archonten, geschworen, und das Ephetengericht trat vermutlich hier zusammen. Ferner wurden hier die Gesetze Drakons und Solons aufbewahrt und aufgestellt. Die Errichtung dieses Gebäudes in der Zeit der *tyrannis* zeugt von dem bereits vermerkten Interesse der Tyrannen an einem reibungslosen Funktionieren der bestehenden Institutionen.

- Das gleiche gilt für die Errichtung eines Amtssitzes für den *archon eponymos* (2), den wir in einem Gebäude erblicken wollen, das die Archäologen in seiner Funktion bislang nicht bestimmen konnten. Es war durch eine Einfriedungsmauer mit dem nächstfolgenden Gebäudekomplex verbunden.

- In der baulich auffälligsten Anlage der gesamten *agora* (3) haben vermutlich die Tyrannen residiert. Der komplexe Grundriß weist auf ein Wohnhaus mit zusätzlichen Funktionen hin, erinnert allerdings eher an eine Palastanlage als ein normales Wohnhaus. Die stärkste Stütze für die Deutung dieses Bauwerks als Sitz der Tyrannen ist seine spätere Nutzung. Denn nach den kleisthenischen Reformen befand sich hier das *prytaneion*, die Tagungsstätte für den geschäftsführenden Ausschuß des neuen Volksrates. Aufgrund des Charakters seiner Herrschaft als einer persönlichen Machtstellung im Rahmen der überkommenen gemeindlichen Ordnung ist es nicht überraschend, daß auch der Tyrann sich auf der *agora* etablieren wollte und seine Machtstellung durch die aus dem sonstigen Rahmen fallende Gestaltung seiner Residenz zu dokumentieren verstand.

- Der Tempel für Apollon Patroos (4): Apollon wurde auf der *agora* als Schutzherr der Phratrien verehrt. Da diese für die Feststellung des Bürgerrechts eines Atheners eine große Rolle spielten, liegt die Errichtung einer solchen Verehrungsstätte angesichts der Bürgerrechtspolitik der Tyrannen nahe.

- Der Schrein für Zeus Agoraios (5): Durch ihn wurde an den Göttervater als den allgemeinen Beschützer der gesellschaftlichen und staatlichen Ordnung in der Gemeinde erinnert. Mit ihm hielt zudem ein weiterer olympischer Gott auf der *agora* Einzug.

- Der Zwölfgötteraltar (6): Er wurde vom Sohn des Tyrannen Hippias anläßlich seines Archontats im Jahre 522/21 v. Chr. errichtet und blieb auch später eines der wichtigsten Bauwerke auf der *agora*. Neben seiner Rolle im Kult galt er als Platz für Asylsuchende. Als zentraler geographischer Punkt bezogen sich auf ihn die Entfernungsangaben des attischen Wegenetzes. Die zwölf Götter sind im übrigen zunächst nicht notwendig die olympischen Zwölf, sondern athenische Lokalgottheiten, die im Mythos als Richter im Streit zwischen Athena und Poseidon um das attische Land auftreten und durch ihr Urteil die innere Einheit Athens herbeiführen. Die Tyrannen haben diese Weihestätte direkt bei der Gerichtsstätte der früheren vorstaatlichen *agora* gegründet. Da nach Solon auch die *heliaia* an dieser Stelle getagt hat, darf man vermuten, daß deren Vorsitzender, der *archon*, an diesem Altar den Zwölfgöttern als den Richtern im Mythos geopfert und damit auch deren einheitsstiftenden Spruch zum Vorbild für das Volksgericht erklärt hat.

- Der Enneakrounos (7): Am Rande der *agora* befand sich auch ein Brunnenhaus als Teil eines in der Zeit der *tyrannis* ausgebauten Wasserversorgungssystems in Athen. Dieses praktischen Bedürfnissen dienende Bauwerk läßt darauf schließen, daß die Tyrannen auch darauf bedacht waren, sich die Loyalität der Bürger durch eine Verbesserung ihrer Lebensverhältnisse zu sichern. Ein öffentliches Brunnenhaus war gleichsam eine Nahtstelle zwischen den einzelnen privaten *oikoi* und der Öffentlichkeit der Gemeinde. So konnte ein solcher Ort über seinen unmittelbaren Nutzen hinaus auch Anlaß für die Begegnung des Bürgers mit dem Bürger werden, und es war daher gar nicht abwegig, ihn in die Bebauung der *agora* einzubeziehen.

- Der Panathenäische Weg (8): Er begrenzte die *agora* im Osten und wurde als Rennbahn ausgebaut, auf der anläßlich der Panathenäischen Spiele die Wettläufe und Wagenrennen stattfanden.

Einen archäologischen Beweis dafür, daß all diese Baulichkeiten durch die Tyrannen errichtet worden sind, gibt es abgesehen von Nr. 6 und 7 nicht. Die Spannbreite der archäologischen Datierung läßt allerdings ihre Zuweisung in die Epoche der *tyrannis* ohne weiteres zu. Einige Weihinschriften, die sich auf die Anlage des Panathenäischen Weges beziehen, lassen überdies vermuten, daß an der einen oder anderen Baulichkeit Aristokraten der Gemeinde zumindest beteiligt waren. Auch dies folgt der Notwendigkeit, daß der Tyrann zur Sicherung seiner persönlichen Machtstellung die Aristokraten der Gemeinde in seine Herrschaft zu integrieren bestrebt sein mußte. Überhaupt lag der gesamten baulichen Ausstattung der *agora* zunächst dieses persönliche Motiv des Tyrannen zugrunde. Deshalb nahm er dort seinen Wohnsitz und verwandelte die *agora* auch zu einem Forum der Präsentation seiner persönlichen Macht.

Indessen ist dies wie bei allen Aspekten der tyrannischen Politik nur eine Seite. Denn in der peisistratidischen Neubebauung der *agora* gewinnt zugleich der Prozeß des Umbruchs zur Staatlichkeit sichtbare Gestalt, dem sich die Tyrannen auch gar nicht verschließen wollten. Sie mußten die Ansätze der staatlichen Ordnung bewahren und fördern und haben ihr damit im Ergebnis zum endgültigen Durchbruch verholfen. Nur der Macht ihrer Tyrannen, deren Bedürfnissen nach Selbstdarstellung sowie nach Absicherung ihrer Stellung hatte die Gemeinde Athen ihr neugestaltetes räumliches Zentrum zu verdanken. Doch je länger die Tyrannenmacht existierte, auf der *agora* manifestiert in der Residenz der Machthaber, um so mehr mußte das sie umgebende staatliche Zentrum an Eigengewicht gewinnen. Am Ende stand der Umbau des Tyrannendomizils zum Prytaneion. Die zentrale Macht als Bedingung der Staatlichkeit hatte sich endgültig etabliert, ihrer bisherigen Inhaber hatten sich die Bürger jedoch entledigt.

Daß es soweit kommen konnte, dafür haben die Tyrannen durch ihr kraftvolles Gestalten auch auf einem anderen Bereich selbst mit gesorgt. Sie haben auf der

Abb. 26 Die *akropolis* im 6. Jh. v. Chr.

akropolis, einer anderen traditionellen Kultstätte der Gemeinde, eine große Weihestätte für Athena geschaffen. Zwischen 530 und 520 v. Chr. ist der erste große Steintempel auf dem athenischen Burgfelsen errichtet worden. Mit kostbaren Materialien und Skulpturenschmuck ausgestattet, beherbergte er das uralte Olivenholzstandbild der Athena (Polias). Er demonstrierte vor der gesamten griechischen Welt das Leistungsvermögen der athenischen Tyrannen und der von ihnen regierten Bürgerschaft. Diese hat den Tempel denn auch nach dem Ende der *tyrannis* als ihr eigenes Monument betrachtet; er wurde erst 480 v. Chr. ein Opfer der persischen Zerstörungen.

Neben diesem prächtigen Haus hat die bereits von Solon beschworene Beschützerin Athens[142] auf der *akropolis* sicher noch ein zweites großes Heiligtum besessen, wobei sich die Archäologen nicht einig darüber sind, ob es sich dabei um einen an der gleichen Stelle wie der spätere Parthenon-Tempel errichteten monumentalen ‚Urparthenon' gehandelt hat oder eine Anzahl kleinerer Schatzhäuser. Hinzuzunehmen ist noch, daß Peisistratos auch einen Athena-Nike-Kult auf der *akropolis* begründet sowie den Zugang zu dem gesamten heiligen Bezirk durch ein *propylon* geschmückt hat.

Zusammen mit dem Ausbau der *akropolis* wurde auch der Kult für Athena neu organisiert. Er gipfelte nunmehr in der Feier der Großen Panathenäen, dem Allfest der Athena, das auch alle Bewohner Attikas vereinen sollte. Nach dem Vorbild der

[142] Vgl. Sol F 3D. 3-4.

bestehenden *agones* in Olympia oder Delphi wurden während des Panathenäen-Festes glanzvolle Wettspiele ausgetragen, die den Aristokraten Gelegenheit zur Selbstdarstellung und der Bürgerschaft insgesamt zur Bekundung von Stolz über ihre Vaterstadt gaben. Überdies bildeten die *agones* wie das gesamte Fest manchen Anstoß zur Ausbildung weiterer staatlicher Funktionen und Institutionen.

Ein weiterer Bestandteil des Festes war die Opferprozession, die *pompe*. In ihr wurde ein von den Frauen Athens gewebtes Gewand für Athena unter Beteiligung der gesamten Bürgerschaft in einem öffentlichen Aufzug zur *akropolis* gebracht, ein Gewandopfer der ‚Kinder Athenas'. Die staatlichen Beamten erneuerten stellvertretend für die gesamte Bürgerschaft in einem Opfermahl den Bund mit der Stadtgöttin. Ein zweites großes Opfer von Hunderten von Rindern schloß sich an, deren Fleisch an die städtische Bevölkerung verteilt wurde. Neben dieser sozialpolitischen Komponente ist der religiöse Symbolgehalt das entscheidende: Durch die gemeinsame Mahlzeit wurden alle Bürger zu Kultgenossen, wurde in der gemeinsamen Verehrung Athenas die Zugehörigkeit zur Gemeinschaft sinnlich erfahrbar.

Peisistratos hat in dem von ihm ins Leben gerufenen Athena-Fest verschiedene Vorstellungen von der Göttin zu einem in sich vielschichtigen neuen Bild vereinigt: Neben der traditionellen lokalen Schutzgottheit, erdverbunden und friedlich, durch die an die Ursprünge des Lebens überhaupt wie der besonderen Gemeinschaft der Athener erinnert wird, steht Athena Parthenos als Gefährtin des aristokratischen Helden. Als solchen hatte sich Peisistratos selbst stilisiert und – Herodot berichtet davon in 1, 60 – in einer eindrucksvollen theatralischen Inszenierung, bei der er von einer leibhaftigen Athena auf die *akropolis* geleitet wird, öffentlich dargestellt. Auf diese jungfräuliche Kämpferin hatte sich schließlich bereits Solon in F 3D. 3-4 bezogen, als er Pallas Athena, die Schirmherrin der Stadt, beschwor. Die Gestalt der wehrhaften und kämpferischen Athena Parthenos hat fortan die alte Athena Polias zwar nicht verdrängt, aber überlagert. Das ist einer Reihe von Einzelzügen des seit der peisistratidischen Zeit praktizierten Kultes leicht abzulesen. Als Beispiel sei hier nur die Bekleidung des alten Athena-Standbildes (der Polias) mit dem dargebrachten neuen Gewand angeführt, in das Bilder der siegreichen jungfräulichen Kämpferin (der Parthenos) eingewebt waren. Auch die Einführung von Homer-Rezitationen im Rahmen der Großen Panathenäen weist in dieselbe Richtung.

Athena wurde im Laufe der Tyrannenzeit zum ausstrahlungskräftigsten Bezugspunkt für das athenischen Selbstverständnis. Gewiß hatte es der Tyrann verstanden, seine Person in eine enge Beziehung zu ihr zu rücken. Er war dabei aber gezwungen, sich solcher Formen zu bedienen, die die Göttin zugleich als Personifizierung der Gemeinde insgesamt erscheinen ließen. In ihr konnte sich daher nach dem Wegfall der *tyrannis* die Bürgerschaft ohne weiteres wiedererkennen. Das 5. Jh. v. Chr. hat dem Bild der Göttin dann noch weitere Züge hinzugefügt. Dennoch ist auch im Hinblick auf diesen Aspekt staatlichen Lebens die Kontinuität unübersehbar, die die *tyrannis* und die archaische Zeit insgesamt mit dem klassischen Bürgerstaat verbindet.

4. *tyrannis* und Bürgerstaat

Es kennzeichnet den Charakter der *tyrannis*, daß der Tyrann der seit dem 7. Jh. v. Chr. im Entstehen begriffenen Staatsordnung keine eigene neue institutionelle Struktur entgegenzusetzen vermochte. Er hat vielmehr die meisten seiner politischen Maßnahmen von den traditionellen Gegebenheiten der Gemeindeverfassung her entwickelt. Der seit Solon gesetzte Rahmen der Staatlichkeit wurde daher nicht gesprengt, sondern lediglich erweitert und im Ergebnis befestigt. Nur insoweit hat das politische Wirken der Tyrannen über die Dauer ihrer Herrschaft hinaus Bestand gehabt. Dort, wo – wie im Falle der Demenrichter – von bisherigen Ordnungsprinzipien (hier der Ablehnung des Einzelrichters) abgewichen wurde, sind Regelungen des Tyrannen zusammen mit ihm wieder verschwunden.

Daraus ist abzuleiten, daß die seit dem 7. Jh. v. Chr. gefundene Form der Staatlichkeit sich insgesamt durchaus bewährt hatte, auch wenn sie in der Realität noch vielfach schwach ausgebildet war und mit erheblichen Schwierigkeiten zu kämpfen hatte. Gleichwohl gab es keinen sachlichen Grund, den einmal eingeschlagenen und von Solon gedanklich aufgezeigten Weg der Staatsentwicklung zu verlassen. Daß sich auch die *tyrannis* dem nicht verschließen konnte, macht ihre eigentümliche Schwäche aus. Sie ist letztlich dafür verantwortlich, daß diese eigentümliche Form der Herrschaft – wiewohl entwicklungsgeschichtlich von elementarer Wichtigkeit – kein eigenes Konzept von Staatlichkeit hervorgebracht hat und deswegen am Ende nur ein vorübergehendes Phänomen in der Entwicklung des Bürgerstaates sein konnte. Die innere Schwäche der tyrannischen Herrschaft hat wohlbemerkt nichts damit zu tun, daß es ihr an der Entfaltung von realer Macht gefehlt hätte. Im Gegenteil: Bedeutete sie doch die folgerichtige, wenn auch hypertrophe Erfüllung des Machtstrebens aller Aristokraten, seit diese das von ihnen seit Homer verinnerlichte Aristie-Ideal zu immer neuen Anläufen getrieben hatte, eine Vormachtstellung in der Gemeinde zu gewinnen. Gerade dieser langdauernde Besitz überragender Macht, wie er dann den Tyrannen gelang, übte die größte historische Wirkung aus. Und zugleich war in ihr bereits das Scheitern dieser Herrschaft begründet. Die *tyrannis* konnte nämlich nichts anderes werden, als die Herrschaft einer Person, eines hervorragenden Aristokraten. Wenn Machtbesitz als solcher jedoch das Ziel war, so ließ sich mit ihm weder ein spezifisches politisches Sachprogramm verbinden, noch ließ es sich zu einem für die Gemeinde auf Dauer wünschbaren politischen Ideal versachlichen. Dem Tyrannen blieb nichts anderes übrig, als auf die traditionellen staatlichen Institutionen zurückzugreifen und sich nach Möglichkeit als Person auf irgendeine Weise in sie hineinzuschmuggeln. Am Ende konnte dies freilich nur die Sache der Bürgergemeinde stärken.

War diese zu Anfang eng mit der Person des Tyrannen verbunden, so gewann das übergreifende Ganze der Bürgergemeinschaft, je umfangreicher die Maßnahmen der *tyrannis* wurden und je länger sie wirkten, um so stärker ein eigenes, überpersönliches Gewicht. Die Bürger hatten die Erfahrung machen können, daß das von Solon ihrer Zukunft eingeprägte Ideal des Bürgerstaates einer Konzentration von Macht bedurfte, um sich in der historischen Wirklichkeit behaupten zu können. Als Träger dieser Macht kam künftig nur die Volksversammlung in Frage. Als die Herrschaft des Tyrannen endlich aus Gründen, die von außen kamen, ins Wanken geriet, bedurfte es nur noch eines kleinen Anstoßes, daß die Bürger die seit Jahrzehnten gewohnte Form persönlicher Herrschaft als überflüssig empfanden. Sie haben die Macht dorthin zurückgeholt, wo sie bereits der Staatsentwurf Solons angesiedelt und damit zum Angelpunkt seiner neuen Ordnung gemacht hatte: *es meson*, in ihre Mitte, wie der Samier Maiandrios, den der Tyrann Polykrates als Verwalter eingesetzt hatte, nach dessen Tod der Versammlung der samischen Bürger verkündet:

> „Mir hat, wie auch ihr wißt, Polykrates seinen Herrscherstab *(skepter)* und all seine Macht *(dynamis)* anvertraut, und es steht jetzt bei mir, über euch zu herrschen *(archein)*. Jedoch was ich bei einem andern neben mir tadle, will ich auch selber nicht tun, soviel in meinen Kräften steht. Denn an Polykrates wollte es mir nicht gefallen, daß er den Herrn spielte *(despozein)* über seinesgleichen, und auch sonst an keinem, der das tut. Polykrates hat nun sein Schicksal erfüllt, ich aber lege die Herrschaft in eure Mitte *(es meson ten archen titheis)* und rufe die Gleichheit der Rechte *(isonomia)* unter euch aus."
>
> (Hdt. 3,142; Ü.: Walter Marg, mit Änderungen d. Verf.)

Die Quellen

Die Übersicht dient der ersten Orientierung über die wichtigsten literarischen Quellen sowie die im Text benutzten Übersetzungen

Aischylos (525/4 bis 456/5 v. Chr.) aus Athen ist der ältere der drei großen attischen Tragödiendichter (neben Sophokles und Euripides), von denen uns Werke vollständig erhalten sind. Auf A. geht die Verbindung von drei inhaltlich zusammengehörigen Stücken zu einer Trilogie zurück, und nur von ihm ist uns eine solche in allen drei Teilen überliefert: die Orestie (aufgeführt 458 v. Chr.), bestehend aus den Tragödien *Agamemnon*, *Choephoren* und *Eumeniden*. Weitere vier vollständige Stücke sind von diesem Dichter bekannt.

Aischylos: Tragödien und Fragmente. Griech.-dt., hrsg. u. übers. v. Oskar Werner. München ²1969.

Aischylos: Sämtliche Tragödien und Fragmente auf d. Grundlage d. Übers. v. J.G. Droysen. Bearb., eingel. u. teilw. neu übers. v. Franz Stössl. Zürich 1952.

Die Prosaübersetzung von Peter Stein geht zurück auf das Antikenprojekt II. Schaubühne am Halleschen Ufer. Berlin 1980. Jetzt: Die Orestie des Aischylos. Übers. v. Peter Stein. Hrsg. v. Bernd Seidensticker. München 1997.

Alkaios (7./6. v. Chr.) stammt wie die etwa gleichzeitige Dichterin Sappho von der Insel Lesbos und ist einer der bedeutendsten Vertreter der archaischen griechischen Lyrik. Seine Lieder beziehen sich zum Teil auf seine persönliche Beteiligung an den politischen Auseinandersetzungen zwischen den Aristokraten seiner Heimatstadt Mytilene. Andere Dichtungen des A. spiegeln die Welt des *symposion*. Die Lyrik des Alkaios zählt zu den frühesten Zeugnissen dieser im Laufe des 7. Jhs. v. Chr. neu entstandenen Dichtungsgattung.

Alkaios. Griech.-dt., hrsg. v. Max Treu. München ³1980. Gedichtsammlungen s.u.

Aristophanes (447 bis 385 v. Chr.), athenischer Komödiendichter, von dessen 40 in der Antike bekannten Stücken uns elf vollständig überliefert sind. Sie sind zugleich die einzigen Zeugnisse, die uns eine deutliche Vorstellung von der Kunst der Komödie im 5. und beginnenden 4. Jh. v. Chr. vermitteln. Komödien wurden einmal jährlich als Bestandteil zweier staatlicher Kultfeste, der großen Dionysien und der Lenäen, aufgeführt. Die witzigen Dialoge der aristophanischen Komödien, deren Stoffe der freien Phantasie des Dichters entsprangen, stecken voller Anspielungen auf Situationen und Personen der aktuellen Politik, die von A. durch Satire und Karikatur kritisch aufs Korn genommen wird.

Antike Komödien. Aristophanes. Hrsg. u. mit Einl. u. Nachwort versehen v. Hans-Joachim Newiger. Neubearb. d. Übers. v. Ludwig Seeger (1845-48). München 1968.

Aristoteles (384 bis 322 v. Chr.) aus Stageira (auf der Chalkidike, Nordgriechenland), Schüler des Philosophen Platon in Athen und neben diesem der bedeutendste Philosoph und Universalgelehrte der Antike. Wichtige Quellen für den Historiker sind die Schriften zur Ethik und vor allem die acht Bücher der Politik *(Politika)*, der wichtigste theoretische Text über den griechischen Staat. Zu dessen Vorbereitung haben A. und seine Schüler die Verfassungen der griechischen Stadtstaaten gesammelt (in 158 Büchern). Davon ist uns jedoch außer Fragmenten nur die Beschreibung der athenischen Verfassung und deren Geschichte *(Athenaion Politeia)* erhalten. Der Wert dieser Schrift als Quelle für die Geschichte des athenischen Gemeinwesens vom 7. bis 5. Jh. v. Chr. ist allerdings häufig dadurch eingeschränkt, daß die Darstellung der Vergangenheit durch die Geschichtsphilosophie und die gegen die demokratische Verfassung seiner Zeit gerichtete Haltung des A. sowie die Parteinahme in zeitgenössischen politischen Auseinandersetzungen gefärbt oder verzerrt ist.

Aristoteles: Politik. Hrsg. u. übers. v. Olof Gigon. München 1973; zuerst Zürich, Stuttgart ²1971.
Aristoteles: Politik. Buch I-VI. Übers. u. erl. v. Eckart Schütrumpf. Berlin 1991 u. 1996 (= A.: Werke in dt. Übers. Bd. 9, I-III).
Aristoteles: Der Staat der Athener *(Athenaion Politeia)*. Übers. v. Peter Dams. Stuttgart 1970.
Aristoteles: Staat der Athener. Übers. u. erl. v. Mortimer Chambers. Berlin 1990 (= A.: Werke in dt. Übers. Bd. 10, I).
Aristoteles: Der Staat der Athener. Übers. u. hrsg. v. Martin Dreher. Stuttgart 1993.

DEMOSTHENES (384 bis 322 v. Chr.) aus Athen war der berühmteste griechische Redner, unter dessen Namen 60 Reden überliefert sind (davon knapp die Hälfte echt). Neben einer Reihe von Prozeßreden, die für die Sozial- und Rechtsgeschichte aufschlußreich sind, ist Demosthenes seit etwa 350 v. Chr. als politischer Redner aufgetreten und ist dabei zum bedeutendsten politischen Führer der athenischen Volksversammlung im Kampf gegen die aufstrebende Macht Makedonien geworden. In seinen politischen Reden versteht er es, an die Tradition des 5. Jhs. v. Chr. anzuknüpfen und seinen Mitbürgern noch einmal die Grundsätze und Vorzüge ihrer demokratischen Ordnung vor Augen zu führen. Er hat seinen Widerstand gegen den Verlust der äußeren Autonomie und damit auch der Demokratie mit dem Leben bezahlt.

Demosthenes, Politische Reden. Griech.-dt., übers. u. hrsg. v. W. Unte. Stuttgart 1985 (Reclam).

HERODOT (485 bis ~420 v. Chr.) aus Halikarnassos (Kleinasien) hat etwa zwischen 465 und 425 v. Chr. unter dem Eindruck der geschichtlichen Entwicklung im 5. Jh. v. Chr. das erste Werk der Geschichtsschreibung in Europa geschaffen. Darin wird nicht nur die Geschichte der Perserkriege (490 bis 479 v. Chr.) erzählt, sondern es werden darin zum ersten Mal auch Geschichten über die griechischen Stadtgemeinden schriftlich festgehalten. Sie greifen bis in das 7. Jh. v. Chr. zurück und waren bis in die Zeit H.s nur mündlich überliefert worden. H.s Geschichtswerk stellt deshalb – neben der Dichtung und der archäologischen Überlieferung – unsere wertvollste und maßgeblichste Quelle für die griechische Geschichte in der archaischen Epoche dar.

Herodot: Historien. 2 Bde. Griech.-dt., hrsg. v. Josef Feix. München ³1980.
Herodot: Geschichten und Geschichte. 2 Bde. Übers. v. Walter Marg. Zürich und München 1973/1983.

HESIOD (7. Jh. v. Chr.) aus Böotien (Mittelgriechenland) schrieb in epischem Versmaß (Hexameter) neben einem Gedicht über die Geschichte der Göttergeschlechter *(Theogonia)* eine Sammlung bäuerlicher Spruchweisheiten *(Erga kai Hemerai, Werke und Tage)*. Anläßlich eines Erbstreits mit seinem Bruder Perses verleiht H. in diesem Lehrgedicht dem Denken über Recht und Gerechtigkeit, über das rechte Verhalten im und außerhalb des *oikos*, über die bäuerliche Arbeit im Rhythmus der Jahreszeiten einen sehr bildhaften Ausdruck. H.s Werk ist als einzigartiges Zeugnis der nicht-aristokratischen Welt von großem Wert.

Hesiod: Sämtliche Gedichte. Übers. u. erl. v. Walter Marg. Zürich und München ²1984.

HOMER (2. Hälfte 8. Jh. v. Chr.) wird in der antiken Überlieferung der Dichter der beiden Versdichtungen (Epen) *Ilias* und *Odyssee* genannt. Über seine historische Persönlichkeit besitzen wir keine zuverlässigen Angaben. Wahrscheinlich sind die beiden Dichtungen zwischen 730 und 700 v. Chr. in einer Insel- oder Küstenstadt des kleinasiatischen, ionisch

sprechenden Griechentums entstanden. Sie enthalten für uns die erste und wichtigste Kunde über die sozialen, wirtschaftlichen und politischen Verhältnisse im frühen Griechenland. Beide Epen sind Heldensagen. Die Ilias beschreibt die letzten Tage des Krieges der Griechen gegen das kleinasiatische Troja. Thema der Odyssee sind die Verhältnisse in Haus und Gemeinde des *basileus* Odysseus sowie dessen Irrfahrten und Abenteuer, die er nach dem Fall Trojas vor seiner Rückkehr ins heimatliche Ithaka zu bestehen hat. Wenn wir Homers Dichtungen heute als historische Quellen heranziehen, so interessieren uns freilich nicht in erster Linie jene Sagenstoffe als solche, sondern die in ihnen zum Ausdruck kommenden Strukturen des menschlichen Zusammenlebens, die Handlungs-, Verhaltens- und Denkweisen der Helden, ihre Wertordnung und Weltsicht. Denn diese blieben für die Griechen auch in späteren Jahrhunderten vorbildlich. Deshalb sahen sie in den Erzählungen über die heroische Vorzeit, dem sog. Mythos, immer einen wahrhaften Bericht über ihre eigenen historischen Anfänge. Die Interpretation der Werke H.s hat daher auch für spätere Epochen der griechischen Sozialgeschichte erstrangige Bedeutung.
Homer: Ilias. Übers. v. Wolfgang Schadewaldt. Frankfurt a.M. 1975.
Homer: Odyssee. Übers. v. Wolfgang Schadewaldt. Zürich u. Stuttgart 1966.
Homer: Odyssee. Übers. v. Roland Hampe. Stuttgart 1979.

PLATON (428 bis 349 v. Chr.) aus Athen, der neben seinem Schüler Aristoteles wichtigste griechische Philosoph. Er trägt seine Philosophie in der Form von Dialogen vor, die offenbar die Art des Philosophierens wiedergeben, die der Athener Sokrates (470 bis 399 v. Chr.) gepflegt hatte, zu dessen Anhängern P. gehörte. P. gründete eine philosophische Schule in Athen, die sog. Akademie. Unsere Kenntnisse über die griechische Philosophie bis zu Sokrates beziehen wir teilweise aus den Schriften P.s, der sich mit ihr auseinandergesetzt hat.

Platon: Werke in acht Bänden. Griech. u. dt., hrsg. v. Gunther Eigler, übers. v. Friedrich Schleiermacher. Darmstadt 1990.

PLUTARCH (~50 bis ~120 n. Chr.) aus Chaironeia (Mittelgriechenland), gelehrter Philosoph und Biograph, dessen Werke in großem Umfang überliefert sind. Seine philosophischen Schriften *(Moralia)* und besonders seine Lebensbeschreibungen großer Griechen und Römer enthalten viel historische Überlieferung aus sonst verlorenen Werken seit der klassischen Zeit. Sie tritt uns aber durch P.s zeitgenössischen Blickwinkel und seine vorwiegend ethisch-erzieherischen Interessen in mehrfach gebrochener Form entgegen. Die Aussagekraft von P.s Werken für die archaisch-klassische Zeit Griechenlands ist daher begrenzt.

Plutarch: Große Griechen und Römer. 6 Bde. Übers. v. Konrat Ziegler u. Walter Wuhrmann. Zürich u. Stuttgart 1954/1965 (= München 1979/80).

SOLON (~630 bis ~560 v. Chr.) ist der erste Athener, dessen geschichtliche Persönlichkeit für uns aufgrund seiner Selbstzeugnisse und einer umfangreichen späteren Überlieferung (Herodot, Aristoteles, Plutarch) deutliche Konturen hat. Wie etwa aus den zahlreichen Zitaten in Plutarchs S.-Biographie zu ersehen ist, genoß S. auch als Dichter in der späteren Antike hohes Ansehen und wurde zum Kreis der sog. Sieben Weisen gezählt. Von seinen Werken kennen wir 290 Verse. Sie sind wegen ihres Autors und ihres oft unmittelbar politischen Inhalts äußerst aufschlußreiche und wertvolle Quellen.
Gedichtsammlungen s.u.

THEOGNIS (6. Jh. v. Chr.) aus Megara, unter dessen Namen eine Sammlung von Gedichten läuft, deren Zuschreibung an einen Dichter der archaischen Zeit im einzelnen ungewiß bleibt. Neben Einblicken in die aristokratische Welt des *symposion* und der Homoerotik geben die Gedichte Aufschluß über die innere Struktur und die Mentalität der Aristokratie. Gedichtsammlungen s.u.

THUKYDIDES (~460 bis ~400 v. Chr.) aus Athen, selbst politisch und militärisch tätig, schrieb eine ausführliche Geschichte des Peloponnesischen Krieges für die Jahre 431 bis 411 v. Chr. mit einem gedrängten Überblick über die Jahre 478 bis 432 v. Chr. und einem Vorspann über die griechische Frühzeit. Seine Darstellung der Zeitgeschichte ist genau und zuverlässig, aber in der Auswahl der Fakten und in ihrer Beurteilung ebenso wie in den Angaben über frühere Zeiten einem philosophischen Interpretationskonzept unterworfen, das von der Erfahrung des großen Krieges am Ende des 5. Jhs. v. Chr. geprägt ist.

Thukydides: Geschichte des Peloponnesischen Krieges. Eingel. u. übertr. v. Georg Peter Landmann. Zürich/Stuttgart 1960 (= München [3]1993).

XENOPHANES (~580 bis ~480 v. Chr.) aus Kolophon (Kleinasien) gehört zu einer Reihe von Dichtern der archaischen Lyrik, für die uns ein Wanderleben mit offenbar breiter Wirksamkeit an verschiedenen Orten der griechischen Welt überliefert ist. Aufgrund des Inhalts seiner Dichtungen ist X. zugleich ein wichtiger Vertreter der vorsokratischen Philosophie. Sein Ziel ist rationale Aufklärung über die Natur der Götter und des Kosmos sowie Kritik an überkommenen moralischen Werten und politischen Einstellungen. Zusammen mit anderen Dichtern und Denkern dieser Epoche (6. Jh. v. Chr.) hat X. dazu beigetragen, die neue, auf rationalen Prinzipien und einer entsprechenden politischen Ethik fußende Ordnung des demokratischen Bürgerstaates geistig vorzubereiten.
Gedichtsammlungen s.u.

XENOPHON (~430 bis ~350 v. Chr.) aus Athen, der als Berufssoldat fast 30 Jahre in Sparta im Exil gelebt hat, war Verfasser zahlreicher philosophischer und historischer Werke, die uns weitgehend überliefert sind. Seine *Hellenika* erzählen die griechische Geschichte im Anschluß an Thukydides von 411 bis 362 v. Chr. Im *Staat der Spartaner (Lakedaimonion Politeia)* entwirft X. als erster jenes hochgradig idealisierte Bild der spartanischen Ordnung, das für die Nachwelt maßgebend geworden ist. Nach seinem aktiven Dienst selbst als Gutsbesitzer lebend, schildert X. im *Oikonomikos* das Ideal einer *oikos*-Wirtschaft. In zwei Dialogen, die er den athenischen Philosophen Sokrates mit Kritoboulos und Ischomachos führen läßt, geht es dabei vor allem über das rechte Verhalten eines Hausherrn, seiner Ehefrau und der übrigen *oikos*-Mitglieder. Der *Oikonomikos* ist die Grundlage aller späteren Erörterungen der ‚Ökonomie' in der sog. Hausväterliteratur bis zum Beginn der Industrialisierung in der Neuzeit. Die *Kyroupädie* ist eine Art Fürstenspiegel, dem die Gestalt des persischen Reichsgründers Kyros zugrunde liegt.

Xenophon: Hellenika. Griech.-dt., hrsg. v. Gisela Strasburger. München 1970.
Klaus Meyer: Xenophons „Oikonomikos". Übers. u. Komm. Marburg 1975.

Die Übersetzungen der archaischen Lyrik sind den folgenden Sammlungen entnommen:

Griechische Lyrik. Hrsg. u. übertr. v. Dietrich Ebener. Berlin(Ost)/Weimar 1976.
Frühgriechische Lyriker. 1. Teil: Die frühen Elegiker. Dt. v. Zoltan Franyó u. Peter Gan, griech. Text bearb. v. Bruno Snell, erl. v. Herwig Maehler. Berlin(Ost) [2]1981.
Die griechische Literatur in Text und Darstellung. Hrsg. v. Herwig Görgemanns. Bd. 1: Archaische Periode. Hrsg. v. Joachim Latacz. Stuttgart 1991.

In den heute zahlreichen griechischen Textausgaben werden die Fragmente der archaischen Lyrik jeweils verschieden angeordnet und gezählt. Die in diesem Buch verwendete Zählung richtet sich nach:

Anthologia Lyrica Graeca. Hrsg. v. Ernst Diehl. Leipzig ³1949 (abgek. D.).
Der den Übersetzungen von Inschriften zugrunde liegende Text findet sich in:
Inscriptiones Graecae. Berlin 1873 ff. (abgek. IG).
A Selection of Greek Historical Inscriptions to the End of the Fifth Century B.C. Ed. by Russell Meiggs a. David Lewis. rev. ed. Oxford 1988 (abgek. Meiggs/Lewis).

Deutsche Übersetzungen sind entnommen aus:

Historische griechische Inschriften in Übersetzung. Bd. 1: Die archaische und klassische Zeit von Kai Brodersen, Wolfgang Günther u. Hatto H. Schmitt. Darmstadt 1992.

Die Fragmente der solonischen Gesetze sind (ohne Übers.) gesammelt bei:

Ruschenbusch, Eberhard: ΣΟΛΩΝΟΣ ΝΟΜΟΙ. Die Fragmente des solonischen Gesetzeswerkes mit einer Text- und Überlieferungsgeschichte. Wiesbaden 1966 (abgek. Rusch.).
Die Fragmente griechischer Historiker finden sich (ohne Übers.) bei:
Jacoby, Felix: Die Fragmente der griechischen Historiker. Berlin/Leiden 1923 bis 1956 (abgek. FGrH).

Weitere wichtige Sammlungen von Quellen sind:

Altertum. Alter Orient – Hellas – Rom. Bearb. v. Walter Arend. München 1965, ³1978 (= Geschichte in Quellen Bd. I).
Archaic and Classical Greece. A Selection of Ancient Sources in Translation. Ed. by Michael H. Crawford a. David Whitehead. Cambridge 1983.
Austin, Michael/Vidal-Naquet, Pierre: Gesellschaft und Wirtschaft im alten Griechenland. München 1984.
Ancient Greece. Social and Historical Documents from Archaic Times to the Death of Socrates. Ed. by Matthew Dillon a. Lyndia Garland. Sec. Ed. London 2000.
Archaic Times to the End of the Peloponnesian War. Ed. a. transl. by Charles W. Fornara. Cambridge ²1983 (= Transl. Doc. of Greece a. Rome Vol. 1).
Griechische Inschriften als Zeugnisse des privaten und öffentlichen Lebens. Griech.-dt. ed. Gerhard Pfohl. München ²1980.
The Greek City States. A Source Book. Ed. by Peter J. Rhodes. London 1986.
Die griechische Polis. Quellen zur griechischen Geschichte von 800-400 v. Chr. Bearb. v. Michael Stahl. Paderborn 1989.

Abbildungsnachweise

1 E. Simon: Die griechischen Vasen. München: Hirmer ^{2}1981, Nr. 9.
2 W. Dahlheim: Die Antike. Paderborn: Schöningh ^{2}2001, S. 84.
3 M.I. Finley/H.W. Pleket: Die Olympischen Spiele der Antike. Tübingen: Wunderlich 1976, Taf. VII a.
4 J. Charbonneaux: Das archaische Griechenland. München: Beck 1977 (Universum der Kunst), S. 43, Abb. 46.
5 Dahlheim, a.a.O., S. 53.
6 Simon a.a.O. Nr. 160.
7 A. Snodgrass: Archaic Greece. The Age of Experiment. Berkeley/Los Angeles: University of California Press 1980, S. 45, Abb. 9.
8-10 V. Ehrenberg: Polis und Imperium. Zürich: Artemis 1965, Vorsatzblatt.
G. Audring/C. Hoffman/J. v.Ungern-Sternberg (Hrsg.): Eduard Meyer, Victor Ehrenberg – Ein Briefwechsel 1914-1930. Berlin/Stuttgart 1990, Abb. 2.
11 Simon a.a.O. Nr. 1.
12 dtv-Atlas zur Weltgeschichte Bd. 1. München 1964, S. 46.
13 J.M. Cook: Old-Smyrna 1948-1951. – In: ABSA 53/54, 1958/59, S. 15, Abb. 3, (= Dahlheim, a.a.O. S. 54.
14 Simon a.a.O. Nr. 19.
15 G. Gruben: Griechische Tempel und Heiligtümer. München: Hirmer 5. völl. überarb. u. erw. Aufl. 2001, S. 258, Abb. 192.
16 R. Osborne: Greece in the Making. London: Routledge 1996, S. 79, Abb. 19.
17 Dahlheim, a.a.O., S. 68.
18 Osborne a.a.O. S. 9, Abb. 1.
19 K. Schefold: Die Bildnisse der antiken Dichter, Redner und Denker. Basel: Schwabe Neubearb. 1997, S. 161, Abb. 73,
20 L. H. Jeffery: The Local Scripts of Archaic Greece. Oxford: Clarendon Press ^{2}1990, Pl. 65, Abb. 41.
21 Simon a.a.O. Nr. 150.
22 D. Müller: Topographischer Bildkommentar zu den Historien Herodots. Tübingen: Wasmuth 1987, S. 693.
23 P.R. Francke/M. Hirmer: Die griechische Münze. München: Hirmer ^{2}1972, Taf. 116, Abb. 351 V,R.
24 J. Bleicken: Die athenische Demokratie. Paderborn: Schöningh ^{2}1994, Vorsatzblatt.
25 M. Stahl: Aristokraten und Tyrannen im archaischen Athen. Stuttgart: Steiner 1987, S. 236.
26 L. Schneider/C. Höcker: Die Akropolis von Athen. Darmstadt: WiBu 2001, S. 89, Abb. 98.

Literatur

Nicht eigens genannt sind Beiträge aus Sammelbänden oder einschlägige Kapitel aus Monographien, soweit die jeweiligen Bände als ganze aufgeführt sind.

Allgemeines und Grundlegendes

RAAFLAUB, Kurt A.: Greece. – In: Carol G. Thomas (Ed.): Ancient History: Recent Work and New Directions. Claremont/Cal. 1997. (= Publications of the Association of Ancient Historians 5), S. 1-35.

RAUSCH, Mario: Die athenische Demokratie. Bericht über die von 1988-1993 erschienene Forschungsliteratur. – In: AnzAW 47, 1994. S. 199-264.

DAHLHEIM, Werner: Die Antike. Griechenland und Rom von den Anfängen bis zur Expansion des Islam. Paderborn [5]2001.

GEHRKE, Hans-Joachim: Kleine Geschichte der Antike. München 1999.

DERS./SCHNEIDER, Helmuth (Hrsg.): Geschichte der Antike. Ein Studienbuch. Stuttgart/Weimar 2000.

SCHULLER, Wolfgang: Griechische Geschichte. 5., überarb. u. erw. Aufl. München 2002.

ARENDT, Hannah: Vita activa oder Vom tätigen Leben. München [8]1996 (1960).

BURCKHARDT, Jacob: Griechische Kulturgeschichte. 4 Bde. Berlin/Stuttgart 1898-1902. Neuausg. Basel 1956-57, krit. Ed. Basel/München 2002 ff.

JAEGER, Werner: Paideia. Die Formung des griechischen Menschen. 3 Bde. Berlin 1933-1947 (Bd. 1 [2]1936) (ND in einem Bd. 1973).

DERS.: Humanistische Reden und Vorträge. Berlin/Leipzig 1937.

KNOX, Bernard: The Oldest Dead White European Males and Other Reflections on the Classics. New York/London 1993.

MURRAY, Gilbert: Hellas und die Welt von heute. Darmstadt 1966 (engl. 1953/54).

WACKWITZ, Gustav: Polis oder: vom Kosmos freier Kreativität. – In: Merkur 56, 2002, S. 168-173.

WALTER, Uwe: Bürgersein im Bürgerstaat – Politische Selbstorganisation als Erbe der Griechen an die Gegenwart. – In: GPD 22, 1994, S. 244-251.

AUSTIN, Michel/VIDAL-NAQUET, Pierre: Gesellschaft und Wirtschaft im alten Griechenland. München 1984.

BRODERSEN, Kai (Hrsg.): Große Gestalten der griechischen Antike. München 1999.

BRUIT ZAIDMAN, Louise/SCHMITT PANTEL, Pauline: Die Religion der Griechen. Kult und Mythos. München 1994.

CARTLEDGE, Paul (Hrsg.): Kulturgeschichte Griechenlands in der Antike. Stuttgart 2000.

GSCHNITZER, Fritz: Griechische Sozialgeschichte. Wiesbaden 1981.

HEUSS, Alfred: Hellas. – In: Golo Mann/Alfred Heuss (Hrsg.): Propyläen Weltgeschichte Bd. 3. Frankfurt a.M./Berlin 1963, S. 69-400.

WELWEI, Karl-Wilhelm: Die griechische Polis. 2., durchges. u. erw. Aufl. Stuttgart 1998.

DERS.: Griechische Frühzeit 2000-500 v. Chr. München 2002.

MEISTER, Klaus: Die Interpretation historischer Quellen. Schwerpunkt: Antike. Bd. 1: Griechenland. Paderborn u.a. 1997.

BLEICKEN, Jochen: Die athenische Demokratie. Paderborn [2]1994.

DONLAN, Walter: The Aristocratic Ideal and Selected Papers. Wauconda 1999.

EDER, Walter/HÖLKESKAMP, Karl-Joachim (Hrsg.): Volk und Verfassung im vorhellenistischen Griechenland. Stuttgart 1997.
FISHER, Nick/WEES, Hans van (Eds.): Archaic Greece. New Approaches and New Evidence. London/Swansea 1998.
FORREST, W.G.: The Emergence of Greek Democracy 800-400 B.C. New York 1966.
HEUSS, Alfred: Die archaische Zeit Griechenlands als geschichtliche Epoche. – In: Fritz Gschnitzer (Hrsg.): Zur griechischen Staatskunde. Darmstadt 1969, S. 36-96 (zuerst 1946).
MANVILLE, Philip B.: The Origins of Citizenship in Ancient Athens. Princeton 1990.
MEIER, Christian: Die Entstehung des Politischen bei den Griechen. Frankfurt a.M. 31995 (1980).
DERS.: Die Griechen: die politische Revolution der Weltgeschichte. – In: Saeculum 33, 1982, S. 133-147.
DERS.: Athen. Ein Neubeginn der Weltgeschichte. Berlin 1995.
MITCHELL, Lynette G./RHODES, Peter J. (Eds.): The Development of the Polis in Archaic Greece. London u.a. 1997.
MURRAY, Oswyn: Das frühe Griechenland. München 51995.
DERS./PRICE, Simon (Eds.): The Greek City from Homer to Alexander. Oxford 1990.
OSBORNE, Robin: Greece in the Making 1200-479 B.C. London 1996.
PAPENFUSS, Dietrich/STROCKA, Volker Michael (Hrsg.): Gab es das griechische Wunder? Griechenland zwischen dem Ende des 6. und der Mitte des 5. Jahrhunderts v. Chr. Mainz 2001.
SNODGRASS, Anthony: Archaic Greece. The Age of Experiment. Berkeley 1980.
STAHL, Michael: Aristokraten und Tyrannen im archaischen Athen. Untersuchungen zur Überlieferung, zur Sozialstruktur und zur Entstehung des Staates. Stuttgart 1987.
STARR, Chester C.: The Economic and Social Growth of Early Greece 800-500 B.C. New York 1977.
DERS.: Individual and Community. The Rise of the Polis 800-500 B.C. New York/Oxford 1986.
WALTER, Uwe: An der Polis teilhaben. Bürgerstaat und Zugehörigkeit im archaischen Griechenland. Stuttgart 1993.
DERS.: Das Wesen im Anfang suchen: Die archaische Zeit Griechenlands in neuer Perspektive. – In: Gymnasium 105, 1998, S. 537-552.
WELWEI, Karl-Wilhelm: Athen. Vom neolithischen Siedlungsplatz zur archaischen Großpolis. Darmstadt 1992.
DERS.: Polis und Arché. Kleine Schriften zu Gesellschafts- und Herrschaftsstrukturen in der griechischen Welt. Hrsg. v. Mischa Meier. Stuttgart 2000.

Teil A

Homer als historische Quelle

FINLEY, Moses I.: Myth, Memory and History. – In: Ders.: The Use and Abuse of History. London 1975, S. 11-33.
HAVELOCK, Eric A.: Preface to Plato. Oxford 1963.
LATACZ, Joachim: Homer. Der erste Dichter des Abendlandes. Düsseldorf/Zürich 31997.
DERS. (Hrsg.): Zweihundert Jahre Homerforschung. Rückblick und Ausblick. Stuttgart/Leipzig 1991.
MORRIS, Ian: The Use and Abuse of Homer. – In: ClAnt 5, 1986, S. 81-136.
DERS./POWELL, Barry (Eds.): A New Companion to Homer. Leiden u.a. 1997.

Bedeutung von Verwandtschaft und Reichtum

BOURRIOT, Félix: Recherches sur la nature du génos. Étude d'histoire sociale athénienne – périodes archaïque et classique. 2 Bde. Lille 1976.

DAVIES, John K.: Wealth and the Power of Wealth in Classical Athens. New York 1981.
LITTMAN, R.J.: Kinship and Politics in Athens 600-400 B.C. New York u.a. 1990.
ROUSSEL, Denis: Tribu et cité. Études sur les groupes sociaux dans les cités grecques aux époques archaïque et classique. Paris 1976.

Lebensgrundlagen

BURFORD, Alison: Land and Labour in the Greek World. Baltimore/London 1993.
GEHRKE, Hans-Joachim: Jenseits von Athen und Sparta. München 1986.
HANSON, Victor D.: The Other Greeks. The Family Farm and the Agrarian Roots of Western Civilization. New York 1995.
OSBORNE, Robin: Classical Landscape with Figures. The Ancient Greek City and its Countryside. London 1987.
RUSCHENBUSCH, Eberhard: Überbevölkerung in archaischer Zeit. – In: Historia 40, 1991, S. 375-378.
SAUERWEIN, Friedrich: The Physical Background. – In: B. A. Sparkes (Ed.): Greek Civilization. An Introduction. Oxford 1998, S. 3-18.
SCHMITZ, Winfried: Nachbarschaft und Dorfgemeinschaft im archaischen und klassischen Griechenland. – In: HZ 268, 1999, S. 561-597.

Sozialstruktur

FATHEUER, Thomas: Ehre und Gerechtigkeit. Studien zur gesellschaftlichen Ordnung im frühen Griechenland. Münster 1988.
FINLEY, Moses I.: Die Welt des Odysseus. München 1979 (engl. ^{2}1978, 1954).
HALVERSON, John: Social Order in the Odyssey. – In: Hermes 113, 1985, S. 129-145.
QVILLER, B.: The Dynamics of Homeric Society. – In: SO 56, 1981, S. 109-155.
STRASBURGER, Hermann: Der soziologische Aspekt der homerischen Epen. – In: Ders.: Studien zur Alten Geschichte Bd. 1. Hildesheim/New York 1982, S.491-518 (zuerst 1953).
ULF, Christoph: Die homerische Gesellschaft. Materialien zur analytischen Beschreibung und historischen Lokalisierung. München 1990.
WEES, Hans van: Status Warriors. War, Violence and Society in Homer and History. Amsterdam 1992.

Ökonomik von der Antike bis zur Neuzeit

BRUNNER, Otto: Adeliges Landleben und europäischer Geist. Salzburg 1949.
LASLETT, Peter: Verlorene Lebenswelten. Geschichte der vorindustriellen Gesellschaft. Köln/Graz 1988.
OEXLE, Otto Gerhard: Haus und Ökonomie im frühen Mittelalter. – In: Gerd Althoff (Hrsg.): Person und Gemeinschaft im frühen Mittelalter. Sigmaringen 1988, S. 101-122.
RICHARDZ, Irmgard: Oikos, Haus und Haushalt. Ursprung und Geschichte der Haushaltsökonomik. Göttingen 1991.
SPAHN, Peter: Die Anfänge der antiken Ökonomik. – In: Chiron 14, 1984, S. 301-323.
VERNANT, Jean-Pierre: Arbeit und Natur in der griechischen Antike. – In: Klaus Eder (Hrsg.): Seminar: Die Entstehung von Klassengesellschaften. Frankfurt a.M. 1973, S. 246-270.

Werte und Normen

ADKINS, A.W.H.: Merit and Responsibility. A Study in Greek Values. Chicago u.a. 1960.
BRYANT, Joseph M.: Moral Codes and Social Structure in Ancient Greece. A Sociology of Greek Ethics from Homer to the Epicureans and Stoics. Albany 1996.

CAIRNS, Douglas L.: Aidos. The Psychology and Ethics of Honour and Shame in Ancient Greek Literature. Oxford 1993.
DODDS, Eric R.: Die Griechen und das Irrationale. Darmstadt 1970 (engl. 1951).
FISHER, Nick: Hybris. A Study in the Values of Honour and Shame in Ancient Greece. Warminster 1992.
HILLMANN, Karl-Heinz: Wertwandel. Darmstadt [2]1989.
LAHR, Stefan von der: Dichter und Tyrannen im archaischen Griechenland. Das Corpus Theognideum als zeitgenössische Quelle politischer Wertvorstellungen archaisch-griechischer Aristokraten. München 1992.
PERISTIANY, J.G. (Ed.): Honour and Shame. The Values of Mediterranean Society. London 1965.
STRASBURGER, Hermann: Der Einzelne und die Gemeinschaft im Denken der Griechen. – In: Ders.: Studien zur Alten Geschichte Bd. 1. Hildesheim/New York 1982, S. 491-518 (zuerst 1954).
DERS.: Zum antiken Gesellschaftsideal. – In: Ders.: Studien zur Alten Geschichte Bd. 3. Hildesheim/New York 1990, S. 11-127 (zuerst 1976).
WEILER, Ingomar: AIEN APICTEYEIN. Ideologiekritische Bemerkungen zu einem vielzitierten Homerwort. – In: Stadion 1, 1975, S. 199-227.
WILLIAMS, Bernard: Scham, Schuld und Notwendigkeit. Berlin 2000.

Die Aristokratie und ihre Lebensformen

ARNHEIM, M.T.W.: Aristocracy in Greek Society. London 1977.
STEIN-HÖLKESKAMP, Elke: Adelskultur und Polisgesellschaft. Studien zum griechischen Adel in archaischer und klassischer Zeit. Stuttgart 1989.

DECKER, Wolfgang: Sport in der griechischen Antike. München 1995.
FINLEY, Moses I./PLEKET, H.W.: Die Olympischen Spiele der Antike. Tübingen 1976.
GEHRKE, Hans-Joachim: Die Olympischen Spiele im Rahmen des antiken Sports. – In: AU 28, 1985, H.5, S. 14-31.
MANN, Christian: Krieg, Sport und Adelskultur. Zur Entstehung des griechischen Gymnasions. – In: Klio 80, 1998, S. 7-21.
DERS.: Athlet und Polis im archaischen und frühklassischen Griechenland. Göttingen 2001 (=Hypomnemata 138).
SINN, Ulrich: Olympia. Kult, Sport und Fest in der Antike. München 1996.

DONLAN, Walter: The Politics of Generosity in Homer. – In: Helios 9.2, 1982, S. 1-15.
DERS.: Reciprocities in Homer. – In: CW 75, 1982, S. 137-175.
FINLEY, Moses I.: Marriage, Sale and Gift in the Homeric World. – In: Moses I. Finley: Economy and Society in Ancient Greece. London 1981, S. 233-245.
GILL, Christopher/POSTLETHWAITE, Norman/SEAFORD, Richard (Eds.): Reciprocity in Ancient Greece. Oxford 1998.
WAGNER-HASEL, Beate: Der Stoff der Gaben. Kultur und Politik des Schenkens und Tauschens im archaischen Griechenland. Frankfurt a.M./New York 2000.

MURRAY, Oswyn: The Greek Symposion in History. – In: Emilio Gabba (Ed.): Tria corda. Scritti in onore di Arnaldo Momigliano. Como 1983, S. 257-272.
DERS. (Ed.): Sympotica. A Symposium on the Symposium. Oxford 1990.
DERS.: The Symposion as Social Organisation. – In: Robin Hägg (Ed.): The Greek Renaissance of the Eighth Century B.C. Stockholm 1993, S. 195-199.
SCHMITT PANTEL, Pauline: La cité au banquet. Histoire des repas publiques et les cités grecques. Rome 1992.
SLATER, William J.: Dining in a Classical Context. Ann Arbor 1991.

DOVER, Kenneth J.: Homosexualität in der griechischen Antike. München 1983.
FOUCAULT, Michel: Sexualität und Wahrheit Bd. 2 u. 3. Frankfurt a.M. 1986.
HUMPHREYS, Sally C.: The Family, Women and Death. Ann Arbor ²1993.
LACEY, William K.: Die Familie im antiken Griechenland. Mainz 1983 (engl. 1968).
PATZER, Harald: Die griechische Knabenliebe. Wiesbaden 1982.
REINSBERG, Carola: Ehe, Hetärentum und Knabenliebe im antiken Griechenland. München 1989.
SCHEER, Tanja S.: Forschungen über die Frau in der Antike. Ziele, Methoden, Perspektiven. – In: Gymnasium 107, 2000, S. 143-172.
SCHULLER, Wolfgang: Frauen in der griechischen Geschichte. Konstanz 1985.
SPÄTH, Thomas/WAGNER-HASEL, Beate (Hrsg.): Frauenwelten in der Antike. Stuttgart/Weimar 2000.

stasis

GEHRKE, Hans-Joachim: Stasis. Untersuchungen zu den inneren Kriegen in den griechischen Staaten des 5. und 4. Jhs. v. Chr. München 1985.
DERS.: Die Griechen und die Rache. Ein Versuch in historischer Psychologie. – In: Saeculum 38, 1987, S. 121-149.
HEUSS, Alfred: Das Revolutionsproblem im Spiegel der antiken Geschichte. – In: Ders.: Gesammelte Schriften Bd. 1. Stuttgart 1995, S. 500-571.

Teil B

Die *polis* und ihre Alternativen

BECK, Hans: Polis und Koinon. Untersuchungen zur Geschichte und Struktur der griechischen Bundesstaaten im 4. Jahrhundert v. Chr. Stuttgart 1997.
DERS.: Die antiken Menschen in ihren Gemeinschaften: Griechenland. – In: Eckhard Wirbelauer (Hrsg.): Oldenbourg Lehrbuch Geschichte: Antike. München 2003.
EHRENBERG, Victor: Von den Grundformen griechischer Staatsordnung. – In: Victor Ehrenberg: Polis und Imperium. Beiträge zur Alten Geschichte. Zürich/Stuttgart 1965, S. 105-138.
GEHRKE, Hans-Joachim: Ethnos, Phyle, Polis. Gemäßigt unorthodoxe Vermutungen. – In: Pernille Flensted-Jensen u.a. (Eds.): Polis & Politics. Studies in Ancient Greek History. Copenhagen 2000, S. 159-176.
GSCHNITZER, Fritz: Gemeinde und Herrschaft. Von den Grundformen griechischer Staatsordnung. Wien 1960.
HALL, Jonathan M.: Ethnic Identity in Greek Antiquity. Cambridge u.a. 1997.
ULF, Christoph (Hrsg.): Wege zur Genese frühgriechischer Identität. Die Bedeutung der früharchaischen Zeit. Berlin 1996.

Zur Forschung über den Staat

CHRIST, Karl: Von Gibbon zu Rostovtzeff. Leben und Werk führender Althistoriker der Neuzeit. Darmstadt 1972.
DERS.: Neue Profile der Alten Geschichte. Darmstadt 1990.
DERS.: Hellas. Griechische Geschichte und deutsche Geschichtswissenschaft. München 1999.
GAWANTKA, Wilfried: Die sogenannte Polis. Entstehung, Geschichte und Kritik der modernen althistorischen Grundbegriffe: der griechische Staat, die griechische Staatsidee, die Polis. Stuttgart 1985.
HANSEN, Mogens H.: Polis and City-State. An Ancient Concept and ist Modern Equivalent. Copenhagen 1998.

SAKELLARIOU, M.B.: The Polis-State. Definition and Origin. Athens 1989.
ULF, Christoph (Hrsg.): Griechische Antike und deutsche Geschichtswissenschaft in biographischen und bibliographischen Daten. Von der Französischen Revolution 1789 bis zum 2. deutschen Kaiserreich 1871. Berlin 1995.

ENGELS, Friedrich: Der Ursprung der Familie, des Privateigentums und des Staats. Berlin 1970 (zuerst 1884).
MORGAN, Lewis H.: Die Urgesellschaft. Stuttgart 1908 (engl. 1877).
DE SAINTE CROIX, Geoffrey E.M.: The Class Struggle in the Ancient Greek World from the Archaic Age to the Arab Conquest. London 1981.
VITTINGHOFF, Friedrich: Die Theorie des historischen Materialismus über den antiken „Sklavenhalterstaat". Probleme der Alten Geschichte bei den „Klassikern" des Marxismus und in der modernen sowjetischen Forschung. – In: Saeculum 11, 1960, S. 89-131.

BUSOLT, Georg/SWOBODA, Heinrich: Griechische Staatskunde. 2 Bde. München 1920/1926.
CHAMBERS, Mortimer H.: Georg Busolt. His Career in His Letters. Leiden 1990.

FUSTEL DE COULANGES, Numa D.: Der antike Staat. Recht und Institutionen Griechenlands und Roms. Stuttgart 1981 (zuerst 1864).
FINLEY, Moses I.: The Ancient City: From Fustel de Coulanges to Max Weber and beyond. – In: Ders.: Economy and Society in Ancient Greece. London 1981, S. 3-23 (zuerst 1977)
MOMIGLIANO, Arnaldo: Die antike Stadt bei Fustel de Coulanges. – In: Arnaldo Momigliano: Ausgewählte Schriften zur Geschichte und Geschichtsschreibung Bd. 3. Hrsg. v. Glenn Most. Stuttgart/Weimar 2000, S. 233-253 (zuerst 1970).

BAUER, Stefan: Polisbild und Demokratieverständnis in Jacob Burckhardts „Griechischer Kulturgeschichte". Basel/München 2001.

MEYER, Eduard: Geschichte des Altertums Bd. I,1: Einleitung. Elemente der Anthropologie. Stuttgart ²1907, ³1910.
STAHL, Michael: Eduard Meyer. – In: Walter Killy (Hrsg.): Literaturlexikon Bd. 8. München 1990, S. 137-138.

EHRENBERG, Victor: Der Staat der Griechen. Zürich/München ²1965 (1957/58).
STAHL, Michael: Victor Ehrenberg. – In: Walter Killy (Hrsg.): Literaturlexikon Bd. 3. München 1989, S. 189-190.

BREUER, Stefan: Der archaische Staat. Zur Soziologie der charismatischen Herrschaft. Berlin 1990.
KRADER, Lawrence: Formation of the State. Englewood Cliffs 1968.
MANN, Michael: Geschichte der Macht Bd. 1: Von den Anfängen bis zur griechischen Antike. Frankfurt a.M./New York 1990.
SERVICE, Elman R.: Ursprünge des Staates und der Zivilisation. Der Prozeß der kulturellen Evolution. Frankfurt a.M. 1977.
WALTER, Uwe: Der Begriff des Staates in der griechischen und römischen Geschichte. – In: Theodora Hantos/Gustav A. Lehmann (Hrsg.): Althistorisches Kolloquium aus Anlaß des 70. Geburtstages von Jochen Bleicken. Stuttgart 1998, S. 9-27.

Mykene und Dark Ages

COBET, Justus: Synoikismos als Konzept für die politischen Anfänge Athens und Roms. – In: Concilium Eirene 16, Prag 1983, S. 21-26.
EHRENBERG, Victor: Wann entstand die Polis? – In: Fritz Gschnitzer (Hrsg.): Zur griechischen Staatskunde. Darmstadt 1969, S. 3-25 (zuerst 1937).

FUNKE, Peter: Stamm und Polis. Überlegungen zur Entstehung der griechischen Staatenwelt in den „Dunklen Jahrhunderten". – In: Jochen Bleicken (Hrsg.): Colloquium aus Anlaß des 80. Geburtstages von Alfred Heuss. Kallmünz 1993, S. 29-48.
HÖLKESKAMP, Karl-Joachim: Von den „dunklen Jahrhunderten" in das „Zeitalter der Experimente". Kritische Bemerkungen zur neueren Forschung zum frühen Griechenland. – In: Gymnasium 107, 2000, S. 321-330.
LAFFINEUR, Robert/NIEMEIER, Wolf Dieter (Eds.): Politeia. Society and State in the Aegean Bronze Age. Lüttich/Austin 1995.
MORRIS, Ian: Burial and Ancient Society. The Rise of the Greek City-State. New York u.a. 1987.
THOMAS, Carol G./CONANT, Craig: Citadel to City-State. The Transformation of Greece 1200-700 B.C.E. Bloomington 1999.

Königtum

ANDREEV, Juri V.: Könige und Königsherrschaft in den Epen Homers. – In: Klio 61, 1979, S. 361-384.
BARCELÓ, Pedro: Basileia, Monarchia, Tyrannis. Untersuchungen zur Entwicklung und Beurteilung von Alleinherrschaft im vorhellenistischen Griechenland. Stuttgart 1993.
COBET, Justus: König; Anführer, Herr; Monarch; Tyrann. – In: Elisabeth Charlotte Welskopf (Hrsg.): Soziale Typenbegriffe im alten Griechenland Bd. 3. Berlin (Ost) 1981, S. 11-66.
DEGER, Sigrid: Herschaftsformen bei Homer. Wien 1970.
DREWS, Robert: Basileus. The Evidence for Kingship in Geometric Greece. New Haven/London 1983.
GSCHNITZER, Fritz: Basileus. Ein terminologischer Beitrag zur Frühgeschichte des Königtums bei den Griechen. – In: Ders.: Kleine Schriften zum griechischen und römischen Altertum Bd. 1. Frühes Griechentum: Historische und sprachwissenschaftliche Beiträge. Stuttgart 2001, S. 300-313 (zuerst 1965).
JACOBY, Felix: Die attische Königsliste. – In: Klio 2, 1902, S. 406-439.
PRINZ, Friedrich: Gründungsmythen und Sagenchronologie. München 1979.

Die vorstaatliche Ordnung und die Methode der Sozialanthropologie

DONLAN, Walter: The Social Groups of Dark Age Greece. – In: CPh 80, 1985, S. 293-308.
DERS.: The Pre-State Community in Greece. – In: SO 64, 1989, S. 5-29.
FLAIG, Egon: Historische Anthropologie in der Alten Geschichte. – In: Wolfgang Küttler u.a. (Hrsg.): Geschichtsdiskurs 5. Frankfurt a.M. 1999, S. 238-263.
HUMPHREYS, Sally C.: Anthropolgy and the Greeks. London 1978.
NIPPEL, Wilfried: Griechen, Barbaren und „Wilde". Alte Geschichte und Sozialanthropolgie. Frankfurt a.M. 1990.
POSPÍŠIL, Leopold: Anthropologie des Rechts. Recht und Gesellschaft in archaischen und modernen Kulturen. München 1982 (engl. 1974).
RENFREW, Colin/CHERRY, J. (Eds.): Peer Polity Interaction and the Development of Sociocultural Complexity. Cambridge 1986.
ROBERTS, Simon: Order and Dispute. An Introduction to Legal Anthropology. Harmondsworth 1979.
RUNCIMAN, Walter G.: Origins of States. The Case of Archaic Greece. – In: Comparative Studies in Society and History 24, 1982, S. 351-377.
WELWEI, Karl-Wilhelm: Adel und Demos in der frühen Polis. – In: Gymnasium 88, 1981, S. 1-23.
WESEL, Uwe: Frühformen des Rechts in vorstaatlichen Gesellschaften. Frankfurt a.M. 1985.
WESTBROOK, Raymond: The Trial Scene in the Iliad. – In: HSPh 94, 1992, S. 53-76.
WIRBELAUER, Eckhard: Der Schild des Achilleus. – In: Hans-Joachim Gehrke/Astrid Möller (Hrsg.): Vergangenheit und Lebenswelt. Tübingen 1996, S. 143-178.

Kolonisation

BOARDMAN, John: Kolonien und Handel der Griechen. München 1981 (engl. 1964).
FAURE, Paul: Die griechische Welt im Zeitalter der Kolonisation. Stuttgart 1981.
MALKIN, Irad: Religion and Colonization in Ancient Greece. Leiden u.a. 1987.
VALLET, Georges: Le monde grec colonial d'Italie du sud et de Sicile. Rom 1996.

Urbanisierung

ALCOCK, John/OSBORNE, Robin (Eds.): Placing the Gods. Sanctuaries and Sacred Space in Ancient Greece. Oxford 1994.
FEHR, Burkhard: The Greek Temple in the Early Archaic Period: Meaning, Use and Social Context. – In: Hephaistos 14, 1996, S. 165-191.
GRUBEN, Gottfried: Griechische Tempel und Heiligtümer. 5., überarb. u. erw. Neuaufl. München 2001.
HANSEN, Mogens H./ FISCHER-HANSEN, Tobias: Monumental Political Architecture in Archaic and Classical Greek Poleis. – In: David Whitehead (Ed.): From Political Architecture to Stephanus Byzantius. Sources for the Ancient Greek Polis. Stuttgart 1994, S. 23-90.
HÖLSCHER, Tonio: Öffentliche Räume in frühen griechischen Städten. Heidelberg ²1999.
LANG, Franziska: Archaische Siedlungen in Griechenland. Berlin 1996.
DE POLIGNAC, François: Cult, Territory and the Origins of the Greek City-State. Chicago 1995 (frz. 1984).

Hoplitenkampftaktik

FRANZ, Johann Peter: Krieger, Bauern, Bürger. Untersuchungen zu den Hopliten der archaischen und klassischen Zeit. Frankfurt a.M. u.a. 2002.
HANSON, Victor D. (Ed.): Hoplites: The Classical Greek Battle Experience. London/New York 1991.
SNODGRASS, Anthony: Wehr und Waffen im antiken Griechenland. Mainz 1984 (engl. 1964).
WALTER, Uwe: Aristokraten und Hopliten im frühen Griechenland. Eine Interpretation der sogenannten „Chigi-Kanne“. – In: GWU 43, 1992, S. 41-51.
WEES, Hans van: The Homeric Way of War: the Iliad and the Hoplite Phalanx. – In: G&R 41, 1994, S. 1-18, 131-155.

Geistiger Aufbruch

FRÄNKEL, Hermann: Dichtung und Philosophie des frühen Griechentums. München ³1976.
HERBIG, Jost: Der Fluss der Erkenntnis. Vom mythischen zum rationalen Denken. Hamburg 1991.
MEIER, Christian: Die Entstehung einer autonomen Intelligenz bei den Griechen. – In: Samuel N. Eisenstadt (Hrsg.): Kulturen der Achsenzeit Bd.1. Frankfurt a.M. 1987, S. 89-127.
RAAFLAUB, Kurt A.: Die Anfänge des politischen Denkens bei den Griechen. – In: Iring Fetscher/Herfried Münkler (Hrsg.): Pipers Handbuch der politischen Ideen Bd. 1: Frühe Hochkulturen und europäische Antike. München 1988, S. 189-271.
DERS./MÜLLER-LUCKNER, Elisabeth (Hrsg.): Anfänge politischen Denkens in der Antike: Die nahöstlichen Kulturen und die Griechen. München 1993.
RÖSLER, Wolfgang: Dichter und Gruppe. München 1980.
ROWE, Ch./SCHOFIELD, Malcolm (Eds.): The Cambridge History of Greek and Roman Political Thought. Cambridge 2000.
SNELL, Bruno: Die Entdeckung des Geistes. Göttingen ⁷1993 (1975)

Die soziale Krise und die solonische *seisachtheia*

GALLANT, Thomas W.: Agricultural Systems, Land Tenure, and the Reforms of Solon. – In: ABSA 77, 1982, S. 111-124.

LINK, Stefan: Landverteilung und sozialer Frieden im archaischen Griechenland. Stuttgart 1991.

MILLETT, Paul: Hesiod and his World. – In: PCPhS 210, 1984, S. 84-115.

SCHILS, Griet: Solon and the Hektemoroi. – In: AncSoc 22, 1991, S. 75-90.

STANLEY, Philipp V.: The Economic Reforms of Solon. St. Katharinen 1999.

Institutionalisierung und Gesetzgebung

EHRENBERG, Victor: Eine frühe Quelle der Polisverfassung. – In: Fritz Gschnitzer (Hrsg.): Zur griechischen Staatskunde. Darmstadt 1969, S.26-35 (zuerst 1943).

GEHRKE, Hans-Joachim: Konflikt und Gesetz. Überlegungen zur frühen Polis. – In: Jochen Bleicken (Hrsg.): Colloquium aus Anlaß des 80. Geburtstages von Alfred Heuss. Kallmünz 1993, S. 49-68.

DERS.: Gewalt und Gesetz. Die soziale und politische Ordnung Kretas in der archaischen und klassischen Zeit. – In: Klio 79, 1997, S. 23-68.

HÖLKESKAMP, Karl-Joachim: Schiedsrichter, Gesetzgeber und Gesetzgebung im archaischen Griechenland. Stuttgart 1999.

DERS.: Tempel, Agora und Alphabet. Die Entstehungsbedingungen von Gesetzgebung in der archaischen Polis. – In: Hans-Joachim Gehrke (Hrsg.): Rechtskodifizierung und soziale Normen im interkulturellen Vergleich. Tübingen 1994, S. 135-164.

KOERNER, Reinhard: Inschriftliche Gesetzestexte der frühen griechischen Polis. Aus d. Nachlaß hrsg. v. Klaus Hallof. Köln u.a. 1993.

RAAFLAUB, Kurt: Homer to Solon: The Rise of the Polis. The Written Sources. – In: Mogens H. Hansen (Ed.): The Ancient Greek City-State. Kopenhagen 1993, S. 41-105.

ROBINSON, Eric W.: The First Democracies. Early Popular Government outside Athens. Stuttgart 1997.

Drakon

GAGARIN, Michael: Drakon and Early Athenian Homicide Law. New Haven 1981.

HUMPHREYS, Sally C.: A Historical Approach to Drakon's Law on Homicide. – In: Michael Gagarin (Hrsg.): Symposion 1990. Vorträge zur griechischen und hellenistischen Rechtsgeschichte. Köln u.a. 1991, S. 17-45.

RUSCHENBUSCH, Eberhard: **ΦΟΝΟΣ**. Zum Recht Drakons und seiner Bedeutung für das Werden des athenischen Staates. – In: Historia 9, 1960, S. 129-154.

STROUD, Ronald S.: Drakon's Law on Homicide. Berkeley 1968.

Solon

FADINGER, Volker: Solons Eunomie-Lehre und die Gerechtigkeitsidee der altorientalischen Schöpfungsherrschaft. – In: Hans-Joachim Gehrke/Astrid Möller (Hrsg.): Vergangenheit und Lebenswelt. Tübingen 1996, S. 179-218.

FERRARA, Giuseppe: La politica di Solone. Neapel 1964.

MEIER, Christian: Die Entstehung des Begriffs Demokratie. – In: Christian Meier: Die Entstehung des Begriffs ‚Demokratie'. Vier Prolegomena zu einer historischen Theorie. Frankfurt a.M. 1970, S.7-69.

MÜLKE, Christoph: Solons politische Elegien und Iamben (Fr. 1-13; 32-37 West). Einleitung, Text, Übersetzung, Kommentar. München/Leipzig 2002.

OLIVA, Pavel: Solon. Legende und Wirklichkeit. Konstanz 1988.
ROBERTSON, Noel: Solons Axones and Kyrbeis and the 6th Century Background. – In: Historia 35, 1986, S. 147-176.
RUSCHENBUSCH, Eberhard: ΣΟΛΩΝΟΣ ΝΟΜΟΙ. Die Fragmente des solonischen Gesetzeswerkes mit einer Text- und Überlieferungsgeschichte. Wiesbaden 1966.
SPAHN, Peter: Oikos und Polis. Beobachtungen zum Prozeß der Polisbildung bei Hesiod, Solon und Aischylos. – In: HZ 231, 1980, S. 529-564.
STAHL, Michael: Solon F 3D. Die Geburtsstunde des demokratischen Gedankens. – In: Gymnasium 99, 1992, S. 385-408.
WALLACE, R.W.: Solonian Democracy. – In: Ian Morris/Kurt A. Raaflaub (Hrsg.): Democracy 2500. Questions and Challenges. Archeological Institute of America, Colloquia and Conference Papers 2. 1997, S. 11-29.

tyrannis

BERVE, Helmut: Die Tyrannis bei den Griechen. 2 Bde. München 1967.
KINZL, Konrad H. (Hrsg.): Die ältere Tyrannis bis zu den Perserkriegen. Darmstadt 1979.
DE LIBERO, Loretana: Die archaische Tyrannis. Stuttgart 1996
SANCISI-WEERDENBURG, Heleen (Ed.): Peisistratos and the Tyranny. A Reappraisal of the Evidence. Amsterdam 2000.
SHAPIRO, Harvey A.: Art and Cult under the Tyrants in Athens. Mainz 1989.
SMITH, J.A.: Athens under the Tyrants. Bristol 1989.

Register

Vorbemerkung: Dieses Buch ist zum zusammenhängenden Lesen bestimmt. Erschlossen wird es in erster Linie durch das ausführliche Inhaltsverzeichnis. Das ausgewählte Register soll lediglich ergänzend einen gezielten Zugriff auf Namen und Begriffe ermöglichen und außerdem helfen, Bezüge herzustellen. Häufig genannte Grundbegriffe wie Aristokratie, Bürgerstaat, *oikos* oder *polis* sind daher nicht vollständig erfaßt.

1. Antike Personen

Alkaios: 228
Alkibiades: 77
Aristoteles: 25, 95, 102, 104, 116, 178
Athenaios: 66
Cato, M. Porcius: 34
Columella (Agrarschriftsteller): 34
Damasias: 254
Drakon: 87, 213, 219-26, 234, 237
Grinnos: 158
Gylippos: 78
Hammurabi: 235
Herodot: 50, 177-8
Hesiod: 18, 23, 32, 47, 182-5, 191
Hieron v. Syrakus: 47
Hipparchos: 255
Hippias: 255, 261
Hippokleides: 50
Kimon: 58
Kleisthenes (v. Athen): 15, 50, 92, 198, 258, 259
Kleisthenes (v. Sikyon): 50, 69
Kroisos: 44, 80, 178, 229, 230
Kylon: 58
Kypselos: 51, 203
Kyros d.Gr.: 229
Lysander: 27
Maiandrios (Samier): 266
Megakles: 50, 82
Milon (Athlet): 59
Odysseus
– „Urbild der europ. Menschen“: 231
Peisistratos: 80, 203, 229, 241, 251, 252, 255, 264
Perikles: 24, 25
Pindar: 47
Platon: 66, 102
Plutarch: 66, 181
Polykrates: 266
Sappho: 228
Solon: 15, 18, 168, 176-200, 226-7, 228-54, 259, 265
Theagenes: 240
Themistokles: 24
Theognis: 193
Varro, M. Terentius: 34
Xenophon: 32

2. Moderne Personen

Boeckh, August: 94
Bourriot, Felix: 16
Brunn, Heinrich: 11
Burckhardt, Jacob: 11, 99-100
Busolt, Georg: 95
Dönhoff, Marion Gräfin: 41
Ehrenberg, Victor: 99, 101-3, 109
Engels, Friedrich: 96, 110
Finley, Moses I.: 110
Foucault, Michel: 72-3
Fustel de Coulanges, Numa Denise: 98-9
Gschnitzer, Fritz: 91, 150
Hignett, Charles: 108
Mauss, Marcel: 63
Meyer, Eduard: 104-9, 168
Mommsen, Theodor: 94
Nietzsche, Friedrich: 11
Rousseau, Jean-Jacques: 248-9
Roussel, Denis: 16
Schaefer, Hans: 103
Snodgrass, Anthony: 154
von Hohberg, Wolf Helmhard: 35-6

3. Begriffe, Orte und Sachen

Adelsrat: 206
Ägina: 240
Ämter/-wesen: 171, 201-8, 254
agon (Wettstreit): 45, 54-9, 73, 264
– als Triebkraft griech. Kultur: 100
– zwischen Gemeinden: 174

agora: 137, 162, 164, 236, 242, 248
– in Athen: 259-62
aidesis: 223
aidos (Scham): 43-5, 147, 149
Akragas: 174
akropolis: 123
– in Athen: 167, 263-4
Alkmeoniden: 16, 18, 50
anax: 132
andron: 67, 69
aner kalos kagathos: 32, 40
Antike, Bedeutung für die Gegenwart: 88, 113-6, 247
Antikerezeption: 36, 249
Apollon Patroos: 261
Arbeit/Arbeitsethos: 32, 47, 182-3
archaische Zeit: 11
– und klassische Zeit bilden Kontinuum: 78, 85, 243, 264
archon (Amt): 202, 204, 225-7, 229, 234, 254, 256, 261
– *basileus*: 207, 221, 224
– *eponymos*: 261
arete: 27, 40, 48, 60, 73, 242
Argos: 202
Aristie-Ideal: 45-8, 58, 80, 85, 252, 265
Aristokratie: 147
- Offenheit: 74, 135
– Unsicherheit über Zugehörigkeit: 27
– innere Labilität: 27-8
– Reichtum konstitutiv: 27-9, 55, 168, 250
– Statusdemonstration: 49, 53
– Tugendkatalog: 53-5
– überregionale Verbindungen: 60, 71, 73-4
– und Wettkampf: 57
– und Hoplitenkampf: 170
– und Polis: 74-5, 150, 199, 235
‚aristokratischer Geschlechterstaat', sog.: 15-6, 97, 134-5, 170
Athen: 80, 85-7, 168, 206
– Größe der Polis: 21, 122
– Ausnahmecharakter: 28
– verzögerte Entwicklung: 90, 92
– Aufschwung im 6. Jh.: 199, 228, 255, 259
– Urbanisierung: 164
– Bedeutung der Bauernhopliten: 198-9, 239-40
– Außenpolitik im 6. Jh.: 240-4
Athena Parthenos: 264
Athena Polias: 263
Athenaion Politeia: 94-5, 178
Athletik: 56
Austausch (zwischen Gemeinden): 174
Außenpolitik: 172, 207, 240-4
autarkeia/Autarkie: 21, 184
axones: 236
basileus/basilees, homer./vorstaatl.: 132-4, 136-51, 159-60, 204, 211, 219, 227, 240
– und *demos*: 150
Basileus (Polisamt): 202, 204, 206, 222
Bauer/bäuerliche Welt u. Arbeit: 24, 31, 32, 34, 182-4, 235
Begriffsgebrauch: 36, 37-8
Besitzgrößen: 30-1
Bevölkerungsentwicklung/-zahlen: 122, 154-5, 191-2, 234
big men: 148-50, 219
Binnengliederung der Polis: 210-1
‚Blütezeit der Polis': 92-3
boule (Rat): 209-10, 261
Bürgerrecht/-Sein: 168, 205, 237-9, 258-9, 261
Chalkis: 160
Chios: 208-12
damiourgos/demiourgos (Amt): 202
Dark Ages: 120, 142
Delphi/delph. Orakel: 158-60, 173, 174, 230, 240
Demenrichter: 257
Demokratie: 115, 178, 199
– heutige: 249
demos: 208-12, 215
– bei Homer: 137, 140
Demos (in Athen): 20, 198
demotikon: 19
diallaktes (‚Versöhner'): 230
Dichtung (der archaischen Zeit): 70, 128-30, 176, 228, 242, 248
Dreros: 202, 204-5
Ehe/Ehefrau: 40, 70-3
Eid: 215, 218
Einheit von Stadt und Land: 164
Elis: 90, 91
Emporio (auf Chios): 123
Enneakrounos: 262
Ephesos: 174
Ephetengericht: 224, 227
Epochen/-einteilung: 11-2, 78, 92-3, 120
eponyme Ämter: 207-8
Erbrecht: 23, 191-2, 197, 234

Ethik, politische: 244-51, 253
Erwiderungsethik: 77
Ethnologie: 13
eunomia: 173, 200, 212, 246
face-to-face-society: 112, 219
Fremde: 59-60, 142-3
Freundschaft: 77
Fürstenspiegel: 41
Gastfreundschaft: 54, 59-61
Gemeineigentum: 194
Gemeinschaftsaufgaben: 111, 114, 135, 141-4, 149, 152, 206-8, 233, 257
genos: 15-6, 18, 134
genossenschaftliche Bürgerverbände: 64
Gerechtigkeit: 237
Gerichtsbarkeit/-wesen: 205, 211, 213-27, 234, 237, 255-7
– unter *stasis*-Bedingungen: 254
gerontes: 130, 215, 217
Geschäft des Historikers: 12, 91, 100-01, 107, 108
Geschenketausch: 61-3, 70
Gesellschaft: 111
– Arten der Stratifizierung: 26
– vormoderne: 26, 36
– Zweiteilung: 41, 46, 185
Gesetz/-gebung: 233-7, 260
Gewalt/-ausübung/-konflikte: 141, 222, 244
Gewissen: 42, 44
Grenzkriege: 171
Hahn (als Symbol): 79
Handel: 168
Handwerk: 167, 197
Hauswirtschaft: 36
hektemoroi: 179-82, 186-9, 198
heliaia (Volksgericht): 226-7, 240, 261
Hetären: 72
hippeis: 239
homerische Epen
– als historische Quellen: 126. 128-30
– kanonische Bedeutung für die Griechen: 21, 88, 129, 230
Hopliten/-taktik: 169-72, 207, 220, 239-40
horoi (Grenzsteine): 182, 186, 189-91, 195
hybris: 87, 244
Idealtyp: 101-2
Institutionalisierung: 112
Integration durch Expansion: 243-4
Kampfaufrufe, dichterische: 242
Keramik: 70
Kleinfamilie: 17
Klientelwesen/-strukturen: 31, 46, 189-90, 193, 199
Königslisten: 131
Kollektivgremien (der Polis): 208-12, 227, 244, 254
Kolonisation: 23, 155-63, 191
komos: 68
Koren(statuen): 71
Korinth: 164, 166, 202
Korkyra: 86
kosmos (Amt): 202, 204-5
kouros: 175
Kreta, minoisches: 117-8
Krieg/-führung: 142, 155, 169-72, 206-7
Kulturanthropologie: 105, 106
Kulturtransfer: 65, 230
kyrbeis: 236
Kyrene: 157-60
kyrios: 20-1, 42
Landesnatur Griechenlands: 21, 120-2
Landmangel: 23
Landwirtschaft: 20, 22
Leihevorgänge (in bäuerl. Gesellschaften): 184
Liturgie: 257
Lokris: 89
Marktproduktion: 187
Mantineia: 202
Megara: 240
megaron: 18
metis: 217
Milet: 160, 202
‚Mittelschicht', sog.: 26, 170
Mobilität, soziale: 28, 46
Münzen/Münzgeld: 169, 192, 212, 252
mykenische Welt: 117-20, 128
Mythos als alte Geschichte: 131
Mytilene: 69, 202
Naturzustand: 116
Naukrarien: 206
Naukratis: 212
Naxos: 165-6
Normen: 38, 42-5, 88, 147, 250
Ökonomik: 35
ökonomisches Handeln, Bedeutung: 29-30, 32
Ölbaumkultur: 23, 25
oikos
– als soziale Grundeinheit: 16, 25, 134, 147, 233

– als Voraussetzung v. Zugehörigkeit: 168
– und *polis*: 18, 24, 246
Oligarchie: 179
Olympische Spiele: 56-7
Opfer: s. Religion
Orakelstätten: 207
oral poetry-Forschung: 128
Päderastie: 192
Panathenäen-Fest: 263
Panathenäischer Weg: 262
panhellenische Spiele: 56
patriarchalisches Ideal: 38-42
Patronymikon: 19
peitho: 217, 219, 244, 248
Peloponnesischer Krieg: 24, 86
pentakosioimedimnoi: 239
Personennamen: 18-20
Philaiden: 16
Phratrien: 261
Phylen: 206, 209-11
polemarchos (Amt): 203, 206-7
Polispatriotismus: 24, 242, 264
Politik und Gesellschaft, Verhältnis von: 20
Popularklage: 234, 254
Poseidonia: 153
Privateigentum: 97, 110
Prostitution: 192
Prytaneion: 64, 261, 262
prytanis (Amt): 202, 204, 206
Rat s. *boule*
Rechtsgedanke: 87-8
Religion, griech.: 56, 64, 66, 98, 167, 207, 239, 247, 264
Reziprozität/-sprinzip: 61, 65, 139, 182-5
Salamis: 240-2
Samos: 174, 266
Schamkultur: 44-5 s.a. *aidos*
Schiedsrichter: 214, 217-8, 224, 230, 232, 237, 257
Schrift/Verschriftlichung: 126, 236
Schuldsklaverei: 180, 181, 186-9, 198-9, 232
seisachtheia: 18, 195-6
Selinous: 174
Selbstbescheidung/-beherrschung (als Ethos): 41, 72-3, 87, 246
Selbsthilfe: 186, 213, 222-3, 227, 232
Sexualmoral: 72
Sieben Weise: 53, 230
Sklaven/Sklaverei: 24, 31, 39, 187, 211, 232, 238
Smyrna: 124-5
Sparta: 21, 66, 80, 85, 91, 92, 122, 207
Staat und Religion: 98-9
Staatlichkeit als histor. Errungenschaft: 152
'Staatsrecht': 94-5
'Stammstaat': 89-91
stasis: 58, 80-8, 135, 172, 179, 193, 199, 220, 250-1, 253-4
– als 'Partei' u. 'Konflikt': 83
Steuern: 257
symbolische Repräsentation: 259
symposion: 49, 53, 54, 63-71
– als Fokus antidemokrat. Kräfte: 66
synoikismos: 123
Syrakus: 161
Syssitien: 66
Tempel/-bau: 153, 165-7, 261, 263
Teos: 202
thalamos: 18
themis: 140, 215
Thera: 157-60
thes/Theten: 20, 239
thesmothetes (Amt): 203
thymos: 43, 247
time: 45
timouchos (Amt): 202
Tragödie: 248
– Vorgeschichte: 52-3
Tyrann/Tyrannis: 69, 82, 193, 203, 231, 234, 243, 249, 250
– in Athen: 252-68
– vorübergehender Charakter: 265
Unterschichten: 110
unvorsätzliche Tötung: 223
Urbanisierung: 164-7
Vergleich, historischer
– mit späteren Adelskulturen: 45
– mit Rom: 31, 74, 98, 197, 207
– mit ethnolog. Kulturen: 216-7
Vermögensklassen, solonische: 239
Verschuldung: 180, 186
Verwandtschaft
– geringe Bedeutung in Grld.: 13, 17
Volksversammlung: 206, 238, 266 s.a. *demos*, Kollektivorgane
– bei Homer: 138-40
vorindustrielle/vormoderne Gesellschaft: 13, 26, 36, 40, 70, 88
vorsokratische Philosophie: 173
Vorstaatlichkeit: 112-3, 136, 139

Wanderungen/Wanderungszeit: 89, 91, 119, 163
Wasserversorgung: 262
Wert (Begriff)/Wertekanon: 37-8, 249
Wettbewerbsethik: 46 s.a. *agon*
Zagora (auf Andros): 123
Zeugiten: 239
Zeus Agoraios: 261
Zugehörigkeit: 168, 205, 243 s.a. Bürgerrecht

4. Quellen

Aischylos
Eum. 470-488: 224-5
Eum. 858-866: 243-4

Alkaios
F 39 D.: 69
F 54 D.: 69

Aristoteles
pol. 1253 b 2: 25
pol. 1305 a 7-8: 203
pol. 1305 a 16-18: 203
pol. 1310 b 20: 203
pol. 1310 b 28-29: 203

Athenaion Politeia
2: 178
2,3: 189
3,5: 225
5,2: 230
6,1: 194
7,3-4: 239
8,5: 250
14,1: 240
16,5: 257
16,8: 256
17,2: 240

Athenaios 36 b-c: 68

Carmina Epigraphica Graeca 425: 212

Cato, agr. praef. 2. 4: 34

Cicero, off. 1,151: 34

Demosthenes
54,7-9
59,122: 71

Diodor 12,9,5-6: 59

Diogenes Laertios 1,62: 229

Euripides
Med. 807-810: 77
Phoen. 443-440. 442: 28

Herodot
1,37: 44
1,59-64: 80-2
1,59,4: 203, 240
1,59,6: 255
1,60: 264
1,65-68: 80
3,142: 266
4,150-159: 157
4,153: 158
4,156: 159
5,82-88: 240
6,103: 58
6,126-130: 50-2

Hesiod
– *Erga kai hemerai*
11-13: 183
20-26: 47, 183
299-311: 23
299-300: 182
311-313: 182
340: 183
342-348: 184
349-351: 184, 185
353-354: 184
357-358: 185, 193
359-362: 185
363-365: 18
364-367: 183
376-377: 191
394-395: 32
404: 182
405: 16
453-454: 184
477-478: 183
602: 32
647: 32
695-698: 191
– *Theogonia*
81-90: 217

Homer
– *Ilias*
1,54 ff.: 138
2,23-25: 141
2,84 ff.: 138

2,207 ff.: 138
6,206-211: 46-7
6,215-236: 61-2
6,215-217: 60
6,224-226: 60
6,441-446: 43, 46
6,476-481: 46
9,9 ff.: 138
11,670-684: 142
11,703-705: 142
15,496-499: 17
15,661-666: 17
18,550-560: 30
18,497-508: 149, 214
22,482-501: 26-7

– *Odyssee*
1,11-13: 17
1,393-398: 133
1,384-387: 133
2,1-51: 137-8
2,25 ff.: 139
2,28-32: 141
2,138-140: 65
2,229-241: 138
2,258-259: 138
3,137 ff.: 139
4,312-314: 141
6,4-10: 161
6,8-10: 164
6,262-272: 125, 164
7,48-50: 132
7,153-169: 142-3
8,147-148: 55
8,158-160: 55
8,387-391: 143
8,390-310: 133
9,105-115: 136
9,116-141: 157
9,318-414: 127
11,355-361: 63
11,489-491: 20
12,439-440
13,13-15: 143
14,64-67: 39
14,90-93: 149
14,138-139: 38
14,140-144: 39
14,144-147: 38
14,199-251: 144-5, 147
14,233-234: 28
14,235-239: 140
14,245-251: 65-6
15,111-119: 62
16,376-382: 140
16,424 ff.: 138, 140
17,264-271: 65
18,365-380: 30
19,203: 146
23,189-201: 30
24,283-286: 62

Kallinos F 1 D.: 242

Menekles v. Barka FGrH 270 F 6: 159

Nikolaos v. Damaskos FGrH 90 F 57,5: 203

Platon, Phaid. 109a-b: 120

Plutarch
Sol. 8-10: 240
Sol. 11,1: 240
Sol. 13,3-6: 181
Sol. 15,2: 194
Sol. 18,1-2: 239

Ps.-Aristoteles, rhet. Alex. 1422a36-38: 77

Solon
– Gedichte
F 1 D. 1-6: 43
F 1 D. 5: 77
F 1 D. 7-8: 250
F 1 D. 71-73: 250
F 2 D.: 242
F 2 D.: 1-2: 248
F 3 D.: 244-5
F 3 D. 1-4: 167
F 3 D. 3-4: 264
F 3 D. 7-10: 194
F 3 D. 9-10: 250
F 3 D. 17-23: 190
F 3 D. 18-22: 220
F 3 D. 26-29: 18
F 4 D. 1-3: 190
F 4 D. 9: 250
F 5 D. 5-6: 132
F 5 D. 10: 250
F 6 D.: 230
F 7 D.: 230
F 8 D.: 253
F 8 D. 5-6: 248

F 10 D.: 232
F 12 D.: 192
F 13 D.: 192
F 19 D. 9-10: 192
F 23 D. 1-7: 249
F 23 D. 8-12: 250
F 23 D. 13-17: 253
F 23 D. 13-15: 190
F 23 D. 20-21: 187
F 24 D.: 177
F 24 D.: 3-7: 189
F 24 D. 10-12: 187
F 24 D. 13-15: 195
F 24 D. 16-18: 235
F 24 D. 18-20: 237
F 25 D. 1-5: 253
F 25 D. 8-9: 232

– Gesetze: 233-7
F 16 Ruschenbusch: 226
F 20 Ruschenbusch: 198, 220, 223
F 29 Ruschenbusch: 192
F 31a Ruschenbusch: 198
F 30 Ruschenbusch: 192
F 38 Ruschenbusch: 250
F 47 Ruschenbusch: 198
F 49 Ruschenbusch: 198
F 56 Ruschenbusch: 197
F 60 Ruschenbusch: 198
F 65 Ruschenbusch: 197
F 66 Ruschenbusch: 196
F 74a Ruschenbusch: 238
F 75 Ruschenbusch: 197, 238
F 74 Ruschenbusch: 192

Theognis
53-58: 29
149-150: 29
173-174: 28
183-190: 29
337-350: 78
667-670: 28
1117-1118: 28

Theopomp FGrH 115 F 122: 211

Thukydides
2,14: 25
2,40: 246
3,82,3-8: 86-7
6,16: 77
6,54,5-6: 256
7,68,1-2: 78

Tyrtaios F 6 D. 13-14: 242

Xenophanes F 1 D.: 67

Xenophon
– Hier. 7,3-4: 48
– *Oikonomikos*
3,4: 40
3,10: 40
4,19: 40
5,11-12: 33
6,8-10: 34
14,9: 40
20,2-5: 33
20,14-15: 33

Inscriptiones Graecae
IV 614: 202
V 2,261,9: 202
IX 1,868: 47

Meiggs/Lewis
2: 204-5
8: 209
14: 240
86,11-29: 221

Supplementum Epigraphicum Graecum
11,314: 202